LE TRAITÉ RUSTICA

du petit Elevage

Dépôt légal : janvier 2005
ISBN : 2-84038-562-7
N° d'éditeur : 48485
Première édition : janvier 2005

LE TRAITÉ RUSTICA

du petit Élevage

Rustica ÉDITIONS

Les auteurs

Directeur d'ouvrage : Gilles Saint

Chevaux et poneys : Catherine Bolac et Pierre Miriski
L'âne : Gilles Saint
La vache : Gilles Saint
Le mouton : Daniel Peyraud
La chèvre : Michel de Simiane
Le porc : Pierre Laborde

Sommaire

Créer un petit élevage

Créer un petit élevage satisfait depuis toujours le plaisir de voir vivre sous sa dépendance des animaux familiers : moutons, chèvres, chevaux, poneys, ânes, vaches, porcs. Qui ne s'est pas laissé séduire par l'agneau qui gambade autour de sa mère, le poulain en train de téter, le regard attachant de l'ânon ? Cependant, d'un tel élan affectif à la prise en compte d'un ou plusieurs de ces animaux, il y a un cheminement raisonné à effectuer et des étapes à respecter.

Connaître la physiologie de chacune des espèces

Prenons l'exemple de la digestion : vaches, brebis et chèvres sont des ruminants ; une particularité de leur appareil digestif, la panse, permet de dégrader la cellulose indigeste pour un monogastrique comme le porc. En revanche, les équins ont adapté une partie de leur intestin pour pouvoir assimiler l'herbe.

Ainsi, savoir comment fonctionne l'appareil digestif de la brebis permettra de mettre en œuvre les moyens nécessaires pour la nourrir. Il faut disposer d'une prairie pour le pâturage, mais aussi stocker du foin pour la période hivernale.

Pour nourrir cette vache, il faut disposer d'une prairie pour sa consommation d'herbe.

Pour compléter cette ration à base de fourrages, on doit acheter ou produire des aliments concentrés que l'on distribuera en quantités modérées. Cette pratique alimentaire s'applique également aux caprins, aux bovins et aux équins. Pour nourrir le porc qui valorise mal la cellulose, c'est différent. Sa ration journalière se composera de céréales, de protéagineux,... sous formes de farines ou de grains.

Calculer le rationnement

Par exemple, la chèvre qui attend deux chevreaux ou en période d'allaitement a besoin d'une ration plus abondante et plus riche qu'après le tarissement. L'apport de nourriture est fonction du poids de l'animal, ainsi on donnera une ration moins énergétique à un poney qu'à un cheval, mais il faudra aussi tenir compte du travail qu'il peut effectuer. Dans le cas, des jeunes animaux leur régime alimentaire devra couvrir leurs besoins de croissance qui se transformeront ensuite en besoins d'engraissement pour l'agneau et le porcelet.

Il faut aussi veiller à un apport suffisant en matières minérales et en vitamines et assurer l'abreuvement en toutes saisons.

Ces observations sur la façon de nourrir ces animaux, ainsi que celles qui suivront dans les domaines du logement, des maladies, de la sélection,... sont traitées dans cet ouvrage pour chacune des espèces principales qui composent le petit élevage.

Aménager le bâtiment d'élevage

Tout animal doit être abrité des intempéries pendant une période plus ou moins longue de

Pour effectuer une randonnée, l'âne doit recevoir un complément de ration.

l'année. Il faut tenir compte des capacités de défense de chacun d'entre eux, par exemple : le porc est plus sensible aux variations de température ; la chèvre supporte mal les courants d'air ; l'âne dépérit s'il se trouve enfermé dans un local isolé,...

Le bâtiment d'élevage est une nécessité pour le bien être des animaux qu'il héberge. Il aura une grande influence sur leur santé, notamment en ce qui concerne les maladies pulmonaires.

Ce local devra aussi être conçu pour : distribuer les aliments grossiers et concentrés ; fournir un moyen d'abreuvement ; constituer un havre de calme pour la femelle gestante, ensuite pour l'allaitement ou la traite ; si nécessaire, séparer les jeunes de leurs mères pour prodiguer des soins particuliers. Il faut également que ce soit un lieu où l'on puisse répondre à tous les soins exigés par les animaux.

Ces remarques soulignent l'importance d'un aménagement qui facilite le travail de l'éleveur, comme des barrières pour canaliser les animaux pour effectuer des traitements, la taille des onglons, la tonte,... des parcs pour l'engraissement des agneaux,... des couloirs pour transporter les bottes de foin, puis les distribuer dans les auges. Ces manutentions demanderons de prêter une attention toute particulière aux distances à parcourir, car il sera nécessaire d'aménager un local de dimension suffisante pour le stockage des aliments et de la paille qui garantisse leur bonne conservation. Le petit matériel d'élevage, la sellerie et les attelages des équidés doivent également être mis à l'abri de la poussière.

Aussi est-il conseillé d'établir un plan détaillé avant d'aménager un bâtiment d'élevage, précaution nécessaire si l'on se trouve dans l'obligation de déposer un dossier de permis de construire.

Respecter l'environnement

Cela concerne notamment l'écoulement du purin et la limitation des nuisances pour le voisinage. De même, on recherchera une intégration de la construction la plus parfaite possible dans le paysage.
Aménager ou construire un bâtiment pour le petit élevage a un coût. Pour éviter les dépenses exagérées, de nombreux travaux peuvent être réalisés par l'éleveur. S'il fait appel à une entreprise, il doit vérifier qu'elle est spécialisée dans ce type de bâtiment et faire jouer la concurrence en demandant des devis détaillés. On trouve d'ailleurs dans le commerce la majorité des équipements utiles un petit élevage.
Le logement est un des éléments les plus important.

Maintenir son élevage en bonne santé

Comme tout être vivant l'animal est victime de maladies, parfois graves. Pour éviter de faire des dépenses importantes en visites du vétérinaire et en achats de médicaments, des mesures préventives simples peuvent être efficaces.
En premier lieu, s'imposent de façon régulière, le nettoyage et la désinfection des locaux d'élevage, accompagnés du renouvellement de la litière. L'hygiène corporelle très importante pour les équins, se révèle aussi une garantie contre la prolifération des parasites externes et un moyen de lutte contres les infections cutanées. La distribution d'une ration alimentaire équilibrée et couvrant les besoins des animaux permet également de lutter efficacement contre les maladies. Par exemple, une brebis sous-alimentée se révélera moins résistante lors d'un refroidissement climatique. De même, en négligeant la transition nécessaire lors de la mise à l'herbe de la vache au printemps, on laissera se développer des fermentations nocives dans la panse qui pourront devenir mortelles. Il ne faut pas non plus oublier que certains aliments peuvent être toxiques, comme la présence de moisissures dans un foin mal conservé.

Ce jeune porc luttera efficacement contre les maladies en vivant dans un milieu naturel et sain.

Le mouton est particulièrement sensible à la prolifération des parasites.

Des traitement préventifs contre les parasites internes à la mise à la pâture des animaux, doivent être accompagnés de rotations sur plusieurs parcelles et d'un nettoyage des points d'eau.
De nombreuses infections et accidents peuvent être évités par une conception et une utilisation raisonnées des bâtiments d'élevage et de leurs équipements. Il faut savoir qu'une ventilation insuffisante de la porcherie nuira gravement à la croissance des jeunes porcs à l'engrais. Un mauvais réglage du matériel est aussi source de problèmes : un niveau de vide trop élevé d'une machine à traire déclenche des mammites chez les chèvres, provoquant parfois la perte du quartier infecté. De même une tondeuse mal aiguisée entraînera des fausses coupes avec le risque d'endommager le derme des moutons.

Acquérir de l'expérience

L'expérience prévaut dans l'identification des symptômes des principales maladies, car une intervention rapide est essentielle pour empêcher que l'infestation de l'organisme soit totale. Dans ce domaine, les analyses de laboratoire sont nécessaires pour confirmer le diagnostic, et l'intervention du vétérinaire s'avère indispensable dans certains cas graves.
La santé des animaux est une des bases du maintien du petit élevage et il est particulièrement douloureux d'en perdre un. L'éleveur aura enfin à l'esprit que certaines de ces maladies se transmettent à l'homme et qu'il doit renforcer sa vigilance.

Choisir l'orientation de son petit élevage

On a toujours un grand plaisir à élever des animaux ayant une couleur homogène, une robe brillante, un comportement vigoureux, produisant un lait onctueux pour la consommation familiale ou induisant une bonne répartition de la viande sur la carcasse. Ce sont des garanties que l'on obtient plus facilement si l'on achète un jeune sujet par l'intermédiaire d'un Livre généalogique ou d'une Unité de promotion de race.
Un tel choix implique de poursuivre l'effort de sélection, par exemple d'utiliser à la saillie un étalon anglo-arabe, si l'on détient une jument inscrite dans cette race.

L'amélioration de la conformation s'impose aussi comme une préoccupation de premier plan pour l'éleveur qui fera jouer la transmission des caractères des parents à leur descendance. Ainsi des aplombs corrects nécessaires pour effectuer des randonnées avec une ânesse ne doivent pas être détériorés chez l'ânon qui naîtra d'un accouplement avec un mâle ayant une conformation défectueuse des membres. Les autres caractères d'élevage doivent être pris en compte, comme la capacité de la chèvre de mettre bas d'un ou plusieurs chevreaux viables tous les ans. De même, un animal rustique sera tout indiqué pour un éleveur amateur ne souhaitant pas se lancer dans un élevage demandant des soins intensifs.

La production se révèle plus difficile à apprécier. elle nécessite des mesures, par exemple la pesée des agneaux permet d'estimer leur taux de croissance, et la valeur laitière de leurs mères pendant l'allaitement. Lorsque l'on souhaite vendre le lait de ses vaches, la recherche des meilleures souches laitières repose sur la pesée du lait, ainsi que sur des analyses de ses taux en matières grasses et en matières azotées.

Cette sélection basée sur la valeur de l'ascendance a ses limites, notamment pour choisir les mâles responsables de la transmission des caractères génétiques à une nombreuse progéniture.

Garder des aplombs corrects, c'est une des bases essentielles de la sélection chez le cheval.

L'amélioration génétique

Elle permet à l'éleveur de disposer de la semence de mâles améliorateurs, aussi bien en conformation qu'en production, par l'intermédiaire de l'insémination artificielle. Cette pratique est un excellent moyen pour éviter la consanguinité due à des saillies entre parents trop proches qui engendrent des produits ayant des tares, comme les doubles trayons, les déformations de mâchoires,… Il est clair que la sélection se présente comme le complément indispensable de la maîtrise des techniques d'élevage par l'éleveur. Négligée, elle ne valorisera pas celles-ci, si l'on n'a pas amélioré suffisamment le potentiel des animaux.

Les textes législatifs

L'éleveur doit se tenir informé, notamment en s'adressant soit à des organisations professionnelles, soit aux services administratifs départementaux du Ministère de l'Agriculture.

Une des mesures réglementaires imposée par l'Union Européenne exige l'identification de tous les animaux et pas uniquement de ceux qui sont enregistrés à un Livre généalogique, surtout lorsqu'ils sortent de leurs élevages d'origine pour être vendus à d'autres éleveurs ou sont destinés à l'abattage.

Certaines maladies, en raison du danger qu'elles présentent pour l'être humain, doivent être déclarées et font l'objet de mesures de prophylaxie obligatoire, pouvant aller jusqu'à l'abattage de l'animal atteint.

Les contraintes imposées par le permis de construire en matière d'hygiène, de nuisances pour le voisinage et de respect de l'environnement, ont déjà été évoquées.

D'autres textes concernent les produits de l'élevage, ainsi lorsqu'il y a commercialisation de la viande, l'abattage n'est autorisé que dans un abattoir agréé, et le transport de la viande est réglementé ; les produits laitiers doivent provenir d'animaux sains et être fabriqués dans des locaux satisfaisant à des normes légales.

Ceci montre qu'un petit élevage ne peut se créer et se détenir hors des réalités socio-économiques modernes. Il faut également se protéger avec des contrats d'assurance adaptés, surtout dans des activités qui impliquent des tiers, comme des randonnées équestres.

Faire attention à la dépense

Souvent une meilleure exploitation d'une surface fourragère peut réduire le coût de l'alimentation et les dépenses vétérinaires.

Avant d'engager une dépense, il faut que l'éleveur s'informe sur les prix couramment appliqués : pour acheter un ânon, construire ou aménager un local,... Il doit toujours se demander avec objectivité s'il a les qualifications nécessaires et ne pas hésiter à faire appel à des personnes compétentes ou à l'entraide pour les travaux.

En énumérant ces problèmes techniques et économiques, nous ne cherchons pas à décourager l'apprenti éleveur, mais l'incitons à consulter cet ouvrage dont les conseils lui permettront d'éviter des erreurs aux conséquences parfois graves. Quant à l'éleveur aguerri, il y trouvera des compléments qui contribueront, nous l'espérons, à son plaisir d'élever des animaux pleins de vie et en bonne santé.

Ce veau, pour être vendu, devra être identifié selon la législation en vigueur.

Chevaux et poneys

L'anatomie

Pour bien élever des chevaux, il faut naturellement connaître leurs spécificités morphologiques : le système digestif, notamment, dont la particularité est qu'en surcharge alimentaire le cheval ne peut pas vomir, le processus de gestation de la jument, si vous souhaitez que le poulain tant attendu voie le jour, la conformation des sabots, dont la corne doit être régulièrement taillée pour éviter que de mauvais aplombs ne s'installent. Autant de considérations anatomiques qui ont leur importance.

Les caractères extérieurs

Le cheval *(equus)* est un mammifère ongulé de l'ordre des périssodactyles. Il n'a qu'un seul doigt et un seul sabot à chaque pied, ce qui le fait appartenir à la famille des équidés.
Généralement, même si des différences existent selon les races, la tête est carrée et légère, le front, large et long, l'œil, grand et placé loin des oreilles, le garrot, légèrement proéminent, le rein, court et droit, la croupe, longue, l'épaule, également allongée et oblique. Jambe et avant-bras sont longs, bien musclés, le canon est court et le paturon, de longueur raisonnable et peu incliné.

LA MORPHOLOGIE DU CHEVAL

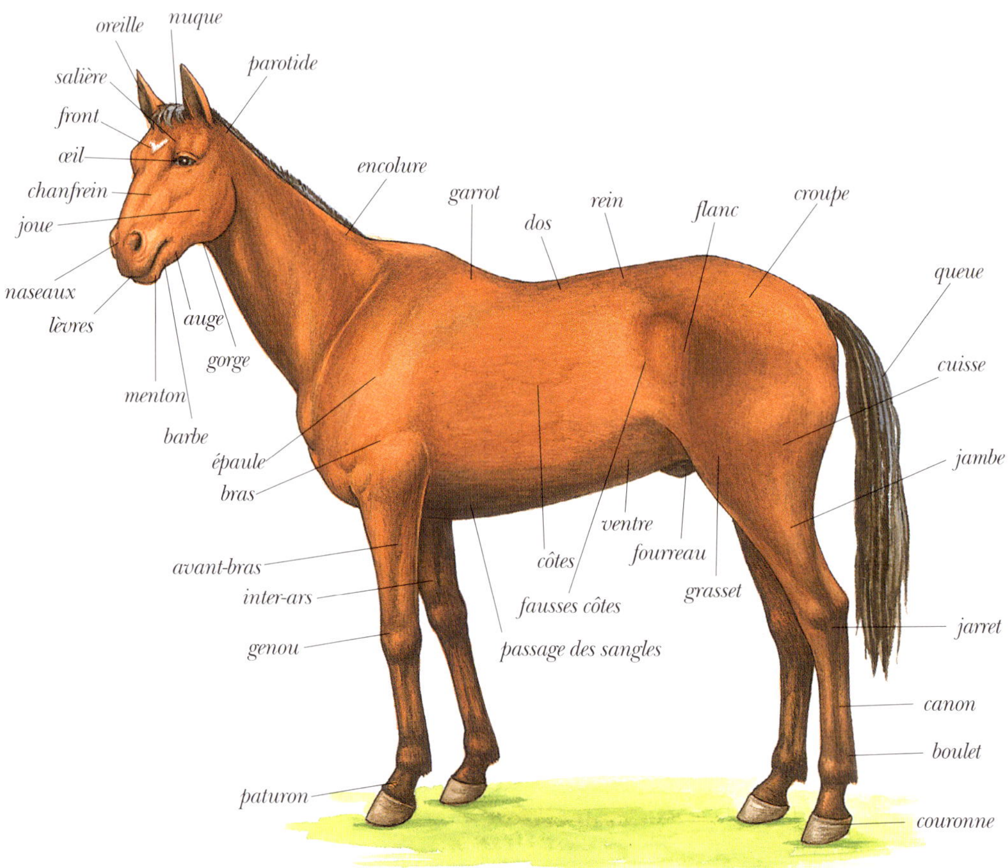

Le squelette

À peu de choses près, le squelette du cheval est strictement identique à celui de tous les vertébrés, comprenant des os longs ou courts, des vertèbres et des articulations.
En revanche, sa structure est solidement charpentée. Pour cette raison, le cheval est utilisé pour être monté par un cavalier ou pour tirer de lourdes charges lorsqu'il est attelé.

- **La mâchoire.** À chaque mâchoire, il porte 6 incisives, 1 crochet (ou canine) – manquant souvent chez la femelle – et une série de 6 molaires. Entre canines et molaires, un espace reste vide, c'est la barre.
- **Une charpente de sprinter.** Le corps du cheval est composé de deux parties parfaitement symétriques. Pour son équilibre, les forces

LE SQUELETTE DU CHEVAL

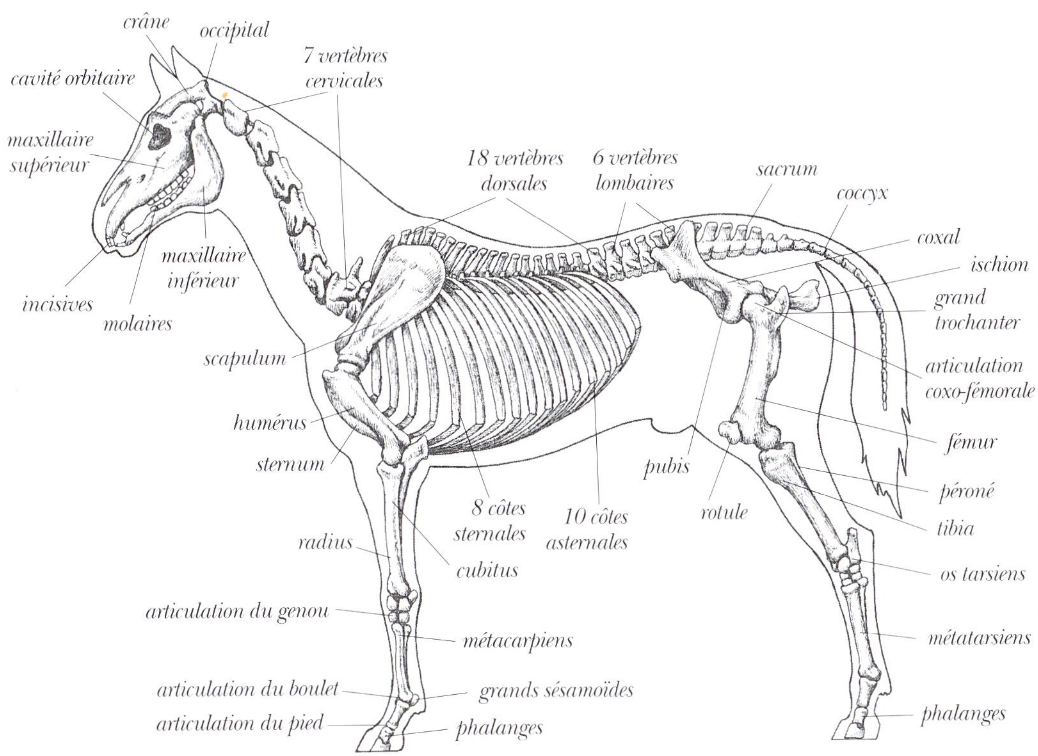

diamétralement opposées agissent de façon égale. Le corps du cheval, attiré par les lois de la pesanteur, a tendance à s'affaisser vers le sol, mais les membres le retiennent au point que le corps, en fait, reste quasiment immobile par rapport au sol, même en mouvement. Cet équilibre est parfois stable, par exemple pour le pas, mais complètement instable au galop, quand le corps est balancé d'un membre sur le ou les autres.
Les proportions du cheval lui assurent une bonne locomotion. Grâce à cet équilibre de la charpente, l'animal est solide, résistant. Une faiblesse d'une des parties du squelette entraînerait l'amenuisement des forces du reste de la charpente et des défauts de locomotion.

Des sabots résistants

Comme les autres sujets de son espèce, le cheval est muni d'un sabot à chaque pied.
À l'instar de nos ongles, les sabots sont constitués de corne qui se renouvelle constamment au fur et à mesure de l'usure.
Le pied se divise en plusieurs parties :
– la paroi, qui s'étend de la couronne, point de jonction avec la zone munie de poils, à la lisière de la partie d'appui du sabot ;
– la sole, partie plane sous le sabot, qui est d'une structure plus fragile que la paroi ;
– la fourchette, en forme de V, qui se situe au centre de la sole ;
– les glomes, parties extérieures prolongeant le haut des barres du V.
En fonction du poids du cheval, et selon l'intensité de ses allures, le pied se déforme, s'élargit, à la manière d'un caoutchouc résistant, afin d'amortir les ondes de choc. Il est donc évident que les pieds du cheval doivent être parfaitement entretenus afin de pouvoir en toutes circonstances jouer le rôle qui leur est dévolu.

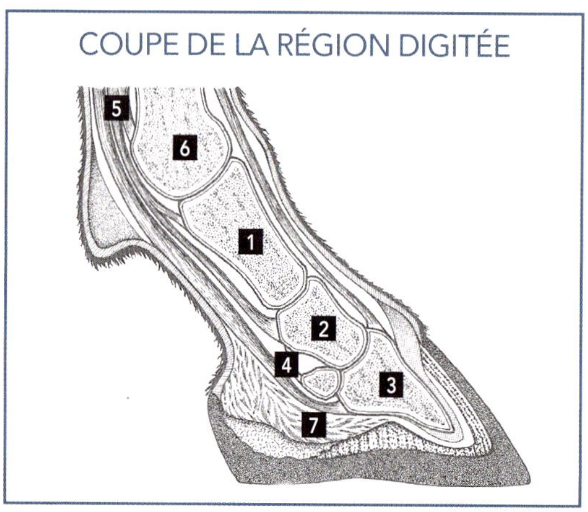

1 première phalange **2** deuxième phalange **3** troisième phalange **4** tendon perforant **5** tendon perforé **6** os du canon **7** coussinet plantaire

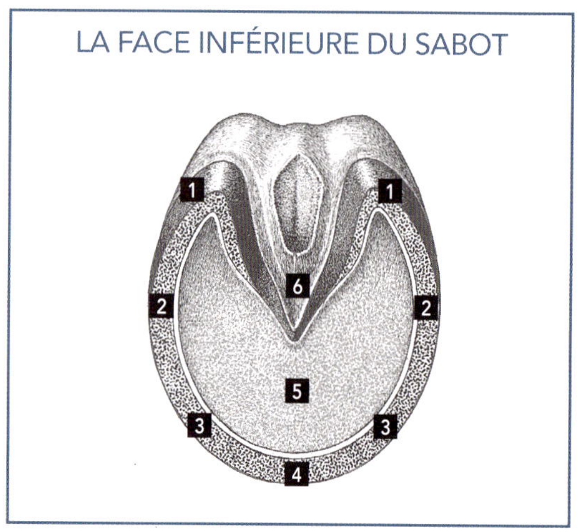

1 talon **2** quartier **3** mamelle **4** pince **5** sole **6** fourchette

L'appareil locomoteur

La conformation des aplombs – c'est-à-dire la bonne verticalité de ses membres – est essentielle à la locomotion du cheval.
La condition primordiale est qu'il se déplace dans une direction parallèle à celle du corps. Dans le cas contraire, un ou plusieurs des membres seraient surchargés, et un déséquilibre grave s'instaurerait.
Par ailleurs, les aplombs proprement dits doivent être parfaits, c'est-à-dire que les membres doivent se trouver en parfaite verticalité. Si ce n'est pas le cas, le cheval est dit *campé du devant* – ce qui fatigue les membres postérieurs –, *sous lui du devant* – ce qui use exagérément les antérieurs.
Le cheval atteint de déformation des aplombs peut également être *panard* (les pieds tournés vers l'extérieur), *serré du devant* (les antérieurs sont trop serrés), *cagneux* (les pieds sont tournés vers l'intérieur), etc.
Toutes ces malformations entraînent des problèmes au fil de l'activité et de l'âge. D'ailleurs, elles devraient suffire à exclure de la reproduction les sujets qui en sont atteints, car certaines pourraient être transmises à leur descendance.

L'appareil musculaire

Grâce à un système musculaire très développé (463 muscles), le cheval peut se mouvoir avec aisance et rapidité.
Les muscles sont appelés larges, longs ou courts selon leur dimension.
Les premiers se situent sur le tronc, enveloppant les grandes cavités internes.
Les muscles longs se trouvent principalement sur les membres pour les actionner, et les muscles courts agissent au niveau des articulations.
Fléchisseurs, extenseurs, abducteurs, rotateurs, ces muscles produisent un même mouvement tandis que les muscles antagonistes agissent de façon contraire.
C'est grâce au système nerveux et à l'afflux de sang que les muscles agissent par contractions : le muscle se raccourcit, durcit et augmente de volume, entraînant ainsi une extrémité à priori fixe.

L'appareil digestif

• **Un animal herbivore.** Pour être à même de bien alimenter son cheval, il est essentiel de connaître sa physiologie. Le cheval est un herbivore non ruminant. Deux lèvres très mobiles et extrêmement sensibles lui permettent de saisir les aliments et de boire. Grâce à la mastication, les aliments sont transformés en une pâte épaisse mêlée de salive. Une fois déglutis, ils sont dirigés dans le pharynx puis dans l'œsophage, poussés par les contractions.

Arrivés dans l'estomac, réservoir musculo-membraneux d'une contenance de 14 à 15 l, ils sont déjà transformés par le suc gastrique. Cette pâte alimentaire se dirige ensuite vers l'intestin, long canal de 28 à 30 m. Dans l'intestin grêle, elle subit les plus grandes transformations grâce aux sucs pancréatique, biliaire et intestinal. Les aliments qui n'auraient pas été suffisamment transformés dans l'intestin grêle ne résisteront pas aux liquides très alcalins du gros intestin.
Ils traversent ensuite le gros côlon, le petit côlon, puis arrivent au rectum. Après un certain temps, ils deviennent excréments, ou matières fécales, et s'éliminent par le biais de l'anus.

● **Une digestion particulière.** La particularité de l'estomac du cheval est qu'il lui est impossible de rejeter les aliments qui s'y trouvent. Le vomissement est effectivement provoqué par les contractions simultanées de l'estomac, des parois abdominales et du diaphragme. Le cheval ne peut pas vomir car le sphincter est placé à l'entrée de l'œsophage dans l'estomac. La paroi de celui-ci se romprait plutôt que de laisser repartir les aliments vers l'œsophage.

L'APPAREIL DIGESTIF DU CHEVAL

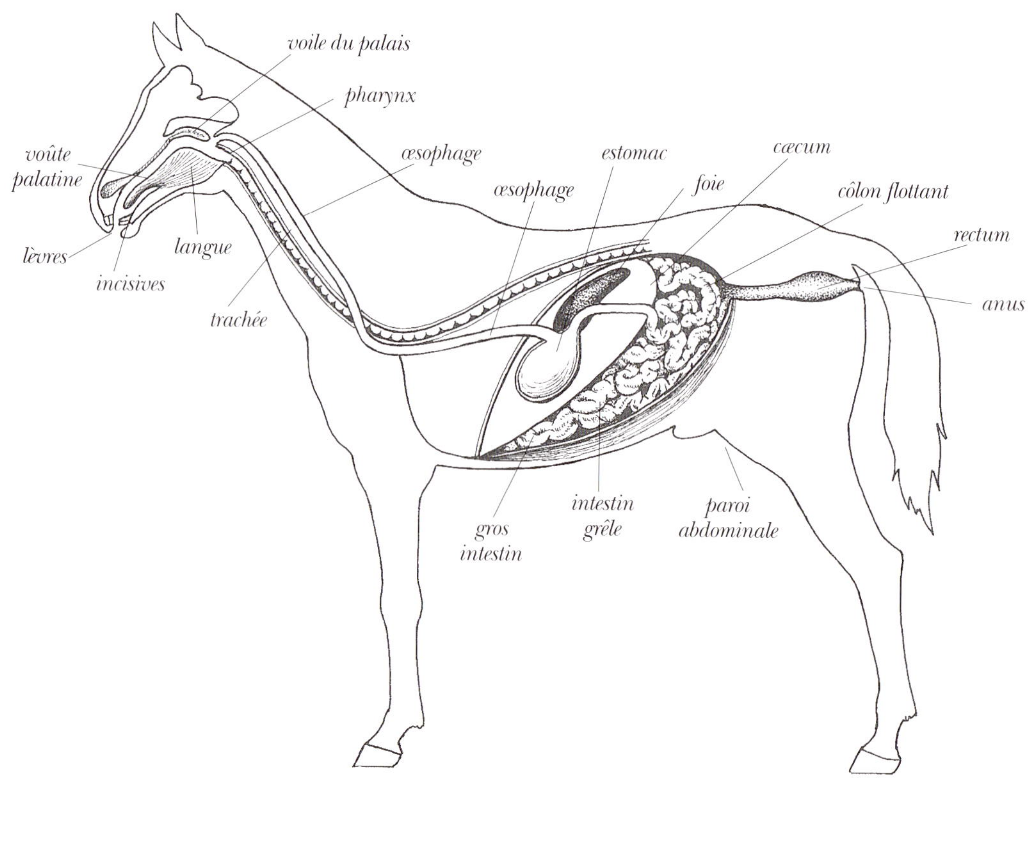

L'appareil reproducteur

Un seul produit par an. Si les appareils génitaux et reproducteurs sont en tous points identiques à ceux d'autres mammifères, l'espèce équine ne peut en revanche produire qu'une seule fois par an, puisque la gestation dure environ 11 mois et 11 jours.

Les jumeaux. Par ailleurs, il est extrêmement rare que la jument ait des jumeaux. Lorsque cela se produit, il est conseillé d'éliminer l'un des fœtus pour que l'autre vive. Il arrive très exceptionnellement que les jumeaux naissent et vivent sans problème.

Un instinct grégaire

D'instinct grégaire, c'est-à-dire se plaisant au sein d'un troupeau, le cheval est un animal de fuite, qui part à toute vitesse à la moindre inquiétude pour se soustraire à l'objet de sa crainte. Cet instinct de conservation lui a permis depuis des millénaires de survivre à ses prédateurs.

Très sensible à l'esprit de groupe et à sa cohésion, le cheval s'habituera parfaitement à la proximité de l'être humain si celui-ci sait le comprendre et parvient à s'imposer en tant que chef du groupe, en utilisant le seul atout que l'homme puisse opposer à la force d'un animal aussi puissant, à savoir sa capacité à apprécier, à contourner, à utiliser les peurs, déplaisirs et attirances du cheval.

Des points spécifiques

D'autres points distinguent également le cheval des autres espèces : une couleur généralement uniforme de la robe, une queue garnie de longs crins, une crinière et la présence de châtaignes (excroissances épidermiques cornées, vestiges de doigts) aux quatre membres.

Le cheval vit généralement de 18 à 20 ans, mais les cas ne sont pas rares d'une longévité bien supérieure, jusqu'à 40 ans, voire plus.

Le cheval se plaît parmi ses congénères.

Les races

Cheval ou poney, race courante ou confidentielle, race « passion » ou commerciale, votre choix doit correspondre à deux critères : votre penchant pour une race, car on élève mieux ce que l'on aime, et l'aspect financier, car, à moins d'envisager l'élevage comme un passe-temps, vous aurez le souci de la rentabilité. Vous pouvez ainsi élever deux races de chevaux ou de poneys, ou une race de chevaux et une race de poneys, de façon à concilier l'aspect « alimentaire », pour faire tourner votre entreprise, et le côté « passion », pour vous faire plaisir.

LES CHEVAUX

Pour savoir quelles races élever, prenez en compte, outre votre attirance immédiate, la discipline que vous affectionnez : compétition, obstacle, dressage ou randonnée.
L'autre élément à apprécier au préalable est le prix du marché des chevaux. Car, même si vous les élevez dans les meilleures conditions, vous ne pourrez pas survendre vos produits, même s'ils sont d'exception, si les débouchés de vente sont faibles.
Pour vous aider dans ce choix, voici un petit tour d'horizon permettant de faire découvrir les caractéristiques de quelques-unes des principales races de chevaux et de poneys.

Ciblez les races que vous allez élever : il est vain de produire des sujets qui ne se vendent pas.

L'anglo-arabe

C'est notre pur-sang français ! Dans les années 1820, des éleveurs limousins ont imaginé croiser les deux plus beaux fleurons de la gent équine – le pur-sang arabe et le pur-sang anglais – avec leurs juments régionales pour allier vitesse, modèle et endurance. Leur but était d'obtenir des chevaux résistants et musclés pour participer à leur passe-temps favori, la chasse à courre.

Pour réussir ce croisement, il ne faut pas qu'il y ait moins de 25 % de sang arabe. C'est en 1838 que le *stud-book* de la race a été créé.

Très bel athlète, doté d'une morphologie harmonieuse et robuste, l'anglo-arabe est le champion incontesté du concours complet, où il témoigne de ses extraordinaires qualités de puissance et de résistance à l'effort. Compact, élégant, il séduit également les cavaliers pour l'obstacle, le dressage, la randonnée, par ses capacités de tout-terrain et ses allures souples remarquables.

Ce cocktail de l'arabe et du pur-sang anglais est un peu détonant : bien que les éleveurs s'attachent à éliminer de leur sélection les caractères trop fantasques, il n'est pas à mettre entre les mains de cavaliers néophytes. En revanche, les cavaliers avertis apprécient son dynamisme, son tempérament joueur, son intelligence et ses étonnantes capacités physiques.

À noter

L'anglo-arabe peut être le fruit d'un croisement entre un pur-sang et un anglo-arabe ou encore celui de deux anglo-arabes, ce qui fait varier considérablement le taux de sang arabe. Celui-ci ne peut jamais être inférieur à 25 %.

La description

- **TAILLE :** entre 1,55 et 1,67 m.
- **ROBE :** toutes les couleurs sont autorisées.
- **AVANTAGES :** peu fragile. Bons débouchés de vente.
- **INCONVÉNIENTS :** difficultés d'élevage liées à un caractère un peu fantasque.

L'arabe

Voilà bien le plus vieux – et le plus magnifique – cheval du monde. Le pur-sang arabe, qui était élevé par les Bédouins dans les déserts arabes, est à l'origine de la création de nombreuses races.
Conçu pour résister à de longues chevauchées, il a également été sélectionné pour sa beauté. Ses qualités de résistance et d'endurance l'ont fait apprécier de tous les peuples qui l'ont croisé avec leur jumenterie.
Outre son indéniable beauté, c'est le spécialiste de l'endurance. Mais ce prince du désert a des dispositions évidentes pour bien d'autres disciplines telles que les courses sur hippodrome, l'équitation western ou le dressage.
D'autres activités ne l'effraient pas, comme l'obstacle ou le concours complet, mais sa taille limitée l'empêche de concurrencer d'autres races de plus grande taille.
L'arabe est courageux, résistant, gentil et terriblement intelligent. Très proche de l'homme, il ne se plaît qu'avec qui le comprend. Dans le cas contraire, il ne se livre pas mais se rebelle.
Sa beauté et ses allures superbes lui confèrent le rôle d'améliorateur de races.

La description

- **TAILLE :** entre 1,47 et 1,55 m.
- **ROBE :** grise, baie, alezane.
- **AVANTAGES :** peu fragile. Prestance et beauté séduisantes pour les éventuels acquéreurs.
- **INCONVÉNIENTS :** peu de débouchés à la vente pour les courses et les shows. Psychologie indispensable pour s'accorder à sa sensibilité.

À noter

La légende raconte que le pur-sang arabe a été créé par Allah avec une poignée de vent du sud ...

Le barbe

Venu du Maghreb, le barbe trouve ses origines lointaines en Asie centrale selon certains, en Afrique du Nord pour d'autres. Peu importe, d'ailleurs, c'est au Maroc que les Bédouins l'ont élevé pour les aider dans leurs guerres. Il a également participé à la création de nombreuses races comme le pur-sang anglais et l'andalou.

Le type et le modèle du barbe peuvent différer selon ses origines. Ainsi, de nos jours, cinq types existent : le barbe des hauts plateaux (Algérie, Maroc), le barbe kairouanais (Tunisie), le barbe du djebel Amour (Algérie), le barbe oranais (Algérie) et le barbe de Tébessa (Algérie, Tunisie).

Très polyvalent, il s'adapte à toutes les situations et ne recule devant rien. Sa résistance et son caractère placide le rendent particulièrement agréable en randonnée et en courses d'endurance. Le barbe est connu pour être également un bon cheval d'attelage et de spectacle.

Ce petit cheval, parfois rond et harmonieux ou anguleux selon le type, est d'un tempérament calme et placide. Équilibré et très sociable, il est apprécié pour sa rusticité et son courage.

À noter

Le barbe a contribué à la création de l'andalou (appelé jadis genêt d'Espagne), du pur-sang anglais et du connemara.

La description

- **TAILLE :** entre 1,40 et 1,57 m.
- **ROBE :** grise, alezane, baie.
- **AVANTAGES :** rustique, robuste, il est facile à élever.
- **INCONVÉNIENTS :** son prix de vente n'est pas très élevé.

Le camargue

Comme son nom l'indique, ce cheval est né dans les marécages du delta du Rhône, où il a toujours été utilisé pour le travail des gardians. Spécialisé pour mener le bétail, courir après un animal échappé, il a toujours été élevé en semi-liberté.
Aujourd'hui, quelques éleveurs tentent de créer des élevages dans d'autres régions. Mais les Camarguais estiment que ces produits ne peuvent être dotés des mêmes qualités.
Cheval de travail par excellence, le camargue se trouve dans son élément lorsqu'il doit gérer un troupeau. Il se plaît également dans les jeux, comme les courses à la cocarde ou les abrivados. Cependant, il s'accommode parfaitement aux longues randonnées.
Ce petit cheval, très porteur, est un exemple de robustesse et d'endurance. Courageux et agile, il est aussi d'un tempérament équilibré et calme, tout en gardant vivacité et fougue. Sa maniabilité et la sûreté de son pied le font rechercher pour le tourisme équestre.

La description

- **Taille :** entre 1,35 et 1,48 m.
- **Robe :** gris clair, parfois truitée.
- **Avantages :** rustique et endurant, peu fragile.
- **Inconvénients :** prix de vente peu élevé.

À noter

Le poulain naît gris foncé, presque noir. Et ce n'est que vers l'âge de 5-6 ans qu'il devient gris clair.

Le frison

Ce robuste cheval servait jadis aux guerriers, à tracter carrosses et diligences ou se mesurait au trot sur les champs de courses.
Après la Première Guerre mondiale, il s'est révélé un précieux auxiliaire pour les travaux des champs et le transport. À la fin de la Seconde Guerre mondiale, la Société royale d'élevage de Hollande a œuvré pour reconvertir la race vers le cirque et l'attelage. C'est dans les années 1970 qu'il est venu séduire la France.
Le frison est en effet le doux colosse des cirques et le roi des attelages. Sa belle robe noire à la longue crinière ondulée suscite toujours l'émerveillement du public.
Sa prestance, sa douceur et sa souplesse le font également choisir pour la randonnée.
Cet élégant géant est un tendre. Obéissant, placide et attachant, le frison sait déclencher l'admiration et l'enthousiasme des cavaliers, qui ne jurent plus que par cette race. De plus en plus de jeunes sont d'ailleurs attirés par ce fier destrier à la robe noir ébène dont le trot très relevé est particulièrement brillant.

La description

- **Taille :** entre 1,59 et 1,63 m.
- **Robe :** toujours noire avec une petite marque blanche sur le front.
- **Avantages :** facile à élever, attachant. De plus en plus recherché par les passionnés.
- **Inconvénients :** difficultés pour faire saillir les poulinières et obligation de les emmener aux Pays-Bas.

À noter

Il existe un frison dit « oriental » dont le berceau de race se trouve en Allemagne. Sa taille est légèrement supérieure au frison hollandais et sa robe peut être alezane, grise ou baie.

Le lipizzan

Originaire de Lipica, en Autriche, ce cheval à la robe immaculée n'a cessé de faire rêver les cavaliers lorsqu'il évoluait dans les splendides carrousels de l'école espagnole d'équitation de Vienne.

Sélectionné drastiquement, le lipizzan a bien failli disparaître au gré des différentes guerres.

Aujourd'hui, le cheptel est considérablement réduit mais subsiste néanmoins grâce à des éleveurs passionnés qui tentent de préserver la race.

Ce cheval illumine de sa belle robe blanche les plus magnifiques spectacles. Puissant et harmonieux, souple et majestueux, c'est le spécialiste du dressage de haute école.

Mais ses qualités sont évidentes dans d'autres disciplines, comme l'attelage, où il a réellement fière allure, ou encore le cirque, où il impressionne toujours. Il est également apprécié pour les randonnées. C'est, par ailleurs, une vraie sculpture. La perfection de son physique est rehaussée par un caractère souple et docile, allié à une véritable capacité d'apprentissage.

Patient mais énergique, vif mais doux, le lipizzan se révèle de compagnie très agréable.

La description

- **TAILLE :** entre 1,55 et 1,67 m.
- **ROBE :** gris très clair, quasiment blanche.
- **AVANTAGES :** agréable à élever grâce à sa docilité.
- **INCONVÉNIENTS :** peu de débouchés à la vente.

À noter

Le poulain naît avec une robe très foncée, baie ou noire. Ce n'est que quelques années plus tard qu'elle s'éclaircit pour devenir presque blanche.

Le lusitanien

Ancien cheval de trait pour l'armée portugaise, puis destiné aux travaux agricoles, le lusitanien est rapidement devenu le spécialiste des corridas, dans lesquelles le *rejoneador* l'utilisait pour combattre les taureaux. Sa souplesse, sa dextérité, sa prestance l'ont rapidement conduit sur d'autres scènes : le spectacle, le dressage, la cascade.
Appelée jadis « andalouse », la race présente cinq types : l'alter real pour le dressage de haute école, le veiga, très fin et nerveux, le fonte boa, spécialiste du trait léger, le coudeleria nacional, d'un type plus lourd, et l'andrade, qui est plus grand et doté de très belles allures.
Le lusitanien sait quasiment tout faire. Son habileté, sa malléabilité, sa virtuosité lui permettent d'être aussi adroit dans les spectacles, les cascades que dans l'attelage, la randonnée ou les reprises en manège. Sa spécialité reste le dressage de haute école. Monter un lusitanien est une merveille !
Intelligent et gentil, le lusitanien fait le bonheur des propriétaires qui l'adoptent. Il a de l'énergie sans être indomptable, il est calme sans être apathique, il est intelligent sans être roublard. En toutes occasions, le cavalier peut compter sur lui.

À noter

Le lusitanien a quasiment les mêmes origines que le pure race espagnol mais avec davantage de sang arabe et barbe que son cousin espagnol.

La description

- **Taille :** entre 1,52 et 1,62 m.
- **Robe :** souvent grise ou baie, elle peut être aussi de toutes les couleurs de base.
- **Avantages :** prestance, équilibre mental. Aisé à vendre à un public de passionnés.
- **Inconvénients :** aucun.

Le mérens

Il semblerait que ce petit cheval ait existé à l'époque des hommes des cavernes, comme l'attestent des peintures retrouvées notamment dans la grotte de Niaux. Son nom vient d'un village d'Ariège, Mérens-les-Vals, où il assurait déplacements et transport lorsque la neige abondante coupait le village de toute communication.

Son *stud-book* a été créé en 1947.

Avant de passer, en 1998, dans la catégorie des chevaux, le mérens était alors un poney fort apprécié des enfants.

Son statut de cheval ne lui a pas porté tort, bien au contraire. Toujours favori des plus jeunes, il séduit également les adultes : très porteur, il fait preuve de robustesse et d'agilité, ce qui le rend appréciable pour la randonnée et l'attelage. C'est également un excellent cheval d'enseignement.

Ce joli petit cheval noir est particulièrement docile et sociable. Ce bon caractère le fait apprécier de tous.

Très rustique par ses origines montagnardes, le mérens s'acclimate sans problème aux régions froides ; en revanche, il apprécie peu les climats chauds.

La description

- **TAILLE :** entre 1,35 et 1,50 m.
- **ROBE :** toujours noire, parfois avec les flancs légèrement rubican.
- **AVANTAGES :** peu de problèmes d'élevage.
- **INCONVÉNIENTS :** aucun.

Définition

Rubican : désigne une robe ayant la particularité de présenter des poils blancs disséminés sur une robe plus foncée.

À noter

Le poulain naît gris un peu argenté, café au lait ou noir. Ce n'est qu'à l'abord de l'âge adulte qu'il devient vraiment noir.

Le percheron

Comme son nom l'évoque clairement, le cheval de trait percheron vient tout bonnement du Perche. Là, dans cette belle région bocagère, il participait aux travaux des champs, de la ferme, du transport des marchandises et des personnes. Labour des terres, trait des remorques de foin, transports vers le village voisin, il accompagnait quotidiennement l'agriculteur dans sa vie de tous les jours. Bien entendu, lorsque tracteurs et outils ont fait leur apparition, le percheron n'était plus guère utilisé et la race a bien failli disparaître. Heureusement, des passionnés de ce colosse placide ont œuvré pour la préserver. Aujourd'hui, le percheron fait le bonheur de nombreux amateurs et la race est bien représentée au travers des éleveurs et propriétaires qui l'utilisent pour le loisir, pour l'attelage, et pour nombre de manifestations, défilés et fêtes locales. Il est également apprécié pour le débardage du bois.

Ce bel athlète se décline en divers modèles, affichant une taille variant entre 1,66 et 1,72 m pour un poids allant de 600 kg jusqu'à une tonne. Imposant, il n'en demeure pas moins rassurant tant son caractère se révèle calme et docile.

La description

- **Taille :** entre 1,55 et 1,72 m.
- **Robe :** grise plus ou moins pommelée.
- **Avantages :** peu fragile à élever. Caractère débonnaire.
- **Inconvénients :** Aucun

À noter

Les Japonais apprécient le percheron pour sa capacité à tirer de lourdes charges, le faisant participer à des courses de traction avec paris. Les Américains, quant à eux, le destinent toujours aux travaux d'agriculture.

Le pure race espagnol

Jadis appelé « andalou » puisque son berceau de race se situe en Andalousie, le pure race espagnol était utilisé par les hauts dignitaires ibériques pour la guerre, les conquêtes et la tauromachie.

Les traces de ses ancêtres remonteraient au XIIIe siècle avant J.-C.

Au fil des siècles, il a été remplacé par des chevaux dits « de sport » mais, heureusement, des éleveurs passionnés ont œuvré dans les années 1970 pour que ce magnifique cheval réussisse à conserver la place qu'il mérite.

Le pure race espagnol excelle dans toutes les disciplines inhérentes à ses origines : *doma vaquera, rejoneo,* etc. Mais ses belles allures, sa souplesse, sa distinction l'ont rapidement conduit avec bonheur – et succès – vers le dressage et la haute école. Il peut y exprimer à merveille sa noblesse, sa fougue, sa vivacité mais également son tempérament étonnamment sensible et docile. C'est un seigneur. Il allie en effet un physique majestueux, très harmonieux, aux allures relevées et brillantes, à un caractère doux, maniable et à une intelligence peu commune.

La description

- **TAILLE :** entre 1,50 et 1,60 m.
- **ROBE :** grise, plus ou moins claire, pommelée ou non, baie.
- **AVANTAGES :** ses qualités intrinsèques le rendent agréable à élever.
- **INCONVÉNIENTS :** finesse et psychologie sont obligatoires pour l'éleveur.

À noter

Selon la couleur de sa robe, deux appellations existent : *cartujano* s'il est gris plus ou moins clair, *yeguada* s'il est bai.

Le quarter horse

À voir le quarter horse, on imagine en filigrane les vastes plaines du Far West. Ce cheval américain a en effet bercé nos enfances à travers les westerns, dans lesquels il évoluait toujours. C'est par excellence le cheval de travail des cow-boys, qui ont su sélectionner ses qualités naturelles pour le tri et la conduite du bétail.

En 1940, l'association américaine de la race vit le jour. En France, le quarter horse a fait son apparition dans les années 1980.

Le quarter horse est un cheval de troupeau et il est pour cette raison apte à réaliser tout travail pouvant y ressembler. Il est donc expert en équitation western, une discipline qui se développe fortement en France. Démarrages foudroyants, demi-tours impressionnants, arrêts nets, courses à bride abattue, il enchaîne toutes les actions avec une agilité surprenante.

Ces qualités le rendent très agréable pour tous les cavaliers.

Particulièrement équilibré, le quarter horse ne s'émeut de rien. Il passe partout sans souci et se révèle d'une gentillesse exemplaire, ce qui ne l'empêche aucunement d'avoir énormément de vivacité lorsque le cavalier le lui demande. Doux et calme, c'est un excellent cheval de propriétaire.

À noter

C'est un peu le pur-sang américain, capable de démarrages fulgurants. Il tient bien également la course sur les pistes.

La description

- **TAILLE :** entre 1,45 et 1,63 m.
- **ROBE :** toutes les couleurs de base. Le pie et l'appaloosa ne sont pas autorisés.
- **AVANTAGES :** intelligent, donc facile à dresser. De bons débouchés à la vente.
- **INCONVÉNIENTS :** compétences nécessaires pour faire des chevaux de compétition.

Le selle français

Véritable création française, le selle français a été obtenu, dans les années 1850, en croisant des juments locales de Normandie avec des pur-sang anglais. À cette époque-là, il était appelé « demi-sang » ou « anglo-normand ».
Au fur et à mesure de sa sélection, sa morphologie a évolué en affichant plus ou moins les caractéristiques des ascendants qui ont participé à sa naissance. C'est en 1958 que le *stud-book* fut ouvert en France.
Le selle français est apte à tout faire. Et, même s'il excelle principalement en obstacles, il est également adapté pour pratiquer des disciplines aussi diverses que l'endurance, la randonnée, le concours complet, l'attelage, etc.
Son grand format lui permet d'appréhender toutes les activités sans souci. Il est réputé pour être le cheval de sport par excellence.
Calme, placide, il est de compagnie agréable. Jamais capricieux, il s'adapte à toutes les situations. Peu émotif, il convient à tous les cavaliers, qui apprécieront ce cheval paisible, voire flegmatique. De plus, il est résistant aux variations climatiques, ce qui lui permet de s'accommoder facilement à toutes les régions.

La description

- **Taille :** entre 1,55 et 1,75 m.
- **Robe :** toutes les couleurs sont autorisées.
- **Avantages :** polyvalent, il s'adapte à tous les cavaliers et à toutes les activités. Facile à élever.
- **Inconvénients :** le cheptel est abondant dans le pays, d'où un prix de vente qui n'est pas toujours très élevé.

À noter

Pour que le selle français soit apte au dressage, les Haras nationaux ont autorisé les hanovriens à en effectuer la monte.

Le trait comtois

La description

- **TAILLE :** entre 1,50 et 1,60 m.
- **ROBE :** bai ou alezan (plus ou moins cuivré) avec queue et crinière blondes.
- **AVANTAGES :** rustique et robuste.
Cheval de trait léger prisé par les particuliers pour le tourisme vert.
- **INCONVÉNIENTS :** aucun.

Originaire de Franche-Comté, le trait comtois a été tour à tour cheval de guerre servant pour la cavalerie, le carrosse, l'artillerie, cheval de tournoi, cheval de trait. Si deux types de modèles ont coexisté – l'un pour la selle, l'autre pour le trait –, le comtois est désormais très homogène grâce à une sélection menée en race pure.

De taille variant entre 1,50 et 1,60 m, c'est un cheval de trait léger pesant entre 650 et 800 kg. Large poitrail, poitrine profonde, croupe large, encolure droite bien musclée, articulations fortes, tout concourt pour faire de ce beau blond un cheval de trait efficient.

Très rustique, le trait comtois peut être élevé sans problème à l'extérieur ; les naissances s'y déroulent généralement sans problème et les juments sont de bonnes laitières et d'excellentes mères. D'un tempérament docile, courageux et endurant, le trait comtois convient aussi bien à la selle qu'à l'attelage ; il est d'ailleurs particulièrement apprécié pour le trait des roulottes pour le tourisme vert.

À noter

Le comtois est encore très utilisé pour la traction dans son berceau d'origine, le Haut Jura ; il se révèle plus économique qu'un engin motorisé pour assurer le débardage et les travaux de la vigne sur les coteaux pentus.

Le trotteur français

C'est au XIXe siècle que le trotteur français a été sélectionné en raison d'aptitudes particulières pour un trot rapide. La race a été obtenue en croisant des juments anglo-normandes avec des étalons Norfolk, trotteurs anglais réputés, et des pur-sang anglais. L'association de race a été créée en 1864. Comme son nom l'indique, le trotteur français est le spécialiste des courses de trot, attelé ou monté. Pourtant, ces qualités, développées par un dressage spécifique l'empêchant de galoper, ne sont pas les seules.

Quand il n'est pas suffisamment rapide pour rejoindre ses frères sur les hippodromes, il se révèle un excellent cheval pour les centres équestres ou les particuliers. Ce cheval est également très apprécié pour l'attelage.

C'est la crème des chevaux. Calme, docile, gentil, il est très apprécié des enfants et des débutants. Il vaut mieux cependant qu'il n'ait pas trop goûté aux champs de courses afin qu'il conserve une bouche sensible et une aptitude à galoper.

Dans ces conditions, le trotteur français peut satisfaire au mieux le cavalier qui souhaite randonner ou faire quelques parcours d'obstacles.

Le cheptel trop important a conduit les responsables de la race à en limiter la production.

À noter

La description

- **TAILLE :** entre 1,55 et 1,65 m.
- **ROBE :** baie, grise, alezane.
- **AVANTAGES :** son caractère tranquille et sa rusticité le rendent agréable à élever.
- **INCONVÉNIENTS :** peu de débouchés à part les courses. Pour la vente aux particuliers, le prix est très peu élevé.

LES PONEYS

Des poneys pour les tout-petits

Si le cheval impressionne le jeune enfant par sa taille élevée, le poney, en revanche, l'attire tout naturellement grâce à son calibre réduit.
L'enfant a peu de mal à se hisser sur son dos, sa tête est à portée de sa vue. Sa robe est souvent dotée de longs poils pelucheux qui rappellent les ours en peluche de l'enfance. L'ensemble de ces facteurs a permis aux races de poneys de se développer rapidement pour satisfaire les enfants attirés par les équidés.

De nombreuses races de poneys existent dans le monde. Plus ou moins grands, ils conviennent parfaitement aux enfants de tous âges, les accompagnant dans leur découverte de l'équitation.
En France, les races de poneys reconnues par les Haras nationaux sont au nombre de douze. L'éleveur n'a donc que l'embarras du choix pour trouver parmi elles la race qu'il élèvera. Par affinité ou pour complément d'une race de chevaux, l'éleveur aura ainsi la satisfaction d'élever une espèce rustique aux débouchés de vente relativement aisés.

Très robustes, les poneys s'élèvent aisément à l'extérieur toute l'année.

Le connemara

Comme son nom l'indique, le connemara vient de la région du même nom, en Irlande. La race a été créée à partir de nombreux croisements avec arabe, pur-sang anglais, fjord, welsh, etc.
Employé jadis pour les travaux agricoles, il a également été mis à contribution dans les mines pour l'extraction du charbon.
Compact et puissant, le connemara est particulièrement doué pour les disciplines sportives comme le saut d'obstacles ou l'attelage.
Polyvalent et de caractère plaisant, il est aussi très apprécié pour l'attelage ou la randonnée.
Docile mais vif, le connemara est de compagnie agréable pour les enfants, qui apprécient sa placidité et ses aptitudes pour la compétition. Son endurance et sa résistance à l'effort plaisent beaucoup aux jeunes, toujours avides de longues randonnées. Les centres équestres aiment également s'attacher les services de ce poney sans problème particulier.

La description

- **TAILLE :** entre 1,32 et 1,48 m.
- **ROBE :** très souvent grise mais aussi noire, baie, isabelle, parfois alezane ou palomino. Seules les couleurs pie et crème ne sont pas admises.
- **AVANTAGES :** rusticité, frugalité. Bons débouchés à la vente.
- **INCONVÉNIENTS :** aucun.

À noter

Hors Irlande, c'est en France que le cheptel de connemaras est le plus important, avec près de 8 000 sujets.
L'association de la race a été créée en 1969.

Le dartmoor

Ce poney vient du sud-ouest de l'Angleterre, dans le Devon. Le dartmoor était élevé jadis pour la viande. Il a également été utilisé pour travailler dans les mines grâce à sa petite taille, qui lui permettait de circuler très facilement dans les galeries. C'est dans les années 1950 qu'il a été introduit en France.
Très polyvalent, le dartmoor sait tout faire : obstacles, attelage, balades, concours complet. Extrêmement docile et gentil, c'est le compagnon parfait des enfants.
Physiquement, il ressemble à un pur-sang arabe en miniature par sa petite tête aux courtes oreilles et aux larges naseaux.

À noter

C'est grâce à des croisements avec des poneys welsh et fell que la race dartmoor a survécu. Cette sélection a permis d'obtenir des poneys mieux adaptés aux différentes disciplines.

La description

- **Taille :** entre 1,24 et 1,27 m.
- **Robe :** grise, baie, alezane. Seul le pie n'est pas admis. De légères taches blanches sont tolérées.
- **Avantages :** docilité et polyvalence.
- **Inconvénients :** sa petite taille, qui cantonne sa vente aux enfants.

Le fjord

La description

- **Taille :** entre 1,35 et 1,47 m.
- **Robe :** toujours isabelle avec une raie de mulet.
- **Avantages :** rusticité et tempérament docile.
- **Inconvénients :** aucun.

À noter

Le fjord est l'une des rares races à ne pas avoir été croisée avec d'autres. Il a donc conservé ses qualités originelles. Sa robe est d'ailleurs identique à celle des chevaux primitifs.

Le fjord était jadis le compagnon des Vikings norvégiens, qu'il aidait dans leurs conquêtes. Il était également utilisé pour transporter les marchandises, pour les travaux agricoles ou miniers. Il portait aussi couramment assistance aux Norvégiens pour leurs tâches forestières.

Très rustique et résistant, le fjord est compétent en de multiples domaines : endurance, attelage, randonnée. Mais c'est en attelage qu'il est le plus souvent apprécié grâce à l'uniformité de sa robe. Sa crinière est alors coupée de façon à laisser apparaître les crins noirs du milieu, qui dépassent des crins blancs latéraux.

Son caractère sympathique le prédestine aux enfants, mais le fjord peut être également monté par les adultes.

Le haflinger

Ancien cheval de bât des armées, le haflinger est originaire d'un petit village tyrolien, Hafling. Depuis les années 1800, les éleveurs – et en premier lieu Joseph Folie – ont sélectionné drastiquement leur production de façon à garder le type originel.
Puissant et intelligent, ce magnifique poney est l'un des préférés des enfants.
Polyvalent et robuste, il se plaît dans toutes les disciplines. Mais ses qualités de robustesse dues à ses ancêtres montagnards lui permettent d'être particulièrement performant en attelage.
Ce blond tyrolien est un tendre. Affectueux, calme et docile, le haflinger est également très courageux, ne rechignant jamais à aller plus loin.

À noter

Le haflinger peut vivre très vieux, jusqu'à l'âge de 40 ans. C'est dans les années 1970 qu'il a été introduit en France.

La description

- **Taille :** entre 1,42 et 1,49 m.
- **Robe :** toujours alezane avec les crins lavés.
- **Avantages :** son physique à la robe dorée et aux crins blonds le rend aisé à négocier.
- **Inconvénients :** soins indispensables pour entretenir crinière et queue.

Le highland

Ce poney était autrefois utilisé comme cheval de bât portant de lourdes charges en Écosse, sa patrie de naissance. De nos jours, le highland n'est pas encore très répandu.

Son passé lui a forgé une résistance et un courage peu communs. Balade, cross, attelage, rien ne l'effraie vraiment. C'est l'un des plus robustes poneys britanniques, qui a la préférence des Écossais pour la chasse aux cerfs.

C'est un modèle de douceur, de courage, de robustesse et de gentillesse.

Un poney idéal pour les enfants, que ce soit pour l'initiation, l'attelage ou la randonnée.

La description

- **Taille :** entre 1,24 et 1,47 m.
- **Robe :** grise dans tous les tons avec une raie de mulet et parfois des zébrures sur les membres.
- **Avantages :** rusticité, robustesse et gentillesse appréciables.
- **Inconvénients :** il est peu connu encore, ce qui rend peut-être sa vente peu aisée.

À noter

Au XVIe siècle, le highland a été croisé avec des percherons, puis, après le XVIIIe siècle, il a bénéficié d'un apport de sang arabe et clydesdale.

L'islandais

Il vient d'Islande, comme son nom l'indique, où ses ancêtres ont été confrontés aux rigueurs climatiques. Il y a été utilisé pour de multiples tâches : conduite des troupeaux, attelage, transport. Il a conservé de ses origines une grande résistance et de la rusticité.

Très souple, robuste et courageux, l'islandais s'adapte à tout : balades, attelage, etc. Très porteur, il peut être monté sans dommage par des adultes qui apprécient ses allures souples.

L'islandais fait figure d'original parmi les poneys grâce à deux allures spécifiques : l'amble (trot par bipèdes latéraux), qui est très confortable pour le cavalier, et le tölt (pas relevé et très rapide pouvant atteindre 45 km à l'heure).

À noter

En Islande, c'est un cheval qui est indifféremment utilisé par les plus jeunes ou les adultes.

La description

- **TAILLE :** entre 1,21 et 1,37 m.
- **ROBE :** le plus souvent alezan clair, mais existe aussi de couleur isabelle, baie, grise ou pie.
- **AVANTAGES :** ses allures originales, sa gentillesse et son courage.
- **INCONVÉNIENTS :** peu répandu, il concerne un public averti.

Le landais

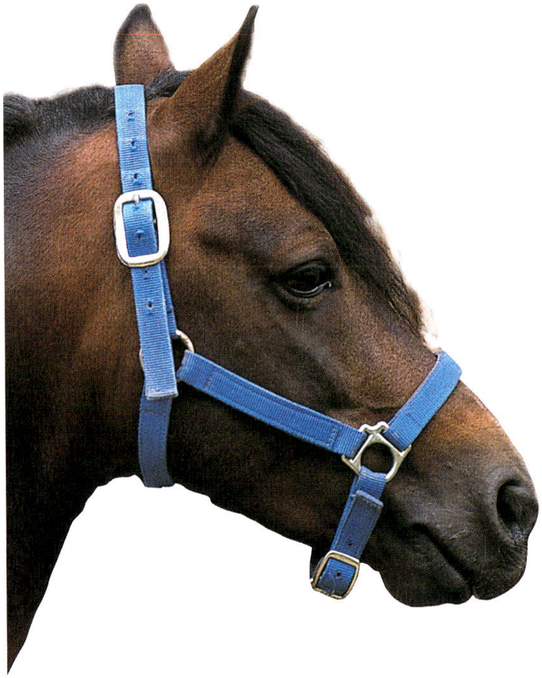

La description

- **Taille :** entre 1,18 et 1,47 m.
- **Robe :** baie ou alezane.
- **Avantages :** facilité d'élevage et docilité.
- **Inconvénients :** son élevage dans d'autres régions que la sienne pourrait peut-être altérer ses qualités.

Sa région de naissance, ce sont les barthes – des régions marécageuses – du Sud-Ouest, près des rives de l'Adour. Les chasseurs de canards l'utilisaient souvent comme paravent pour que le gibier ne les voient pas s'approcher.

Après la Seconde Guerre mondiale, le landais a bien failli disparaître. Heureusement, certains éleveurs passionnés ont sauvé la race de l'extinction en réintroduisant du sang welsh.

Sa placidité et son calme rendent le landais appréciable tant pour les randonnées que pour l'enseignement de l'équitation.

Ses qualités de trotteur le font rechercher également pour l'attelage.

Le landais est un grand calme qui ne s'effraie de rien ; il est doux et affectueux, ce qui n'empêche pas une vivacité certaine.

À noter

Deux tailles de landais existent : ceux classés sous le livre A, de 1,18 à 1,35 m, et ceux sous le livre B, de 1,35 à 1,47 m.

Le new-forest

C'est dans les forêts du sud de l'Angleterre, dans le Hampshire, que ce poney trouve ses racines. Croisé avec d'autres races, arabe, welsh, highland, dartmoor, son type a évolué au fil des ans.
Sa docilité et sa gentillesse le rendent idéal pour l'initiation des enfants à l'équitation. C'est également un bon poney de sport, mais il est largement concurrencé par le connemara.
Le new-forest est un poney sans problème qui allie douceur et intelligence, sociabilité et courage.

À noter

Dans sa région d'origine, le new-forest vit toujours aujourd'hui en liberté, même si la forêt de ses ancêtres n'existe plus.

La description

- **TAILLE :** entre 1,20 et 1,47 m.
- **ROBE :** fréquemment baie, mais toutes les couleurs sont admises, sauf le pie.
- **AVANTAGES :** équilibre de caractère et docilité.
- **INCONVÉNIENTS :** aucun.

Le poney français de selle

Le poney français de selle a été créé de toutes pièces – avec des connemaras, des mérens, des arabes, etc. – par des éleveurs français qui recherchaient un poney polyvalent dans les disciplines sportives.
C'est en 1969 que l'association de la race fut lancée.
Le poney français de selle est apte à tout ce pourquoi il a été conçu : saut d'obstacles, concours complet, dressage. Mais il peut sans souci être utilisé pour l'attelage ou la randonnée.
Voilà un excellent tout-terrain, mais qui est souvent dissemblable morphologiquement et psychologiquement selon les lignées.

La description

- **Taille :** entre 1,24 et 1,47 m.
- **Robe :** toutes les couleurs possibles.
- **Avantages :** race recherchée à l'achat pour sa polyvalence.
- **Inconvénients :** race peu homogène avec, parfois, quelques soucis caractériels.

À noter

Pour produire des poneys français de selle, l'étalon agréé doit être arabe, connemara, poney français de selle, new-forest, welsh. Quant aux juments, depuis 1991, elles n'ont plus besoin de justifier de leur race.

Le pottock

C'est un poney sans souci qui peut être confié en toute quiétude aux enfants. Il est particulièrement apprécié pour les longues randonnées.

À noter

Pendant longtemps, il a été poursuivi et chassé pour sa viande.

La description

- **TAILLE :** entre 1,15 et 1,47 m.
- **ROBE :** alezane, baie, pie.
- **AVANTAGES :** robustesse et frugalité appréciables pour l'éleveur.
- **INCONVÉNIENTS :** peu répandu.

C'est en plein cœur des montagnes basques que le pottock a vu le jour. Là, il était utilisé par les contrebandiers pour passer la frontière espagnole. C'est grâce à son isolement dans les Pyrénées à plus de 1 000 m d'altitude que le pottock a conservé son caractère originel.

Son passé lui a conféré une robustesse, une agilité et une frugalité peu communes.

Le pottock est particulièrement doué pour les disciplines dans lesquelles il doit faire montre de dextérité et de résistance.

Le shetland

La description

- **Taille :** entre 0,90 et 1,07 m.
- **Robe :** toutes les couleurs sont autorisées.
- **Avantages :** rusticité, public potentiel important.
- **Inconvénients :** réputation d'être têtu.

C'est au nord de l'Écosse, dans les îles Shetland, que ce petit poney a vu le jour. Il était utilisé autrefois pour les travaux agricoles ou encore dans les mines de charbon, où sa petite taille lui permettait de se faufiler sans encombre dans les galeries.

C'est le compagnon favori des enfants. Sa petite taille et sa robustesse lui permettent d'emmener les jeunes de tous âges sur des compétitions aussi variées que *pony-games*, obstacles, cross, balades, etc.

Capable de tracter une charge équivalente à deux fois son propre poids, le shetland est également très apprécié en attelage, que ce soit en compétition ou pour de simples balades.

Le shetland est gentil et, s'il est parfois accusé d'être ombrageux, voire mordeur, c'est simplement que les enfants n'ont pas toujours la poigne suffisante pour se faire respecter. Rustique et résistant, il peut vivre sans problème à l'extérieur. En revanche, il déteste la solitude.

À noter

Il existe un mini-shetland dont la taille ne dépasse pas 90 cm au garrot. Il a été créé en sélectionnant les plus petits des shetlands.

Le welsh

Obtenu à partir de croisements d'arabes, le welsh est originaire du pays de Galles, en Grande-Bretagne. Et, bien que l'administration de jadis ait fait abattre tous les individus de moins de 1,52 m pour les mâles et de moins de 1,32 m pour les femelles, certains ont échappé à cette sélection car ils vivaient dans des territoires inaccessibles.

Le welsh existe en quatre tailles : A (welsh mountain pony) jusqu'à 1,22 m, B (welsh pony) entre 1,23 et 1,37 m, C (welsh pony de type cob) entre 1,23 et 1,37 m mais plus massif que le précédent, et enfin le D, qui dépasse 1,37 m. Le welsh est donc apte à de nombreuses disciplines en fonction de sa taille.

Intelligent et pétillant, il est très apprécié des enfants. La pluralité de sa taille le fait rechercher par les jeunes de tous âges.

Très rustique, il peut vivre sans souci à l'extérieur toute l'année.

À noter

Le welsh est un poney de sport par excellence : saut d'obstacles, dressage, concours complet, attelage...

La description

- **Taille :** entre 1,20 et 1,47 m.
- **Robe :** toutes les couleurs sont admises sauf le pie.
- **Avantages :** endurance et multiplicité de tailles.
- **Inconvénients :** aucun.

Le logement

Hébergés au box pendant la partie la plus froide de l'année, les chevaux apprécient de pouvoir s'ébattre dans les prés et se nourrir d'herbe verte à la belle saison. Dans un cas comme dans l'autre, l'éleveur doit apporter beaucoup de soin au logement de ses chevaux. Sécurité, confort, hygiène sont les maîtres mots des installations à prévoir.

Où s'implanter ?

Pour pouvoir mener à bien votre projet d'élevage, vous devrez changer de résidence, peut-être même de région… Bien évidemment, vous allez orienter votre choix vers une propriété dotée d'herbages. Sans évoquer l'aspect financier, vous pouvez tout à fait opter pour un haras ou pour une exploitation agricole déjà axée sur les chevaux. Mais vous avez également la possibilité de choisir une ferme que vous allez transformer.

Évaluer la surface du terrain

Même si vous n'avez que trois poulinières, ne limitez pas la surface des herbages car vous le regretteriez rapidement. En effet, si l'on compte traditionnellement 1 ha par cheval, prenez en considération l'éventuelle croissance de votre cheptel. De plus, songez qu'il vous faut aussi de la terre pour, éventuellement, récolter foin, paille et autres céréales.

De la place vous sera également nécessaire pour changer les chevaux de pré, pour une meilleure repousse, et il vous faudra aussi séparer les mères des yearlings. N'oubliez pas non plus de prévoir de l'espace disponible pour carrières, paddocks, voire manège, selon vos projets.

On estime le minimum à envisager entre une dizaine et une quinzaine d'hectares, à moins

Prévoyez suffisamment de terrain : chevaux et poulains pourront s'ébattre en toute liberté et il vous sera possible de récolter votre propre production de paille et de foin.

évidemment que vous n'ayez des projets de plus grande envergure. Par exemple, associer à votre élevage un complexe de gîtes équestres, de chambres d'hôte ou encore organiser un vrai centre touristique tourné vers le cheval, avec piscines, golfs miniatures ou autres crêperies !

Bien choisir les installations

N'hésitez pas à visiter à plusieurs reprises les affaires qui vous intéressent. Ce n'est parfois qu'après plusieurs inspections que vous vous apercevrez peut-être que, finalement, de gros investissements sont effectivement à prévoir pour faire de ce lieu votre futur haras.

Les bâtiments doivent être sains et fonctionnels, les toitures et charpentes, robustes et en bon état.

N'omettez pas d'ailleurs d'aller faire un tour dans les greniers pour examiner soigneusement les charpentes : la moindre faiblesse peut augurer des travaux d'importance que vous n'auriez pas budgétisés.

Vérifiez aussi les alimentations en eau et en électricité des futures écuries afin d'éviter des travaux de terrassement pour installer conduites et câbles. De la même façon, écoulement des eaux, regards, puisards et fosse septique doivent être examinés.

Si les bâtiments d'exploitation ne comprennent pas de boxes, essayez d'évaluer s'ils peuvent être réalisés de façon fonctionnelle et sans trop de frais. Ayez une préférence pour une propriété où hangars et granges sont nombreux car il vous faudra de l'espace pour stocker le foin et la paille, mais également pour ranger vos machines agricoles, van, camion et, éventuellement, pour installer une aire de douche, une sellerie, un local pour stocker grain et granulés à l'abri des rongeurs.

Si la propriété qui vous intéresse ne dispose pas de suffisamment de bâtiments ni de granges, songez à faire construire des boxes ou à en faire installer. De nombreux fabricants proposent toute une gamme de boxes « clés en main » qui répondront parfaitement à vos souhaits. Modulables, ils peuvent être assortis d'un hangar à foin, être dotés de portes en bois ou métalliques. Toutes les options sont possibles.

Boxes, hangars et bâtiments doivent être spacieux.

Enfin, dernier conseil, jaugez bien la partie habitation car, si vous n'avez pas les moyens de faire réaliser des travaux par des entreprises, il vous sera bien difficile de dégager ensuite du temps pour les réaliser vous-même. Et il est déprimant, après une bonne journée de travail auprès des chevaux, de tenter de se reposer dans une maison où le confort n'est qu'un vain mot.

Les SAFER pour vous aider

Si vous recherchez une propriété, un haras, une ferme ou une exploitation agricole, vous pouvez vous rapprocher des SAFER.

Ces sociétés d'aménagement foncier et d'établissement rural analysent et évaluent votre projet, prospectent les biens adéquats, inventorient les droits à prime et vous accompagnent dans vos démarches. De plus, ces sociétés, qui possèdent des antennes régionales, négocient le prix et les conditions de vente pour s'ajuster au prix du marché. Au cas où l'exploitation serait de dimension insuffisante, elles recherchent des compléments de terre à l'achat ou en location. Enfin, après votre installation, elles vous accompagnent pour l'agrandissement éventuel ou la restructuration et vous apportent des conseils juridiques et fiscaux, assurant ainsi une sécurité supplémentaire.

Les SAFER connaissent un très grand nombre de propriétés rurales ou d'exploitations agricoles disponibles à la vente ou à la cession partout en France.

Un site Internet à consulter : www.safer-fr.com

À consulter sur Internet

Des offres de propriétés

- www.saferlr.com

Concerne la région Languedoc-Roussillon, hors Lozère.

- www.grandsdomaines-saferlr.com

Regroupe des offres de propriétés du service Grands Domaines de la SAFER Languedoc-Roussillon.

- www.safer-garonne-perigord.com

Pour les départements du Tarn-et-Garonne, de la Dordogne et du Lot-et-Garonne.

- www.frenchland.com

Regroupe treize SAFER réparties sur l'ensemble du territoire.

- www.saferdebourgogne.com

Pour les départements de la région Bourgogne.

Concernant votre installation

Administration

- www.agriculture.gouv.fr

Ministère de l'Agriculture.

- www.environnement.gouv.fr

Ministère de l'Environnement et de l'Aménagement du territoire.

- www.datar.gouv.fr

Délégation à l'aménagement du territoire et à l'action régionale (DATAR).

- www.legifrance.gouv.fr

Textes juridiques et administratifs.

Organisations professionnelles agricoles

- www.cnasea.fr

Centre national pour l'aménagement des structures d'exploitations agricoles (CNASEA) et réseau des ADASEA.

- www.apca.chambagri.fr

APCA et réseau des chambres d'agriculture.

Organismes publics pour l'environnement

- www.conservatoire-du-littoral.fr

Conservatoire du littoral.

- www.enf.asso.fr

Espaces naturels de France, Fédération des conservatoires régionaux.

Les boxes, au cœur de l'élevage

Le cheval passe le plus clair de son temps confiné dans son box : offrez-lui le meilleur cadre de vie possible.

Si vous avez des bâtiments adéquats, diverses formules sont à votre disposition pour l'installation de vos boxes.

Vous pouvez préférer les boxes intérieurs, assemblés grâce à des montants et à des portes, en laissant un couloir de dégagement suffisamment large pour les allées et venues des chevaux, pour l'approvisionnement en foin et en paille ainsi que pour l'entretien. Des fabricants se spécialisent dans ces modèles, allant des plus simples aux plus sophistiqués et qui combinent cuivre, peinture verte ou noire et têtes de chevaux sculptées.

Prévoyez de larges boxes où vos chevaux pourront se mouvoir avec aisance. Cela vous permettra d'ailleurs de les utiliser indifféremment pour un cheval seul, pour la naissance ou pour loger deux poulains au moment du sevrage. En outre, un large box se salit bien moins vite que celui qui répond aux normes d'usage.

Les normes d'installation

Pour installer vos boxes, vous devez respecter quelques règles simples de voisinage.

- **L'évacuation des eaux, du fumier et des lisiers** doit être conforme au règlement sanitaire départemental. Pour être irréprochable, il vous faut concevoir un dispositif d'évacuation comprenant des siphons avec grilles, des canalisations étanches, le raccordement à une fosse étanche en respectant une collecte séparée des lisiers, des eaux de lavage et des eaux pluviales.
- **L'aire de stockage des fumiers** doit être suffisamment éloignée des habitations voisines (50 m au minimum), des ressources en eau comme puits, forages, rives de cours d'eau (35 m au minimum) et, éventuellement, des zones aquacoles ou de baignade (100 m au minimum).

Des règles strictes régissent le stockage du fumier.

Cette surface doit être étanche et permettre une collecte des liquides d'égouttage débouchant dans un fossé étanche.

- **L'implantation des boxes.** Ils doivent être implantés à au moins 50 m des habitations, 35 m des ressources en eau et 200 m des aires de baignades ou des zones aquacoles.

Dans la plupart des communes, les constructions en dur sont soumises à l'obtention d'un permis de construire. De nombreuses restrictions au droit de bâtir, nommées « servitudes », limitent les droits du constructeur. Dans un site classé, par exemple, on peut vous imposer un type de toiture. De plus, le plan d'occupation des sols de votre commune gère également les constructions en fonction de la zone où vous vous trouvez.

Autre limitation : l'accord des voisins si le futur box se situe à moins de 50 m. Renseignez-vous auprès du maire de votre commune, qui vous suggérera peut-être de contacter le conseil en architecture. Les consultations publiques sont généralement gratuites. Il vous faut ensuite obtenir à la mairie un formulaire de demande de permis de construire, que vous retournerez dûment rempli et accompagné d'un certain nombre de plans. Une période de trois à quatre semaines est nécessaire pour obtenir le permis.

L'aménagement des boxes

Selon que vous aménagez une ancienne grange ou que vous projetez de construire des boxes neufs, il vous faut décider de leur disposition. Favorisez-vous les boxes intérieurs ou privilégiez-vous les boxes avec vue sur l'extérieur ? Cette question est primordiale. Les deux éventualités ont leurs avantages et leurs inconvénients.

Il est vrai que les boxes intérieurs conservent mieux la chaleur en hiver, mais les chevaux ne voient que peu la lumière du jour.

Et il faut avouer que s'ils ne vous voient que le matin, par exemple, la journée va leur paraître morose.

En ayant une vue sur l'extérieur, le cheval peut observer vos allées et venues, il voit passer les visiteurs, les enfants de la maison, le facteur, les chevaux que vous sortez, etc. Bref, cela l'occupe mieux que de contempler le mur de son box à longueur de journée. L'idéal serait de cumuler le confort des boxes intérieurs et une porte ou une fenêtre qui donnerait directement sur la cour de l'élevage.

Une fenêtre donnant sur une pièce de la maison permet à l'éleveur d'avoir l'œil sur ses chevaux.

PLAN DU BOX

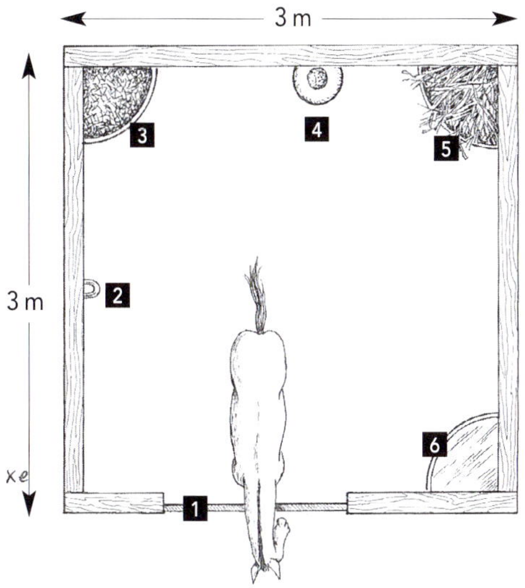

ÉCURIE DE 2 BOXES

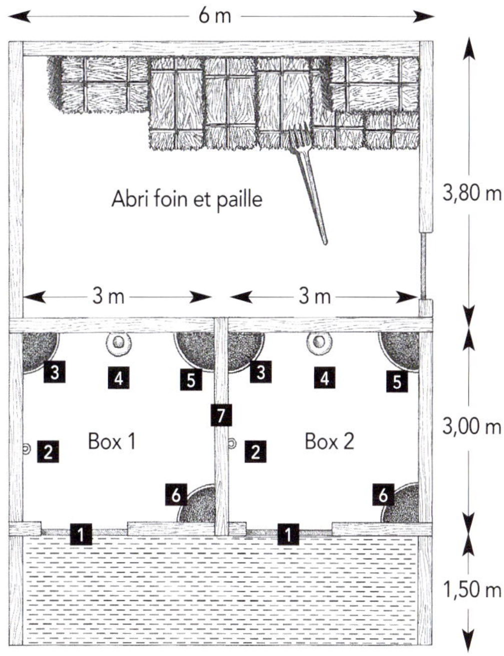

- **1** porte (largeur 1,20 m)
- **2** anneau d'attache
- **3** mangeoire (à 1 m du sol)
- **4** pierre à sel
- **5** mangeoire à foin
- **6** abreuvoir (à 1 m du sol)
- **7** cloison (largeur 0,20 m)

AUVENT DE BOX EXTÉRIEUR

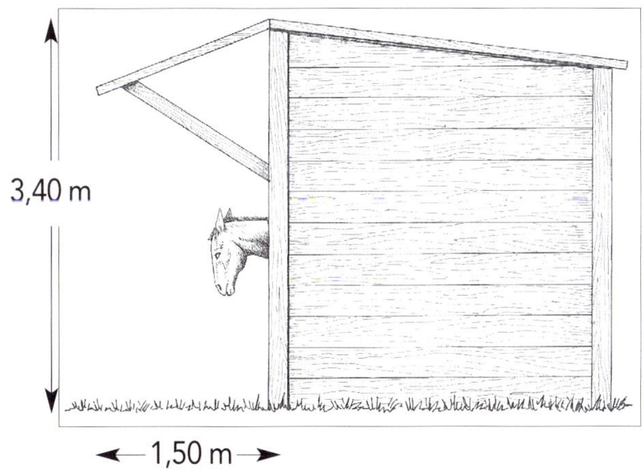

Les boxes avec vue sur la cour, particulièrement agréables pour les chevaux.

Le curage des boxes peut être simplifié par des engins appropriés.

Les boxes intérieurs en vis-à-vis conservent la chaleur en hiver.

- **De taille confortable.** Traditionnellement, la surface minimale d'un box est de 3 x 3 m. Mais rien ne vous oblige à respecter cette surface. Vous pouvez tout aussi bien prévoir un box de 4 x 4 m où vos chevaux auront un espace suffisant pour se mouvoir aisément.

Bien sûr, il vous faudra davantage de litière, mais le nettoyage n'en sera pas plus difficile, bien au contraire.

- **Le sol.** Le premier élément à envisager pour vos boxes est le sol. Celui-ci doit être propre, facile à nettoyer et le plus hygiénique possible. La terre battue, par exemple, est loin d'être idéale. Elle absorbe les urines et est particulièrement malaisée à nettoyer. De plus, elle peut

Brouette ou toupie ?

Outre le dosage de ciment, sable, eau et graviers, le béton n'est pas en soi un art difficile. Les doses une fois indiquées par un professionnel du bâtiment, vous serez parfaitement apte à le réaliser vous-même. En revanche, cette fabrication reste d'une manipulation difficile et fatigante.

Vous pouvez l'effectuer vous-même pour une petite surface. Mais, si vous envisagez de réaliser le sol d'une dizaine de boxes, il vaut peut-être mieux avoir recours à des fabricants de béton. Ceux-ci vous livreront à la date et à l'heure de votre choix un béton prêt à l'emploi grâce à une toupie qui brasse constamment le béton. En effet, s'il n'est pas continuellement remué, le béton sèche très rapidement. D'où la difficulté, lorsqu'on le fabrique soi-même, de l'utiliser assez vite. De même, si vous vous faites livrer, prévoyez suffisamment de main-d'œuvre pour qu'il soit étalé rapidement. Faites appel aux bonnes volontés !

se révéler un véritable « nid à microbes », néfaste pour vos chevaux.
Une bonne couche de béton armé reste l'idéal. L'avantage d'y inclure du fer est de rendre le mélange très résistant à toute attaque de gel, eau, urines, etc. L'idéal est donc d'acquérir du « fer à béton » sous forme de treillis, que vous trouverez chez tous les revendeurs de matériaux du bâtiment. Posez le treillis à plat et remplissez de béton, en prévoyant une déclivité suffisante – 2 cm par mètre – depuis le fond du box jusqu'à la porte, de façon à faciliter l'évacuation des eaux lors du nettoyage. L'application d'une couche de finition sur le béton bien sec facilitera le passage du balai lorsque vous curerez les boxes.
Il n'est pas inutile de prévoir de petites rigoles de chaque côté du box afin de faciliter le bon écoulement des eaux de nettoyage. Celles-ci seraient impossibles à réaliser une fois le béton et le ciment secs.

Eau et électricité : prévenir les risques

Avant d'installer définitivement vos boxes, procédez à l'installation des conduites d'eau et des câbles électriques.

- **L'eau.** Vous savez bien que l'ennemi principal de l'éleveur est le gel… Ne vous laissez pas piéger et songez à vous prémunir des moindres coups de froid.

Vous pouvez recourir à une installation souterraine, mais elle comprend le risque de fuites, invisibles mais terriblement coûteuses. Vous pouvez également envisager un calfeutrage des tuyaux, mais les chevaux grignoteurs en auront rapidement raison.
Il existe actuellement un ingénieux système, très facile à poser pour une installation neuve, mais également ancienne : un fil de cuivre relié à l'électricité entoure étroitement les conduites d'eau et chauffe ainsi constamment les tuyaux.
Vous trouverez également des abreuvoirs qui réchauffent l'eau, mais cela laisse le problème entier pour les canalisations.
Enfin, vous pouvez imaginer aussi un système de coffres à tuyaux remplis de laine de verre ou d'un autre isolant, si vous avez des talents pour le bricolage.

Une fenêtre vers l'extérieur garantit une bonne aération du box.

Recommandation

Un cheval évacue 200 l de vapeur d'eau par heure mais aussi 200 l de gaz carbonique. D'où la nécessité primordiale de prévoir des aérations suffisantes pour renouveler l'air respiré par vos chevaux.

L'ennemi principal de l'éleveur en hiver est le gel. La glace ne doit pas se former dans les abreuvoirs.

Il faut également nettoyer régulièrement la poubelle car l'eau, à la longue, aurait tendance à croupir. En effet, les chevaux répugnent à boire une eau un peu fétide.

D'autres systèmes d'abreuvoirs assurent une distribution à volonté. Il s'agit d'abreuvoirs automatiques qui fonctionnent selon différents systèmes. Pour certains, il suffit que le cheval, en buvant, fasse baisser le niveau de l'eau pour que l'alimentation soit assurée à nouveau.

Pour d'autres, il faut que le cheval appuie avec ses naseaux sur une sorte de palette pour que l'eau arrive. Il se peut que certains chevaux soient un peu effrayés par le bruit que produit l'eau en coulant, mais ceci ne dure pas longtemps. Très rapidement, l'animal associe le bruit à l'eau dont il a envie et n'est plus apeuré.

- **L'électricité.** Veillez à avoir une installation de premier ordre où les risques de court-circuit ou de panne sont réduits à zéro.

Cause première d'incendie, l'installation électrique se doit d'être irréprochable pour la sécurité de vos chevaux. De la même façon, évitez de faire passer des câbles dans les boxes, à proximité de leurs dents...

De l'eau en permanence

Il est indispensable que vos chevaux aient toujours de l'eau propre à leur disposition. Vous avez plusieurs solutions pour leur procurer un point d'eau. Par souci d'économie, vous pouvez disposer dans chaque box une grande poubelle de 100 l que vous approvisionnerez selon les besoins. Avec le poids de l'eau, le cheval ne risque pas de la renverser. En revanche, cela vous oblige plusieurs fois par jour à en vérifier le niveau, à enlever la paille et les saletés qui s'y sont déposées.

À noter

Certains éleveurs ne privilégient pas la pose d'abreuvoirs automatiques. Non qu'ils aient envie à tout prix de se charger de la corvée d'eau. Simplement, la poubelle qu'ils remplissent est leur seul moyen de vérifier la consommation d'eau des chevaux, qui indique de façon infaillible si quelque chose ne va pas. En effet, un cheval malade ne boit pas. Ce signe demeure invisible si des abreuvoirs automatiques sont à la disposition des chevaux.

Des mangeoires hygiéniques

• **La distribution des grains.** Les fabricants proposent des mangeoires fonctionnelles. Fabriquées en matières synthétiques, elles se fixent solidement à la hauteur désirée. Il est préférable de choisir des modèles faciles à nettoyer pour une hygiène parfaite. Certaines mangeoires sont ainsi munies à la base d'un bouchon de vidange qui permet d'évacuer tous les résidus de grains et de granulés.

La mangeoire à foin empêche le cheval de respirer les spores du fourrage, souvent responsables d'allergies.

D'autres sont dotées également d'un rebord antigaspillage. Celui-ci empêche les chevaux qui balancent de grands coups de tête en faisant voler leur nourriture d'envoyer leur ration dans le fumier.

• **Le foin.** Vous avez le choix entre le traditionnel râtelier et la mangeoire spécifique. Le râtelier est bien pratique, sauf qu'il est souvent placé trop en hauteur. Le cheval tire sur son encolure et risque, en tirant sur le foin, de faire voler des poussières qui pourraient se loger dans ses yeux.

Pour remédier à cela, une mangeoire à foin a été mise au point. Elle se présente sous la forme d'une grande mangeoire rectangulaire dans laquelle il suffit de distribuer la ration de foin adéquate et de rabattre le couvercle en forme de grille. Le cheval tire ainsi sur les brins de foin, et, au fur et à mesure, la grille descend. Veillez à placer la mangeoire à foin à hauteur du poitrail, cela permet une bonne position des antérieurs. Vous n'oublierez pas non plus le distributeur pour l'incontournable pierre à sel.

Des fermetures astucieuses

Un cheval constamment au box s'ennuie. Et, pour passer le temps, il grignote, il joue avec porte et verrous. Et les plus malins trouvent rapidement le moyen d'ouvrir les loquets et de prendre la poudre d'escampette...

Pour pallier ce risque, de nombreux systèmes de fermeture ont été conçus. Il peut simplement s'agir de verrous munis d'une sécurité impossible à enlever pour un cheval.

Cela peut également être une fermeture plus complexe composée d'une grande tringle plate horizontale qui met en mouvement deux fermetures, l'une en haut, l'autre en bas. Ce procédé présente l'avantage d'être facile à actionner par l'éleveur, d'assurer une bonne rigidité de la porte et d'être impossible à ouvrir par le cheval.

Pour conserver l'intégrité d'une porte en bois, une astuce consiste à protéger ses rebords des dents du cheval en y clouant des plaques de zinc. Aucun cheval en effet, aussi « rongeur » soit-il, n'aura raison de ce métal...

Très agile, le cheval parvient souvent à ouvrir la porte de son box.

Dans le box ou au pré, la pierre à sel garantit le bon équilibre minéral du cheval.

Pour tromper l'ennui

Les journées sont longues pour le cheval au box. Pour qu'il ne développe pas de tics, il faut bien évidemment le sortir le plus souvent possible. Ce n'est pas toujours facile. Il peut donc être profitable de lui procurer de quoi s'amuser. De gros ballons rigides sont commercialisés dans ce but. Accrochés dans un coin du box, ils permettent au cheval de jouer à le ronger, ce qu'il ne peut bien sûr pas faire. Mais, le temps qu'il s'y emploie, il ne peut ni ronger la porte de son box ni s'énerver inutilement.

Un environnement pratique

À la sortie des boxes, prévoyez de sceller des anneaux pour l'attache. Ceux-ci vous seront d'un grand secours lorsque vous souhaiterez panser vos chevaux ou les seller.

De la même façon, il est agréable de pouvoir poser selle et bridon près de la porte du box. À cet effet, vous pouvez installer des porte-selles et des porte-bridons. Et, pour terminer l'aménagement des boxes, s'ils sont extérieurs, coulez une dalle de béton juste devant. Cela permet d'éviter de « patauger » dans la boue dès la sortie du box.

De même, si vous pouvez installer un auvent sur le couloir de ciment, celui-ci vous protégera des averses et vous permettra de continuer à panser, à seller et à soigner votre cheval au sec.

• **Le rangement du matériel.** Au plus près de vos boxes, prévoyez un local réservé aux produits de soins, d'alimentation, d'entretien et un autre destiné à la sellerie. Évidemment, vous aménagerez ces pièces en fonction de leur utilisation : étagères étiquetées pour les produits vétérinaires, placards fermés pour les seringues et autres produits dangereux, coffres à grains et à granulés hermétiques, porte-selles et porte-bridons, supports pour couvertures, etc. Pour votre sécurité, ces deux pièces pourront être fermées à clé. Rien n'est plus agréable que d'avoir à disposition un matériel bien rangé.

• **Les équipements personnels.** Aménagez-vous une pièce dans laquelle entreposer vos vêtements de pluie, vos bottes et autres gants, chapeaux et bonnets. Cela paraît à priori superflu mais vous verrez que, à l'usage, il est bien agréable de retrouver, une fois son travail terminé, des chaussures et des vêtements secs pour retourner à son domicile. Ce n'est pas parce qu'on est éleveur que l'on est obligé de rapporter dans sa maison force paille, boue et poussières. Il semble essentiel de bien distinguer le côté élevage de la partie domicile : les chevaux n'habitent pas dans votre maison et vous n'habitez pas dans les écuries…

Des écuries propres et avenantes donnent à l'éleveur une bonne image.

Quelques espaces à prévoir

Une « salle de bains » fonctionnelle

Installez une aire spéciale pour la douche avec anneau d'attache et tuyau d'eau froide ou chaude.

Vous aurez également besoin d'un espace où vous pourrez doucher les membres de vos chevaux après le travail, nettoyer vos bottes et tout votre matériel. Pour cela, vous pouvez simplement réserver un endroit bétonné muni d'une arrivée d'eau. Pour que celle-ci soit aisée à utiliser, il convient de faire passer le tuyau en question dans une potence qu'il sera facile de diriger d'un côté à l'autre du cheval sans que cela ne l'effraie ni qu'il puisse marcher sur le tuyau.

Pour améliorer ce coin douche, il est possible de l'installer dans un endroit fermé et couvert, de revêtir les murs de carrelage pour en faciliter le nettoyage, de poser au sol un revêtement en caoutchouc qui évite au cheval de glisser, de relier l'arrivée d'eau à un ballon d'eau chaude pour laver vos chevaux en hiver.

Une cabine de séchage

Dans une autre pièce, vous pouvez également installer une cabine de séchage, car la difficulté est non pas de laver les chevaux, mais plutôt d'arriver à les sécher de façon qu'ils ne prennent pas froid. Cela peut être un simple box muni sur le plafond et les murs de lampes à infrarouge spécialement étudiées. Pour que le cheval ne bouge pas dans tous les sens, il suffit de prévoir un anneau de chaque côté pour accrocher une longe sur chaque montant du licol ou du bridon. Une minuterie avec alerte sonore sera la bienvenue pour vous prévenir que le temps souhaité est écoulé.

Une cabine munie de lampes à infrarouge permet de sécher les chevaux en hiver.

Un local « garde-manger »

Afin de favoriser une bonne conservation des aliments, il est vivement conseillé de prévoir un local sec, aéré et bien hermétique pour éviter l'invasion de rongeurs.
Vous pourrez y stocker votre réserve de grains et de granulés : soit vous les laissez dans leurs sacs en les posant sur une palette en bois afin d'éviter l'humidité par le sol, soit vous les entreposez dans de grands bidons en plastique, auparavant réservés au stockage d'huiles.
Vous pouvez aussi les conserver dans des congélateurs ne fonctionnant plus. C'est une technique peu onéreuse et largement employée par les éleveurs.
Dans ce local, il est également judicieux de vous installer un grand tableau où vous pourrez inscrire les rations de chaque cheval. Ainsi, vous aurez une bonne vision globale des doses à distribuer.
De plus, si quelqu'un devait assurer la distribution des repas à votre place, il saurait immédiatement quoi faire.

Une pharmacie complète

Pour ne jamais être à court d'un produit indispensable, il est sage de bien gérer l'armoire à pharmacie de vos chevaux.
Une liste de tous les produits nécessaires vous permet, dès qu'un produit vient à manquer, de le remplacer dans les plus brefs délais.

Sans que cette liste soit exhaustive, vous pouvez cependant prévoir au minimum :
- des compresses ;
- du sparadrap autocollant ;
- une paire de ciseaux ;
- des gants jetables ;
- des bandes de repos ;
- des rasoirs jetables pour raser les poils autour d'une plaie ;
- un thermomètre ;
- du coton hydrophile ;
- des seringues et des aiguilles pour les piqûres intramusculaires ;
- une seringue avec doseur pour administrer par voie orale ;
- des antiseptiques sous toutes les formes ;
- de la pommade cicatrisante ;
- des antispasmodiques en cas de coliques ;
- de la pommade anti-inflammatoire ;
- un sérum antitétanique (à garder au frais).

Un bureau d'accueil

Pour finaliser de façon agréable votre aménagement, prévoyez, peut-être dans la pièce où vous rangez vos équipements personnels, un coin « salon », même réduit au strict minimum.
Vous y installerez une table, quelques chaises, une machine à café, un réfrigérateur garni de boissons diverses. Après le travail, rompu de fatigue, épuisé par le frimas ou la canicule, vous serez certainement ravi de pouvoir prendre 5 minutes de repos devant un café bien chaud ou une boisson fraîche. De plus, ce local se révélera très convivial pour accueillir vos éventuels clients venus choisir le cheval de leurs rêves. Libre à vous ensuite d'y installer votre bureau avec les papiers de vos chevaux, un téléviseur et un magnétoscope pour faire voir les prouesses de vos progénitures ou d'améliorer les lieux avec musique ou coin bar...
L'accueil est primordial dans tout commerce et, même si vous ne concevez pas votre passion comme une valeur marchande, il est bien évident que votre image de marque ne peut qu'en être améliorée. Alors, laissez libre cours à votre imagination en terme de convivialité !

En liberté, au pré

Le pré de vos chevaux ressemble à une maison perchée sur une falaise plongeant sur la mer...
Il y fait bon vivre, avec une seule contrainte : ne pas franchir les limites dangereuses. À priori, s'ils ne manquent ni d'eau ni de nourriture, vos chevaux n'ont pas en tête de s'échapper ; mais une clôture qui lâche, c'est une porte pour leur curiosité qui risque de vous apporter bien des tracas...
Vous avez eu la sagesse d'acquérir plusieurs hectares pour accueillir votre élevage. Il faut désormais bien étudier la fonctionnalité de vos prés. Il convient d'abord d'observer la qualité du sol et des espèces qui y poussent. Car, si vos terres ne sont pas encore closes, il sera bien plus facile d'exécuter les travaux agricoles au préalable.

La pâture avant le printemps

• **Les travaux d'élagage.** La période hivernale est propice aux travaux agricoles. La nature encore en sommeil favorise les travaux d'élagage et d'entretien. Pendant l'hiver, dès que vous avez des heures disponibles, faites le tour de vos prés pour envisager le travail à effectuer.
S'il y pousse des arbres, c'est le bon moment pour retirer toutes les branches mortes, pour éliminer les arbres morts, pour jouer de la tronçonneuse et allumer des feux afin de se débarrasser de tous les résidus. Laisser à terre tous ces branchages vous compliquera la vie car, en période de pousse, un enchevêtrement de ronces et autres plantes herbacées rendra le ramassage difficile.

• **Semer à tout vent.** Si les prés que vous possédez n'apportent plus suffisamment d'herbe à vos chevaux ni de foin à vos greniers, il va falloir songer à les semer à nouveau. Un travail minutieux, certes, mais qui vous permettra de produire deux à trois fois plus de fourrage ou d'herbe qu'auparavant.
Avant toute chose, il est essentiel d'analyser les espèces présentes dans les prés afin de déterminer s'il convient de tout replanter ou bien s'il suffit d'en éliminer les inutiles, que les chevaux ne mangeront jamais.

Vous pouvez pour cela vous rapprocher des spécialistes de la coopérative agricole voisine, qui sauront déterminer avec vous ce qu'il convient de replanter, la dose à apporter et la période adéquate pour semer.
Il faut également retenir qu'une jeune prairie doit être préservée, c'est-à-dire qu'il ne convient pas d'y lâcher soudainement une vingtaine de chevaux. Si la terre est humide, ils risqueraient avec leurs pieds d'arracher les jeunes plants, qui n'auraient ensuite que peu de chance de pousser durablement.

- **Eau en libre service.** Le souci majeur reste l'alimentation en eau. Peut-être avez-vous la chance qu'une rivière borde les pâtures.

En ce cas, veillez à ce que les abords soient accessibles afin que les chevaux, et surtout les poulains, puissent y boire sans risquer de tomber dans l'eau et de ne pouvoir en sortir. L'idéal serait de créer une dérivation en creusant un large trou pour que l'eau de la rivière puisse venir le remplir.
Malheureusement, la majorité des prés est dépourvue de points d'eau ; charge donc aux

Les chevaux apprécient la liberté d'être au pré. Faites en sorte que celle-ci ne devienne dangereuse.

Baignoires économiques

Une solution peu onéreuse consiste à récupérer d'anciennes baignoires pour faire office d'abreuvoirs. Évitez-les pour des chevaux trop fougueux ou encore trop jeunes. Les rebords, parfois acérés, risqueraient de blesser leurs membres.

Si les prés sont dotés d'une mare, veillez à ce que l'abord soit aisé et l'eau de bonne qualité.

éleveurs d'alimenter, aux bidons ou avec tracteur et tonne d'eau, les abreuvoirs disposés dans les prés. Des fabricants spécialisés proposent des abreuvoirs de grande dimension évitant de remettre le niveau trop fréquemment.

En revanche, veillez à ne pas mettre l'abreuvoir sous les arbres car les feuilles souilleraient l'eau rapidement et les chevaux, très difficiles sur la qualité de l'eau, ne la boiraient plus. De la même façon, ne le positionnez pas trop près des clôtures car, même si celles-ci sont à priori peu dangereuses, elles peuvent tout de même blesser l'un des chevaux lors de la bousculade vers l'eau.

Quel type de clôture ?

- **Les haies naturelles.** Si, par chance, vos pâtures sont bordées de haies naturelles, la tâche sera simplifiée. En effet, les haies bocagères présentent de multiples avantages : en leur procurant une ombre bienvenue et en chassant les insectes, elles protègent les chevaux des chaleurs estivales comme des rigueurs hivernales, leur évitant aussi les vents trop violents.

Charge à vous, cependant, de vérifier soigneusement qu'aucune trouée n'altère l'intégrité de cette clôture naturelle. N'hésitez pas à doubler tout passage dangereux par des plantations nouvelles et par des rubans électriques.

Recommandation

Attention, ne laissez jamais vos chevaux dans des prés ceints de barbelés ou de fils lisses. Si ceux-ci sont recommandés pour le bétail, bien plus placide que la gent équine, ils se révèlent très dangereux pour les chevaux. Nombre d'accidents sont répertoriés avec ce style de clôture, déchirements musculaires, sections de tendons, etc.

Ayez également à l'esprit que si, au printemps, une telle haie semble parfaitement hermétique, il n'en sera pas forcément de même à la fin de l'automne ou au tout début du printemps, lorsque les ramures seront largement moins feuillues.
Il peut être profitable, au départ, de doubler ces haies bocagères par un autre système de clôture.
• **Les clôtures en bois.** Si vos prés sont bordés de clôtures en bois, cela peut parfaitement convenir. Mais vérifiez bien qu'aucun poteau n'est branlant, qu'aucune lisse n'est en voie de se rompre. Un morceau de bois absent et vos chevaux risquent de profiter de l'aubaine... Inspectez donc soigneusement chaque parcelle de votre clôture et n'hésitez pas à renforcer toute partie suspecte, en lui ajoutant des vis et des boulons.
Si vous privilégiez le bois, vous pouvez faire appel aux fabricants spécialisés. Ils vous fourniront une clôture impeccable. Si vous préférez installer vous-même votre clôture en bois, vous pouvez

Des poteaux vite en place

Si vous envisagez d'installer, avec massue, tarière ou autres, des poteaux autour de vos pâtures, vous pouvez, à peu de frais, faire appel à un entrepreneur de travaux publics. Ce dernier n'est pas spécialiste en la matière mais dispose d'un engin qui peut singulièrement vous simplifier la vie. Il s'agit d'une pelleteuse munie d'un godet comprenant un creux dans sa partie inférieure. Il suffit – à condition d'être rapide – de positionner chaque poteau de façon que la machine puisse l'enfoncer en appuyant doucement dessus. À moins que le terrain ne soit truffé de cailloux, cette opération ne prend pas plus d'une matinée pour clore un terrain de 2 ha, et cela pour environ 150 euros.

À noter

Solides, imputrescibles, les barrières en bois proposées par de nombreux fabricants assurent une efficacité maximale. Leur durée de vie atteint près d'une trentaine d'années là où les rubans électriques n'excèdent pas 5 à 10 ans selon les modèles et les qualités. Le coût de l'installation est certes plus onéreux qu'un système électrique, mais il faut compter le facteur amortissement.
De plus, détail non négligeable, ces barrières contribueront à augmenter le prix de revente de votre propriété si vous décidiez de changer de région.

Très dangereux, les poteaux en bois munis de barbelés ne sont pas adaptés aux chevaux.

recourir en guise de poteaux – et de lisses aussi, d'ailleurs – aux anciennes traverses de chemins de fer. Ces pièces de bois sont particulièrement solides et ont été déjà largement traitées contre tout pourrissement prématuré. Reste à vous armer de force et de main-d'œuvre pour mettre en place ces pièces fort lourdes et à vous munir de toute une artillerie de vis, de boulons et d'outils pour fixer solidement le tout.

● **Les clôtures électriques.** Parmi les générations récentes de clôtures, la clôture électrique remporte tous les suffrages. Dissuasive pour les chevaux, qui ne s'y frottent qu'une seule fois, elle reste très performante, pourvu qu'elle soit de qualité et parfaitement bien installée et contrôlée.

Le principe est simple : des fils métalliques conduisent l'électricité dans des bandes de tissu synthétique autour du périmètre clos. Les bandes sont rattachées à des poteaux grâce à des attaches spéciales. Plus ou moins larges, elles existent en blanc, en vert ou en marron. Et le tout est soit alimenté par une batterie, soit relié au secteur, si la pâture est proche du domicile ou d'une prise.

Tout le périmètre doit être régulièrement vérifié et restauré. En effet, tout branchage, toutes herbes folles entraînent une déperdition de courant qui altère de façon sensible la bonne électrification du réseau.

Enfin, il faut privilégier des rubans de qualité. Ceux destinés aux bovins, moins fugueurs et bien plus calmes que les chevaux, ne conviennent pas.

Favorisez des installations de qualité : la vie de votre élevage en dépend.

Dissuasives, les clôtures électriques fractionnent également la pâture en parcelles.

À noter

Si votre clôture ne produit plus de courant, plusieurs facteurs peuvent être en cause :
– votre prise de terre n'est pas bien installée ;
– vos isolateurs n'isolent plus rien du tout ;
– des herbes ou des branches sont en contact avec la clôture ;
– un morceau de barbelé touche le sol et la clôture.

● *Pluie et orages*

L'efficacité d'une clôture électrique baisse lorsqu'il pleut. Mais, pas de panique, car vos chevaux mouillés, donc plus réceptifs au courant électrique, ne s'approcheront pas de la clôture.

En revanche, en cas d'orage, il est plus prudent de débrancher votre clôture, même équipée de protecteurs antifoudre. Ceux-ci, en effet, ne feront pas le poids contre les millions de volts de la foudre. Vous pouvez cependant poser un parafoudre ou un paratonnerre, qui enverra la foudre à terre sans endommager votre installation électrique.

Le matériel indispensable

Si vous comptez élever plusieurs chevaux, certains aménagements et acquisitions doivent être envisagés. Ils ne seront peut-être pas indispensables au départ, mais ils vous procureront rapidement confort dans votre travail et gain de temps. Le choix du moyen de transport, de la litière ou des équipements équestres se fera après un examen attentif de chacune des options.

Le transport des chevaux

Que ce soit pour emmener vos juments à la saillie, pour vous rendre à un concours ou pour livrer un cheval, il est évident que vous aurez besoin d'un moyen de transport.
La question initiale est bien de savoir s'il vous faudra privilégier un van 1 place, un van 2 places ou un petit camion. Choisir un van 1 place lorsqu'un ou des poulains sont à naître n'est pas judicieux. Mais opter pour un camion 6 places sans pouvoir l'amortir ultérieurement ne dénote pas non plus un sens aigu de la gestion.
Si vous êtes propriétaire d'au moins deux poulinières, vous pourrez les emmener toutes les deux pour la saillie avec un van 2 places. Mais, lorsque leurs poulains seront nés et que vous voudrez les faire saillir aussitôt, vous devrez faire deux voyages. Réfléchissez alors à l'option du petit camion, qui vous permettra peut-être de gérer tous les cas de figure.

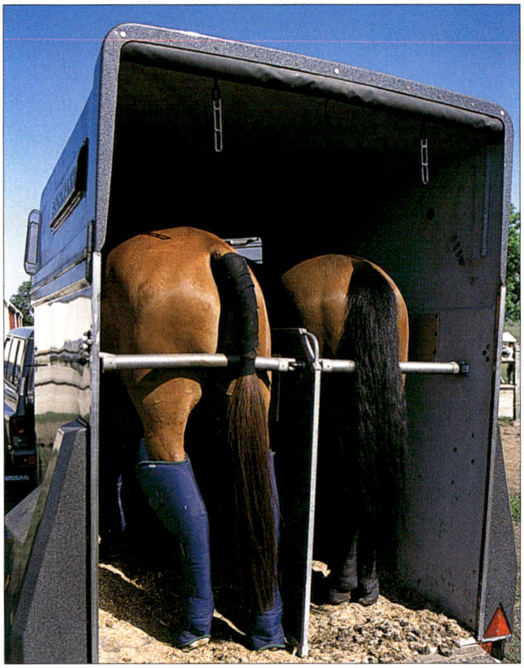

Van 1 place ou 2 places ? L'éleveur doit peser son choix.

Le van

Parmi tous les modèles proposés par les fabricants, il va vous falloir examiner dans les détails ce dont vous avez besoin, compte tenu de l'utilisation, de la taille et du caractère de vos chevaux et en fonction des déplacements à envisager.
Vous avez le choix entre plusieurs matériaux : bois traité, polyester moulé, etc. Mais c'est avant tout la sécurité de vos chevaux qui importe. Examinez donc tout particulièrement le châssis du van, qui doit être de bonne qualité, résistant et particulièrement solide. L'entretien est d'ailleurs prépondérant pour garantir la longévité de votre van. Soyez également vigilant concernant les suspensions et les amortisseurs.

- **La flèche.** Une partie également essentielle pour un van est bien la flèche où est positionné le système de fixation à votre crochet d'attelage. Privilégiez un positionnement aisé avec un système automatique qui permet de vérifier facilement que la flèche se trouve bien en place avant le départ.

De la même façon, portez une attention particulière à la petite roue qui tient la flèche lorsque le van est dételé ; celle-ci doit pouvoir être solidement tenue en l'air pour éviter qu'elle ne touche le sol en marche.
De nombreux fabricants proposent un système antivol fixé sur la flèche. Un détail bien pratique lorsqu'il faut laisser le van au haras lors du séjour d'une poulinière pour la saillie.

- **Le pont.** Étudiez aussi le style de pont qui vous convient le mieux. Vous pouvez choisir un pont unique qui s'abaisse vers l'arrière, en une

● *Questions de permis*

Savez-vous que vous ne pouvez pas tracter un van dans n'importe quelles conditions ? Excepté quelques cas particuliers, vous devez posséder le permis E. Pour tracter un van 2 places, par exemple, vous aurez besoin de passer ce permis.
La seule situation où vous pouvez tracter avec un simple permis B est celle dans laquelle le poids de la voiture ajouté à celui de la remorque en charge (PTAC = poids total autorisé en charge) n'excède pas 3,5 t.
À cette condition s'ajoute celle qui précise que le PTAC de la remorque ne doit pas être inférieur au poids à vide du véhicule tracteur. Sauf à avoir un van 1 place très léger et une bonne voiture bien lourde, il est largement préférable de passer son permis E, ce qui permet d'ailleurs de tester sa capacité à manœuvrer avec une remorque. Cela est bien moins évident qu'il n'y paraît, surtout en marche arrière…
Contrairement aux années passées, le permis E ne se résume plus à une simple visite médicale, mais il s'agit désormais d'un véritable examen, à l'instar du permis de conduire, avec épreuves théoriques et pratiques.

Certains chevaux craintifs ont parfois besoin d'être sécurisés par une barrière.

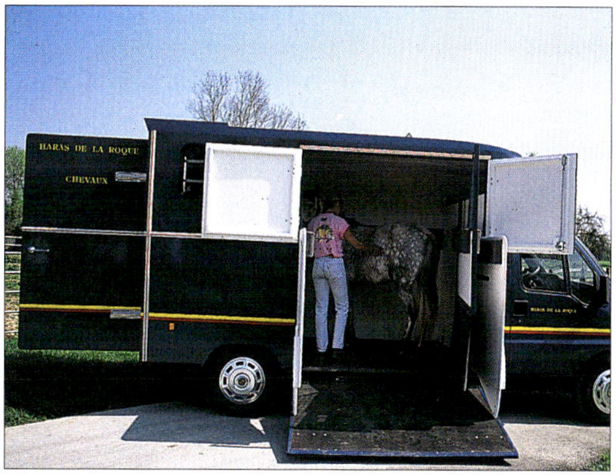

L'ouverture sur le côté convient aux chevaux qui rechignent à descendre en marche arrière.

ou deux parties ou opter pour un pont supplémentaire placé à l'avant, ce qui peut être intéressant pour les chevaux qui éprouveraient quelques difficultés à descendre en marche arrière. Dans tous les cas, préférez un système de pont facile à manipuler avec de bonnes fermetures et qui peut être agrémenté de vérins hydrauliques.
Le revêtement du pont a aussi son importance. À base de caoutchouc ou de résine de polyester, il est facile à entretenir et assure un bon équilibre aux chevaux pendant le transport. Cela évite également d'ajouter de la paille ou des copeaux, ce qui est beaucoup plus long à nettoyer à la fin du voyage.
N'hésitez pas à choisir un modèle qui apporte le meilleur confort à vos chevaux : matelas rembourrés sur les flancs intérieurs et sur les barres, bat-flanc matelassé, séparations souples sur la partie inférieure.

Dernier point, examinez également la fiabilité et le système de fermeture des hublots d'aération ainsi que l'efficacité de la lumière intérieure.

Les fabricants proposent des modèles luxueux de vans : celui-ci est doté de 3 places.

Recommandation

Celui qui est déjà monté dans un van avec son cheval a pu apprécier les secousses et autres inconforts de la situation du cheval transporté. Au volant, il importe de tenir compte du bien-être de l'animal. Pas de coups de freins, ni de virages brutaux, il faut anticiper les à-coups prévisibles du trajet. Sur un long voyage, prévoyez des haltes, n'oubliez pas de donner de l'eau, d'ouvrir les aérations et, surtout, ne sortez jamais le cheval sur le bord de la route, sauf en cas d'urgence réelle.

Des normes européennes

Des éléments bien précis ont été indiqués par le Conseil de l'Europe en matière de transport des chevaux par route, d'après la recommandation n° R(87)17 des États membres :
« La longueur, la largeur et la hauteur de l'espace disponible pour les animaux doivent figurer en évidence sur les véhicules routiers. Des indications ou symboles appropriés figurant à l'extérieur du véhicule doivent préciser qu'il s'agit de transport d'animaux vivants. Si nécessaire, les parois des stalles ou des boxes doivent être rembourrées à partir d'environ 75 cm au-dessus du sol et jusqu'à une hauteur correspondant au dos de l'animal. Des rembourrages supplémentaires peuvent être nécessaires pour protéger la tête de l'animal, ainsi que sur les lisses d'appui. Ce capitonnage doit pouvoir être nettoyé et désinfecté facilement. (…)
Les véhicules ne disposant pas d'un système de ventilation mécanique doivent être équipés de bouches d'aération de dimension suffisante situées à l'avant et sur la longueur du véhicule. Ces bouches d'aération devraient être construites de manière à ne pas occasionner de blessures aux chevaux transportés et à pouvoir être fermées, si nécessaire. »

Le camion

Si vous pouvez investir dans un petit camion, cela solutionne bien des problèmes : permis E, déplacement des poulinières avec leur poulain, transport de matériel, sellerie, etc. Et cela se révèle parfois une excellente formule d'hébergement pour une nuit, si vous optez pour un modèle muni d'une couchette.
La maniabilité d'un camion est supérieure à celle d'une voiture attelée d'un van, et le confort des chevaux est maximal. Par ailleurs, il est plus facile pour le conducteur ou le passager de vérifier que les chevaux se portent bien à l'arrière.
En revanche, le budget est largement supérieur : votre choix doit donc être le plus perspicace possible. Si vous ne souhaitez pas investir dans un camion neuf, vous avez la possibilité de faire aménager une ancienne bétaillère ou tout autre petit camion de transport de matériaux. Auparavant, renseignez-vous bien sur le coût final auprès du carrossier qui vous le transformera et vous l'aménagera avec tous les accessoires que vous souhaitez.
De la même façon, soyez très vigilant sur l'état du véhicule ; il serait dommage d'investir des sommes très importantes pour un véhicule dont le moteur vous lâcherait peu de temps après.

À noter

Vous pouvez opter pour un camion d'occasion. Il est cependant très difficile d'en trouver à la vente car les propriétaires, ne les utilisant que de façon occasionnelle, les gardent généralement jusqu'à usure complète. De plus, les propriétaires de chevaux ne souhaitant pas passer le permis E se précipitent vers les rares camions à vendre. Si vous en dénichez un, n'hésitez pas à le faire examiner par un spécialiste avant de l'acheter. Cela vous évitera bien des déboires.
Une bonne piste : les écuries de courses. Ces dernières, faisant généralement beaucoup de kilomètres, doivent renouveler régulièrement leur matériel. Et même si le compteur affiche beaucoup de kilomètres, l'état général est souvent très bon.

Il est avantageux d'acquérir un petit camion, mais difficile d'en obtenir d'occasion.

Les équipements équestres

• **Le « marcheur automatique ».** Si vous ne disposez que de peu de temps pour sortir vos chevaux ou si la place manque pour les laisser au pré, vous pouvez acquérir un marcheur automatique. Plusieurs modèles sont en vente, du simple mécanisme avec un rond muni d'anneaux auxquels sont attachés les chevaux au système plus sophistiqué, qui prévoit, grâce à un mini-ordinateur, tout un programme de travail.

Le marcheur automatique permet au cheval de travailler et de se détendre sans la présence de l'éleveur.

• **La carrière.** Que ce soit pour débourrer ou socialiser les poulains, pour faire travailler les adultes ou encore tourner en longe les uns et les autres, une carrière se révèle très appréciable. Bien sûr, un bout de pré clos peut faire l'affaire, mais il est beaucoup plus agréable de travailler dans un espace bien aménagé au préalable, où l'eau ne stagne pas et où la boue ne devient pas quotidienne. Par ailleurs, sur un sol inadapté, il est très difficile de préparer correctement un cheval et d'exploiter parfaitement ses capacités. Par souci économique, il vaut mieux tabler sur une carrière réalisée dans les normes plutôt que devoir envisager en permanence sa

Le rond de longe, mini-carrière de forme circulaire, est très utile pour débourrer les jeunes chevaux.

réfection. Il convient de bien choisir au préalable l'endroit où l'installer, avec un accès facile, par exemple.

Il faut ensuite s'intéresser au sous-sol. En effet, la réussite de l'installation d'une carrière ne réside pas dans l'étalement d'une bonne couche de sable. Pensez à créer une déclivité suffisante sur toute la surface pour la bonne évacuation de l'eau, à vérifier que le sol n'est pas imperméable et, si tel est le cas, à y aménager des drainages.

Une fois de plus, même si vous êtes bricoleur, il vaut peut-être mieux faire appel à un spécialiste. Celui-ci saura adapter les travaux et les matériaux à la nature du sol et, de plus, vous bénéficierez de garanties bien utiles.

● **Rond de longe et paddocks.** Pour parfaire vos aménagements, il est appréciable d'installer un rond de longe. Bien sûr, il est toujours possible de faire tourner un cheval en longe dans une carrière, mais cela devient beaucoup plus périlleux avec un jeune. L'espace environnant l'incite à se soustraire à l'emprise de la longe, tandis que, dans un rond de longe, il est obligé de tourner... en rond.

Le sol peut être identique à celui de votre carrière et livré en même temps. Quant aux barrières, elles peuvent très facilement être installées en bois.

Si vous avez suffisamment de place, prévoyez quelques paddocks ceints de clôtures électriques. Ceux-ci seront parfaitement rentables car ils vont vous permettre de laisser vos chevaux se détendre à l'extérieur plutôt qu'être confinés toute la journée dans leur box.

Même de petite taille, des paddocks offrent aux chevaux la possibilité de se détendre dans la journée.

La propreté du box

La première prévention en matière d'hygiène est de conserver un box parfaitement propre. Le cheval y séjourne en effet la plupart du temps, et un mauvais entretien favoriserait la prolifération de bactéries et de microbes. Si vos boxes sont bien conçus, vous n'aurez pas trop de difficultés à les entretenir.

À vous de déterminer en fonction de vos goûts, de vos facilités, de vos finances la litière la mieux adaptée.

• **La paille.** La paille reste la principale litière car elle est économique, le cheval en consomme et elle est encore facile à trouver auprès des agriculteurs voisins ou à produire soi-même.

Par ailleurs, on la stocke aisément sous un hangar, en petites bottes (environ une dizaine de kilogrammes) ou en grosses balles rondes ou rectangulaires (pesant à peu près 200 kg), plus difficiles à manipuler par une personne seule. En revanche, une fois mises en place auprès des boxes, elles sont faciles à dérouler ou à trancher. Composée ordinairement de tiges de blé, la paille forme une litière bien isolante et hygiénique.

Pour bien pailler le box, il convient de disposer 3 ou 4 bottes au départ puis, chaque jour, d'ajouter une petite botte en ayant soin au préalable de retirer crottins et parties mouillées par l'urine.

• **Les copeaux de bois.** Pour les chevaux qui souffrent de problèmes respiratoires, les copeaux de bois restent une bonne alternative. Vendus en balles, ils conviennent également aux chevaux boulimiques, évitant ainsi l'absorption d'un trop gros volume de paille.

L'entretien en est assez aisé : il suffit de disposer au départ 4 ou 5 balles d'une trentaine de

La litière de paille est la plus utilisée : authentique, traditionnelle et économique, elle est facile à acquérir et à stocker.

kilogrammes, puis de renouveler la litière avec 2 à 3 balles par semaine. Bien entendu, il convient d'éliminer au fur et à mesure les parties souillées. En revanche, il est conseillé de distribuer une ration de foin plus importante afin de pallier l'absence de paille.

• **Le lin.** Depuis plusieurs années, de nombreux éleveurs adoptent la paille de lin pour ses qualités hygiéniques.

Parfaitement dépoussiérée, la paille de lin se présente en balles d'environ 120 l. Au démarrage 4 ou 5 balles sont nécessaires, et il suffit ensuite de rajouter 1 balle environ par semaine en retirant les parties trop humides.

L'entretien est donc beaucoup moins astreignant que celui de la paille et représente un gain de temps considérable, d'autant qu'il n'est pas besoin de vider complètement le box, une fois par semaine.

Par ailleurs, le lin est conseillé pour les chevaux qui souffrent de problèmes respiratoires ou d'allergies. Parfois parfumé à l'eucalyptus, le lin est d'odeur très agréable et a tendance à repousser les insectes. Il est facile à stocker, même à l'extérieur, et son volume a de plus l'avantage d'être largement inférieur à celui de la paille. En revanche, l'aspect brunâtre du lin ne plaît pas toujours aux éleveurs, qui préfèrent les tons chauds de la paille. Comme pour les copeaux, il est nécessaire d'augmenter la ration quotidienne de foin afin de procurer le lest nécessaire.

• **Le chanvre.** Dans la même catégorie que le lin, le chanvre se révèle très performant. Cultivé sans pesticides ni produits chimiques, il se présente sous forme de balles d'une vingtaine de kilogrammes emballées sous un film plastique. Environ 4 balles sont nécessaires pour faire le box – selon sa taille – puis il suffit de rajouter à peu près 1 balle par semaine. Évidemment, il vous faudra enlever quotidiennement les parties sales.

Très absorbant et isolant, le chanvre remplace avantageusement la litière de paille.

Conditionnée en balles, la litière de chanvre se stocke très facilement.

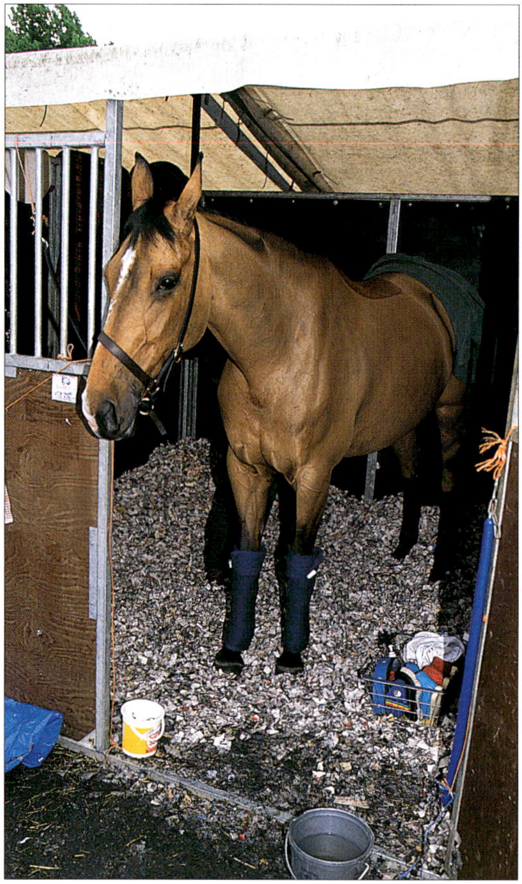

Litières de papier, de lin et de chanvre sont particulièrement pratiques lors des déplacements pour les concours.

D'une excellente capacité d'absorption, le chanvre procure une litière bien sèche et parfaitement isolante. Très souple et confortable pour le cheval, la litière de chanvre est légère et facile à manipuler.

Comme le lin, le chanvre n'est pas toujours apprécié par les éleveurs car l'aspect est moins esthétique que celui de la paille.

En outre, certains chevaux n'hésitent pas à le consommer. Pour pallier cet inconvénient, il est suggéré de vaporiser une solution d'eau et de vinaigre lorsque le box est préparé pour la première fois. En effet, l'odeur aigrelette du vinaigre dissuade efficacement le cheval de consommer le chanvre.

• **Le papier.** Les beaux arbres de nos forêts sont mis à contribution pour nous fournir du papier. Prospectus, journaux, imprimés en tout genre, le papier est largement gaspillé. Pour les inconditionnels de la protection de l'environnement, le papier peut être recyclé pour fournir une litière à la fois confortable et hygiénique aux chevaux.

Des fabricants proposent des balles d'environ 25 kg pour garnir les boxes. Il faut mensuellement compter une dizaine de balles pour une litière très absorbante et bien isolante.

L'aspect esthétique laisse à désirer, mais les avantages résident dans le fait que les chevaux ne mangent pas le papier et que le box est facile à faire (le papier, très léger, se manipule aisément). En revanche, il est vrai que l'encre d'imprimerie tache les robes un peu claires, que le fumier ainsi concocté ne se dégrade pas facilement et qu'une grande quantité de papier est nécessaire pour offrir au cheval une litière confortable.

● **Le carton.** Dans la même ligne que le papier, et bien que les fabricants soient assez rares, le carton peut être avantageusement utilisé. L'élimination est toutefois un peu délicate.

En effet, au contact des urines, le carton se ramollit jusqu'à devenir une matière un peu difficile à ramasser.

En revanche, le produit est sain et bien adapté aux chevaux qui souffrent de problèmes respiratoires ou allergiques.

● **Des litières de remplacement.** À titre d'information, d'autres litières sont envisageables. Il peut s'agir, localement ou de façon anecdotique, de bruyères séchées, de paille d'orge ou d'avoine (trop appétissantes pour les chevaux, qui risqueraient ainsi divers problèmes digestifs) ou encore de tapis de caoutchouc. Ceux-ci présentent l'avantage d'un investissement facilement amortissable au cours des années, même s'ils restent une litière froide, peu conviviale, mais très facile à nettoyer pour l'éleveur.

Parmi les nouvelles générations de litières, la litière en carton est économique mais peu répandue.

Le box doit être soigneusement nettoyé. Un entretien négligé favoriserait la prolifération de bactéries et de microbes.

L'alimentation et l'hygiène

Savoir distribuer les bonnes rations et assurer une excellente hygiène, tel est le quotidien de l'éleveur. L'état de la robe témoigne de l'état de santé du cheval : « Sa peau est le miroir de sa santé », se plaisait ainsi à dire le professeur Roger Wolter, nutritionniste animalier reconnu de l'École nationale vétérinaire de Maisons-Alfort. Si les bons choix en alimentation sont prépondérants, il n'en reste pas moins que l'hygiène est aussi capitale. Voici, pour vous guider, quelques conseils pratiques.

L'alimentation : respecter les équilibres

De nombreuses pathologies, de multiples soucis de santé proviennent d'une alimentation non adaptée aux besoins du cheval. D'où la nécessité de savoir bien doser sa ration.

Avant toute chose, il faut bien apprécier les matières premières qui doivent entrer dans son alimentation quotidienne. Le cheval est un herbivore qui a besoin d'eau, de protéines, de fibres, de minéraux et aussi de vitamines.

En été, l'herbe riche des prés suffit à alimenter les chevaux.

Il est ensuite important d'évaluer les besoins en fonction de chaque individu, c'est-à-dire que la ration alimentaire doit coïncider avec son activité, qu'elle soit sportive, reproductrice ou de croissance. Il n'est pas possible de nourrir une poulinière gestante comme un poulain, comme un vieux cheval ou comme un cheval de compétition.

La ration d'entretien

Avant de fixer des rations spécifiques, il convient d'établir la ration d'entretien, c'est-à-dire celle qui suffit à alimenter un cheval d'âge moyen sans activité particulièrement intense.

Celle-ci doit être bien équilibrée et composée de matières premières comme l'orge, l'avoine, la paille, le foin. Cet équilibre doit être quantitatif mais aussi qualitatif. Il est en effet inutile de distribuer une énorme quantité de foin peu nutritif et sans autre apport alimentaire.

En quelques mots, on peut décomposer les besoins du cheval, dits à l'entretien, de la façon suivante. Dans sa ration doivent figurer :

– des fibres, qui fournissent la cellulose, dans une proportion de 18 %, car celles-ci permettent de faciliter le transit ;

– des protéines, qui apportent les acides aminés, dans une proportion de 8,5 % pour le cheval adulte à l'entretien, de 18 à 20 % pour le poulain

en croissance et d'environ 11 % pour le cheval de sport ;
– des lipides, qui apportent énergie et acides gras, dans une proportion de 4 % environ pour un cheval à l'entretien, mais pouvant atteindre 7 à 12 % selon l'activité, moyenne ou élevée, du cheval ;
– des glucides, divisés en sucres rapides et en sucres lents ;
– des minéraux avec les oligoéléments et les macroéléments. Parmi ceux-ci, on peut citer le calcium, le phosphore, le chlorure de sodium ;
– des vitamines de deux catégories, les hydrosolubles et les liposolubles.
Leur différence réside en ce que les premières ne peuvent être stockées alors que les secondes peuvent être emmagasinées par le biais de l'alimentation.
Parmi ces vitamines, on peut citer la vitamine C, qui contribue à la formation des os, la vitamine B, qui permet la transformation des glucides et joue sur le système nerveux, et la vitamine A, qui assure le développement du corps et l'intégrité des yeux.
La vitamine P joue par ailleurs un rôle sur la formation de la peau, la vitamine E est essentielle dans la reproduction, la vitamine K favorise une bonne coagulation sanguine et la vitamine D, enfin, est essentielle au métabolisme.

Au pré, les rations peuvent être distribuées individuellement. Chaque cheval peut ainsi, sans conflit, bénéficier de la quantité adéquate.

L'avoine : un des éléments de base de l'alimentation traditionnelle.

Alimentation traditionnelle ou industrielle ?

L'éleveur devra choisir entre alimentation traditionnelle et industrielle. C'est sa capacité ou non à produire des matières premières qui pèsera dans la balance.

Si vous avez de nombreux hectares laissés inoccupés et que vous vous sentiez l'âme d'un cultivateur, il va de soi que vous avez tout intérêt à produire vous-même votre paille, votre foin et votre avoine ou orge.

Dans le cas contraire, il est bien plus pratique de confier l'alimentation de vos chevaux aux fabricants de granulés, qui proposent des produits parfaitement adaptés et bien dosés pour les chevaux.

Flocons, graines de lupins, céréales, etc. Un cocktail nutritif.

Le rythme des repas

Dans l'absolu et pour un bon équilibre alimentaire, il est conseillé de diviser la ration journalière en trois repas : le matin, le midi et le soir.

Les granulés : un parfait rapport qualité/prix.

Un sac astucieux pour distribuer le foin en voyage.

La ration du matin doit être énergétique sans être trop volumineuse, ainsi que celle du midi. Celle du soir, en revanche, sera principalement composée de foin pour que le cheval ait de quoi passer la nuit. En règle générale, le foin est toujours donné avant les grains ou granulés afin qu'il ne les chasse pas trop vite.

Par ailleurs, il est essentiel de distribuer les repas à heures fixes. Cela évite que les chevaux s'énervent de façon inconsidérée, ce qui pourrait provoquer des réactions intempestives et gloutonnes. Cela assure surtout une bonne assimilation des aliments. Le stress, il faut le rappeler, est l'un des facteurs des coliques.

Recommandation

Si le cheval doit travailler dans la matinée, son premier repas doit lui être donné suffisamment tôt pour qu'il ait le temps de bien digérer. Il faut compter entre 1 et 2 heures entre la fin de son repas et le début du travail.

● *Quelle alimentation ?*

		Traditionnelle	Industrielle
Avantages	*Nutrition*	Composants choisis par l'éleveur.	Équilibre garanti.
	Utilisation	Facile pour ceux qui produisent leurs matières premières.	Conditionnement en sacs faciles à utiliser.
	Finances	Peu coûteux pour les producteurs de matières premières.	Les aliments composés existent dans toutes les gammes de prix.
Inconvénients	*Nutrition*	Minéraux et vitamines indispensables en complément.	L'éleveur ne connaît pas exactement la composition des aliments distribués.
	Utilisation	Aplatissage, concassage, etc.	Pas d'inconvénients.
	Finances	Main-d'œuvre et matériel nécessaires.	Coût plus élevé au kilo que l'alimentation traditionnelle.

De l'eau en quantité

Pour que le transit s'effectue correctement, le cheval doit toujours avoir à sa disposition de l'eau propre en quantité suffisante.
Il faut savoir que sa consommation en eau varie de 15 à 60 l par jour. Un manque d'eau peut entraîner une déshydratation plus ou moins grave.

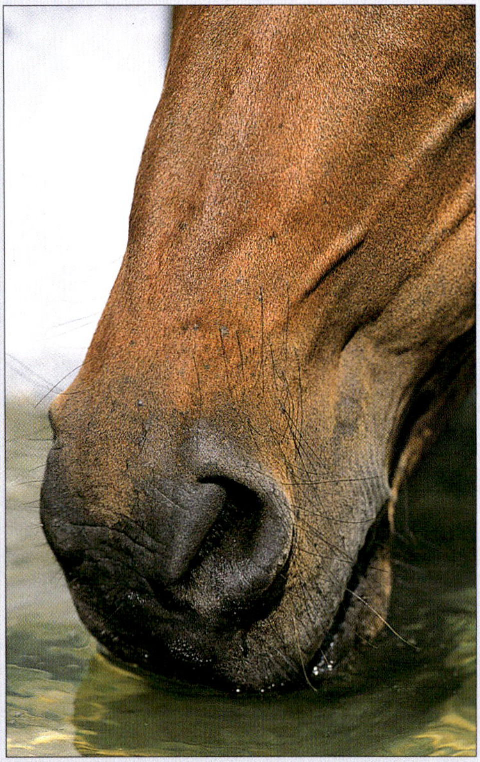

Le cheval doit avoir à sa disposition de l'eau propre. Souillée, il ne la boit pas !

Les carottes sont particulièrement appréciées des chevaux. Mieux vaut les distribuer entières ou coupées dans la longueur : en rondelles, elles peuvent se coincer dans le pharynx.

Un menu adapté

Poulain, cheval de sport, vieux cheval ou encore poulinière en gestation ont des besoins alimentaires variables, et donner un repas unique à tous pourrait avoir des répercussions très graves. Il n'est pas facile, sauf à avoir de solides connaissances en nutrition, de composer une ration parfaitement équilibrée pour chacun. En revanche, les fabricants d'aliments pour chevaux proposent des gammes très spécifiques qui permettent de distribuer un aliment adapté à chacun d'eux.

La croissance du poulain

- **Pendant les 2 mois qui suivent sa naissance,** le poulain se satisfera parfaitement de l'alimentation que lui fournit sa mère, pour peu qu'elle soit en bonne santé et produise suffisamment de lait.

Après ces 2 mois, l'alimentation du poulain devra être complétée avec des granulés lactés spécialement étudiés. Au fil des semaines, le poulain commencera à grappiller foin, paille et herbe.

- **Vers l'âge de 6 mois,** le sevrage est réalisé, le poulain passant d'un régime lacté à un régime herbivore.

Ce sevrage ne peut être effectué que très progressivement, lorsque le jeune aura déjà pris l'habitude de consommer des aliments solides. Cette condition est d'autant plus importante que la séparation d'avec sa mère perturbera psychologiquement le poulain : il mangera encore moins s'il est privé du lait maternel.

- **Jusqu'à 1 an,** il est conseillé de distribuer aux jeunes un aliment spécifique de croissance. C'est en effet pendant cette période que le poulain a besoin de se développer de façon harmonieuse et durable. La moindre erreur, la moindre carence alimentaire gâcherait ses chances de devenir un cheval adulte robuste, puissant et en bonne santé.

Des mangeoires pour bébés

Lorsque le poulain commence à se nourrir seul, le souci de l'éleveur est de veiller à ce que la mère ne dévore pas les granulés, très appétissants, de son petit. Pour éviter cela, des mangeoires spécialement étudiées pour les poulains ont été mises au point par les fabricants. Une très petite ouverture empêche la mère d'accéder aux aliments tandis que le nez très étroit du poulain y accède facilement.

Les chevaux apprécient les pommes mais évitez de leur en distribuer en abondance.

L'hygiène : une nécessité

Si l'alimentation est capitale, il n'en reste pas moins que l'hygiène la suit de près. Certes, vous pouvez ajouter à la ration du cheval des compléments référencés pour la brillance du poil, mais cela ne retirera jamais l'utilité du pansage.

Le pansage

Il permet d'abord d'activer la circulation sanguine et de décoller toutes les particules qui empêchent la peau de respirer. Il est donc nécessaire de se munir de divers accessoires pour réaliser un pansage efficace.

• **Le matériel.** Dans la gamme des brosses, vous avez le choix entre divers modèles, de la version en poils de sanglier à celle à picots en plastique. Mais une bonne brosse aux crins durs – la brosse à laver les pavés – fera parfaitement l'affaire pour bien décoller peaux mortes, pellicules et autres squames.

L'étrille est passée en premier pour décoller poussières et squames de la peau, sauf sur les parties délicates et saillantes comme les articulations.

La brosse douce, quant à elle, vient au final pour évacuer toutes les saletés déjà décollées. Le peigne fait également partie de « la panoplie du bon panseur », il vous sera effectivement fort utile pour bien démêler queue et crinière.

• **Comment panser.** Gestes dynamiques, larges mouvements circulaires et « huile de coude » sont les clés d'un bon pansage, qui s'effectue toujours du haut vers le bas, car la poussière tombe vers le sol et il serait ridicule de nettoyer le bas du cheval avant d'avoir parfaitement dépoussiéré le haut.

Recommandation

Si le pansage est indispensable pour l'hygiène, ce moment est également propice pour entretenir la complicité.
Ainsi, le cheval est habitué à être manipulé et s'accoutume à rester en place un long moment sans bouger. Très tôt, le poulain doit être habitué au pansage, même succinct. C'est le meilleur moyen d'avoir plus tard un cheval sage durant les soins !

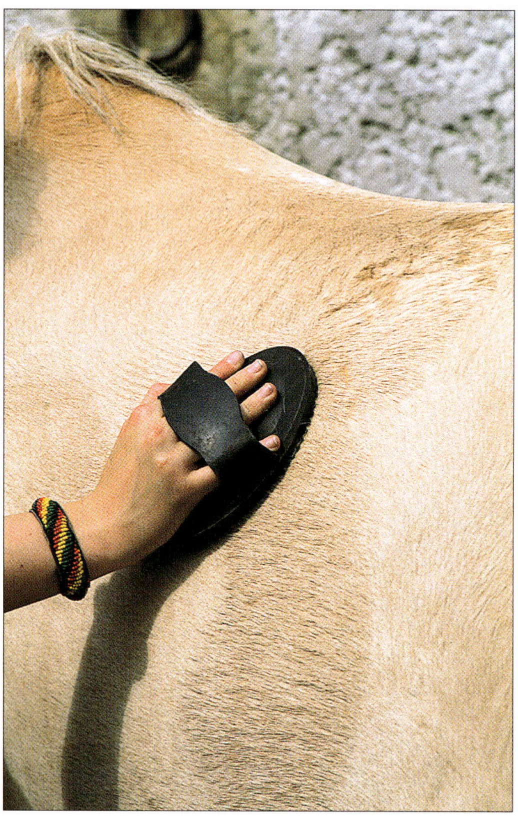

Le pansage est indispensable pour entretenir l'hygiène de la peau.

L'entretien des pieds

S'il est une partie anatomique qu'il faut absolument surveiller régulièrement chez le cheval, ce sont bien les pieds.

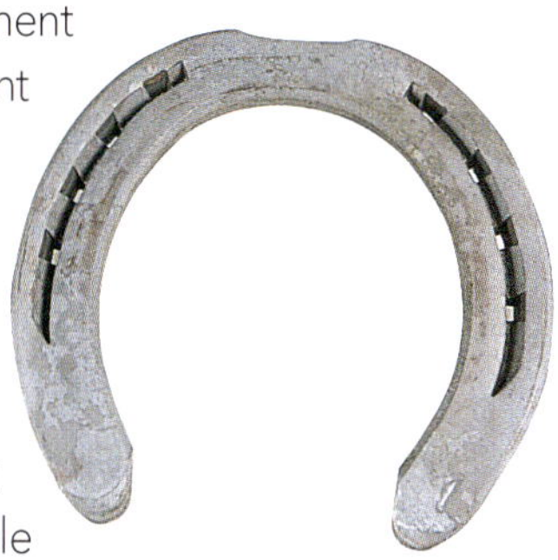

Ceux-ci, en effet, sont en contact permanent avec la terre, la boue, le fumier du box. Il est donc indispensable de les débarrasser de toute saleté afin que ne se développe aucune fermentation pouvant déboucher sur une infection.

Une fois bien nettoyés, il est possible de leur appliquer, selon les besoins, un onguent comme le goudron de Norvège, afin de raffermir ou de ramollir la corne.

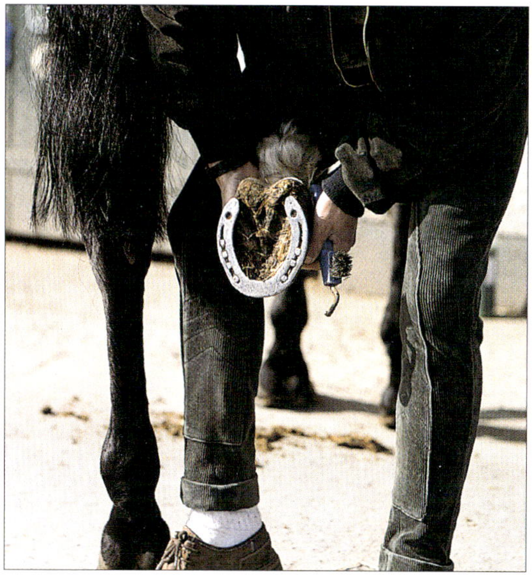

Un bon entretien des pieds est primordial : il permet de prévenir toute fermentation préjudiciable.

La douche

Même si la douche n'est pas le lot quotidien du cheval, il est essentiel de l'y habituer précocement. En effet, un cheval qui n'a jamais vu l'eau « de près » aura bien du mal à accepter cette épreuve.

Dans sa première année, vous pouvez déjà l'habituer au contact d'une éponge mouillée que vous lui passerez sur tout le corps.

Par la suite, l'éponge sera bien imbibée d'eau qui dégoulinera sur lui. Vous pourrez enfin passer tranquillement toutes les parties de son corps au jet faible d'un tuyau.

Cet apprentissage, réalisé dans le calme, vous permettra ensuite d'avoir un cheval placide sous la douche et donc très facile à laver. Cela vous simplifiera sérieusement la vie lorsqu'il devra être parfaitement propre pour un concours d'élevage, pour une manifestation ou tout simplement pour le présenter sous son meilleur jour à un éventuel acquéreur.

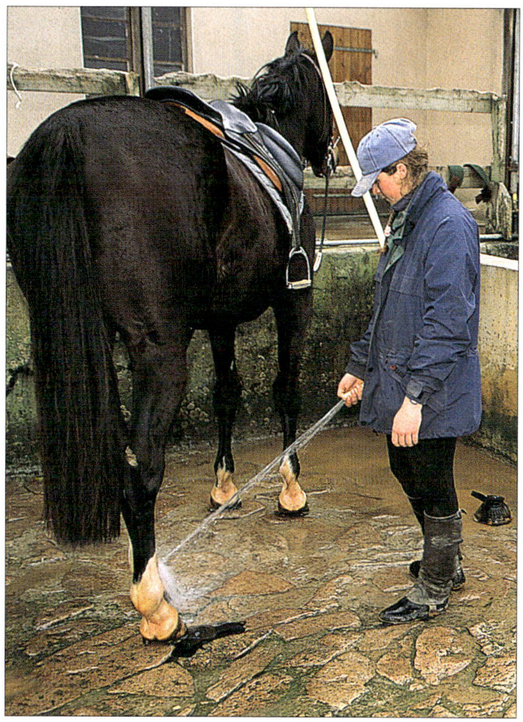

Au retour du travail, il est bénéfique de passer les membres du cheval à l'eau froide.

Cela semble peu important mais se révèle primordial pour le quotidien et l'avenir, lorsqu'il sera dans d'autres mains que les vôtres.

Les shampooings

Si vous avez besoin de laver vos chevaux de façon complète, vous pouvez utiliser les nombreux shampooings proposés par les fabricants. Ces produits rivalisent d'efficacité pour s'adapter aux robes grises, noires, pour réparer un poil sec et apporter une brillance incomparable. Bien sûr, il ne faut jamais employer de shampooing réservé à l'homme car il risquerait d'altérer durablement la qualité du poil, dont la structure est loin d'être identique à celle de nos cheveux.

Vous avez également à votre disposition de nombreux après-shampooings, démêlants et autres lustrants qui sauront faire de vos chevaux de véritables stars. Mais, avant toute chose, la régularité du pansage s'impose comme le meilleur moyen d'obtenir une belle robe.

Le matériel indispensable

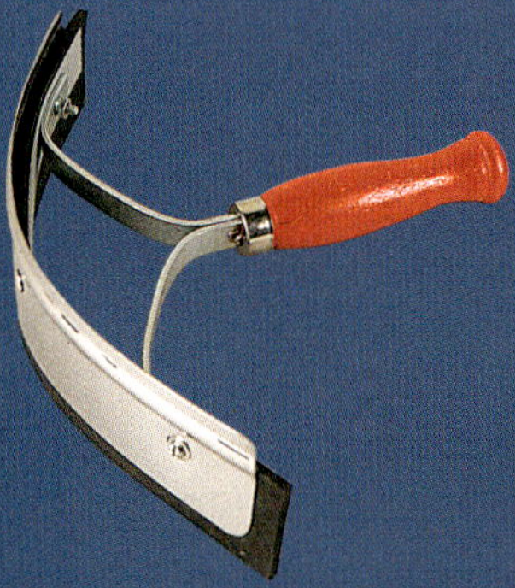

Le couteau de chaleur permet d'éliminer la transpiration ou l'eau en excès.

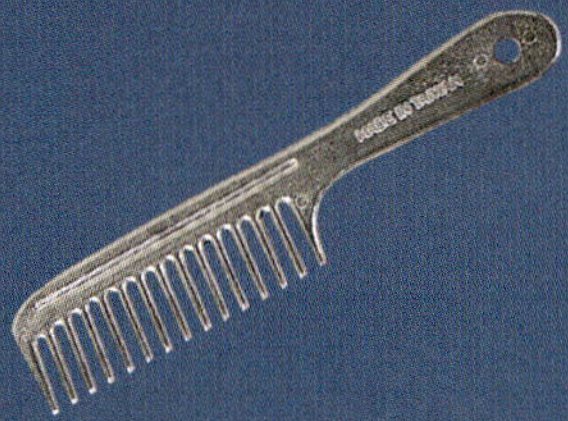

Le peigne est indispensable pour démêler crinière et queue.

La caisse de pansage est pratique car elle permet d'avoir tout son matériel de pansage sous la main.

La brosse en chiendent est idéale pour effectuer un pansage énergique de la robe.

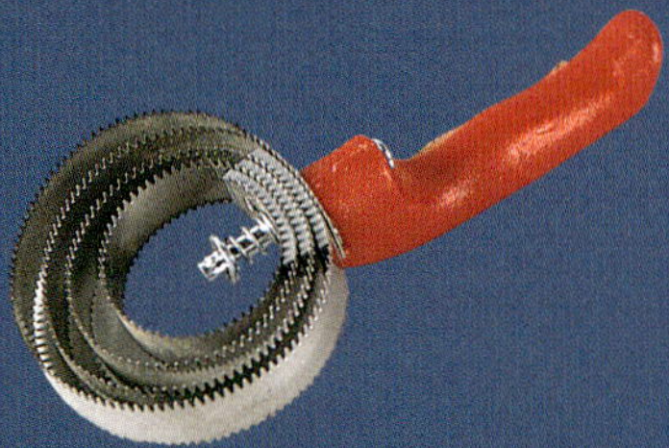

L'étrille en métal décolle les saletés et les squames de la peau ; agressive, elle ne doit jamais être passée sur les articulations.

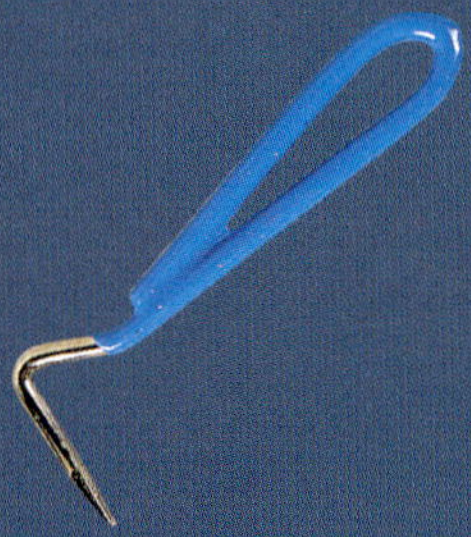

Le cure-pieds est un outil essentiel pour préserver l'intégrité des sabots.

Les maladies et leur traitement

Pour éviter les problèmes consécutifs aux maladies et aux affections diverses, l'éleveur a tout intérêt à effectuer ou à faire réaliser quelques opérations simples permettant de préserver la santé de ses chevaux. Cette prévention indispensable est la meilleure garantie de leur bien-être.

Les vaccinations

La vaccination est un moyen facile d'aider les chevaux à se défendre contre les maladies, parfois graves, qui peuvent les atteindre. Certains vaccins, d'ailleurs, sont obligatoires pour participer à des compétitions équestres ou encore dans le cadre de la reproduction.

Dans la catégorie des vaccinations obligatoires, on en recense deux, pour prévenir la grippe équine et la rage. La grippe est en effet très contagieuse, c'est pourquoi la vaccination conditionne toute participation aux compétitions, quelles qu'elles soient. La vaccination contre la rage, maladie transmissible à l'homme, est également obligatoire, et tout particulièrement dans les départements infectés par cette maladie.

La vaccination contre le tétanos et la rhino-pneumonie équine est également fortement recommandée.

La vermifugation

Chasser les parasites

La partie première du tube digestif affectée par les vers reste l'intestin. Les parasites peuvent y être nombreux et variés : jusqu'à vingt parasites différents existent en effet.

Parmi les plus courants, les ascaris atteignent fréquemment les poulains, les gastérophiles attaquent la muqueuse de l'estomac, les larves des strongles perforent la paroi du gros intestin, les ténias empêchent la valvule iléo-cæcale de fonctionner, les oxyures provoquent des démangeaisons au pourtour de l'anus, etc.

Chaque catégorie attaque un organe spécifique de l'animal. Et l'on estime que, dans 70 % des cas, les parasites sont à l'origine des coliques.

Certes, le cheval meurt rarement de parasitisme car, les parasites vivant aux dépens de celui qui les héberge, il vaut mieux que leur hôte reste en forme suffisante.

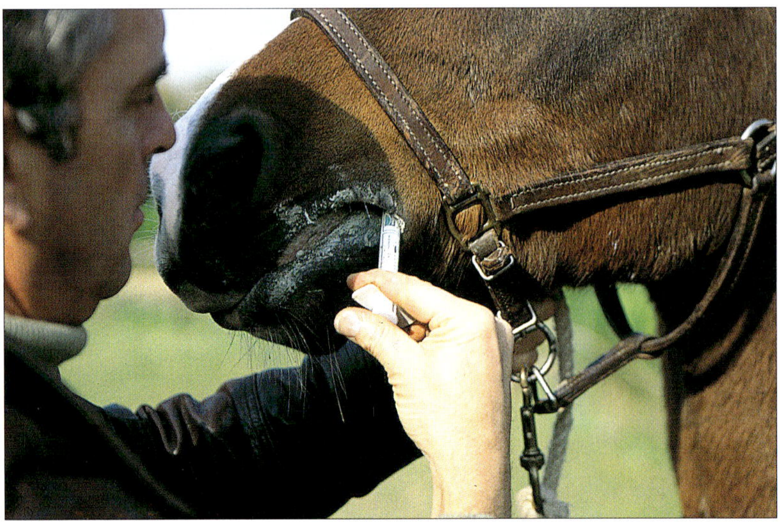

Une vermifugation régulière est indispensable. Pour cela, veillez à ce que la bonne dose soit ingérée dans sa totalité.

Néanmoins, le cheval parasité devient faible, sans entrain, présente un poil terne et maigrit. D'où la nécessité de le vermifuger régulièrement.

● **Chez le poulain.** S'il existe de très diverses formes de vermifuges, c'est qu'il est totalement impossible d'administrer un produit identique à un poulain, à un cheval adulte ou à une poulinière en pleine gestation.

Le poulain doit être vermifugé très régulièrement car il peut être infesté par les ascaris présents dans le lait maternel.

De la même façon, il risque d'ingérer les crottins de sa mère et d'absorber ainsi des parasites.

Les strongles ou les coccidies peuvent provoquer des diarrhées hémorragiques, parfois mortelles, lorsque le poulain n'a que quelques semaines.

Dès qu'il a 1 semaine, il est donc largement conseillé de le vermifuger, puis de le faire ensuite tous les 2 mois.

● **Chez le cheval adulte.** Il convient de vermifuger le cheval adulte trois ou quatre fois par an.

En ce qui concerne les poulinières, il est impératif de ne pas les vermifuger dans les 3 premiers mois de la gestation. C'est en effet à cette période que le fœtus commence à se former, et les molécules contenues dans les vermifuges pourraient entraîner des malformations, voire la mort du fœtus.

De la même façon, pendant les 2 dernières semaines de gestation, la vermifugation de la poulinière est déconseillée.

Quand et comment vermifuger

À la belle saison, vermifugez tous vos chevaux avant la mise au pré. De cette façon, les parasites auront été évacués dans le box et non dans le pré, et vos chevaux ne pourront être infectés à nouveau.

Pour l'éleveur, la méthode la plus pratique pour bien vermifuger son cheptel est de réaliser cette opération sur tous les chevaux en même temps. Cela présente deux avantages. L'opération peut être réalisée dans la journée pour l'ensemble des

● *Deux types de vermifuges*

Les vermifuges sont classés en plusieurs catégories. Certains, dont le nom se termine par « zole », sont actifs contre les ascaris, les grands strongles et les oxyures. Les autres permettent de lutter contre les gastérophiles et les petits strongles.

Période d'administration	Au box et au pré en alternance sur l'année	Au pré en permanence toute l'année
Printemps	Vermifuge « zole »	Vermifuge « zole »
Été	Vermifuge « zole »	Vermifuge « zole »
Automne	Vermifuge « non zole »	Vermifuge « non zole »
Hiver	Vermifuge « non zole »	–

chevaux, plutôt qu'être répartie sur plusieurs jours avec les risques d'oubli que cela suppose. Enfin, et cela est plus important encore, elle permet ainsi d'éviter toute réinfestation.
En effet, si certains sujets sont vermifugés et d'autres non, s'ils se retrouvent au pré en même temps, par exemple, la contamination aura lieu.
Le cheval doit absorber la totalité de la dose administrée. Après avoir ajusté la bague sur la dose désirée, maintenez le cheval avec un licol et vérifiez que sa bouche est vide. En tenant sa langue, déposez le vermifuge le plus haut possible. Relâchez la langue et maintenez sa tête en hauteur jusqu'à ce qu'il déglutisse et avale.

Les maladies à dépister

Certaines maladies du cheval sont particulièrement graves ou foudroyantes. Heureusement, la vaccination tend à éradiquer certaines d'entre elles. Pourtant, restent de sérieuses affections qui risquent d'entraver la carrière, voire de coûter la vie au cheval. Il est donc indispensable de savoir en reconnaître les symptômes pour pouvoir, très rapidement, faire venir le vétérinaire, qui mettra en route le traitement adéquat.

Les coliques

Les coliques sont l'une des causes les plus fréquentes de mortalité chez le cheval.
Cette affection est très grave car il dispose d'un système digestif très spécifique dont la particularité est que les aliments – ou les gaz –, une fois absorbés, ne peuvent retourner en arrière, à cause de deux fermetures, le cardia et la valvule iléo-cæcale. Cette caractéristique peut entraîner de nombreux incidents : l'estomac surchargé, sans possibilité de vomir, peut se rompre, le gros côlon peut s'obstruer, l'intestin grêle se tordre, etc.
Les coliques peuvent provenir d'un stress, d'un parasitisme important provoquant des bouchons, d'une déshydratation ou encore d'une mauvaise composition de sa ration.
Il est donc indispensable de bien surveiller la digestion du cheval et de le nourrir à des heures régulières et dans un ordre très précis, pour éviter tout risque de coliques. Car si ces dernières peuvent être anodines – de simples troubles passagers – elles peuvent également être mortelles.
Le cheval atteint de coliques ne mange plus, ne boit plus, gratte le sol d'un antérieur, regarde son flanc, se roule et transpire abondamment…
C'est une urgence.
La première chose à faire, en cas de suspicion de coliques, est d'empêcher le cheval de manger,

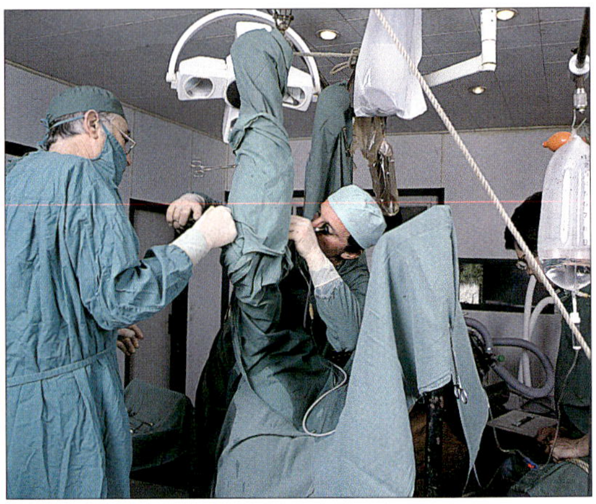

Dans les cas extrêmes, seule la chirurgie parvient parfois à sauver le cheval atteint.

de l'obliger à marcher, même à pas lents. S'il est vraiment trop faible ou souffre trop, il convient de garnir largement son box de paille afin qu'il ne se blesse pas et de le recouvrir d'une couverture chaude pour que sa température ne baisse pas.
Bien évidemment, dès les premiers signes, le vétérinaire doit être appelé de toute urgence. Celui-ci tentera d'en déterminer la cause, puis lui administrera des antispasmodiques, des anti-inflammatoires et, éventuellement, des tranquillisants.
Dans les cas extrêmes, le vétérinaire procède à l'administration d'huile de paraffine à l'aide d'une sonde gastrique ou à la vidange gastrique. Mais ces opérations peuvent ne pas aboutir lorsque le bouchon est trop solide ou ancré depuis trop longtemps. En ce cas, seule la chirurgie peut éventuellement sauver votre cheval. D'où l'utilité de repérer rapidement tout signe précurseur.

De nombreuses affections cutanées, comme ici la teigne, peuvent toucher le cheval.

La grippe

Fièvre, abattement, fatigue, les symptômes de la grippe du cheval ne sont guère différents de la nôtre. À la différence près qu'elle est très contagieuse et que sa propagation risque de décimer les autres chevaux.
Il est d'ailleurs obligatoire de faire vacciner ses chevaux dès lors qu'on prétend les faire participer à des compétitions ou les vendre. Ce seul geste suffira pour ne pas voir apparaître et se propager cette épidémie.

Un écoulement purulent et une toux tenace sont symptomatiques de la gourme.

L'emphysème

Sans que cela puisse attenter à ses jours, l'emphysème pulmonaire est une affection ennuyeuse. En effet, le cheval – généralement un peu âgé – qui en est atteint a beaucoup de mal à respirer et donc à se mouvoir. Ses poumons deviennent moins élastiques et il peine à expulser l'air qui s'y

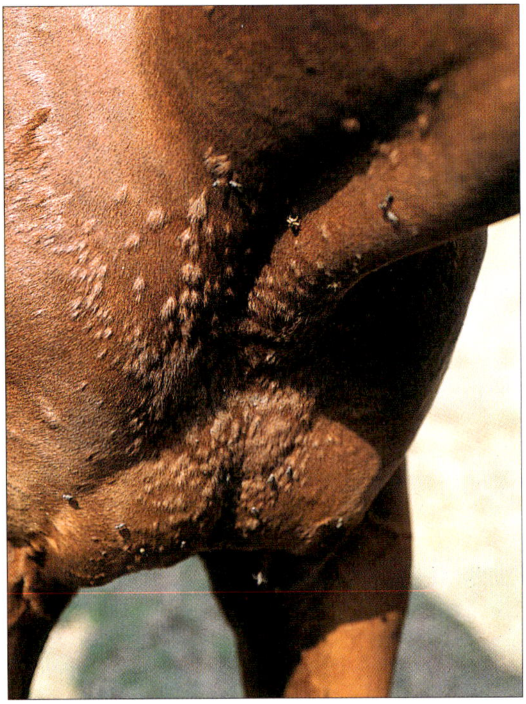

De nombreux insectes provoquent des démangeaisons ou des allergies désagréables.

Les mouches estivales pondent fréquemment sur les membres des chevaux. En se grattant, le cheval risque de les ingérer.

trouve. Il se fatigue vite et s'essouffle très rapidement. La situation s'aggrave lorsque le cheval est en contact avec du foin car les spores de moisissures viennent irriter ses voies respiratoires.
La solution palliative consiste à mouiller abondamment le foin, à éviter d'entreposer des fourrages au-dessus de son box et à remplacer la paille de sa litière par du chanvre, du lin ou toute autre litière, l'endroit où il se sent le mieux restant le pré. Il faut savoir que l'emphysème pulmonaire fait partie des vices cachés qui peuvent annuler la vente du cheval.

Les parasites de l'été

Sans que leur action ne mette réellement en danger la vie du cheval, les parasites externes sont particulièrement gênants pour les chevaux en été. Les mouches, par exemple, ne se contentent pas d'agacer l'animal. Elles pondent leurs œufs sur les plaies, les empêchant de cicatriser correctement. Les mouches plates, quant à elles, ont la fâcheuse manie de se loger au pourtour de l'anus ou entre les cuisses. Leur forme particulière empêche d'ailleurs de les écraser. Les taons, plus violents, piquent douloureusement l'animal, provoquant un hématome de plus ou moins grande importance.
D'autres parasites, bien plus petits, n'en sont pas moins nocifs. Certains moustiques, en effet, peuvent provoquer, par leurs piqûres, la gale d'été. Pour contrer ces envahisseurs, vous pouvez vaporiser sur les chevaux des insecticides spécifiques, sous forme de spray ou de gel, ou les munir de bonnets antimouches. Pour les préserver de ces attaques estivales, vous pouvez également les rentrer au box aux heures les plus chaudes de la journée pour les en sortir ensuite. Il peut être également judicieux d'enduire les murs de peinture insecticide.

À noter

En France, certaines maladies présentent un danger pour l'ensemble du cheptel ou pour l'homme. Elles sont donc soumises à des dispositions obligatoires.
Appelées « maladies réputées légalement contagieuses » ou MRLC (articles 224 et suivants du Code rural), elles entraînent l'isolement de l'animal, une déclaration de détention au maire de la commune et la visite obligatoire d'un vétérinaire sanitaire qui, éventuellement, appliquera les mesures préconisées.

D'autres maladies contagieuses sont divisées en deux catégories : les très dangereuses (liste A), avec déclaration obligatoire à l'Office international des épizooties (OIE), comme la peste équine, la rage, la fièvre charbonneuse, etc., et les maladies moins dangereuses (liste B), à déclaration non obligatoire, comme la stomatite, la morve, la métrite, etc.

Les maladies chez les équidés

Maladie	Symptômes	Gravité	Traitement	Prévention	Risques de contagion
Anémie infectieuse.	Fièvre aiguë, abattement.	Grave. Mortelle.	Pas de traitement possible.	Mise en quarantaine.	Importants.
Bronchite.	Quintes de toux sèche.	Peut déboucher sur de l'emphysème.	Antibiotiques, anti-inflammatoires, antitussifs.	Élimination des sources allergènes.	Aucun.
Coliques.	Cheval couché, regarde ses flancs, grince des dents, gratte sa litière.	Peuvent être bénignes mais aussi mortelles.	Antispasmodiques, anti-inflammatoires. Lavage à l'huile de paraffine, ou même chirurgie.	Équilibre de la ration, vermifugation, élimination du stress.	Aucun.
Cornage.	Respiration sifflée ou ronflante.	Peu grave à grave selon l'ampleur des symptômes.	Chirurgie.	Traitement de toute affection respiratoire.	Aucun.
Emphysème.	Fortes quintes de toux sèche.	Très grave.	Pas de traitement possible.	Élimination des sources allergènes.	Aucun.
Fourbure.	Fièvre, douleur et atteinte des pieds.	Très grave.	Déferrage et refroidissement des pieds, traitement vétérinaire.	Bonne alimentation et activité modérée.	Aucun.

Les maladies chez les équidés

Maladie	Symptômes	Gravité	Traitement	Prévention	Risques de contagion
Gourme.	Écoulement purulent des naseaux, toux grasse, ganglions infectés.	Peu grave car guérison aisée.	Antibiotiques.	Éviter le contact avec des chevaux atteints.	Importants.
Grippe.	Fièvre et forte toux.	Moyenne.	Antibiotiques.	Vaccination.	Importants.
Leptospirose.	Forte fièvre, manque d'appétit, diarrhées ou constipation.	Peut être très grave.	Antibiotiques.	Élimination des rongeurs porteurs de la maladie.	Transmissible à l'homme.
Obstruction de l'œsophage.	Forte transpiration, écoulements nasaux.	Très grave sans intervention.	Sonde nasale, antispasmodiques.	Alimentation en eau suffisante et calme pendant les repas.	Aucun.
Ostéochondrose.	Fortes douleurs, boiteries.	Grave pour la locomotion.	Chirurgie pour éliminer les morceaux osseux.	Bonne qualité de l'alimentation.	Aucun.
Piroplasmose.	Amaigrissement, fièvre, décoloration des muqueuses et urines foncées.	Très grave, voire mortelle.	Piroplasmicide.	Élimination soignée des tiques.	Possible par les tiques.
Rage.	Paralysie, excitation, spasmes.	Très grave, mortelle.	Aucun traitement possible.	Vaccination.	Importants, par morsure. Zoonose.
Rhinopneumonie.	Forte toux, important écoulement nasal, paralysie postérieure.	Peu grave à très grave selon les sujets.	Traitement des voies respiratoires.	Vaccination.	Très importants.
Tétanos.	Fièvre, raideur des membres, spasmes musculaires.	Très grave.	Antibiotiques, antispasmodiques, sérum antitétanique.	Vaccination.	Transmissible à l'homme.

Un entretien régulier

Dans le programme d'entretien régulier de vos chevaux, il convient de contrôler le bon état de ses pieds ; et, pour une forme physique et psychologique idéale, un travail périodique est également indispensable.

Le contrôle des pieds

La surveillance des pieds du cheval est primordiale. En effet, toute affection altérerait sérieusement sa facilité de locomotion et pourrait même déboucher sur des symptômes bien plus graves (pourriture de la fourchette, dégradation de la sole, etc.).

La corne des sabots se forme continuellement et elle doit être parée, c'est-à-dire raccourcie, périodiquement. De plus, lorsque le cheval ne vit pas au pré, la corne se dessèche et a donc besoin d'être graissée régulièrement. Dans le cas contraire, une seime (fente) pourrait se former et serait difficile à éliminer ensuite.

L'entretien, qui doit être régulier, consiste à curer le pied pour le débarrasser de toutes les saletés, fumier, terre, qui, en séjournant trop longtemps, pourraient provoquer une pourriture de la corne. De nombreux onguents et huiles sont proposés à la vente, mais il vaut mieux se fier aux conseils du maréchal-ferrant pour choisir le produit le mieux adapté à vos chevaux.

Un travail régulier

L'un des facteurs essentiels de la bonne forme et de l'équilibre de vos chevaux, c'est le travail.

Rien n'est plus pénible pour eux que de rester inactifs au fond de leur box. Prévoyez donc des périodes de travail, même léger, pour chacun d'entre eux et plus particulièrement pour les étalons hors période de reproduction.

En ce qui concerne les poulains et leurs mères, il suffit de les lâcher pendant quelques heures dans les prés ou dans des paddocks. Ils pourront y grappiller quelques herbes et réaliser toutes les cabrioles qu'ils souhaitent. Un excellent remède contre le stress et l'ennui.

Les vices rédhibitoires

Si vous achetez un cheval atteint par l'un des vices énumérés ci-dessous, vous pouvez parfaitement annuler la vente.

Il suffit alors d'avertir le vendeur par lettre recommandée avec avis de réception afin de lui signaler que vous avez constaté le vice en question.

Selon les cas, vous devrez peut-être le faire constater par un expert :

- **boiterie ancienne intermittente.** Pas visible en permanence ;
- **immobilité.** Due à une lésion du cerveau. Le cheval se déplace avec difficulté ;
- **fluxion périodique des yeux.** Conduit à la cécité ;
- **tic (à l'air ou à l'appui).** Avec ou sans usure des dents. Déglutition fréquente d'air ;
- **emphysème pulmonaire.** Respiration difficile et douleur lors de l'expiration, toux sèche fatigante ;
- **anémie infectieuse.** Due à un virus. Les muqueuses jaunissent, le cheval se fatigue. Incurable ;
- **cornage chronique.** Sifflement respiratoire pendant ou après le travail.

Avoir un poulain

Une bonne gestion de la reproduction est l'une des clés de l'éleveur. Bien conduite, en effet, elle permet d'obtenir de beaux sujets qui feront la bonne renommée du cheptel. Du choix de l'étalon au suivi du nouveau-né, en passant par la surveillance de la gestation et le contrôle du poulinage, voici les secrets d'un élevage performant.

Déterminer les chaleurs

Pour ne perdre ni temps ni argent, l'éleveur doit connaître le cycle ovarien des juments afin de pouvoir fixer de façon fiable les dates des chaleurs. Par ailleurs, il est également utile de savoir que la lumière a une grande influence sur le déclenchement de celles-ci.

Pour savoir avec précision si une jument est en chaleur ou non, il est possible de recourir aux services d'un « souffleur », un étalon qui ne saillira pas les juments, mais qui montrera de façon certaine qu'elles sont prêtes pour la monte.

Une autre technique, très sûre, est le suivi échographique, qui indiquera si c'est la bonne période. Enfin, vous pouvez également provoquer artificiellement les chaleurs grâce à des hormones de synthèse. Mais, attention, des répercussions nocives peuvent être constatées, et il convient donc de ne pas abuser de cette méthode !

Maîtriser les chaleurs

Planifier les naissances, avancer les chaleurs si besoin est, en deux mots maîtriser la reproduction est essentiel pour l'éleveur.

- **L'anœstrus.** Il faut savoir que la jument, contrairement à d'autres espèces, est dans l'incapacité d'entamer une gestation pendant l'hiver. Pour contrer cette spécificité, appelée anœstrus, par exemple lorsque l'éleveur souhaite avoir des poulains plus tôt dans l'année, il existe plusieurs moyens. Certains sont artificiels, comme l'administration d'hormones, d'autres sont parfaitement naturels, comme le photopériodisme.
- **Le photopériodisme.** Si la jument n'a pas de chaleurs en hiver et n'est donc pas fécondable, c'est tout simplement parce que sa physiologie suit les saisons. En hiver, les jours sont courts et la lumière, rare. Sensible aux variations et à la durée d'éclairement, la jument produit alors plus ou moins de mélatonine, une hormone capitale puisqu'elle ralentit le fonctionnement des ovaires.

Pour avancer la période de reproduction, il suffit donc de replacer la jument dans des conditions identiques à celles de la belle saison. L'éleveur peut sans danger mimer le rallongement des jours pour que ses poulinières soient aptes à reproduire plus tôt dans l'année. Il lui suffit de les placer dans des boxes éclairés artificiellement du 1er décembre au 1er avril pour pouvoir débuter sans danger la saison de reproduction dès le début février.

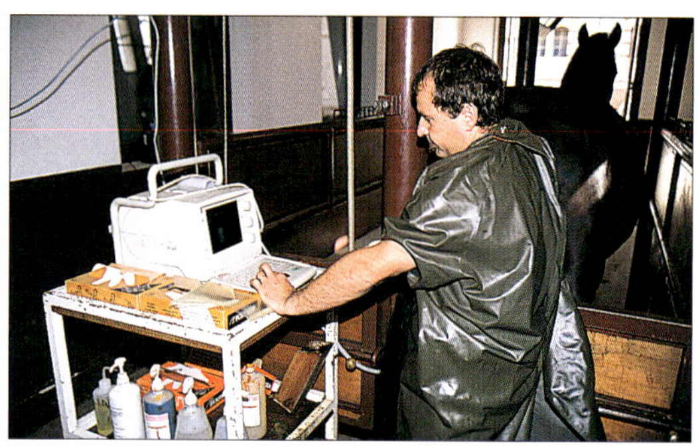

L'échographie permet de déterminer avec précision l'ovulation de la jument.

La saillie

Le succès d'un élevage tient pour une bonne part à la qualité des lignées produites. Pour cela, bien sûr, les poulinières doivent être de bonne descendance, mais cela ne suffit pas toujours. Le rôle de l'étalon est également important.

Choisir le bon étalon

Même si un champion ne fait pas forcément naître des champions, il est évident que cela y contribue tout de même. Le choix de l'étalon est donc essentiel, et plusieurs critères de sélection peuvent entrer en ligne de compte.

Le budget disponible est évidemment le premier élément à considérer. Si vos finances sont illimitées, il est à priori assez simple de s'octroyer les services du meilleur étalon sur le marché.

Encore faut-il que les poulinières à saillir soient de qualité suffisante pour que le propriétaire de l'étalon accepte cet accord... Il est, en effet, peu gratifiant pour le propriétaire que des produits de son étalon restent dans l'anonymat le plus parfait, faute de performances.

- **Faire agréer un étalon.** Si vous souhaitez faire agréer votre étalon pour la monte publique, vous devrez respecter certains critères essentiels. Pour être homologué comme reproducteur, l'étalon en question doit justifier de performances notables ou bien être passé devant une commission d'approbation ayant donné un avis favorable.

Selon les races, l'étalon pourra être automatiquement agréé pour la monte ou devra justifier de qualités particulières ou encore passer devant une commission. L'agrément, annuel, est l'acte par lequel le préfet de région autorise officiellement un étalon disposant d'une approbation à effectuer la monte.

- **Un mariage heureux.** Le deuxième point concerne les pedigrees de l'étalon et de la jument. Car, s'il est vrai que l'*imbreeding* (consanguinité) fait parfois merveille, il peut également générer des poulains catastrophiques. La génétique est une science parfois inexacte, et là où l'apprenti éleveur croit imaginer un croisement extraordinaire, le résultat prouve qu'il n'aurait jamais dû être tenté.

Avant de se lancer dans ce style d'expérience, l'éleveur a donc tout intérêt à rester raisonnable. Au mieux, il peut essayer de trouver un étalon puissant pour une poulinière un peu fluette, un bon caractère pour une jument ombrageuse, des capacités à l'obstacle pour une mère un peu limitée...

L'éleveur doit veiller à bien étudier les origines du père et de la mère afin d'éviter une consanguinité parfois mal contrôlée.

La monte en main est aujourd'hui celle qui est la plus largement pratiquée.

Un étalon tiré au sort

Certains étalons nationaux ont une demande de saillies trop importante. Un tirage au sort est alors effectué. Pour pouvoir y participer, la poulinière doit être âgée de moins de 21 ans et avoir obtenu des points, soit lors d'un concours de chevaux de selle ou de poulinières, soit lorsqu'elle peut justifier de performances par elle-même, par sa mère, ses descendants ou encore ses collatéraux.

Le tirage au sort des étalons nationaux « option compétitions équestres » se calcule pour les juments âgées de 3 à 20 ans susceptibles de produire un produit arabe, anglo-arabe ou selle français. Des points sont attribués à la jument :

1 - Des points de modèle. Il est attribué 2 points aux juments répondant aux conditions suivantes :
– soit avoir obtenu la prime en concours de chevaux de selle de 3 ans ;
– soit avoir obtenu les trois quarts de la prime maximale dans un concours de poulinières.

2 - Des points pour performances en compétitions équestres. Les points sont attribués en fonction des performances de la jument, de sa mère, de ses descendants et collatéraux selon le tableau suivant.

Calcul des points

Meilleur indice annuel obtenu Origine des points	Performances de la jument elle-même	Performances d'un produit de la jument	Performances de la mère ou d'un frère (sœur) de la jument	Performances d'un demi-frère (sœur) utérin de la jument
110	1	–	–	–
120	2	1 par animal concerné	1 par animal concerné	0,5 par animal concerné
130	3	1 par animal concerné	1 par animal concerné	0,5 par animal concerné
140 et +	4	1 par animal concerné	1 par animal concerné	0,5 par animal concerné

• ***Pour une jument âgée de 3 à 10 ans*** sont prises en compte les performances propres, celles des produits éventuels et celles de la mère et des frères et sœurs.

• ***Pour une jument âgée de 11 à 20 ans,*** les points de la mère et des collatéraux ne sont pris en compte que lorsque la jument a obtenu des points par ses performances ou celles de ses produits.

• ***Les indices considérés*** sont indifféremment les indices en concours saut d'obstacles (CSO), en concours complet d'équitation (CCE) ou en dressage (DR).

• ***Les juments qualifiées*** pour l'une des finales des cycles classiques (CSO, CCE, DR à 4, à 5 ou à 6 ans) bénéficient d'un point dès le tirage au sort suivant cette qualification (ce point n'est pas cumulable avec d'autres performances obtenues par la jument elle-même).

• ***Un classement assorti d'un prix,*** obtenu sous couleur étrangère, dans un concours international dont les résultats ont été publiés au bulletin officiel de la Fédération équestre internationale équivaut à l'indice 140.

Dans le cas de la monte en main, la jument est maintenue derrière une barre de soufflage. L'étalon, lui, est présenté derrière la cloison pour éviter tout coup de pied. Si la jument est en chaleur, la saillie aura bien lieu.

Monte naturelle ou insémination artificielle ?

Plusieurs méthodes sont possibles pour la saillie.

- **La monte naturelle.** La plus ancienne est bien sûr la monte en liberté, c'est-à-dire qu'un étalon est lâché dans un pré avec une jument en chaleur. Certes, à l'état sauvage, la saillie se déroule ainsi, mais l'éleveur qui a le souci de prévenir les risques d'accident fait peu appel à cette méthode. D'une part, il n'est pas évident d'avoir l'étalon à domicile ; de l'autre, pour varier les croisements, il est intéressant de changer d'étalon chaque année.

L'autre formule consiste donc à emmener la jument vers l'étalon sélectionné et de l'y faire saillir en main, c'est-à-dire que l'étalonnier se charge de conduire et de maintenir l'étalon tandis que la jument est attachée. Ainsi, l'éleveur est sûr que celle-ci a été effectivement saillie et aura un poulain si elle était fécondable à ce moment-là.

- **L'insémination artificielle.** L'éleveur peut avoir également recours à l'insémination artificielle. Il s'agit de placer du sperme frais, réfrigéré ou congelé dans l'utérus de la jument.

L'insémination présente des avantages certains : elle évite la contamination possible des étalons et des juments par des maladies vénériennes ; elle élimine également certains accidents observés lors d'une saillie naturelle :

Taux de réussite de l'insémination

Si l'insémination artificielle permet de féconder plusieurs juments avec le même éjaculat, il n'en reste pas moins que la réussite n'atteint pas 100 %. En sperme frais, le taux avoisine 45 à 50 %, pouvant aller jusqu'à 85 % si deux cycles ovariens sont utilisés. En sperme congelé, le taux est un peu plus réduit car, sur deux cycles, on atteint 75 %. En revanche, il faut savoir que le taux moyen de fertilité avec la monte en main varie de 35 à 60 %.

coups de pied, morsures, perforations, etc. Le procédé permet en outre de sélectionner des reproducteurs intéressants sans être limité par l'éloignement géographique.
En revanche, une hygiène très rigoureuse est de mise. Et un suivi échographique régulier est indispensable pour déterminer avec précision le moment exact de l'insémination.
Plusieurs méthodes d'insémination artificielle sont possibles. Dans tous les cas, l'insémination est réalisée tous les 2 jours pendant le temps où la jument est fécondable. En sperme frais, l'insémination a lieu au plus tard une demi-heure après la récolte. En sperme réfrigéré, celle-ci peut être effectuée jusqu'à 72 heures après la récolte. Et, enfin, en sperme congelé, l'insémination est toujours possible, après décongélation bien sûr. Cette dernière permet de féconder une jument avec le sperme d'un étalon très éloigné, voire décédé.

À noter

Lorsque la saillie a été réalisée par l'étalon de votre choix, celle-ci doit être déclarée au SIRE grâce à un formulaire intitulé « Déclaration de premier saut ». Les différentes conditions de paiement seront obligatoirement inscrites au bas de l'attestation de saillie que l'étalonnier vous remet juste après la saillie (l'attestation peut par exemple comprendre la condition « paiement au 1er octobre si jument pleine »). Lorsque le prix aura été intégralement payé, l'étalonnier ou le Haras national vous fera parvenir le certificat de saillie, au verso duquel vous pourrez déclarer la naissance. Si votre jument est vide, vous devez renvoyer l'attestation de saillie remplie, vous n'aurez évidemment pas de facture de saillie à régler. Lorsque le poulain est né, il vous faudra déclarer sa naissance dans les 15 jours qui suivent le poulinage.

Le sperme réfrigéré – ou congelé – permet à des juments très éloignées d'être saillies par l'étalon choisi.

Comment est récolté le sperme ?

Pour l'étalon n'ayant encore jamais été confronté à cette situation, les étalonniers amènent une jument en chaleur à proximité d'un mannequin jusqu'à ce que l'étalon chevauche le mannequin, pensant saillir la jument. Certains étalons n'ont même plus besoin de cette jument boute-en-train pour saillir le mannequin. Le sperme ainsi récolté est rapidement conservé, réfrigéré ou congelé en paillettes.

La gestation

Au bout de 335 jours environ, la gestation arrive à son terme. L'abdomen se distend, la croupe et la base de la queue s'affaissent : le poulinage est imminent.

La durée de la gestation

La gestation chez la jument dure en règle générale 335 jours, soit environ 11 mois et 11 jours, mais cette indication reste très aléatoire, la durée pouvant aller de 10 mois à plus de 1 an.
Pour compliquer les choses, la date exacte de la saillie fécondante n'est pas forcément connue précisément.
L'éleveur doit savoir qu'avant 300 jours de gestation, le poulain est rarement viable, car ce n'est qu'entre 300 et 325 jours qu'il finit de se développer, ce qui explique les handicaps d'un sujet né avant 325 jours : faible poids, impossibilité de téter, manque de tonus musculaire, déficit hormonal, etc.

La mise bas

Une fois la date théorique du poulinage évaluée, l'éleveur doit régulièrement surveiller la poulinière. Des modifications physiologiques et comportementales l'informeront mieux que tout calcul de l'imminence de la naissance.
En premier lieu, les mamelles gonflent, mais cela peut se produire pratiquement 8 semaines avant la naissance. L'abdomen se distend, surtout pour les poulinières ayant eu plusieurs poulains.
Deuxième signe, croupe et base de la queue s'affaissent ; le corps commence à se préparer. Ensuite, la vulve se congestionne, laissant parfois s'écouler quelques sécrétions. Il arrive également que l'éleveur puisse observer de petites contractions.
Enfin, un signe très révélateur survient : un écoulement opaque se produit au niveau des mamelles. On dit que la jument « cire ». Dès lors, l'éleveur doit rester vigilant car la naissance doit se dérouler dans les heures ou les 2 jours à venir. Parallèlement, au fur et à mesure que le temps passe, la poulinière devient inquiète, agitée. Elle se couche fréquemment puis se relève, elle gratte la paille, tourne dans son box.

Le poulinage

Les contractions apparaissent, positionnant ainsi le poulain vers la sortie. Les enveloppes fœtales sont comprimées jusqu'au point où elles se déchirent : c'est la rupture de la poche des eaux. Très rapidement, le bout des membres antérieurs et de la tête apparaît. Les contractions deviennent alors très puissantes afin que l'expulsion se fasse rapidement, de 15 à 30 minutes au plus.

Le poulain sort totalement, encore relié à sa mère par le cordon ombilical. Ce dernier se détache tout seul, bien souvent lorsque la mère se relève. Le poulinage n 'est réellement terminé que lorsque la délivrance a eu lieu, c'est-à-dire lorsque le placenta – les enveloppes fœtales – est complètement évacué. Cet événement se produit généralement 2 heures au plus tard après la naissance du poulain.

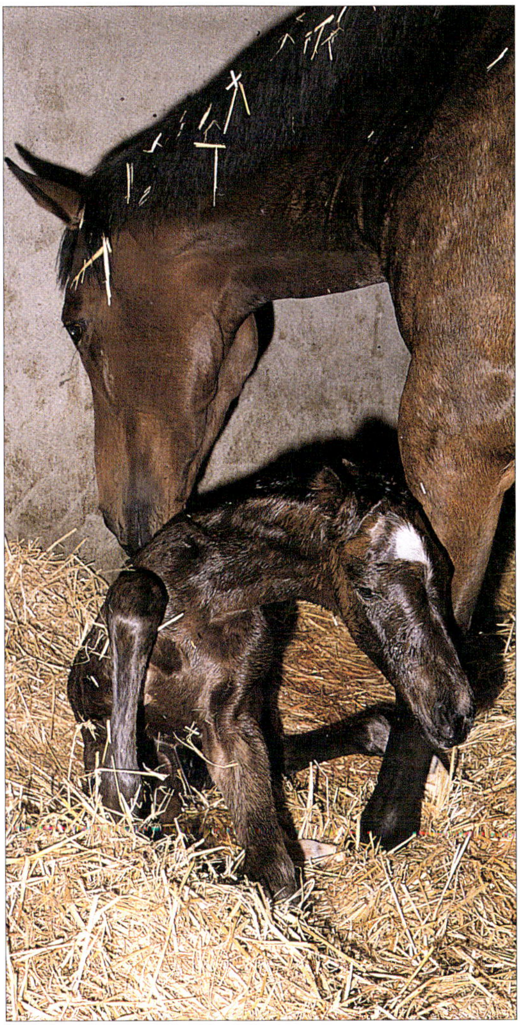

Moins de 2 heures après la naissance, le poulain tente déjà de se lever alors que sa mère le lèche pour le réchauffer.

Les premières heures

À la naissance, le poulain doit avoir certaines réactions et certains réflexes qui indiquent si tout est normal ou non.

Généralement, au bout de 5 minutes, il manifeste quelques frissons et tente de se redresser. Dans les 20 minutes qui suivent, il doit avoir un réflexe

Faut-il déclencher le poulinage ?

Dans certains cas, il peut être nécessaire de provoquer la mise bas grâce à une hormone, l'ocytocine.

Cela peut être pratiqué lorsque le terme est dépassé, quand la jument est trop vieille, lorsque, épuisée par la gestation, elle a du mal à se tenir debout, etc. Certains éleveurs programment ainsi la naissance pour être sûrs d'y assister.

Il faut tout de même savoir que ce procédé n'est pas sans risque pour la poulinière, et il doit donc n'être utilisé que de façon exceptionnelle et en cas d'urgence.

de succion quand on lui met un doigt dans la bouche. Deux heures après sa naissance au maximum, il doit tenir debout et, dans les 3 heures, il doit téter sa mère. Quatre heures après, au plus tard, il doit avoir évacué le méconium, ses premiers excréments.
Si la majorité de ces événements ne se déroule à peu près dans les temps, il faut avertir le vétérinaire, qui réalisera un examen complet du poulain.

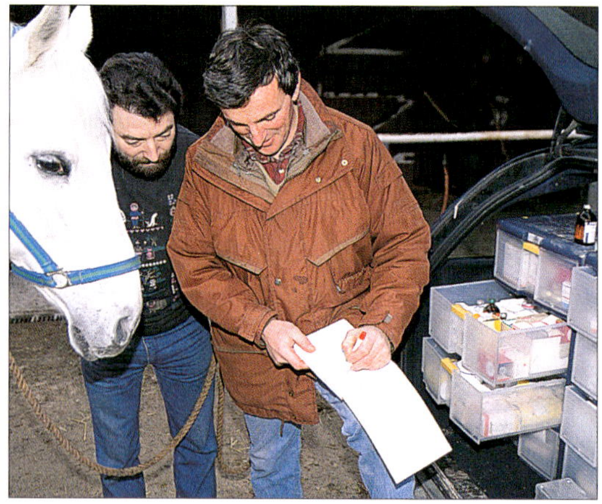

Le poulinage réalisé, il est conseillé de faire venir le vétérinaire pour contrôler que mère et poulain se portent bien.

Le rôle de l'éleveur

Dans la plupart des cas, la naissance se déroule naturellement mais, parfois, l'éleveur doit pouvoir intervenir, d'où la nécessité d'être présent de façon discrète.
Il arrive en effet que le poulain se place mal dans la filière pelvienne. Si, par exemple, il n'engage qu'un antérieur, le poulinage devient impossible de manière naturelle. Il faut alors tenter de repousser le poulain vers l'intérieur, essayer de saisir délicatement l'antérieur plié pour le conduire avec l'autre en même temps que la tête afin que le poulain puisse sortir aisément.
L'éleveur doit également surveiller que la poche fœtale ne recouvre pas la tête du poulain, ce qui l'empêcherait de respirer. Dans ce cas, il doit soigneusement l'en débarrasser.
Peu de temps après la naissance, la mère se relève et nettoie le poulain, contribuant ainsi à le sécher.

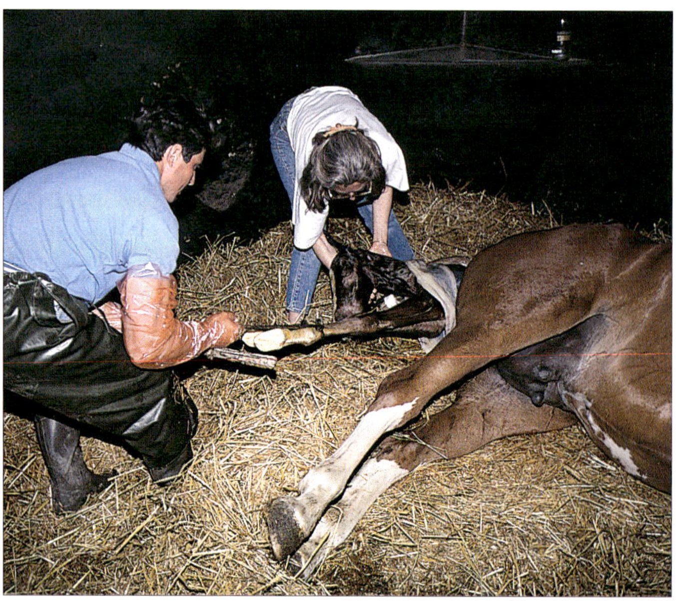

La présence de l'éleveur et du vétérinaire se révèle indispensable lorsque le poulain s'engage mal dans la filière pelvienne.

Recommandation

Dès la naissance du poulain, si le poulinage s'est bien déroulé, il faut faire venir le vétérinaire. Celui-ci pourra ainsi contrôler l'état de santé de la mère et du poulain. Il procédera aux vaccinations indispensables – pour lutter contre la septicémie en particulier – et vérifiera que le poulain ne souffre d'aucun handicap ou insuffisance.

Mère et poulain en bonne santé

Lorsque le poulain est né, la surveillance de l'éleveur doit rester active. En effet, mère et poulain ont encore besoin de ses soins.

● **Une bonne délivrance.** Lorsque la jument a pouliné, il faut s'assurer que la délivrance s'effectue normalement. Cela se déroule généralement 1 heure, au plus 2 heures après la naissance.

L'éleveur doit également vérifier que la totalité du placenta est bien sortie. Dans le doute, il vaut mieux appeler le vétérinaire, qui saura dire si un fragment est resté ou non. Dans le cas de non-délivrance, le risque de métrite et de fourbure est à craindre.

Lorsque le placenta est à moitié expulsé, il est conseillé de nouer la partie déjà sortie autour d'un bouchon de paille. Cela permet à la jument primipare – dont c'est le premier poulain – de ne pas être effrayée par ce qui pend et ballotte sur ses membres.

Et, par ailleurs, cela évite que la poulinière ne marche sur le placenta et n'arrache trop brutalement ce qui n'est pas encore totalement prêt à être expulsé.

Lorsque le placenta est complètement évacué, il convient d'appeler le vétérinaire pour qu'il

Grâce aux bons soins de l'éleveur, le poulain grandira rapidement aux côtés de sa mère. Mais la surveillance est toujours de mise.

● Le cordon ombilical

Juste après le poulinage, il ne faut pas couper soi-même le cordon ombilical ; celui-ci doit se rompre tout seul. En revanche, si au bout de 20 minutes il ne s'est pas défait, l'éleveur doit intervenir et le rompre à environ 10 cm de l'ombilic. Une désinfection à l'aide d'une solution de teinture d'iode à 2 % est obligatoire.

Il ne faut pas oublier que le nombril est la partie restante du cordon ombilical par lequel la mère alimente le poulain pendant la gestation. Une fois coupé et à l'air libre, il est donc susceptible de conduire microbes et bactéries dans l'organisme du poulain.

Par la suite, et dans tous les cas, il est primordial de désinfecter l'ombilic deux fois par jour avec la même solution de teinture d'iode, et cela jusqu'à complète cicatrisation.

De nombreux poulains ne dépassent pas leur première semaine de vie à cause d'une infection généralisée due au manque de désinfection.

De plus, une vaccination contre la septicémie permet au poulain de croître en bonne santé.

l'examine. En attendant sa venue, vous pouvez le retourner de façon que la partie en contact avec l'utérus soit apparente.

Ainsi, le vétérinaire pourra rapidement vérifier que tout a été expulsé et contrôlera qu'aucune anomalie de sa conformation ne puisse présager des risques d'infection nuisibles au poulain, voire à sa mère.

• **En cas de décès.** Il arrive malheureusement que la mère décède lors du poulinage. Même si cela semble inenvisageable, il est essentiel de prélever le colostrum sur la jument, tout simplement pour la survie du petit qui, sans lui, n'aurait en effet aucune défense immunitaire contre les maladies et les infections.

Reste ensuite à déterminer comment alimenter le poulain orphelin. L'éleveur peut avoir recours à l'adoption, c'est-à-dire trouver une jument venant de perdre son poulain. Dans la plupart des cas, la jument en question adopte vite le poulain orphelin.

L'autre solution consiste à distribuer au poulain, sept fois par jour, des biberons de lait – artificiel ou provenant d'une autre poulinière. Outre le fait que cela est très contraignant, il a été observé que les poulains ainsi élevés respectent peu l'homme une fois adultes. Il est donc préférable de lui donner rapidement – dans les 3 jours – le lait dans un seau.

S'il arrive par malheur que la jument décède lors du poulinage, l'éleveur devra alimenter le poulain au biberon ou, mieux, lui trouver une mère de substitution.

Un nouveau-né à surveiller

Absorber le colostrum

En premier lieu, il faut vérifier que le poulain absorbe le colostrum. Sans celui-ci, il n'aurait aucun moyen de défense pour combattre les infections, les microbes inévitables. Dans le cas où le poulain n'arriverait pas à téter, l'éleveur doit pouvoir traire la jument, recueillir le colostrum dans un biberon et l'administrer très rapidement au poulain car il y va de sa survie.

Certains poulains, souvent les mâles, ont du mal à trouver la mamelle. Ils cherchent, tètent même les murs du box. Calmement, l'éleveur doit l'aider à trouver la mamelle, quitte à se faire aider : l'un tient la jument et l'autre, fermement, dirige le nez du poulain vers la tétine jusqu'à ce qu'il tète seul. Parfois, la jument refuse de laisser le poulain téter. Cela peut être dû à une congestion des mamelles qui rend la succion douloureuse. Il est dans ce cas conseillé d'administrer le liquide par le biais d'un biberon.

Éliminer le méconium

Il est également indispensable de vérifier que le poulain arrive à éliminer ses premiers excréments, le méconium. Un geste simple pour l'y aider est d'appliquer dans l'anus de l'huile de paraffine, ce qui assouplit le rectum et favorise l'élimination, toujours un peu difficile.

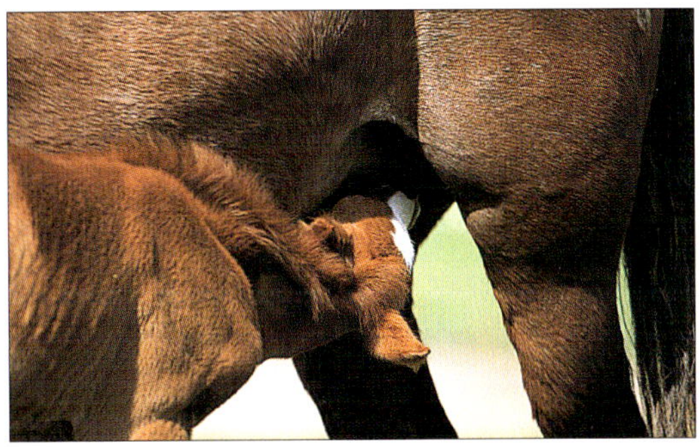

Il est capital de vérifier que le poulain tète bien sa mère, et plus particulièrement dans les premières heures de sa naissance.

Le colostrum

À l'inverse d'autres espèces, le poulain naît complètement dépourvu d'immunoglobulines (anticorps), éléments indispensables à la protection contre les infections.

Sa protection est assurée par les anticorps contenus dans le colostrum (premier lait de la jument).

La jument produit 1,5 à 2 l de colostrum dans les 24 heures qui suivent le poulinage. Le colostrum est absorbé correctement par le tube digestif du poulain dans les 12 premières heures après la naissance, puis de façon bien moins efficace entre 12 et 24 heures, et il n'est plus absorbé passé ce délai.

La qualité et la durée de la protection du poulain (transfert de l'immunité) sont fonction de la concentration des anticorps contenus dans son sang.

Un taux d'anticorps insuffisant entraîne un risque important d'infection dans les 2 premiers mois, c'est-à-dire avant que le poulain fabrique ses propres anticorps.

Cela se produit dans 30 % des cas, lorsque le colostrum est de mauvaise qualité – non suffisamment concentré en immunoglobulines –, parce que la jument a perdu du lait avant le poulinage ou encore parce que la poulinière est trop âgée.

Les affections à éviter

Jusqu'à 6 mois, du fait de sa très faible immunité, le poulain peut être en proie à de graves affections. Certaines d'entre elles peuvent se révéler particulièrement invalidantes, voire mortelles.
Bien les connaître permet de déceler le moindre signe inquiétant.

- **La pneumonie à rhodococcus** est une pathologie infectieuse redoutable. La respiration du poulain devient rapide et irrégulière, il tousse, et de son nez coule un liquide purulent. Sa température s'élève. L'évolution peut être très rapide jusqu'à la mort. Un traitement long et coûteux permet cependant de sauver les sujets qui sont les moins atteints.
- **L'arthrite infectieuse** touche généralement les poulains de 1 semaine à 4 mois. La maladie s'attaque à une ou à plusieurs articulations qui deviennent enflées et douloureuses. De nombreux germes, responsables de cette affection, peuvent s'être introduits dans l'organisme par le cordon ombilical ou encore par la bouche. Le poulain boîte et sa température est élevée.
Seuls des antibiotiques peuvent avoir raison de l'infection.
- **Les diarrhées** du poulain sont l'angoisse des éleveurs. En effet, celles-ci sont généralement très fortes et invalidantes.
Plusieurs facteurs peuvent les provoquer : des parasites, un lait inadapté, des virus, des agents microbiens, etc.
En tout état de cause, elles peuvent être plus ou moins graves, mais doivent toujours inquiéter l'éleveur. Le poulain s'affaiblit, a de la fièvre, ses muqueuses peuvent varier de couleur. Dans le pire des cas, il se déshydrate, ne s'alimente plus assez.
Selon les cas, les diarrhées peuvent disparaître spontanément ou nécessiter un traitement médical et une surveillance attentive.

Jusqu'à 6 mois au moins, le poulain doit être surveillé attentivement et examiné « sous toutes les coutures ».

Éduquer le poulain

Il est important pour le poulain de ne pas avoir peur de la présence humaine. Dans ce but, l'éleveur doit très tôt l'habituer à être caressé, touché, manipulé.

● **Le premier apprentissage.** Avec un peu de patience, l'éleveur peut accoutumer le poulain à être maintenu et conduit.

Il ne s'agit pas bien sûr de le prendre de force et de l'attacher dès les premières heures. Il suffit simplement de lui prendre un pied, de simuler un brossage, de toucher ses oreilles, ses flancs, son ventre, sa tête, jusqu'à ce que le poulain ne s'en effraie plus. Progressivement, il sera également possible de lui mettre un licol léger et de l'habituer à être conduit.

● **La sociabilité.** De la même façon, il est profitable pour la suite de le mettre en contact avec des objets ou animaux divers, de lui faire entendre les bruits les plus insolites.

Tous les événements auxquels le poulain est habituellement confronté lorsqu'il est petit ne lui feront plus peur lorsqu'il sera adulte. Un travail de longue haleine, surtout lorsqu'on est à la tête d'une dizaine de poulains, mais qui simplifiera par la suite la vie de l'éleveur, ainsi que celle de l'acquéreur !

Le poulain doit être manipulé, mené en longe et pansé. Le débourrage futur en sera ainsi facilité.

Conduire son élevage

Acheter les bons sujets ne suffit pas à assurer la qualité de l'élevage. Il faut également contracter les polices d'assurance adéquates, savoir vendre ses produits au bon moment, veiller à bien remplir tous les papiers lors de la vente d'un cheval, éviter d'avoir un cheptel trop important pour que le budget reste équilibré… Autant de considérations qui favoriseront la réussite de votre élevage.

Un élevage rentable

Ne développez pas votre cheptel si vous ne pouvez en assurer la vente.

Il est toujours possible d'envisager une production importante, mais encore faut-il pouvoir stabiliser son troupeau de manière à ne pas se retrouver face à des coûts trop importants.

Faire naître des poulains et savoir bien les vendre, assurer la rentabilité de son élevage en évitant la surproduction, telles sont les difficultés que rencontrera l'éleveur.

Voici quelques conseils pour ne pas se retrouver à la tête d'un important cheptel invendu.

Éviter la surproduction

L'écueil principal du naisseur est de trop faire naître… Imaginons un éleveur qui, la première année, aurait six poulinières pleines. Les poulains sont tous vivants et leurs mères, saillies à nouveau. Cela se déroule de la même façon sur 5 ans sans qu'aucun produit ne soit vendu… Au bout de cette période, notre éleveur va se retrouver à la tête des six poulinières et de leur descendance, soit trente-six chevaux !

- **Savoir gérer sa production.** Au lieu d'investir dans de multiples saillies coûteuses – elles le sont toujours lorsque l'on cherche à avoir des poulains de qualité –, il est plus raisonnable de commencer à une petite échelle et de bien vendre sa production. Si c'est le cas, les bénéfices obtenus peuvent ainsi servir à l'achat de poulinières de bonne lignée ou encore à des saillies plus prestigieuses. L'entretien d'un cheval coûte cher, et en faire naître d'autres est également onéreux.
- **Savoir céder ses poulinières.** Certes, il est tentant, dès la mise bas, de faire saillir à nouveau la mère pour être sûr d'avoir un poulain l'année suivante. Mais peut-être vaut-il mieux choisir les meilleures poulinières pour la reproduction et envisager, avant qu'elles ne soient trop vieilles, de céder les autres pour une somme modique à des particuliers. Ces derniers peuvent être intéressés par une jument docile à monter ou une poulinière susceptible de produire un poulain sans origines ni compétences particulières.

Un problème se pose à l'éleveur un jour ou l'autre : que faire des chevaux trop âgés ?

Il est évident que poulinières et étalons ne peuvent se reproduire lorsqu'ils sont trop vieux. Pourtant, il faudra les nourrir et les soigner au même titre que les autres. Il est donc certainement préférable de pouvoir les vendre ou, selon les cas, les donner à un particulier qui veillera sur leurs vieux jours.
Sinon, il ne faut pas se voiler la face, les chevaux trop âgés des élevages finissent bien souvent leur voyage en direction de la boucherie… Mieux vaut donc s'en soucier avant qu'il ne soit trop tard.

Quand et comment vendre ses poulains

Voilà bien le cœur du problème de l'éleveur... Plusieurs possibilités s'offrent à lui, selon les cas et selon sa politique d'élevage.

- **Le poulain sous la mère.** Tout d'abord, l'éleveur peut souhaiter vendre le poulain sous la mère. Pourtant, il faut avouer que peu d'acheteurs sont à même de bien tirer parti d'un poulain, de savoir le socialiser, le débourrer et en faire un bon cheval. Cela peut cependant être une bonne formule pour l'éleveur de bonne notoriété qui ne souhaite pas « s'embarrasser » de trop de produits, qui ne se sent pas le talent de conduire les poulains jusqu'à l'âge adulte ou, tout simplement, à qui une offre d'achat a été formulée.
Cela peut également exister lors de ventes aux enchères où pouliches et poulains sont vendus au plus offrant selon leurs origines ainsi que leur lignée.
- **L'âge idéal.** C'est environ vers l'âge de 3 ans que le sujet peut être vendu. Rares sont effectivement les acheteurs qui souhaitent acquérir un produit de 1 ou 2 ans.
À 3 ans, le jeune cheval est prêt à être débourré et peut donc intéresser une clientèle qui souhaite « faire » le cheval à sa façon. Celui-ci peut également être vendu lors de concours d'élevage ou de manifestations diverses.
- **Mettre en valeur son élevage.** En fait, c'est surtout lorsque le cheval est déjà « mis sous la selle » que l'éleveur a le plus de chances de le vendre. Mais, bien souvent, et c'est dommage, l'éleveur s'intéresse peu au fait de « transformer » son cheval et se contente d'être naisseur. Cela n'est pas un handicap lorsque son élevage est suffisamment connu par ses résultats : il n'a pas besoin de mettre en valeur sa production. Cependant, on constate de plus en plus que les éleveurs qui vivent bien de leur activité sont ceux qui ont réussi à faire naître des poulains, mais aussi à bien les mettre en valeur.

C'est généralement lorsque ses chevaux atteignent l'âge de 3 ans que l'éleveur les vend.

On peut aussi valoriser sa production en confiant ses jeunes chevaux à des cavaliers professionnels qui sauront les optimiser. Mais cela implique un coût qui risque au final, selon les cas et les résultats, de compromettre la rentabilité de l'élevage.

● **Les ventes aux enchères.** Pour réussir à bien vendre ses chevaux, l'éleveur peut également recourir aux ventes aux enchères, à condition que ses produits soient de qualité suffisante pour être retenus par les organisateurs. Ces performances peuvent avoir tout simplement été réalisées par des cavaliers clients ayant su valoriser le produit. Une publicité particulièrement efficace !

● **Une astuce.** Certains éleveurs ont imaginé des formules originales pour vendre leur production. Ainsi, pour un prix très minime, ils vendent leurs jeunes à des cavaliers compétents dans le but de les entraîner.

Une fois performants, ces chevaux sont alors revendus et le prix est équitablement partagé entre cavaliers et éleveur.

Certes, cette formule peut paraître peu rentable pour l'éleveur, mais, en considérant le temps d'entretien du cheval s'il était resté à l'élevage, cela peut devenir un contrat a posteriori intéressant.

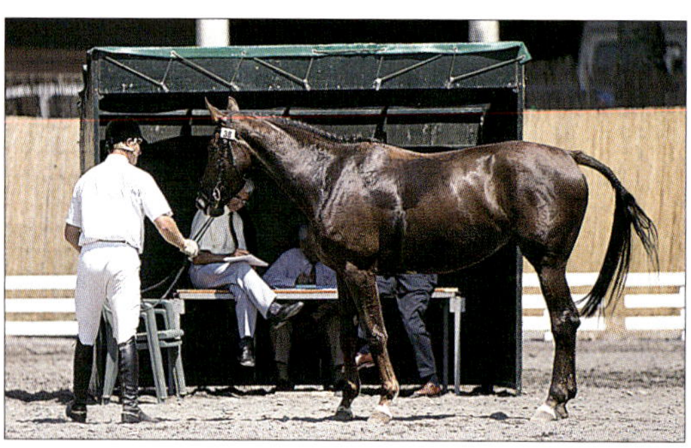

Les concours d'élevage permettent d'évaluer la qualité de ses sujets.

Les chevaux de qualité se vendent à bon prix lors des ventes aux enchères.

● Les éleveurs français

D'après une étude réalisée par le SIRE (Système d'information relatif aux équidés) en 2000, il apparaît que, bien souvent, les éleveurs exercent une autre activité que l'élevage. Ainsi, 52 % d'entre eux exercent une activité de type agricole, 16 % sont retraités ou sans activité et 12 % ont une autre profession liée au cheval.

La moyenne de l'effectif des élevages est de 8 chevaux, dont 3,8 poulinières (avec 2,8 saillies dans l'année) et 0,2 étalon.

Chaque élevage emploie en moyenne 1,64 non salarié et 0,22 salarié ; 98 % des élevages fonctionnent avec une main-d'œuvre non salariée.

Concernant les revenus que leur procure l'élevage, la moitié des éleveurs interrogés n'ont pas souhaité répondre.

Parmi ceux qui ont répondu, 70 % ont estimé avoir un chiffre d'affaires annuel inférieur à 7 600 euros et seulement 6,4 % ont indiqué que leur chiffre d'affaires annuel était supérieur à 45 730 euros… C'est dire, s'il en était besoin, que peu d'éleveurs vivent réellement de cette activité.

Papiers et obligations

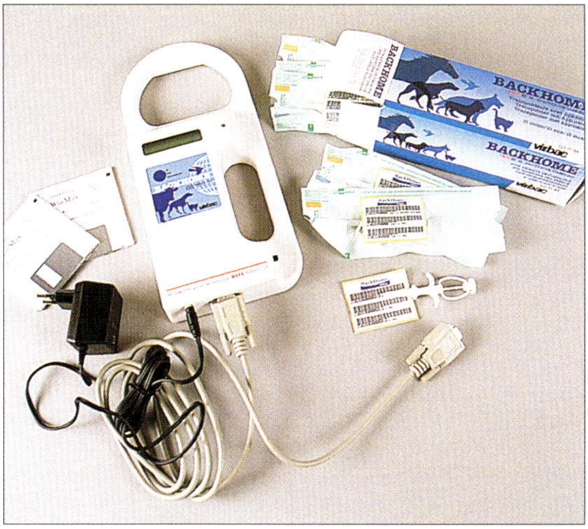

À l'aide d'une seringue, une puce électronique est glissée sous la peau du cheval. Celle-ci contient toutes les informations concernant son identité.

L'immatriculation

Tous les chevaux, de race ou non, doivent être immatriculés, c'est-à-dire enregistrés auprès du SIRE et porter un numéro d'immatriculation, dit « numéro SIRE ».

Pour être enregistré, l'animal doit être présenté à un agent des Haras nationaux qui relèvera son signalement. Celui-ci est fait avant le sevrage pour les poulains de race. Les chevaux dont l'origine n'est pas connue, anciennement appelés d'« origines inconnues », se nomment désormais d'« origine non constatée ».

Bientôt, tous les chevaux devront être tous « pucés », c'est-à-dire être immatriculés par une puce électronique, ou transpondeur, qui est glissée sous la peau de l'animal. La vérification de son identité se fait grâce à un lecteur spécifique.

Dans les dates des obligations de « pucer » le cheval, il faut savoir que depuis le 1er janvier 2004, tous les chevaux qui naissent en France ou bien sont nouvellement identifiés doivent être pucés ; à partir du 1er janvier 2005, ce sera le tour de tous les reproducteurs, mâles ou femelles ; à partir du 1er janvier 2006, ce puçage sera également obligatoire pour tous les chevaux participant à une épreuve officielle ; et enfin, à partir du 1er janvier 2008, tous les chevaux sans exception devront être identifiés par ce système de puce électronique.

Les documents obligatoires

Lors de la vente ou de l'achat d'un cheval, certains papiers doivent obligatoirement accompagner la transaction.

- **La carte d'immatriculation.** Celle-ci, délivrée par le SIRE, comprend obligatoirement le nom du cheval, sa race, son sexe, sa date de naissance, les noms et races de ses père et mère, le nom du naisseur. Elle atteste la propriété de l'équidé.

Tout changement de propriétaire doit être signalé dans les 8 jours suivant la transaction, sous peine de sanction (décret du 05/10/2001). Ainsi, chaque fois qu'un cheval est cédé, le verso de la carte doit être rempli et la carte, remise à l'acquéreur, qui la renvoie au SIRE pour en recevoir une nouvelle.

La déclaration du changement de propriétaire aux Haras nationaux donne lieu gratuitement à l'édition d'une nouvelle carte d'immatriculation.

- **Le livret d'accompagnement.** C'est la carte d'identité du cheval. Il comprend une partie permettant d'effectuer son signalement précis et une partie concernant sa santé où sont mentionnées les dates des vaccinations, les saillies effectuées pour les juments, etc.

Ce document a valeur :
– de certificat d'origine (lorsque les origines sont connues) et d'inscription éventuelle dans un *stud-book* (livre retraçant la généalogie de la race) ;
– de document d'identification ;
– de document sanitaire ;
– de passeport.

Si le cheval doit participer à des compétitions diverses, être cédé lors de ventes publiques ou est exporté, son livret doit être validé. Son signalement est alors vérifié par un vétérinaire agréé afin que les marques décrites ne fassent aucun doute sur l'identité de l'animal. Les Haras nationaux confirmeront que le signalement contrôlé est bien conforme au signalement initial.

Renseignements : Haras nationaux, Direction de la filière – SIRE – service des validations, BP 3, 19231 Arnac-Pompadour Cedex.

● *Les obligations de l'éleveur*

Certaines règles doivent être respectées en matière d'élevage :

• depuis le décret 2001-913 du 5 octobre 2001, tous les équidés doivent être identifiés et accompagnés de leur document d'accompagnement ;

• le document d'accompagnement doit contenir un formulaire « traitement médicamenteux » dûment complété par le propriétaire, qui doit indiquer en cas de décès du cheval si celui-ci est destiné ou non à la consommation humaine, afin de contrôler les éventuels résidus médicamenteux ;

• depuis l'arrêté du 5 juin 2000, un registre d'élevage doit être tenu par les détenteurs de chevaux. Celui-ci doit accompagner les équidés lors de leur transport en camion. Cela peut être un simple cahier dans lequel sont notés les entrées, les sorties, le lieu de détention de chaque cheval. Dans celui-ci, vous devez conserver aussi une trace de toutes les interventions réalisées : ordonnances, étiquettes de vermifuges, aliments, etc. ;

• toute jument destinée à reproduire doit posséder un document d'identification validé ;

• si vous souhaitez faire poser un transpondeur (puce) pour l'identification de vos poulains, cette opération doit être faite lors du relevé du signalement ou après, afin que les Haras nationaux puissent enregistrer le numéro de la puce.

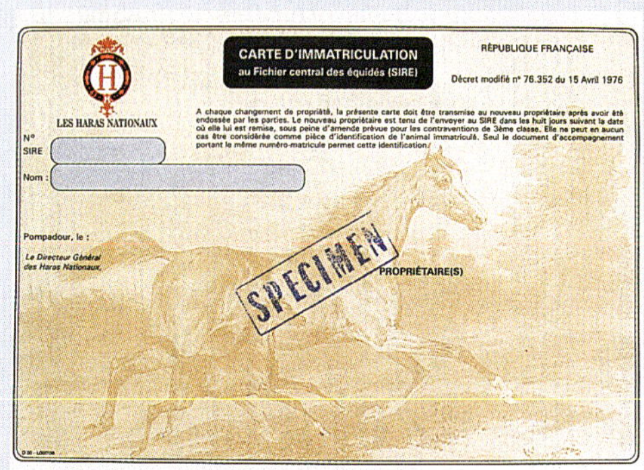

La carte d'immatriculation atteste de la propriété du cheval.

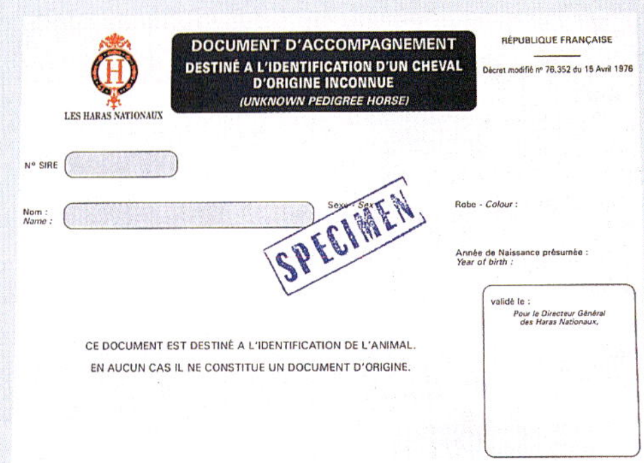

Le document d'accompagnement fournit les origines du cheval et le signalement précis de celui-ci.

● **Le prix des papiers.** Selon la race des chevaux que vous élevez, le prix peut différer. En effet, certains contrôles de filiation sont réalisés pour des races particulières (arabe, trotteur français, pur-sang, lusitanien ou baudet du Poitou) ou encore pour un produit issu d'insémination artificielle (sperme réfrigéré et transporté), pour un transfert d'embryon ou un produit né en France issu d'une saillie étrangère. Les prélèvements sanguins sont effectués au moment du relevé du signalement du poulain sous la mère.

Pour valider le livret d'identité, un vétérinaire agréé vérifie que le signalement du cheval correspond bien à celui effectué sous la mère.

● ***En cas de perte***

Il faut demander un duplicata au SIRE.
Vous devez fournir dans tous les cas une déclaration de perte et :
– pour la carte d'immatriculation, une attestation de vente ;
– pour le livret d'accompagnement, la carte d'immatriculation établie à votre nom et un signalement descriptif et graphique établi par un agent des Haras (pour les races PS, TF, AR, AA et SF) ou par un vétérinaire agréé (autres races).

Vous trouverez toutes les informations tarifaires sur le site www.harasire.net

● **La facture.** Il s'agit d'établir un document mettant en avant l'identité et les coordonnées du vendeur ainsi que celles de l'acquéreur, le prix du cheval – en faisant apparaître la TVA –, le nom, la race et le numéro SIRE du cheval. Vous pouvez également ajouter des mentions spécifiques concernant par exemple l'utilisation pour laquelle l'animal a été acheté. En effet, si vous acquérez une très belle poulinière et que celle-ci se révèle impropre à la reproduction alors que vous l'aviez achetée dans cette optique, vous ne pourrez vous retourner contre le vendeur que si vous avez fait préciser cette mention.

Le certificat de saillie

Quand votre poulinière est confirmée pleine, l'étalonnier vous remet une attestation de saillie (feuille blanche) qui garantit que le produit qu'elle attend est bien celui de l'étalon que vous avez choisi.
Sur cette attestation figurent également les conditions de règlement de la saillie : avant la mise bas, en deux fois ou à la naissance. Lorsque la saillie sera intégralement payée, l'étalonnier délivrera le certificat de saillie (feuille bleue), au verso duquel vous déclarerez la naissance et indiquerez les éventuels noms que vous souhaitez donner au poulain.

Le dépôt d'un affixe

Signer la qualité de son élevage par un « nom de famille », un affixe, est séduisant pour l'éleveur. Ainsi, ses produits resteront identifiables.
Le dépôt d'un affixe n'est toutefois pas obligatoire. Il est tout à fait possible de faire suivre le nom

de vos poulains de la même formule « Du Lac », « Des Genêts » ou autre, sans l'avoir légalement déposée. Mais vous prenez alors le risque que n'importe qui utilise le même affixe après avoir vérifié qu'il n'a pas été déposé auprès du SIRE, ce qui est dommage, surtout si vos produits sont très performants.

Pour déposer un affixe, il faut en faire la demande auprès du SIRE contre rémunération. Vous ne pouvez utiliser n'importe quel nom. En effet, sont exclus les affixes dont le sens est contraire aux bonnes mœurs et à l'ordre public. De la même façon, vous ne pouvez utiliser le nom d'une personnalité ou le mot France. L'affixe doit également comporter cinq lettres au minimum et ne doit pas excéder dix-sept lettres ; il ne doit pas contenir d'accents, de trémas ni de tirets. La demande doit être déposée avant le 31 décembre de l'année en cours pour pouvoir attribuer l'affixe aux poulains à naître l'année suivante.

Renseignements :
SIRE, BP 3, 19231 Arnac-Pompadour Cedex.

L'identification du poulain

Il est là tout frêle sur ses grandes jambes et, déjà, vous allez devoir vous préoccuper de son identification.

● **La déclaration de naissance** est le premier papier à remplir en urgence. En effet, vous n'avez que 15 jours pour signaler cet heureux événement au SIRE (Système d'identification au registre des équidés), sans quoi votre beau poulain ne serait pas autorisé à participer à quelque manifestation que ce soit ou à se reproduire. Grâce à ce document, il sera répertorié et vous recevrez votre carte de propriétaire et le livret d'accompagnement. Vous devrez également prévoir de faire identifier votre poulain par une puce électronique puisque cela est obligatoire depuis le 1er janvier 2004.

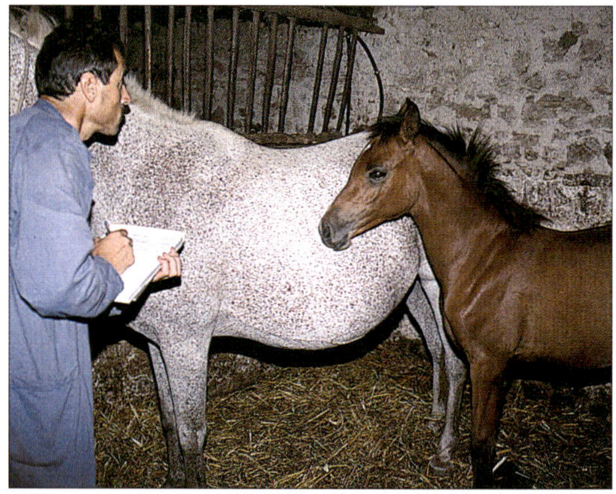

Un agent des Haras nationaux relève le signalement du poulain sous la mère avant que celui-ci ne soit sevré.

● **Le signalement sous la mère** fait suite à cet enregistrement. Il est effectué par un agent des Haras nationaux lors d'une visite réalisée avant la fin de l'année civile et obligatoirement avant que votre poulain ne soit sevré. Cette condition impérative est facile à comprendre : il serait très facile d'attribuer des papiers qui ne soient pas les siens à n'importe quel poulain. Non sevré, un poulain n'ira pas se réfugier dans les jambes d'une autre jument...

Lors du signalement, l'agent des Haras note de façon précise sur le livret d'accompagnement la couleur du poulain et toutes les marques permettant de l'identifier : balzanes, listes (bandes blanches sur le chanfrein), épis divers. Ce n'est que bien plus tard que l'identification définitive sera confirmée. D'ailleurs, il n'est pas rare qu'alors la couleur ait changé et que les marques d'identification ne soient plus les mêmes.

● **La carte de propriétaire** est la seule pièce qui justifie que le poulain vous appartienne. À vous donc de la laisser dans un endroit sûr. Vous n'aurez d'ailleurs pas besoin de l'emporter au cours de vos déplacements ; seul le livret d'accompagnement est demandé.

Bien s'assurer

Le cheval est un animal, ses réactions restent donc imprévisibles, qu'il soit au pré, au box, en balade, en reprise ou en compétition avec son cavalier. Même professionnel, celui-ci, à la merci d'un événement imprévu, n'est pas à l'abri de sinistres. Le bon geste consiste donc à bien s'assurer.

Rester prévoyant

Assurer ses chevaux n'est pas une obligation mais, si vous tenez à bien mener votre élevage, ce n'est pas le coût du contrat qui atténuera votre passion. En outre, si vous êtes bien assuré, vous pourrez toujours préserver, voire remplacer, les chevaux qui ont fait l'objet de sinistres.

- **Le contrat responsabilité civile.** La première des précautions est de l'examiner soigneusement. Est-il mentionné qu'il couvre les problèmes engendrés par les chevaux ? Si tel est le cas, faites-vous préciser par courrier que sont bien couverts les dégâts occasionnés par vos chevaux en échappant à votre contrôle (en quittant leur pré) ou face aux éventuels visiteurs venus leur rendre visite à l'intérieur de leur pâture.

En plus des chevaux, il est essentiel d'assurer les installations.

Si votre responsabilité civile ne couvre pas ces risques, il faut alors demander une extension de garantie ou bien souscrire un contrat spécifique auprès d'un autre assureur. Le coût de l'opération est fort peu élevé, surtout en regard des risques : un cheval en fuite peut causer des accidents de la route, provoquant des dommages matériels ou corporels très importants.

- **Les contrats élevage.** Certains courtiers prévoient des contrats élevage particulièrement intéressants.

Peu onéreux, ceux-ci considèrent non pas le nombre de chevaux mais le groupe d'animaux vivant sur une surface agricole donnée. Les risques couverts comprennent les accidents causés par l'un ou plusieurs des animaux lorsqu'ils se sont échappés. Un contrat idéal pour tous les éleveurs.

Les risques principaux

- **Le décès.** Le contrat appelé « mortalité », « décès » ou encore « abattage » permet au propriétaire d'être dédommagé de la perte de son cheval.

En respectant les consignes formulées dans le contrat, il sera indemnisé pour une somme ne pouvant évidemment pas dépasser la valeur réelle du cheval. Généralement, cette assurance couvre la mort du cheval en cas d'accident ou de maladie, à la suite d'un incendie ou encore lorsque l'animal doit être abattu si sa guérison se révèle impossible.

Attention, dans ce dernier cas, l'assureur doit expressément donner son accord pour l'euthanasie ! Si le propriétaire se trouve dans l'obligation, après avis du vétérinaire, de faire abattre son cheval sans avoir eu le temps ou l'opportunité d'attendre l'accord de l'assureur, il ne sera pas indemnisé.

En effet, l'assureur doit vérifier que l'abattage reste la seule solution. Une fracture, par exemple, n'entraînera pas l'autorisation de l'assureur puisque celui-ci peut estimer que, même s'il ne peut plus jamais être monté, le cheval peut vivre et reproduire.

Cette assurance, généralement d'un coût assez élevé puisqu'elle est calculée en fonction du prix du cheval, est peu souscrite par les propriétaires.

• **L'invalidité.** Ce risque est également couvert par les compagnies d'assurances ; bien souvent, ce contrat va d'ailleurs de pair avec la mortalité. Ainsi, lorsqu'une poulinière ou un étalon est atteint d'une affection l'empêchant définitivement de reproduire, l'indemnisation de l'assureur permet à l'éleveur de racheter un cheval de même valeur. Mais, pour que le contrat soit effectif, il est impératif que cette invalidité soit définitive. En règle générale, une franchise est prévue au contrat.

De la même façon, l'assureur peut estimer que la valeur du cheval au moment de l'accident s'est dépréciée. Par exemple, vous avez assuré votre reproducteur de 6 ans pour une valeur de 1 500 euros, mais son invalidité intervient dans sa douzième année. L'assureur prouvera sans peine que ses compétences reproductrices sont bien moins évidentes qu'à la souscription du contrat, et l'indemnisation prendra en compte cette dépréciation.

• **L'immobilisation temporaire.** Sur le même principe que pour les humains, un contrat spécifique prévoit une indemnisation journalière pour un cheval ne pouvant être utilisé par son propriétaire. Cette indemnité permet au propriétaire de louer un cheval de même compétence ou encore de payer des frais d'entretien s'il confie l'animal à un professionnel pour sa convalescence.

À priori, ce contrat n'est intéressant que pour l'éleveur qui pratique une discipline particulière.

• **Le vol.** Malheureusement, les vols de chevaux foisonnent... Pour couvrir ce risque, un contrat prévoit l'indemnisation en cas de vol. Dès que celui-ci est constaté, le propriétaire doit en faire la déclaration auprès de son assureur. Ce dernier peut avoir inclus le remboursement à l'assuré des frais de recherche, puis, au bout d'un délai d'environ 1 mois, il remboursera à l'adhérent la somme prévue sur le contrat. Il peut exiger lors de la souscription que l'animal soit tatoué ou muni d'une puce électronique.

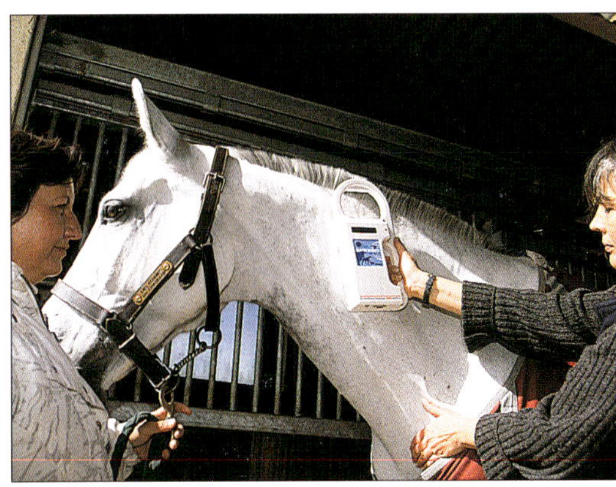

En cas de vol, votre cheval a plus de chances d'être retrouvé s'il est « pucé ».

• **La maladie.** De nombreuses compagnies proposent un contrat prévoyant le remboursement des frais médicaux et chirurgicaux. Cette assurance, bien utile lorsqu'un accident survient qui entraîne une opération chirurgicale, indique en général un plafond annuel de frais remboursables. Celui-ci dépassé, les frais médicaux resteront à la charge du propriétaire.

Bien évidemment, tous les frais de vaccination, de vermifugation, de castration ne sont pas pris en charge par ce contrat d'assurance. Souscrire ce genre de contrats se révèle un peu onéreux.

- **La gestation.** Une assurance très intéressante couvre les dommages liés à une gestation. En effet, si vous confiez votre excellente poulinière à un haras pour être saillie par le plus illustre étalon, le produit à naître sera de toute évidence de bonne qualité et de bon prix. Mais certains inconvénients peuvent survenir, que ce soit au cours de la gestation ou lors du poulinage.

Certains poulains ne voient jamais le jour, et le contrat « poulain à naître » dédommage ainsi le propriétaire lésé par cette mort précoce. Bien sûr, la preuve doit être apportée que la jument était bien pleine de l'étalon choisi et que le poulain est effectivement décédé ; une attestation des services d'équarrissage qui ont emmené le poulain mort est donc indispensable.

- **Les frais.** D'autres contrats spécifiques peuvent garantir le remboursement des frais d'engagement à des concours ou à des manifestations, des frais de relogement en cas de détérioration des écuries, etc. Les assureurs peuvent offrir toute une gamme de contrats sur mesure.

Valeur déclarée ou valeur agréée ?

La valeur déclarée est celle que vous attribuez à votre cheval. Elle est donc parfaitement subjective. L'assureur ne l'entend peut-être pas de la même oreille. Pour lui, pas de sentimentalisme, les faits parlent. Il peut consentir à assurer le cheval sur vos bases mais, si un sinistre survient, il appliquera les prix pratiqués pour un cheval de même valeur. Vous toucherez donc une indemnité qui correspondra non pas à votre estimation mais à la sienne.

Pour éviter ce genre de désillusions il est préférable de parler de valeur agréée, c'est-à-dire de celle que votre assureur a estimée. Gardez cependant à l'esprit qu'entre-temps votre cheval aura peut-être vieilli ou que ses performances auront baissé… Heureusement, vous en serez informé, puisque votre assureur, annuellement, révisera la valeur assurée.

Trouver le bon assureur

Il n'existe pas à priori de mauvais assureur ou de mauvaise compagnie. Simplement, certains courtiers ou assureurs ne sont pas spécialisés dans les risques liés à la possession ou à l'exploitation de chevaux.

Il convient donc de se tourner vers des compagnies qui proposent des contrats spéciaux pour le cheval. Charge à chacun de comparer non seulement les prix mais aussi les risques couverts, les indemnisations proposées, les exclusions de contrat. Lisez bien entre les lignes, une phrase d'apparence anodine se révèle parfois primordiale lorsque le dommage est survenu. À vous de bien déterminer et de bien expliquer à votre assureur les risques que vous voulez voir couverts.

À noter

Suivant les compagnies, votre cheval ne pourra plus être assuré à partir d'un certain âge – 10, 12 ou 18 ans –, selon qu' il s'agit d'un contrat mortalité, invalidité, dépréciation ou frais vétérinaires. Soyez donc vigilant, il serait vain d'assurer un cheval dont aucune indemnité ne rembourserait la perte !

L'âne

L'anatomie

On a tendance à considérer l'âne comme un animal domestique qui a sans doute été utile dans le passé, mais est improductif de nos jours. Aussi beaucoup pensent que la détention d'un âne s'apparente à celle d'un animal de compagnie qui demande très peu de soins. On doit intervenir à l'encontre d'un raccourci aussi simpliste : il peut en effet entraîner des erreurs graves tant l'élevage de l'âne implique de connaissances de son anatomie et de sa physiologie, pour pouvoir le nourrir correctement, l'amener à se reproduire, soigner d'éventuelles maladies, le loger,… et satisfaire l'ensemble de ses besoins vitaux par une conduite raisonnée.

La morphologie

Le standard décrit aussi bien la tête de l'âne que la couleur de sa robe.

La solidité des membres est recherchée pour les randonnées.

L'âne est un mammifère de l'ordre des ongulés, de la famille des équidés qui se caractérisent en posant leur pied sur un seul doigt recouvert d'un sabot. La variété *equus asinus* fait partie de cette famille, comme celle du cheval, *equus caballus*. Son poids se montre très variable selon la race, l'âge et le sexe : l'âne nain pèse en moyenne 80 kg, l'âne commun entre 150 et 250 kg et les races plus lourdes de 300 à 450 kg. De même, sa taille au garrot s'étage de 1,10 à 1,45 m pour les femelles et de 1,20 à 1,60 m pour les mâles. L'âne nain se distingue, avec une taille au garrot de 0,80 à 0,90 m. Sa durée de vie est en moyenne de trente ans.

L'extérieur de l'âne est décrit avec précision dans les standards de races.

● **La tête** est bien soudée à l'encolure, elle porte des oreilles longues et en pointes, le pavillon orienté vers l'avant. L'encolure relie la tête au corps et elle ne doit pas être trop brève, car elle joue un grand rôle dans la locomotion. Elle porte la crinière. Le dos rectiligne prolonge l'encolure ; bien musclé, il transmet la poussée des postérieurs. La largeur et la longueur de la croupe chez la femelle sont un gage de facilités dans les mises bas. Le développement du poitrail aménage une poitrine profonde qui

L'ANATOMIE DE L'ÂNE

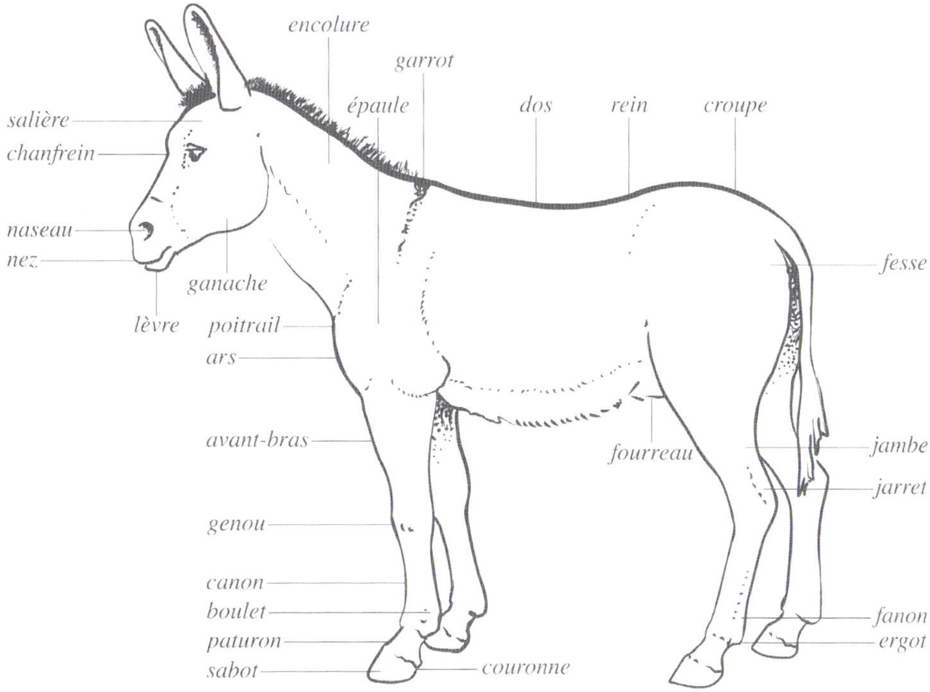

permet une bonne oxygénation. Le ventre forme une courbe harmonieuse du passage des sangles aux organes génitaux. La queue pendante est plantée haut.

- **Les membres** ont une importance particulière pour les équidés dans leur fonction essentielle, la locomotion. Les antérieurs ont un rôle de soutien. Ils se développent de l'épaule jusqu'au boulet large et épais, en passant par la charnière formée par le genou.
- **Le paturon** et la couronne relient le boulet au pied qui sert d'amortisseur entre l'âne et le sol.
- **Les postérieurs** ont une fonction de propulsion. La cuisse musclée se prolonge par la jambe correctement orientée. Le jarret doit être large et épais, car il supporte les plus gros efforts.

LES SABOTS DE L'ÂNE

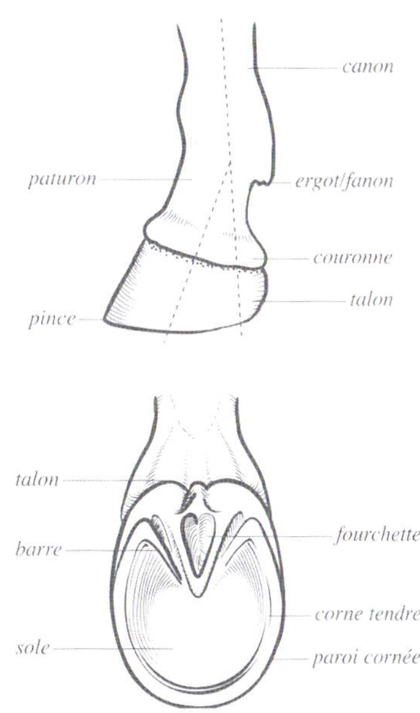

L'appareil digestif

Comme chez tous les équidés, l'œsophage rejoint l'estomac après avoir traversé le diaphragme. Celui-ci ne comporte qu'une seule poche, où s'effectue le travail de trituration et de dégradation des matières azotées des aliments par le suc gastrique. Dans l'intestin grêle, cette transformation se continue sous l'effet des sucs digestifs. Toutefois, la particularité de la digestion de cette espèce domestique s'observe dans le gros intestin qui se divise en trois parties : le caecum, le côlon et le rectum.

Le volume très important du caecum et du côlon aménage un réservoir qui a la même fonction que la panse des ruminants : celle de disposer d'un espace où peuvent se produire des fermentations autorisant la digestion de la cellulose. Cette particularité permet à l'âne de se nourrir de fourrages verts et de foin. Elle dicte aussi des règles à suivre dans son alimentation.

Recommandation

Il faut éviter de changer brutalement le régime alimentaire de l'âne et aménager des périodes de transition dans la distribution d'un nouvel aliment. Cette précaution évitera des désordres intestinaux dus à des fermentations excessives se traduisant par des coliques très douloureuses pour l'animal.

L'APPAREIL DIGESTIF DE L'ÂNE

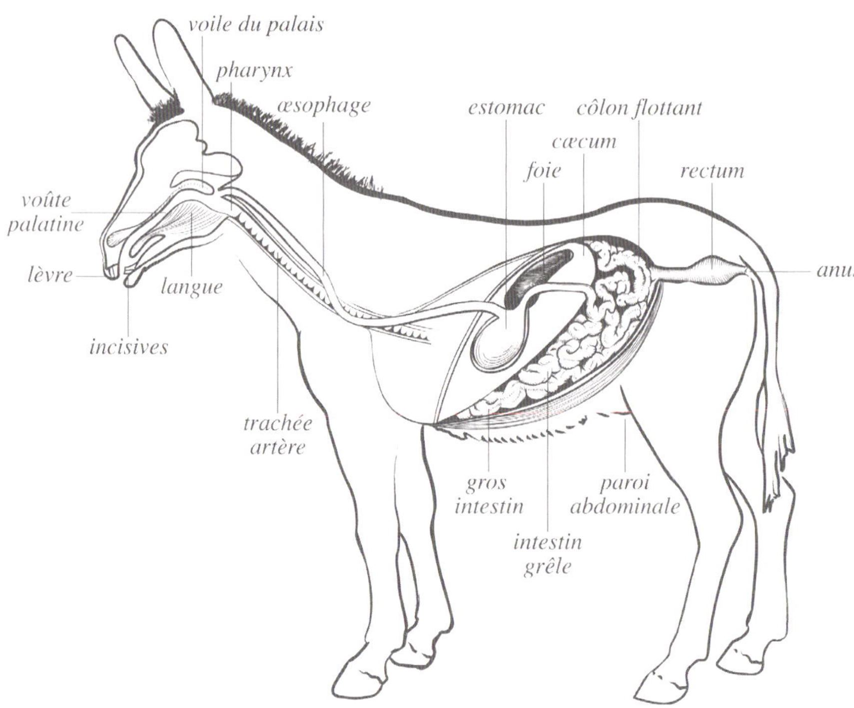

La détermination de l'âge

La pousse, puis l'usure des dents qui modifient leur forme, leur taille et l'aspect de leur surface de contact, permettent de déterminer l'âge de l'âne. En fait, on n'utilise pratiquement que les incisives, au nombre de huit.
En allant du milieu vers l'extérieur, on les nomme : pinces, mitoyennes et coins. Jusqu'à 12 mois, les dents de lait, pinces, mitoyennes, puis les coins, sortent successivement. Le rasement – apparition de la cavité dentaire interne – est terminé à 12 mois pour les pinces, à 18 mois pour les mitoyennes et à 24 mois pour les coins.
Les pinces de lait tombent à 30 mois pour arriver à niveau 6 mois plus tard, les mitoyennes à 4 ans et les coins à 5 ans. Le rasement des pinces se produit successivement jusqu'à 9 à 10 ans. Elles s'arrondissent ensuite, toujours les unes après les autres, jusqu'à 14 à 15 ans, pour devenir triangulaires. Elles se nivellent vers 18 à 20 ans. Au-delà, l'usure leur donne une forme dite biangulaire : l'âne a plus de 20 ans.
Mais il faut avouer que l'appréciation de l'âge pour ces deux dernières périodes reste douteuse. On doit également tenir compte des facteurs qui peuvent influencer l'apparition des dents – comme la précocité qui varie d'un individu à l'autre – ; mais aussi leur usure, tels que la nature des aliments distribués ; ainsi que certaines malformations qui amènent des avancées ou des rétractions des mâchoires.

L'appareil reproducteur

Chez le mâle, la puberté, c'est-à-dire la capacité de se reproduire, se manifeste dès l'âge de 18 mois. Mais il est conseillé d'attendre 36 mois pour la mise à la reproduction. Après la naissance, les testicules migrent vers les bourses. Cette descente peut présenter des anomalies, comme celle d'un seul testicule : l'animal, dit monorchide, est néanmoins fécond ; si les deux testicules ne migrent pas, l'âne, frappé de cryptorchidie, est stérile. Les facteurs qui jouent sur la production de sperme, outre l'âge, peuvent être : des variations saisonnières, des différences entre individus et le nombre de saillies journalières. La quantité et la qualité des aliments distribués ont une influence sur le nombre et la motilité des spermatozoïdes dans l'éjaculât.

• **Les chaleurs.** Chez l'ânesse, les chaleurs qui précèdent l'ovulation peuvent apparaître chez certaines femelles dès l'âge de 6 mois. Elles peuvent durer de 4 à 7 jours et se répètent en cycles réguliers de 21 jours en moyenne. Lorsque l'ovule est fécondé, la gestation commence et dure de 12 à 13 mois. Les mêmes influences que celles citées pour le mâle jouent sur la venue en chaleurs. On peut y ajouter celle de la présence de l'âne qui a un effet excitant indéniable. Pendant une faible durée après la mise bas, l'ânesse présente des chaleurs courtes qui se révèlent très fécondes. Il est préférable d'éviter de la faire saillir pour ne pas cumuler les besoins d'une nouvelle gestation avec ceux de l'allaitement.

Le caractère de l'âne

L'âne a un instinct grégaire, la vie en troupeau lui convient le mieux.

L'élevage de l'âne n'est pas, en général, inspiré par un intérêt économique. Il se compose plutôt de petites unités, très souvent d'un animal seul. Devant une telle situation, il devient important de s'intéresser plus particulièrement à sa psychologie, car son caractère sera fortement influencé par son contact avec l'homme et l'éducation que celui-ci voudra lui donner. Si l'éleveur le brutalise, l'âne se montrera peureux. À l'inverse, trop choyé, il deviendra capricieux.

Dans l'analyse de cette relation, il faut se rappeler que l'âne a un instinct grégaire, c'est-à-dire qu'il se plaît dans un troupeau, dans lequel se créeront des phénomènes de dominance. Par conséquent, il va s'habituer pleinement à côtoyer l'être humain qui peut s'imposer par un comportement de meneur de groupe.

L'éleveur doit donc montrer qu'il s'intéresse à ses animaux par des visites régulières, des caresses, des friandises, etc. Il faut qu'il instaure des règles de vie rigoureuses : distribution de l'alimentation à heures fixes, sorties à la pâture, en randonnées,... Il peut aussi lui fournir des compagnons d'autres espèces, tels que des moutons. Il est également utile de reconnaître ce que l'âne exprime par son braiement : appel d'une femelle, ennui, inquiétude,...

Recommandation

Il est important de surveiller l'évolution de la cohabitation entre l'âne et les animaux d'un poids plus faible que le sien.

Les races

Après une période de déclin liée au remplacement de l'âne par la mécanisation dans les transports, des groupes d'éleveurs ont entrepris de le réhabiliter en mettant en valeur des races asines régionales. En créant des livres généalogiques permettant l'agrément de celles-ci, ils offrent maintenant la possibilité d'acquérir des animaux avec des garanties dans l'utilisation que chacun souhaite en faire. Elles reposent sur une identification indiscutable du sujet, la fixation d'un standard, des qualités d'élevage reconnues et des services qui ont trouvé leur place face à une demande moderne de loisirs s'exerçant dans un cadre naturel.

Le choix d'une race

Lorsque l'on souhaite élever un âne, on se trouve devant l'alternative soit d'acquérir un animal commun, soit de choisir une race précise. En fait, tout dépend de l'objectif que l'on s'est fixé : si l'on cherche simplement un animal de compagnie, le choix sera avant tout affectif. En revanche, si l'on a comme projet de vendre des ânons, de bâter ou d'atteler son âne, il sera préférable de rechercher des garanties auprès d'éleveurs sélectionneurs d'une race.

Des gènes multiples régissent l'espèce asine. On peut les classer selon leur intérêt.

- **En caractères dits raciaux,** décrits avec précision dans le standard d'une race.
- **En caractères d'élevage** comme : la rusticité et la sobriété, pouvoir d'adaptation de l'animal à des situations très diverses d'élevage et de milieux agro-climatiques,... ; la fécondité, capacité de l'ânesse à mettre bas régulièrement chaque année.
- **En caractères d'utilisation,** les uns liés essentiellement à l'aptitude à transporter des charges, comme une morphologie induisant un corps robuste, une forte musculature, des aplombs bien conformés, etc., qui restent cependant influencés par l'alimentation, mais aussi par l'ensemble du milieu où vit l'animal ; l'autre, non moins important, étant la facilité de

L'âne de Gascogne présente de bonnes aptitudes pour transporter des charges en randonnées.

dressage, caractère qui se révèle plus ou moins malléable au sein des familles asines.
L'éleveur a donc la possibilité d'influencer la fixation de ces caractères, en faisant se reproduire des animaux chez lesquels il a observé des aptitudes intéressantes. C'est la sélection, grâce à laquelle il va rechercher des robes homogènes, des gabarits adaptés au port du bât, la facilité de dressage à l'attelage, etc. ; mais aussi corriger des imperfections, comme une fécondité insuffisante, des déformations d'aplombs, etc.

Continuer la sélection

En débutant avec un ou des sujets d'origines plus ou moins bien connues, l'éleveur va d'abord faire un tri des femelles.
Pour cela, il recherche une conformation qui permette à l'ânesse de remplir son rôle de reproductrice et de productrice de lait pour nourrir son ânon, comme :
– une poitrine profonde permettant une forte oxygénation, un bassin large facilitant les mises bas, etc.
– des aplombs corrects, etc.
Il doit s'assurer que le mâle n'est pas issu de parents souffrant de défauts de conformation qui anéantiraient cet effort de sélection. Pour mener à bien ce travail de sélection, il peut consulter des éleveurs expérimentés du Livre généalogique de l'animal.

À noter

Lorsque l'héritabilité est forte, il y a la formation de familles ou « souches » qui présentent une même qualité ou un même défaut.

Le standard est important dans l'appartenance à une race, comme dans le cas de cet âne de Provence.

En savoir plus

Dès sa domestication, l'homme a cherché à améliorer chez l'âne des caractères morphologiques et physiologiques pour satisfaire ses besoins de transports de charges, puis d'esthétique ; c'est ainsi que sont apparues les races.
Pour atteindre un tel but, les éleveurs ont fait jouer des lois qui interviennent dans la transmission héréditaire des caractères : la génétique. Sans entrer dans le détail, on peut rappeler que, lors de l'accouplement de deux reproducteurs équins, chacun va apporter sa part des caractères du ou des ânons qui en naîtront.

À noter

Quelques mensurations peuvent compléter l'appréciation de la conformation : la taille au garrot, le tour de poitrine, la largeur et la longueur du bassin, etc., que l'on doit comparer aux mensurations standards de la race.

L'éleveur peut aussi se demander s'il a intérêt à travailler en race pure et participer ainsi à l'effort général d'amélioration génétique de la race. Seul le croisement d'absorption, c'est-à-dire d'ânesses communes avec des mâles de races sélectionnées, peut présenter de l'intérêt, si l'on continue à utiliser la même race pendant plusieurs générations.

Éviter les tares et les malformations

Une autre règle impose d'éviter des accouplements entre des mâles et des femelles qui sont des parents trop proches. En effet, la consanguinité peut accumuler des caractères indésirables et provoquer des anomalies, des tares héréditaires, comme des malformations de mâchoires.

La robe à poils longs est une des caractéristiques du baudet du Poitou.

Le contrôle de croissance

L'appréciation visuelle de la conformation, même accompagnée de mensurations, ne se révèle pas suffisamment fiable pour apprécier la croissance de l'ânon. Seules des pesées régulièrement espacées comparées à des courbes types de la race, permettent un contrôle de la courbe de croissance. On décèle ainsi les ânesses déficientes dans l'allaitement des jeunes, des carences alimentaires, une infestation parasitaire, etc.

Définition

Gain Moyen Quotidien (G.M.Q.) : gain de poids d'un animal entre deux pesées.

Le choix du mâle

Au moment de la saillie, cette exigence se pose régulièrement, car l'âne ne doit pas saillir ses propres filles. Sachant qu'il va transmettre la moitié des caractères génétiques à une descendance nombreuse, il faut que l'éleveur s'assure que les origines de ce mâle sont aussi bonnes et mêmes meilleures que celles de ses propres femelles. Il faut qu'il s'assure également qu'elles pourront apporter des corrections à des défauts généraux de son troupeau.

Il faut aussi que l'éleveur puisse consulter les documents de filiation qui doivent concorder avec le numéro SIRE et le carnet de santé.

Recommandation

Lors de l'achat ou de la recherche d'un mâle pour la monte, il est impératif de pouvoir examiner la conformation de ses parents, la présence éventuelle de tares ou de malformations, etc.

Les organismes de sélection

Pour mener à bien l'amélioration génétique dans son troupeau, l'éleveur peut bénéficier de l'appui des Livres généalogiques ou stud-books, réunis au sein de la Fédération Nationale Asine. Leur gestion a été confiée aux associations d'éleveurs de cette race, après la reconnaissance officielle de celle-ci. Ils enregistrent les animaux identifiés, et une commission vérifie leur conformité au standard de la race. Ils sont alors inscrits au livre A. S'ils ne répondent pas parfaitement aux exigences de cet agrément, ils sont admis pour une inscription à titre initial au livre B. Les Haras Nationaux suivent les activités des Livres généalogiques et participent notamment aux opérations d'identification.

À noter

Le Service d'Identification Répertoriant les Équidés (SIRE) attribue les numéros d'identification.

La conformation et surtout des aplombs corrects sont des qualités recherchées chez le Grand Noir du Berry.

LES RACES FRANÇAISES RECONNUES

L'âne Grand Noir du Berry

Le standard

- **TETE :** rectiligne, les oreilles d'une bonne dimension, bien ouvertes et sans échancrures. Le bout du nez gris-blanc qui peut s'étendre jusqu'au chanfrein, parfois cerné de roux. L'œil vif porte des lunettes gris-blanc, parfois cerné de roux.
- **CORPS :** l'encolure forte, le poitrail ouvert, le dos droit, l'arrière-main soit ronde, soit déclive.
- **MEMBRES :** solides aux aplombs affirmés. La silhouette donne un ensemble aux formes liées.
- **ROBE :** unie, de noir à bai brun foncé, pouvant s'éclaircir au bai brun, sans bande cruciale, ni raie de mulet, sans zébrure aux membres. Queue identique à la robe. Le ventre gris-blanc, incluant l'ars, l'aine et l'intérieur des cuisses.
- **TAILLE AU GARROT :** à 4 ans, 1,35 m à 1,45 m pour les mâles ; 1,30 m minimum pour les femelles.

Comme son nom l'indique, cette race est originaire du Berry. En 1892, c'est dans les quatre départements du Cher, de l'Indre,de la Nièvre et de l'Allier, et la couronne des départements limitrophes, que se situait le noyau de cette population asine, le plus important de France et représentant environ 40 % de l'effectif total de l'époque. Aujourd'hui, 360 ânes sont inscrits au stud-book, dont 60 % toujours localisés dans le Sud-Berry. On en trouve aussi dans toute la région Centre et dans d'autres régions. En 1998, 21 baudets sont autorisés à la monte. Le choix des animaux s'est basé sur la sélection d'animaux grands, forts, mais restant vifs, courageux et dociles.

Définition

Le standard est une description officielle de l'extérieur de l'animal qui tient compte, pour une race d'âne, de la conformation de la tête, du corps, des membres et des caractéristiques de la robe comme la longueur du poil et sa couleur.

À l'origine, les Grands Noirs du Berry faisaient le travail des champs et des vignes. Vers le milieu du XIXe siècle, ils ont remplacé les hommes dans la traction des péniches sur le canal du Berry. Dans toutes ces activités, l'âne a été supplanté par la mécanisation. Actuellement, il est très prisé dans le tourisme.

L'âne Bourbonnais

Le standard

TETE : chanfrein rectiligne. Arcades saillantes, contour des yeux clair, paupières soulignées. Front droit, le bout du nez de biche clair. Le liseré roux est apprécié. Oreilles longues, droites attachées hautes. L'intérieur se colore de gris à gris clair et l'extérieur est de la couleur de la robe.

CORPS : encolure forte, implantée à mi-corps et bien dirigée. Dos rectiligne et musculeux. Croupe ronde et comble. Ventre gris à gris clair incluant l'ars, l'aine et l'intérieur des postérieurs.

MEMBRES : solides et osseux aux articulations marquées. Ils sont musclés, l'avant-bras fourni et le canon court, avec ou sans zébrures. Pieds : sabot large de bonne texture. Talon marqué.

ROBE : brun à bai brun dit chocolat, nuance appréciée, foncé avec bande cruciale, dite croix de Saint-André.

TAILLE AU GARROT : à l'âge de 3 ans, 1,25 m à 1,35 m pour les mâles ; 1,18 m à 1,28 m pour les femelles.

Cet âne trouve ses origines dans le nord du Massif central, principalement dans le département de l'Allier. La population asine bourbonnaise recensée en 2002 s'élève à 180 têtes. Il est de taille moyenne. Son utilisation dans l'agriculture a modelé cet âne, lui donnant un aspect solide et bien équilibré. Sa facilité d'adaptation lui a permis de s'imposer dans le tourisme.

En savoir plus

La taille au garrot a une grande importance chez les équidés. En effet, ce n'est pas uniquement la caractéristique de races de plus ou moins fortes tailles, car au sein de celles-ci, elle permet d'apprécier le développement de chaque individu au même âge et des retards de croissance dus à un mauvais état de santé.

L'âne Cotentin

Le standard

Tete : d'ossature forte, bien attachée à l'encolure. Le chanfrein large, soit rectiligne, soit marqué d'un nez busqué. Le tour des yeux souvent blanc. Le front, les oreilles et le bord des yeux presque toujours teintés de marron-roux. Le bout des lèvres est généralement blanc, parfois cerné de roux. Les oreilles longues.

Corps : encolure épaisse. Arrière-main avec un dos droit, reins larges.

Membres : solides, à ossature forte. Ils peuvent être marqués par le dessin de zébrures noires et souvent dessinées en diagonale sur les antérieurs, au niveau des avant-bras.

Robe : gris clair, rosée, de type « gris tourterelle ». Le gris peut varier des teintes très claires aux teintes foncées, souvent nuancées de marron-roux, avec sur le dos une croix de Saint-André noire, bien marquée, toujours présente.

Taille au garrot : à 4 ans au minimum, 1,25 m pour les mâles ; 1,15 m pour les femelles.

Comme son nom l'indique, cet âne tient son origine du nord de la presqu'île normande. On le trouve actuellement surtout dans le département de la Manche. C'est avant tout un âne rustique, solide, à ossature forte, qui ne craint pas de porter de lourdes charges, même en terrain accidenté. Calme et patient, il se dresse facilement au port du bât, à l'attelage ou à la monte, il est donc très apprécié dans le tourisme.

L'âne Normand

Le standard

Tete : rectiligne, bien attachée sur l'encolure, de la couleur de la robe jusqu'à mi-chanfrein, de couleur gris blanc dessous. Oreilles plus claires à l'intérieur que la robe. Bout du nez de nuance noire ou gris foncé. Œil vif, portant lunettes gris-blanc, parfois cerné de roux, arcades bien marquées.

Corps : encolure forte et épaisse à crinière droite ou tombante. Poitrail ouvert. Dos soutenu, épais et fort avec un rein large. Arrière-main solide. Ventre gris-blanc, incluant l'ars, l'aine et l'intérieur des cuisses.

Membres : solides, aux aplombs affirmés et aux articulations fortes.

Robe : obligatoirement bai ou bai brun avec bande cruciale, raie de mulet avec ou sans zébrure sur les membres. Queue identique à la robe.

Taille au garrot : à 4 ans, 1,10 m à 1,25 m pour les mâles comme pour les femelles.

Comme son nom l'indique, il est originaire de sept départements normands : le Calvados, l'Eure, la Manche, la Mayenne, l'Orne, la Sarthe et la Seine-Maritime. Au 1er décembre 1998, 255 ânes Normands étaient reconnus et identifiés. L'âne Normand a une taille moyenne. On l'utilisait autrefois pour le transport des cageots et des cannes de lait. Ses aptitudes lui ont permis de s'affirmer dans les activités touristiques.

Définition

La bande cruciale ou dorsale de couleur noire, appelée aussi crois de Saint-André, s'extériorise sur la robe, où elle relie les deux épaules en passant par le garrot.

Le baudet du Poitou

Le standard

- **Tete :** grosse et longue, des oreilles longues et bien ouvertes, garnies de poils longs.
- **Corps :** encolure forte, le garrot effacé, le dos droit et long, le rein bien détaché, les hanches peu saillantes, la croupe courte. Le dessous du ventre et l'intérieur des cuisses gris clair, sans aller au blanc lavé. Les cuisses longues et musclées, les épaules droites, le sternum saillant, les côtes rondes.
- **Membres :** puissants et articulations larges, les pieds larges et ouverts, recouverts de poils.
- **Robe :** en général à poils longs, bai brun, passant quelquefois au jaunâtre, dans ce cas appelé fougère. Le pourtour de la bouche, du nez, des yeux est gris argenté bordé d'une auréole rougeâtre.
- **Taille au garrot :** moyenne des mâles : 1,40 m à 1,50 m ; des femelles : 1,35 m à 1,45 m.
- **Poids :** 250 à 410 kg ; moyenne : 350 kg.
- **Autres mensurations :** périmètre thoracique : mâles 145 à 168 cm, moyenne : 154 cm ; femelles 143 à 163 cm, moyenne : 154 cm.

L'industrie mulassière se montrait déjà développée et renommée dans le Poitou durant le Moyen Âge. Dès 1717, il est fait état dans le Haut-Poitou d'ânes de grande taille qui ont presque tous du poil long sur tout le corps.

Le 26 juin 1884, les éleveurs mulassiers mettent en place le Livre généalogique à deux volets : un pour les baudets du Poitou et l'autre pour les chevaux de trait poitevins.

Aujourd'hui, il existe 321 animaux de race pure, dont 119 mâles agréés à la monte publique. Le berceau s'étend sur 5 départements : la Charente, la Charente-Maritime, les Deux-Sèvres, la Vendée et la Vienne. Les pays détenteurs de baudets agréés pour la monte, outre la France, sont : l'Allemagne, les États-Unis, la Suisse, la Grande-Bretagne, la Suède et la Belgique.

Le baudet a surtout été retenu pour sa capacité à produire de fortes mules, car c'est la seule race française d'ânes atteignant une taille suffisante pour que les mâles puissent s'unir à de grosses juments de trait.

La caractéristique la plus remarquable du baudet du Poitou est sa robe à poils longs.

La mule poitevine

Le baudet peut engendrer deux produits : un fedon, l'ânon, par son accouplement avec une ânesse, ou un mulet ou une mule par hybridation avec une jument. Ces derniers sont en général stériles. L'intérêt de la production de mules repose sur ses qualités : agilité, résistance à la chaleur comme au froid, aux maladies et aux longs trajets. Elle pèse entre 550 et 700 kg. Son rendement mécanique se révèle beaucoup plus important, avec une alimentation et un poids identiques, que celui fourni par un excellent cheval. Elle a le pied plus sûr que le mulet, elle se montre plus sobre, plus adroite et moins capricieuse.

Le bardot

L'hybridation est aussi possible dans l'autre sens : ânesse-mère avec étalon-père, le produit obtenu s'appelle un bardot. Il est loin d'être aussi intéressant que la mule, car il n'hérite pas du grand format de sa mère ni de la sobriété, de l'endurance, de la patience et de la sûreté du pied de son père. Le berceau de race du baudet du Poitou se superpose à la région de production de la mule. Avec l'arrivée de la mécanisation, au début du XXe siècle, la demande a baissé et a provoqué la chute des effectifs. Aussi un plan de sauvegarde de la race a été lancé en 1979 avec le soutien du parc naturel régional du Marais poitevin.

L'âne de Provence

Le standard

- **Tete :** plutôt forte. Le chanfrein large est rectiligne, parfois terminé par un bout de nez fuyant. Le tour des yeux souvent éclairci. Le front, les oreilles et le bord des yeux se teintent presque toujours de roux. Le bout du nez généralement éclairci. Les yeux en amande cerclés de noir. Les oreilles plantées au sommet du crâne et orientées vers l'avant lorsque l'animal est attentif.
- **Corps :** encolure épaisse de longueur moyenne. Dos fort et droit, rein court et musclé, près de terre. Croupe épaisse et ronde. Sabots plutôt forts.
- **Membres :** solides, à ossature forte, peuvent être marqués par le dessin de zébrures plus ou moins nombreuses ; souvent l'une d'elles est dessinée en diagonale sur les antérieurs, au niveau des avant-bras.
- **Robe :** la plus typique est « gris tourterelle », mais le gris peut varier des teintes très claires aux teintes foncées, avec sur le dos une bande cruciale, bien marquée, toujours présente. Ces différentes teintes de gris sont toujours uniformes.
- **Taille au garrot :** à 3 ans 1,20 m à 1,35 m pour les mâles ; 1,17 m à 1,30 m pour les femelles.

Cet âne a pour origine le sud-est de la France, ce qui lui a valu d'autres appellations comme l'âne d'Arles, de Crau ou de Savoie. C'est un âne rustique, solide, à ossature forte, qui ne craint pas de porter de lourdes charges, même en terrains accidentés. Calme et patient, il se révèle facile à dresser. Il a surtout été utilisé pour accompagner les troupeaux ovins, lors de leur transhumance. Sa facilité d'adaptation lui permet aujourd'hui de se faire une place dans le tourisme.

En savoir plus

La couleur de la robe se révèle un moyen d'identification fiable, car il existe chez l'âne une multitude de coloris comme : le pelage gris homogène plus ou moins foncé ; la robe uniformément blanche ou noire, dite bouchard ou pie à dominante blanche avec des tâches noires de dimension variées, mais aussi baie aux multiples nuances ou encore pommelée.

L'âne des Pyrénées

Le standard

TETE : face assez large et osseuse. Profil du chanfrein rectiligne ou mieux concaviligne. Oreilles longues, portées fièrement en avant, plantées sur le sommet du crâne, garnies de duvet parfois débordant. La bouche large, bien fendue, aux lèvres fermes. L'arcade sourcilière est légère, l'œil expressif, vif, grand et à fleur de tête. Les naseaux bien ouverts.

CORPS : encolure longue, le bord supérieur comme inférieur doivent être droits et parfaitement musclés. Poitrail le plus éclaté possible. La ligne du dessus bien musclée, rectiligne, le garrot peu prononcé, le rein large et fort, parfaitement soudé à la croupe. La côte est assez ronde, donnant un milieu relativement cylindrique et longiligne. La cuisse est longue et descendue.

MEMBRES : les jointures doivent être accusées, le genou et le jarret larges et les membres bien dirigés, les avant-bras et bas de cuisses fournis. Il faut que le sabot soit assez large, les pâturons suffisamment longs, les tendons secs et détachés.

ROBE : noir brillant, noir «mal teint», bai foncé, bai châtain. Le pourtour des yeux, le bout du nez, les aisselles, le ventre, l'intérieur des membres sont décolorés. La zone tangente entre les deux couleurs souvent nuancée de roux. La peau est très fine.

TAILLE AU GARROT : petites tailles de 1,20 m à 1,35 m ; grandes tailles au-dessus de 1,35 m.

Il a pour berceau le nord-est de l'Espagne, généralité de Catalogne, où il est appelé « Catalan » et toujours sélectionné en vue de sa production mulassière. En France, on le trouve dans les départements de la Gironde pour partie, des Landes, des Pyrénées-Atlantiques, des Hautes-Pyrénées, de la Haute-Garonne, de l'Ariège, du Lot-et-Garonne, du Tarn-et-Garonne, du Gers, de l'Aude et des Pyrénées-Orientales. On le nomme parfois «âne Gascon», et il fut sélectionné sous un format plus réduit en vue de son aptitude au bâtage. En raison de la très grande étendue de sa zone d'élevage, cette race a porté plusieurs appellations : en Espagne, ânes de Vic et d'Urgell... ; en France, ânes Lourdais, Tarbais, de Tournay, du Béarn... La valorisation de l'âne des Pyrénées passe actuellement par le tourisme sous forme de randonnées avec des ânes de bât ou des attelages, mais d'autres pistes sont explorées : débroussaillage, animal « pédagogique » ou de compagnie, production de lait d'ânesse, etc.

Le mulet des Pyrénées

Il s'élève sur le plateau de Lannemezan et en zone montagneuse. Issus de l'hybridation entre l'âne des Pyrénées et la jument, le mulet et la mule sont stériles.

On trouve sa trace au temps des Romains qui l'utilisaient comme bête de charge. C'est un animal dur au travail, docile d'emploi, d'un calme absolu dans les conditions délicates. Il s'adapte, grâce à sa résistance et à sa robustesse, à toutes les situations, toutes les conditions climatiques et aux terrains les plus variés.

Actuellement, on l'emploie pour faire du portage dans des circuits touristiques, des promenades variées aux abords des fermes équestres, le transport en voiture hippomobile en zone urbaine, des travaux de fermes, l'entretien des espaces verts, le débardage en forêt,...

AUTRES RACES FRANÇAISES

L'âne Andalou

Cette race, en voie de disparition dans son pays d'origine, s'élève depuis les années 1990 au cœur de l'Orne dans le parc du Perche. Elle est issue d'une sélection opérée au sein d'une race du sud de l'Espagne, apparue environ 700 ans avant J.-C. Aujourd'hui, une trentaine de sujets se recensent en France.

La race d'âne Andalou a un gabarit imposant, avec une stature qui peut se comparer à celle d'un double poney. Elle montre des dispositions certaines pour le travail, elle s'adapte à la selle et à l'attelage. Cet âne demeure plus vif que d'autres congénères, tout en conservant une patience et une résistance à toute épreuve, ce qui le fait particulièrement apprécier en randonnées montées ou attelées.

Le standard

- **TETE :** fine et expressive, portée haute.
- **CORPS :** élancé. Forte ossature avec une musculature adaptée, sèche.
- **MEMBRES :** longs, mais solides.
- **ROBE :** grise, de préférence pommelée. Poils ras. Peau foncée.
- **TAILLE AU GARROT :** de 1,40 m à 1,55 m.

À noter

L'âne a aussi un rôle qui ne doit pas être négligé, celui de protéger l'environnement. En effet, il a une capacité naturelle de débroussailleur en consommant non seulement de l'herbe, mais des ronces et autres épineux, des cistes,... tout en respectant les jeunes arbres. Il participe ainsi à l'entretien des pare-feu dans les forêts méditerranéennes.

L'âne nain

Le standard

- **Tete :** rectiligne, bien attachée sur l'encolure. Oreilles de bonne dimension, bien ouvertes ; il est souhaitable que l'intérieur des oreilles soit plus clair que la robe.
- **Corps :** encolure forte et épaisse à crinière droite ou tombante. Poitrail ouvert. Arrière-main solide. Le dos droit, le garrot effacé, le rein large.
- **Membres :** solides aux aplombs affirmés et aux articulations fortes.
- **Robe :** toutes les couleurs sont admises avec ou sans bande cruciale, raie de mulet, avec ou sans zébrures sur les membres.
- **Taille au garrot :** à 4 ans, 91,5 cm et 1,05 cm.

Il est dit aussi miniature. Sans être une race à part entière, c'est un âne de petite taille, rustique, solide, à ossature forte, calme et patient. Il a été obtenu à la suite de sélection d'animaux courts sur pattes. Ses origines diverses expliquent la grande variété des couleurs de robes. On rencontre quelques exemplaires de ces ânes de petite taille dans les fermes pédagogiques pour enfants et certains jardins publics. Il se révèle l'animal idéal en randonnée dominicale pour transporter un pique-nique et pour accompagner les enfants, favorisé par son format réduit et sa grande docilité, lorsqu'il a été éduqué correctement.

L'âne Corse

Il a toujours été élevé dans l'île de Beauté. On l'utilisait largement dans les travaux agricoles, pour les transports dans les carrières de pierre et entre les hameaux et fermes éloignés dans des endroits escarpés. Il a aussi été à la base de la production de mules et mulets, particulièrement bien adaptés dans cette région accidentée. Il reste encore très apprécié pour la charcuterie locale, sa viande servant notamment à la fabrication de saucissons. Parmi les quelques centaines d'ânes présents sur l'île, on trouve aujourd'hui deux types d'ânes Corses : l'un noir aux origines catalanes, ayant une taille d'environ 1,24 m ; l'autre gris bien clair, de taille plus réduite qui voisine autour de 1,17 m, issu de son ancêtre, pur Corse. On l'utilise encore actuellement pour des travaux agricoles dans les châtaigneraies, les forêts, etc., inaccessibles par des moyens mécanisés. En randonnée touristique, bâté, il transporte les bagages ou les enfants de deux ou trois randonneurs.

L'âne français commun

On le trouve sur tout le territoire national. C'est une population qui ne répond à aucun standard précis, donc de tailles, de coloris, de morphologies diverses, mais qui, malgré des croisements anarchiques, laisse apparaître des caractères appartenant à d'anciennes races locales poitevine, berrichonne, provençale, ..., et parfois marqués de la croix de Saint-André. Son caractère garde la placidité propre à l'espèce asine mais peut faire état d'un tempérament plus fort ou plus malléable selon ses ascendants. Souvent, la robe a une couleur gris ardoisé, parfois gris foncé. Cet âne «ordinaire» peut satisfaire tous les besoins de compagnie, de randonnée, d'attelage, etc., à condition que son dressage soit facile, garantie qu'il serait plus facile d'obtenir en achetant un animal chez des éleveurs de races régionales reconnues.

LES ÂNES D'AUTRES PAYS

On trouve une grande variété de populations asines dans les pays du pourtour de la Méditerranée.

Comme son cousin des Pyrénées, l'âne Catalan est très docile et convient à la randonnée.

L'âne Catalan

Son berceau de race se trouve en Espagne. Il pourrait être à l'origine des ânes des Pyrénées et de Gascogne. Sa taille se situe au minimum à 1,45 m pour les mâles et 1,35 m pour les femelles. La robe est baie-brune ou noire, présentant quelquefois un peu de roux aux oreilles, avec le tour des yeux et le ventre blancs. Il se révèle peu répandu en France.

L'âne Zamorano-Leonés

Il a pour origine la Cordillère cantabrique et du nord-ouest de l'Espagne.

De grande taille, sa tête est volumineuse et son pelage abondant. La robe a une couleur plutôt sombre. Il se trouve actuellement protégé par la Asociación de Criadores de la Raza Asnal Zamorano-Leonesa.

L'âne Cordobés-Andaluz

Il s'est développé dans le sud de l'Espagne. Il jouit d'une grande taille. Sa robe de couleur gris clair a un pelage court et fin. De caractère tranquille, il est bien adapté à la chaleur.

L'âne de Martina-Franca

Il tient son origine de la région des Pouilles en Italie. Il a une robe bai brun à bai brun foncé avec des parties plus claires. Sa taille au garrot va de 1,48 m à 1,53 m. Malgré les efforts d'un stud-book, les effectifs se sont réduits de façon inquiétante.

L'asini Bianco dell'Asinara

C'est un âne qui s'exploite encore en Sardaigne. Sa robe est entièrement blanche avec museau rose et yeux rose-iris. De petite taille, il mesure au garrot entre 0,80 et 1,05 m.

L'âne de Miranda

Il a pour origine la région de Bragança au nord-est du Portugal. Il jouit d'une taille moyenne à grande, avec une forte carrure. Son pelage est quelquefois long comme celui du baudet du Poitou.

L'âne pie d'Irlande

On peut trouver ce type d'âne dans l'ouest de l'Irlande, région du Connemara. Il existe également une grande population d'ânes pie aux États-Unis, ainsi qu'au Royaume-Uni.
Sa robe est de couleur blanche tachetée de deux ou trois couleurs. Son poil se montre assez fourni. Il a un petit gabarit avec une taille d'environ 1,10 m. À la suite de croisements multipliés, on trouve des sujets de moins en moins tachetés, jusqu'à totalement blancs.

L'âne blanc d'Égypte

Parmi les nombreuses populations d'ânes africains, on distingue cette variété par la couleur de sa robe uniformément blanche. Sa taille au garrot s'élève de 1 m à 1,30 m.
C'est un animal que l'on trouve couramment dans toute l'Afrique du Nord. Il en existe quelques sujets en France.

L'âne de Somalie

Appelé aussi âne d'Abyssinie, on le considère comme l'ancêtre des ânes, car il serait apparu il y a environ un demi-million d'années avant notre ère. Il peut se déplacer à très grande vitesse. En revanche, cet âne se montre plutôt sauvage et difficile à dresser. Il est aujourd'hui en voie d'extinction, car on estime qu'il ne reste qu'un cheptel de 400 têtes.

Le pelage de l'âne blanc d'Égypte se remarque communément sur toute la côte méditerranéenne de l'Afrique.

L'âne Mammoth Jackstock

On trouve aux États-Unis un grand mélange de toutes les races européennes, par exemple la race d'âne du Kentucky qui a été constituée à partir d'ânes catalans à la fin du XIXe siècle. On remarque surtout le Mammoth Jackstock, résultat de croisements effectués depuis trois siècles. De très grande taille, il s'est développé sur tout le territoire des USA. Il était avant tout utilisé pour la production de mulets très utiles pour le transport, les travaux agricoles et forestiers avant l'emploi de moyens mécaniques.

L'hémione

L'Asie compte de grandes variétés de populations asines, dont la dénomination se trouve liée à leurs régions d'origine : Turkménistan, Ouzbénie, Kazakhstan, Tibet, Inde, Kirghizie, etc. On peut toutefois retenir l'hémione, âne sauvage en voie de disparition. Son territoire s'étendait sur la plus grande partie des steppes, depuis la mer Noire jusqu'à la côte pacifique et depuis l'Anatolie jusqu'au nord de l'Inde. Sa taille au garrot varie de 1,20 m à 1,25 m et son poids de 190 à 360 kg. La couleur de sa robe s'étend du fauve isabelle à l'ocre rougeâtre, avec une crinière noire et courte. Ses oreilles sont plus courtes que celles de l'âne.

L'onagre

On le considère comme une sous-espèce de l'hémione qui a été domestiquée environ 2 500 ans avant J.-C. en Mésopotamie. Il se caractérise par sa vélocité. On en trouve encore 400 têtes en Israël, en Iran et en Arabie Saoudite.

Les membres solides de cet âne de Somalie lui permettent une grande rapidité de déplacement.

La conduite de l'élevage

Le terme de conduite d'élevage a été retenu pour ce chapitre, parce qu'il implique des connaissances techniques pour être en mesure de fournir une ration alimentaire équilibrée à l'ânesse et à son ânon, après avoir organisé sa reproduction, savoir prodiguer des soins contre les maladies, aménager un local sain pour les loger… Par exemple, sachant que l'âne est un herbivore, cela impose de disposer d'une surface de prairie où il puisse trouver l'essentiel de son alimentation et aussi s'ébattre, de prévoir de conduire au bon moment la femelle auprès d'un mâle,… autant d'actions simples, mais qui constituent les pratiques d'élevage d'une espèce domestique.

La reproduction

Les chaleurs

Bien que les saillies puissent se succéder toute l'année, c'est à la fin du printemps que l'âne débute véritablement une saison sexuelle féconde. Elle va durer d'avril à juillet. Savoir repérer si l'ânesse est bien en chaleur revêt alors une grande importance afin de faire intervenir efficacement le mâle pendant cette période féconde.

Le repérage de l'expression des chaleurs par la femelle demande un minimum d'observation pour identifier les signes extérieurs : l'ânesse est très énervée, elle semble mastiquer la bouche ouverte, elle braie plus fréquemment que d'habitude. La vulve congestionnée laisse s'écouler du mucus. Son urine a des propriétés excitantes pour le mâle. Quant à l'âne mâle, cette aptitude à la saillie se révèle facile à reconnaître, tant sa manifestation par des braiements en démontre l'évidence.

Définition

La phase d'extériorisation des chaleurs peut durer de 2 à 7 jours et se répète en cycles d'une durée moyenne de 21 jours.

La saillie

À ce stade, les chaleurs se présentent comme le moment favorable pour la présentation de la femelle au mâle. Ce dernier très excité peut, pendant cette période, se montrer agressif, mais il ne faut pas s'affoler s'il saillit l'ânesse à plusieurs reprises dans la même journée.

Les conditions suivantes se montrent nécessaires pour la bonne réussite de l'accouplement. Tout d'abord, on doit veiller particulièrement à ce que la ration alimentaire distribuée soit suffisante en quantité et en qualité, aussi bien pour le mâle que pour la femelle. Il faut toutefois éviter de provoquer un engraissement excessif qui serait néfaste à la fécondation. Dans ce même objectif, on ne doit pas négliger les apports de minéraux, notamment le phosphore, élément privilégié de la fonction de reproduction. On peut aussi administrer un traitement antiparasitaire un mois environ avant la saillie, ce qui correspond à la vermifugation de printemps. On peut l'accompagner d'un apport de 25 cm^3 de vitamines AD^3E, si l'alimentation se compose encore de fourrages conservés.

La détection et le traitement des maladies de l'appareil génital prennent aussi une grande importance, car elles peuvent être à l'origine de cas de stérilité ou provoquer certaines formes d'avortements.

Un âne peut saillir dès l'âge de dix-huit mois, mais il est préférable d'attendre qu'il devienne adulte, à 3 ans. Cette condition est impérative pour la femelle afin de ne pas compromettre sa croissance, mais aussi pour ne pas nuire aux besoins de la future gestation.

En savoir plus

Diverses méthodes sont possibles pour influencer la mise en chaleurs, cela pour avoir un ânon plus tôt dans l'année : soit par l'administration d'hormones, mais en se montrant très prudent dans les dosages ; soit en jouant sur la longueur du jour par une modulation de l'éclairage dans l'écurie, la femelle étant naturellement sensible aux variations et à la durée de l'éclairement.

Le choix du mâle. Si l'on n'utilise pas pour la saillie un âne de son propre élevage, il est recommandé d'aller préalablement examiner sur place le reproducteur disponible avant de lui présenter l'ânesse à la monte.

Le mâle doit être visiblement en bon état de santé : le poil vif, pas de présence de parasites externes, pas d'abattement ni aucune trace de maladies, comme le jetage, les marques de diarrhée, etc.

Observez ensuite qu'il exprime bien les caractères que l'on souhaite développer dans son élevage : autant pour la conformation, surtout les aplombs, que pour la couleur de robe qui, plus précisément, doit correspondre au standard de la race choisie. La connaissance de ses origines permet aussi d'éviter de lui faire saillir des parents trop proches et de provoquer l'apparition de tares dues à une trop forte consanguinité.

La gestation

Chez l'espèce asine, elle dure de 12 à 13 mois. Pendant cette période, il faut surveiller l'abondance et la qualité de l'alimentation, car les besoins croissent pour participer à la formation de l'embryon et entrer dans la constitution des réserves corporelles pour l'allaitement. Lorsque la production de la prairie baisse, notamment

Pour cet âne de Provence, la prairie représente la base de son alimentation.

pendant l'été, on ne doit pas hésiter à distribuer du très bon foin. Un complément composé de céréales additionnées d'un mélange de minéraux n'est pas à exclure les trois derniers mois de gestation.

● **Les dernières semaines de gestation.** La mamelle s'affirme. Le dos se creuse, et le ventre volumineux descend progressivement. L'ânesse s'isole des autres et cherche le calme. C'est le moment où il faut la séparer du mâle pour empêcher celui-ci de la saillir à un moment trop proche de la mise bas.

On doit donc parquer la femelle gestante, soit dans une partie de prairie où elle puisse être tranquille ; soit dans un box de l'écurie que l'on a bien paillé préalablement.

Cette ânesse Grand Noir du Berry recherche une ambiance calme pour mener à bien sa gestation.

Recommandation

Il est impératif d'éviter d'engraisser exagérément la femelle, car cela pourrait entraîner des risques d'accidents à la mise bas.

La mise bas

Elle s'annonce par un certain nombre de signes : l'épanchement du premier lait de la mamelle, du mucus qui s'écoule de la vulve qui se relâche. L'ânesse exprime de l'inquiétude et de la fébrilité.

● **Les premières contractions.** Elle se couche, et les premières contractions se font sentir. La poche des eaux crève, et la tête de l'ânon apparaît reposant sur les pattes antérieures, puis le corps complet est expulsé, les pattes arrière en dernier. Le cordon ombilical se rompt lorsque la mère se relève. Si la position du fœtus n'est pas conforme à celle décrite précédemment et que les efforts d'expulsion exercés par la mère restent vains, on doit de toute urgence faire appel à un vétérinaire.

● **Etre prêt à intervenir.** Il faut toujours se tenir prêt en cas de complication, avec les mains soigneusement lavées, les ongles coupés courts. Bien que cela ne soit pas conseillé, on peut assister la femelle, sans contrarier ses efforts, en tirant doucement sur la tête et les pattes de l'animal naissant. Un tonicardiaque à portée de main peut être utile pour soutenir la mère. Un complexe à base de calcium, de phosphore et de vitamines permettra de la secourir si elle a des difficultés à se relever, épuisée par les efforts.

L'ânon nouveau-né doit retenir toute l'attention de l'éleveur qui lui prodigue les premiers soins.

À noter

La mise bas est rapide, elle dure moins d'une heure, de la rupture de l'enveloppe du liquide amniotique jusqu'au rejet du placenta.

Recommandation

Il est préférable de laisser sa mère lécher l'ânon et de cette façon bien le reconnaître. Elle va ensuite l'inciter à se mettre debout.

- **L'ânon.** Il pèse à la naissance entre 10 et 40 kg selon le format de la race. On peut être amené à dégager les naseaux et la bouche du nouveau-né des glaires issues du placenta pour lui permettre de mieux respirer. Si la respiration ne se rétablit pas, on peut effectuer des pressions sur le thorax. Puis on le sèche en le frottant avec un bouchon de paille propre. Il est important de bien vérifier que la délivrance a été expulsée et d'en débarrasser la litière. Si elle n'est pas apparue dans les heures qui suivent la mise bas, il faut absolument faire appel à un vétérinaire. En effet, pourrait s'ensuivre une infection, la métrite, qui, mal soignée, peut entraîner la stérilité.

Les soins au nouveau-né

On coupe le cordon ombilical à 4 à 5 cm de l'abdomen et on le ligature, puis on le désinfecte avec de la teinture d'iode ou une bombe d'anti-

Reconnu par sa mère, l'ânon se développe harmonieusement dans un milieu le plus proche possible de la nature.

septique. L'absorption du premier lait, le colostrum, est vitale pour la mise en fonctionnement du jeune organisme, cela pendant les premières heures après la naissance.
Aussi doit-on contrôler que le jeune animal tète rapidement sa mère de lui-même ; si ce n'est pas le cas, il faut le guider pour qu'il trouve la mamelle.
L'évolution de la composition du colostrum vers celle du lait normal est rapide, aussi, pour bénéficier de son pouvoir protecteur, l'ânon doit en boire une quantité suffisante dans les 12 heures qui suivent la mise bas.
Une bonne mesure de précaution est de congeler le colostrum en excédent pour pouvoir le faire téter au biberon à des sujets dont les mères, accidentellement, ne produiraient pas ce précieux liquide. Il ne faut pas le réchauffer à plus de 30°C. Si une telle opportunité est impossible, il convient de s'adresser au vétérinaire qui peut disposer de colostrum congelé ou d'effectuer sur l'ânon un traitement immunogène complété par une consommation de lait en poudre pour le premier âge.

Définition

Le colostrum détient des propriétés digestives et contient des anticorps, fabriqués par la mère, protecteurs contre les maladies les plus courantes.

La mère et son ânon

Dans le cas où la mère ne reconnaît pas son ânon – incident qui peut survenir avec une primipare ou si sa mamelle est douloureuse –, on doit la traire et faire boire le lait au biberon, cela dans les délais du maintien de l'intégrité des propriétés du colostrum. Il faut alors aussi tout mettre en œuvre pour favoriser le rapprochement entre l'ânesse et son produit, mais le faire progressivement en évitant à ce dernier les morsures et les coups de sabots ; certains conseillent de frotter l'ânon avec le placenta. Une vaccination contre la septicémie peut se révéler nécessaire si cette maladie s'est déjà manifestée dans l'élevage.
Lorsque le mâle séjourne en permanence avec l'ânesse, il faut l'écarter provisoirement, car il peut se montrer agressif vis-à-vis de l'ânon ou, à l'inverse, en cherchant à le protéger, empêcher de lui prodiguer les premiers soins.

Recommandation

Dans les premières 48 heures après la naissance, il est recommandé de faire une injection de sérum antitétanique à l'ânon.

L'identification des ânes

Comme celle de tous les équidés, elle a été rendue obligatoire par décret du 1er janvier 2003. Ainsi, à la date de son sevrage et avant le 31 décembre de l'année de sa naissance, l'âne doit être déclaré au Service d'Identification Répertoriant les Équidés (SIRE) qui lui attribue un numéro.

Dans le registre d'élevage sont notés les dates d'entrée des ânes dans l'élevage, entre autres la naissance de l'ânon, et les sorties, décès ou vente avec le nom de l'acheteur. On peut y faire figurer les interventions réalisées sur chaque animal : visite du vétérinaire, traitement avec le nom du médicament prescrit, etc.

- **La puce électronique.** La pose par un vétérinaire d'une puce électronique sous la peau du cou est obligatoire pour les équidés nés à partir du 1er janvier 2004. Elle contient le numéro SIRE et peut être lue par un lecteur électronique. Elle était déjà obligatoire pour les ânes inscrits aux stud-books des races reconnues. Dans ce dernier cas, ils doivent être présentés à un vétérinaire ou à un agent des haras nationaux qui vont compléter l'identification par une description de la robe et des autres critères physiques permettant d'être agréé au stud-book de la race.
- **Le tatouage.** Il existe d'autres moyens d'identification, comme le tatouage du numéro à l'intérieur de la lèvre inférieure. Ce mode de marquage est à présent remplacé par la méthode officielle, mais il peut être conservé à l'intérieur de l'élevage pour faciliter le repérage des animaux.

Cette mesure réglementaire a pour objet d'homogénéiser l'identification des équidés dans le domaine des filiations ; elle vise également à permettre le contrôle de la circulation des animaux, aussi bien pour des raisons fiscales que sanitaires, pour trouver l'origine et limiter l'extension de certaines maladies contagieuses. C'est aussi une forme de traçabilité.

À noter

Le numéro d'identification est reporté sur le registre d'élevage et sur le carnet de santé de l'animal qui le suivra lors de sa vente.

Dans la sélection de la race Grand Noir du Berry, l'identification de la filiation est essentielle.

L'alimentation

L'âne est considéré comme un animal facile à nourrir, peu difficile et rustique. Néanmoins l'éleveur doit être conscient qu'il lui faut satisfaire des besoins alimentaires qui varieront en fonction de l'état physiologique du sujet : croissance, gestation, allaitement, etc., cela avec un large choix d'aliments disponibles. Les déséquilibres qui résulteraient d'un manque de connaissance dans ce domaine ou de négligence, peuvent avoir des conséquences sévères sur l'état de santé de l'animal, donc de son bien-être.

Les besoins alimentaires

Par la variété de sa flore, une prairie naturelle fournit à l'âne une alimentation équilibrée riche en vitamines.

Ils s'expriment en quantités d'éléments nutritifs nécessaires pour vivre – ce sont les besoins d'entretien – ; pour produire, – ce sont les besoins de gestation, de lactation, de croissance, de travail. S'ils ne se trouvent pas satisfaits, on constate des désordres graves dans le fonctionnement de l'organisme, des pertes de croissance, des défaillances dans l'allaitement, etc. Le rationnement consiste à couvrir ces besoins avec des aliments dont on connaît la valeur fournie par des tables dans les domaines énergétiques : surtout les glucides comme les sucres, l'amidon,..., en plus faibles proportions les lipides comme les matières grasses.

- **Les besoins d'entretien** correspondent à ceux d'un âne adulte au repos, donc sans production. Ils comprennent des apports énergétiques pour le fonctionnement de l'organisme et des matières azotées pour l'activité métabolique et la reconstitution des tissus. Ils dépendent du poids de l'animal : ainsi un âne nain de 80 kg de poids vif aura moins de besoins d'entretien qu'un Baudet du Poitou de 400 kg de poids vif.

Une majoration sera nécessaire lorsque les animaux pâturent pour couvrir l'énergie qu'ils dépensent à chercher leur nourriture.

- **Les besoins de gestation** représentent l'apport alimentaire supplémentaire pour la croissance du fœtus à partir du cinquième mois avant la mise bas ; on l'exprime souvent en pourcentage des besoins d'entretien.

- **Les besoins de lactation** couvrent l'exportation de lactose et de protéines dans le lait produit pour allaiter l'ânon. Ils sont donc liés à la quantité de lait : une bonne nourrice aura des besoins plus élevés.
- **Les besoins de croissance** exigent de majorer la ration de l'ânon.

L'âne qui tracte un attelage ou qu'on utilise en randonnée voit aussi ses besoins augmenter pour ce travail.

De même, en période de saillies, le mâle doit être soutenu par une alimentation plus copieuse.

Définitions

On exprime des besoins en apports énergétiques en Unités Fourragères Cheval (UFC) ; les besoins en matières azotées en grammes de Matières Azotées Digestibles Cheval (MADC) ; les fibres indispensables pour le transit intestinal sont évaluées en Cellulose Brute (CB).

Les besoins en minéraux

Il convient de distinguer les minéraux dont les besoins s'évaluent en grammes, comme le calcium,

Estimation des besoins alimentaires des ânes

Stade physiologique	Besoins	
	UFC	MADC (en g)
Entretien : ânesse de 200 kg de poids vif	1,5 + 0,4 UFC par 100 kg	90 g + 20 g par 100 kg
Monte (*)	+ 2 UFC	+ 200 g
Gestation : 8e mois 9e et 10e mois 11e mois	 + 0,2 UFC + 0,4 UFC + 0,6 UFC	 + 30 g + 50 g + 90 g
Allaitement (*)	+ 0,25 UFC par litre	+ 40 g par litre
Travail léger (*)	+ 2 UFC	+ 90 g
Croissance (*) : 6 à 11 mois 13 à 24 mois	 + 1,5 UFC par kg de croît + 3 UFC par kg de croît	+ 80 g par kg de croît

Recommandation : il est important de tenir compte de la très grande variabilité de poids vif chez l'âne.
(*) en plus des besoins d'entretien

le phosphore et en moindres quantités le chlorure de sodium, le magnésium, le soufre ; des oligo-éléments dont les teneurs sont infimes, mais indispensables, comme l'iode, le cuivre, le zinc, le sélénium,...
La majorité d'entre eux sont fournis par les fourrages, mais souvent en quantité insuffisante. Les carences les plus graves s'extériorisent par des déformations osseuses irréversibles. Dans la complémentation minérale, l'éleveur doit savoir que les besoins en calcium et en phosphore sont proportionnels au poids de l'âne et à la quantité de lait produite. Un manque de phosphore entraîne une baisse de fécondité. L'herbe jeune est très souvent trop riche en potassium qui peut entraîner une déminéralisation, et en magnésium qui freine l'assimilation du phosphore. L'iode peut faire défaut dans des régions granitiques éloignées de la mer. Une carence en sélénium pourrait être responsable de maladies du jeune âge. On trouve dans le commerce des composés minéraux qui se caractérisent par leur rapport phosphore-calcium, le plus courant étant le 10-16, c'est-à-dire qu'il contient 10 % de calcium pour 16 % de phosphore. Ils se distribuent avec l'aliment concentré. En cas de déséquilibre, il faut choisir le dosage adapté :

Besoins en calcium et en phosphore des ânes

Stade physiologique	Besoins	
	Ca (en g)	P (en g)
Entretien : ânesse de 200 kg de poids vif	30 g par jour	20 g par jour
Monte (*)	30 g par jour	20 g par jour
Gestation : 8e mois 9e et 10e mois 11e mois	60 g par jour	40 g par jour
Allaitement (*)	70 g par jour	45 g par jour
Travail léger (*)	30 g par jour	20 g par jour
Croissance (*) : 6 à 11 mois 13 à 24 mois	30 g par jour	20 g par jour

Ca : calcium ; P : phosphore. (*) En plus des besoins d'entretien.
Recommandation : l'ensemble de ces besoins alimentaires donnés dans ces tableaux provient d'estimations à partir de ceux de l'espèce chevaline.

par exemple avec une ration de luzerne, on préférera un composé plus riche en phosphore. Les pierres à lécher se révèlent en général suffisantes pour couvrir les besoins en chlorure de sodium ; certaines contiennent des oligo-éléments. Il faut les disposer de telle façon qu'elles ne soient pas souillées.
Dans le domaine de la complémentation minérale, la connaissance des composants du sol par des analyses des terres peut être intéressante en vue d'en corriger d'éventuels défauts par l'épandage d'amendements calcaires, le drainage des parcelles humides, etc.

Recommandation

Les compléments minéraux vitaminisés (CMV) ne se justifient qu'en alimentation hivernale.

Les besoins en vitamines

Ils se mesurent en Unités Internationales (UI). Leur insuffisance dans la ration provoque des troubles fonctionnels.
La vitamine A joue un rôle essentiel dans la croissance de l'ânon et sa résistance aux maladies. On la trouve en quantité suffisante dans les fourrages verts, mais elle peut manquer dans des foins récoltés ou stockés dans de mauvaises conditions. Le manque de vitamines D ou anti-rachitiques se caractérise par des anomalies dans la calcification.
L'irradiation solaire du corps de l'animal favorise la formation du calcium, il est donc de première importance que l'âne ait accès à des parcs extérieurs dès les beaux jours. La vitamine E a surtout un effet d'antioxydant de la vitamine A.
La vitamine C se trouve dans la plupart des fourrages.

Les besoins en eau

Bien qu'il soit considéré comme sobre, l'âne peut consommer jusqu'à 15 litres d'eau par jour. Le besoin en eau augmente aussi avec la température ambiante. La meilleure façon de le satisfaire consiste à mettre à disposition des animaux de l'eau à volonté dans un abreuvoir à niveau constant. Il convient aussi que l'âne puisse accéder à un point d'eau au pâturage. Dans tous les cas, il faut veiller à ce que l'eau ne soit pas polluée.

Recommandation

Dans l'abreuvement, l'éleveur doit tenir compte du taux de matière sèche de la ration, car le besoin peut tripler ou quadrupler avec une consommation exclusive de foin et de concentré.

Attention aux aliments toxiques

L'âne peut être victime de plantes toxiques en période de disette où sa vigilance dans le tri des plantes qu'il consomme peut faire défaut. Il se méfiera moins du colchique, de l'anémone des bois, de la mercuriale ou d'arbustes dangereux comme l'if, le buis,... Il faut, pendant cette période, selon ses besoins, mettre à sa disposition en complément des fourrages conservés. Il est donc fortement conseillé d'approfondir sa reconnaissance de la flore locale pour éliminer tous ces végétaux nuisibles.
Il se révèle également important d'examiner la composition du foin qui risque de contenir des éléments dangereux comme les prêles, le vératre, les fougères,... Lorsque son séchage a été insuffisant, ou encore s'il a été conservé dans de mauvaises conditions, des moisissures nocives vont s'y développer !

Il existe aussi des cas de toxicité spécifique, comme le sorgho distribué trop jeune, les capsules du coquelicot, etc. Des accidents graves peuvent également survenir à la suite d'un stockage dans de mauvaises conditions des céréales, des granulés, etc., notamment dans des locaux trop humides. Il faut aussi s'astreindre à respecter les dates limites d'utilisation mentionnées sur les sacs d'aliments, les emballages de vitamines ou de médicaments.

Le pâturage

L'herbe constitue la base de l'alimentation de l'âne ; il la consomme soit verte, soit séchée, en général sous forme de foin. Aussi le pâturage doit-il s'envisager comme une manière de récolte par l'animal.

Dans cette estimation, il faut aussi tenir compte de la productivité des variétés végétales qui composent la prairie et des conditions climatiques. Pour éviter les gaspillages, on est amené à fractionner cette superficie. Deux méthodes sont alors possibles : le pâturage dit tournant, où l'on divise sa surface, à l'aide de clôtures fixes, en parcelles de tailles égales et proportionnelles au nombre d'animaux.

On déplace ceux-ci de la parcelle où l'herbe a été consommée vers la suivante où la pousse a été préservée. L'autre méthode consiste à utiliser une clôture électrique mobile, pour fragmenter une prairie entourée d'une enceinte fixe.

L'installation se compose de plusieurs fils électrifiés fixés à des piquets par des isolants. Elle s'alimente par batterie ou par le secteur si la parcelle est assez proche de l'habitation. La surface à pâturer est délimitée au moyen de deux rangées de fils, l'une frontale que l'on avance régulièrement afin de procurer une nouvelle tranche d'herbe fraîche aux animaux, et l'autre à l'arrière pour empêcher tout retour sur les parties déjà pâturées.

À la fin du séjour qui se détermine d'après le niveau de consommation de l'herbe, il est nécessaire de faucher les refus et d'épandre une petite quantité d'engrais azoté pour relancer la pousse en vue d'un nouveau passage. Cette pratique offre

Cette pâture offre à des ânes Normands la possibilité de trouver de l'ombrage en été.

également le grand intérêt de permettre de lutter contre l'infestation des animaux par les parasites qui se développent dans l'herbe.

Définition

La surface à mettre à sa disposition se calcule à partir d'une durée de passage des animaux et d'une consommation d'environ 7 à 13 kg de fourrage vert par jour et par tête selon le type d'animal.

La mise à l'herbe

Au printemps, elle constitue un changement complet dans la composition de l'alimentation de l'âne, car les fourrages conservés, comme le foin, sont remplacés par de l'herbe jeune, pauvre en cellulose. Préventivement, il est donc conseillé de continuer à distribuer parallèlement les fourrages d'hiver, cela pendant plusieurs jours. Progressivement, on réduira cet apport en augmentant la durée de pâturage. Cette herbe est aussi très riche

Valeurs des principaux aliments utilisés pour l'âne

Aliment	UF/kg	MAD g/kg	MS g/kg	Cell. g/kg	Ca g/kg MS	P g/kg MS
Herbe de pâturage de bonne qualité	0,15	21	166	78	7	4
Foin de pré ordinaire, fané par beau temps	0,54	47	850	65	6	3
Foin de luzerne, fané par beau temps	0,49	105	850	53	15	3
Paille de blé	0,27	0	880	50	2	1
Avoine en grain	0,86	71	874	118	1	4
Orge en grain	1,00	74	869	45	0,7	4
Maïs en grain	1,11	60	860	91	0,4	3,2
Féverole en grain	1,01	217	865	78	1,3	7
Son de blé	0,73	107	870	96	1,6	14
Tourteau de soja	1,03	413	883	62	3,4	7,8

MAD : Matières Azotées Digestibles
MS : Matière Sèche
Cell. : teneur en cellulose
Ca : calcium
P : phosphore
UF : unité fourragère

en matières azotées, que l'on peut rééquilibrer avec un concentré à base de céréales.

Recommandation

Il faut impérativement compenser le déséquilibre en cellulose avec du foin ou de la paille, car il provoque des fermentations intestinales qui peuvent s'extérioriser par des coliques.

Créer une prairie

Bien que l'âne valorise bien les prairies permanentes, on peut être amené, en automne, à semer des plantes fourragères composées de graminées et de légumineuses, les plus appréciées par les ânes. Afin de leur fournir dès la première pousse une végétation dense, un apport d'engrais azotés sera utile pour les graminées, mais épandu suffisamment tôt avant leur consommation par les animaux. Il faut faire pâturer la jeune prairie dès que possible, lorsque les plantes atteignent 8 à 10 cm, afin de favoriser le tallage et de limiter la croissance de certaines plantes très agressives qui déséquilibreraient la flore.

- **Pour éviter de voir la prairie se dégrader,** il est important d'avoir calculé précisément la superficie correspondant à une consommation journalière. De même, on ne doit pas faire pâturer la parcelle trop longtemps de façon à aménager une période de repos pour la flore. Dès que sa hauteur dépasse 25 cm, il faut réserver l'herbe à la fauche en vue de constituer des stocks pour l'hiver. Est également nécessaire la lutte contre des parasites comme les taupins et les limaces, ainsi que des maladies, telle la fusariose qui attaque les jeunes semis. D'évidence, l'apport de bons fourrages repose en grande partie sur un entretien convenable de la prairie.

Recommandation

Après le passage des animaux, il convient de faucher les refus et d'appliquer des engrais azotés de couverture, de préférence sous forme nitrique.

Les parcours

L'âne utilise facilement pour son alimentation des fourrages pauvres comme les ronces, chardons, orties, arbustes épineux, églantiers, etc., qui se

Très rustique, l'âne Corse valorise des parcours peu productifs en fourrages.

développent dans les friches, les haies, les garrigues et autres surfaces inutilisables en production agricole. Selon la saison, il consomme également les fruits qu'il va y trouver : châtaignes, mûres, framboises,... Sans vouloir limiter trop son plaisir de vagabondage, il convient toutefois de prendre certaines précautions et de protéger de sa gourmandise le potager réservé aux légumes destinés à la cuisine familiale. De même pour le verger, car il se montre friand de pommes, poires, prunes,... Il est impératif d'abriter l'écorce des arbres de la pâture. En général, l'âne sait gérer sa consommation grâce à la grande diversité de la flore ; il faut néanmoins montrer une certaine vigilance, car on ignore souvent la valeur nutritive de certaines plantes.

On doit pouvoir agir avant que les déséquilibres n'apparaissent : citons par exemple les châtaignes qui détiennent la richesse d'un aliment concentré. Il faut aussi limiter la consommation de certains fruits comme les glands qui peuvent entraîner une inflammation des reins. Enfin la distribution de foin permet de compenser une baisse des ressources en aliments cellulosiques.

L'alimentation hivernale

Dans nombreuses régions françaises, la production de la prairie se révèle insuffisante pour nourrir les ânes en hiver et même parfois en été.

On doit alors pouvoir stocker de l'herbe que l'on distribuera dans le local d'élevage. La fenaison est la méthode de conservation la mieux adaptée pour alimenter des élevages de petite taille.

La production de foin se révèle peu coûteuse, dans la mesure où l'on respecte les indications suivantes pour récolter un foin de bonne qualité, précaution nécessaire car l'âne trie plus que les autres équins les fourrages distribués et laisse d'importants refus s'ils sont de qualité médiocre. Tout d'abord, il faut couper la plante assez jeune, lorsqu'elle est encore riche en

Pour nourrir le baudet du Poitou en hiver, il faut disposer d'une réserve de foin.

matières azotées, mais en préservant le rendement. Chez les graminées, cela correspond au stade du début de l'épiaison. Pour les légumineuses, ce sera le début de la floraison. On doit ensuite faire sécher rapidement le fourrage au soleil pour ne pas laisser se déprécier les éléments nutritifs : une dessiccation trop forte entraîne, par exemple, la perte des feuilles de la luzerne ; ou encore l'herbe trop longuement exposée à la pluie subit l'attaque de moisissures néfastes. L'éparpillement de l'herbe à la fourche sur la plus grande surface possible, immédiatement après la coupe, favorisera un séchage rapide. On procède ensuite à un regroupement sous forme d'andains et, dès que le séchage est suffisant, des meules sont constituées pour réduire la surface exposée au soleil et à la pluie. Le foin doit être entreposé de préférence dans un espace couvert et sec, où peut se parfaire le stade de dessiccation grâce à un système de ventilation.

Définition

On calcule le volume nécessaire en se basant sur une consommation de 5 à 7 kg de foin par jour et par animal et une densité de 70 à 80 kg/m³ pour du foin en vrac ou de 150 kg/m³ pour des bottes pressées à moyenne densité.

Des fourrages toute l'année

Les apports de la prairie baissent à la fin de l'automne ; en été, en cas de sécheresse, ils peuvent même devenir inexistants. Aussi doit-on toujours disposer d'un surplus de stock de fourrages d'hiver pour ne pas se trouver dans l'obligation d'acheter du foin à un prix élevé. On peut améliorer cette situation en choisissant des espèces plus productives en automne et bien adaptées au type de sol exploité. Il existe des variétés de graminées plus tardives en hiver, qui peuvent donner de bonnes repousses en arrière-saison, parmi les fléoles, les ray-grass, les dactyles ou les fétuques. Il convient toutefois d'avoir pris la précaution, à la fin du précédent pâturage après fauchage des refus, d'épandre 15 à 20 unités d'azote à l'hectare. Parmi les légumineuses, la luzerne peut être pâturée assez tard après l'arrêt de la végétation. Mais les possibilités de certaines variétés de trèfle, de vesce et de sainfoin ne doivent pas être négligées.

Recommandation

Pour ne pas compromettre la reprise de la végétation de l'année à venir, il faut limiter la durée de la pâture en automne où les rendements deviennent plus faibles que lors de la première pousse.

Des plantes fourragères annuelles

On peut aussi avoir recours à des plantes fourragères annuelles, comme le maïs, le sorgho, la féverole, etc., qu'il est possible de faire consommer en plantes entières, car elles produisent des volumes importants.

De même les crucifères semées à la fin de l'été, comme le colza, la moutarde blanche, le radis fourrager, les diverses variétés de navets et de carottes qui peuvent aussi se conserver en cave ou en silo, etc., offrent un appoint alimentaire riche et varié.

Quant au chou fourrager, il pourra constituer un apport de vert plus tard dans l'année, si l'hiver ne se révèle pas trop rude.

Les aliments concentrés

Ils sont plus riches que les fourrages.

Recommandation

Il faut pour l'âne limiter la distribution de concentrés au profit de fourrages à forme longue.

Les concentrés comprennent aussi bien des céréales en grains, avoine, orge, maïs, etc., dont l'apport est surtout énergétique, que des oléagineux ayant une bonne teneur en protéines. Ces deux composants de la ration peuvent être cultivés facilement par l'éleveur. Il est toutefois courant de les acheter dans le commerce, au même titre que des résidus industriels riches en matières azotées digestibles, comme les tourteaux, des fourrages déshydratés, ainsi que des aliments composés. Cette démarche ne s'effectue que dans le but de compléter les fourrages verts ou conservés, la paille, dont la richesse se révèle insuffisante pour couvrir les besoins d'entretien à certaines périodes de l'année et ceux de gestation, de production de lait pour allaiter l'ânon, ou encore pour soutenir sa croissance. À l'achat, il convient de vérifier qu'ils sont bien destinés aux équins et de lire correctement les étiquettes agrafées aux sacs qui les contiennent. Certains de ces aliments portent une dénomination qui donne une information assez précise sur les modalités d'utilisation : les complémentaires de céréales ont une forte teneur en matières azotées digestibles, ils sont renforcés en minéraux et en vitamines et sont destinés à des mélanges avec des céréales ; les complémentaires de fourrages servent à rééquilibrer la ration. Leur composition est donnée au recto de l'étiquette : céréales, mélasse, tourteaux, parfois de l'urée, ... Les garanties sur la teneur maximum d'humidité, de cellulose et de matières minérales sont fournies par le fabricant, ainsi que la présence et la durée des vitamines. Au verso, on trouve la valeur au kilo d'aliment en Unités Fourragères, Matières Azotées Digestibles, phosphore et calcium, ainsi que le mode d'emploi : les quantités à distribuer par jour en fonction du poids pour l'entretien et la croissance, ou pour la gestation. Sur l'étiquette, le fabricant a l'obligation de faire paraître la date de fabrication, ainsi que son nom pour permettre son identification.

Recommandation

Il est important de savoir lire l'étiquette qui doit être fixée au sac de concentré pour en connaître la composition et l'utilisation.

L'aliment concentré en granulé est plus facile à consommer que sous la forme de farine.

L'élevage de l'ânon

C'est une phase importante pour l'éleveur, car elle répond à son aspiration à assurer le bon développement du jeune animal qui vient de naître, cela jusqu'au stade adulte. De nombreux écueils doivent être franchis pour accompagner sa croissance, tant dans le domaine alimentaire que dans ceux des maladies du jeune âge, de son logement, etc. Il importe aussi de l'habituer à vivre dans un environnement humain.

L'alimentation lactée

La meilleure méthode d'allaitement consiste à laisser l'ânon téter sa mère.

L'ânon va consommer le lait maternel pendant un minimum de deux mois, mais s'il est rejeté par sa mère, on doit avoir recours à l'allaitement artificiel. Il convient dans ce cas d'apprendre au jeune à sucer une tétine artificielle ou à boire. Cet apprentissage est vital en phase colostrale où l'on est amené à traire la mère, puis à redistribuer le premier lait dans un récipient approprié. Par la suite, il sera plus pratique d'employer du lait en poudre en respectant impérativement une période de transition pendant laquelle on passe progressivement du lait de la mère à cet aliment d'allaitement.

Recommandation

L'administration de vitamines AD^3E aidera le jeune à surmonter ce stress.

Les vaccinations ne se justifient qu'en cas de naissance dans un milieu particulièrement insalubre. La période d'allaitement s'étend entre 2 et 6 mois pendant lesquels on peut laisser l'ânon téter sa mère ou lui distribuer du lait en poudre reconstitué (on en trouve dans le commerce, destiné plutôt aux poulains). C'est généralement du lait de vache écrémé, réenrichi avec des matières grasses animales et végétales, des sels minéraux et des vitamines. La confection du lait en poudre se fait selon les dosages conseillés qui peuvent aller selon l'âge de 100 à 600 g par jour.

Recommandation

Le lait se distribue toujours à la même température et de préférence à des heures de repas régulières.

Le sevrage

Définition

Le remplacement définitif du lait par une forme normale d'alimentation s'appelle le sevrage.

Après le sevrage, ce jeune âne de Provence reçoit du concentré pour soutenir sa croissance.

Cette opération exige des précautions. En effet, un changement de nourriture aussi radical opéré dans de mauvaises conditions pourrait provoquer une perte importante de croît, surtout s'il s'effectue avant 6 mois.

On aura, dès l'âge de deux mois, mis à la disposition de l'ânon du foin de bonne qualité, du concentré et de l'eau propre. Il devient à ce moment essentiel de contrôler qu'il est bien habitué à consommer ce genre d'aliments. On peut alors réduire progressivement, sur une durée de 2 à 3 jours, l'apport journalier de lait, tout en surveillant son remplacement par l'absorption des autres aliments.

Recommandation

Pour déterminer le meilleur moment du sevrage, il faut vérifier sur la courbe de croissance-type de la race que le poids de l'âne correspond bien à son âge ; il est en effet nécessaire d'éviter une trop forte baisse de croissance.

L'alimentation pendant la croissance

Comme les besoins du jeune animal restent élevés jusqu'à un an, il faut, outre le pâturage, choisir un concentré, généralement proposé pour la croissance du poulain. Il doit être suffisamment riche en énergie et en matières azotées digestibles. Attention à ne pas lui distribuer uniquement des céréales, avec une ration de foin ou avec une prairie de graminées arrivées à maturité qui serait donc déséquilibrée en matières azotées.

Dans ce but, il est aussi indispensable de vérifier que l'étiquette du sac de concentré mentionne : quels types de fourrages il complète ; les teneurs minimum au kilo de ses composants ; ainsi que les quantités à distribuer en fonction du poids de l'animal. Pour diminuer le stress du sevrage subi par l'ânon, il est préférable de lui administrer une dose de vitamines AD3E. Lorsque la consommation de concentré se stabilise, on devra en limiter la quantité journalière. On n'omettra pas, après le sevrage, de mettre une pierre à sel à sa disposition.

À noter

Pour les jeunes de plus d'un an, l'apport de la prairie suffit généralement, mais un complément peut toujours devenir nécessaire lorsque la production fourragère baisse.

En laissant l'ânon pâturer avec des adultes, il convient de surveiller attentivement le parasitisme.

Les maladies du jeune âge

Bien portant au moment de la naissance, l'ânon peut être sujet à des coliques dès son deuxième jour d'existence. On observe alors une perte de vitalité, une baisse de l'appétit, de l'épuisement et fréquemment, une diarrhée blanchâtre qui devient fétide. En général, il s'agit d'une septicémie due à l'infestation massive de germes du type escherichia coli. La mort peut survenir rapidement. Le traitement curatif comporte des antibiotiques, un sérum et un mélange de vitamines. Préventivement, un vaccin peut être administré. Il faut également que la mise bas s'effectue dans un local d'une grande propreté, sur une litière fraîche. On doit aussi désinfecter soigneusement le cordon ombilical. Il existe d'autres formes de coliques, notamment d'origine alimentaire, souvent liées à la consommation de lait. Rares lorsque l'ânon tète sa mère, elles apparaissent plus fréquemment avec l'allaitement artificiel. Le nourrisson devient triste, il souffre d'une diarrhée qui devient abondante et jaunâtre. On doit utiliser rapidement un anti-diarrhéique. Sans mettre l'animal à la diète pour ne pas nuire à sa croissance, il faut revoir les modalités de distribution de l'aliment lacté : dosage de la poudre, température et espacement des tétées, propreté du biberon et des tétines. Des parasites intestinaux peuvent également être responsables de diarrhées chez le jeune, particulièrement sensible à l'infestation des ascaris. Dans tous les cas, il maigrit, et son poil se ternit. Il faut rapidement identifier le type de parasite pour pouvoir traiter avec un vermifuge adapté.
On doit également réduire l'infestation parasitaire au pâturage, quitte à limiter pendant le très jeune âge, l'accès des parcelles où les adultes séjournent très souvent.

Recommandation

Afin de ne pas détruire la résistance naturelle de l'ânon par des traitements répétés, il convient de traiter aussi la mère.

Acheter un ânon

Le choix doit s'exercer en fonction de l'utilisation souhaitée de l'animal et de l'expérience que l'on a. L'achat d'un ânon ne doit pas se faire avant 7 à 12 mois, car il ne doit pas être séparé trop tôt de sa mère. À cet âge, il faudra encore lui assurer une alimentation qui couvre ses besoins de croissance. Il est préférable d'exiger un animal sevré pour ne plus avoir à distribuer un aliment lacté dont il est toujours difficile d'assurer la continuité. Il suffira ainsi de compléter la ration de fourrages avec un concentré spécifique pour la croissance.

En savoir plus

À partir de 7 à 12 mois, un âne offre l'avantage de s'habituer facilement à la vie d'une nouvelle famille, aux personnes qui s'occupent de lui, aux autres animaux, à de nouveaux modes d'élevage et de logement.

On peut aussi acquérir un animal plus âgé, dont le vendeur devra faire la preuve qu'il a bien été dressé. L'âne dit entier, c'est-à-dire non castré, sera choisi si l'on désire l'employer pour la monte. Pour profiter d'un caractère plus calme, on peut acheter soit un hongre, c'est-à-dire un mâle castré, donc relativement indifférent à la présence des femelles ; soit une ânesse qui a en général un caractère doux en dehors de la période des chaleurs. Selon l'emploi souhaité, le choix peut se porter sur un âne commun pour en disposer chez soi simplement comme d'un animal familier. De même, si l'on désire un âne d'attelage ou de bât, on retiendra plutôt des sujets d'un bon gabarit. L'appartenance à une race se justifie pour des raisons de goût esthétique, mais aussi si l'on veut produire et vendre des ânons. Dans ce cas, on choisira une race de sa région afin de trouver plus facilement des mâles reproducteurs pour les saillies. On vérifiera que l'animal possède son numéro SIRE, de préférence reporté sur lui pour qu'il y ait concordance avec celui du certificat d'origine. Il faut, à l'achat, vérifier l'âge de l'âne en examinant sa dentition.

Recommandation

Quelle que soit la catégorie à laquelle appartient l'âne, il faut exiger un certificat de vente qui permettra un recours ultérieur, surtout si l'on constate des vices rédhibitoires par la suite.

Il reste encore à se faire présenter le carnet de santé et à bien examiner le sujet pour vérifier : s'il ne présente pas de défauts ni de tares, si son développement est correct, l'état des sabots, si la robe correspond bien à la race proposée et si l'on ne constate pas de traces extérieures de maladies. Dans tous les cas, il est conseillé de s'adresser à un éleveur connu pour son sérieux ou encore à une association d'éleveurs.

Recommandation

Les éleveurs préfèrent le terme d'éduquer un âne, à celui de le dresser. En effet, l'animal doit percevoir la présence protectrice de l'homme dès sa naissance. Il nécessite dans les premiers soins, la présentation à sa mère, une surveillance constante pour intervenir en cas de difficultés. C'est ainsi que se basera sa confiance et donc l'absence d'agressivité.

Le dressage de l'âne

L'éducation doit se faire pendant les deux premières années, faute de quoi l'âne peut prendre de mauvaises habitudes, difficiles ensuite à faire disparaître. Il doit se familiariser à la voix et respecter les personnes qui s'occupent de lui. Notamment, une tape sur le nez lui fera comprendre qu'il ne doit pas essayer de mordre. Il s'attache à la personne qui le nourrit. Il faut toutefois éviter de le gâter trop par des gourmandises, telles que des pommes ou du pain, car il peut devenir exigeant et se mettre à braire si l'on ne s'occupe pas suffisamment de lui.

Dès le plus jeune âge, on doit l'habituer à se laisser prendre la patte pour le parage et également à se laisser mener au licol. Cette condition est impérative si l'on veut ensuite lui faire porter des harnais pour l'attelage.

Recommandation

Il faut prendre la précaution de délimiter un espace autorisé pour éviter de voir son animal divaguer dans le jardin potager ou même pénétrer dans la cuisine.

Le plaisir de mener un attelage repose sur le dressage de l'âne dès son plus jeune âge.

Les maladies et leurs traitements

Comme tout être vivant, l'âne est susceptible d'être victime de nombreuses maladies. L'éleveur doit donc être vigilant pour ne pas le mettre dans une situation où il deviendrait vulnérable aux agressions du milieu. De nombreux moyens de prévention sont possibles et reposent pour la plupart sur le bon sens, que ce soit dans le domaine de l'hygiène corporelle et du logement que de l'alimentation. Cependant, lorsqu'une maladie se déclare, il faut être capable de l'identifier rapidement et d'intervenir efficacement. Dans ce but, la pratique d'un certain nombre d'interventions courantes doit être acquise et une pharmacie d'élevage disponible.

La prévention des maladies

Pour l'âne comme pour toutes les espèces domestiques, il faut être conscient qu'il est plus aisé et moins onéreux de prévenir que de guérir les maladies. En appliquant des règles simples d'hygiène, on va aider l'animal à résister aux agressions du milieu et de cette façon empêcher la répétition de traitements curatifs. C'est pourquoi, dans les pages suivantes, nous présentons chaque maladie en en décrivant les causes ainsi que les moyens de prévention à mettre en œuvre.

Le parage des pieds demande une certaine dextérité en raison de la dureté de la corne.

L'hygiène corporelle

La peau joue non seulement un rôle protecteur, mais elle contribue aussi à l'épuration du corps. Il faut donc surveiller sa propreté. Le pansage n'est pas réservé uniquement au cheval. Effectué régulièrement, il évitera de voir son âne se rouler par terre ou se frotter contre un mur pour calmer les démangeaisons que lui impose une peau malpropre. Il est préférable de réserver l'étrille pour enlever les matières solides et la brosse pour éliminer les particules fines sur tout le corps. Le bouchonnage peut être utile après un lavage ou l'exposition trop longue sous la pluie, lorsqu'il y a des risques brusques de refroidissements.

Le cure-pieds permet de garder la sole dans un bon état de propreté.

Les soins aux pieds

En général, on ne ferre pas les ânes qui ont une corne de sabot plus dure que celle du cheval. Il faut néanmoins tenir leurs pieds propres à l'aide d'un cure-pieds. De même, on doit être vigilant quant à l'assise du pied sur le sol, notamment chez l'ânon, car une usure inégale peut être néfaste pour la bonne conformation de ses aplombs.

Définition

Le parage consiste à niveler le dessous des sabots de l'âne.

On utilise d'abord une lame tranchante, la rainette, sur laquelle on tape avec un maillet en raison de la dureté de la corne. On égalise ensuite à la râpe et avec un rogne-pied. La réussite de cette opération se vérifie par l'observation de la pose des sabots bien à plat sur le sol et non pas sur les talons, démarche pouvant entraver progressivement la marche.

L'hygiène alimentaire

L'organisme d'un animal bien nourri développe une meilleure capacité de lutte contre les causes multiples de maladies. La ration doit être suffisante en quantité, mais également équilibrée pour couvrir les besoins énergétiques, en matières azotées, en minéraux et en vitamines de l'âne adulte et celles de l'ânon. Il faut que les aliments qui la composent ne soient ni souillés, ni toxiques. Les repas auront lieu de préférence toujours à la même heure, dans des auges régulièrement nettoyées. Il faut veiller à distribuer une eau de boisson propre et pas trop froide.

L'hygiène du logement

En dehors des conditions d'aménagement de locaux d'élevage salubres (voir le chapitre suivant sur le logement), il est important de les désinfecter régulièrement pour lutter contre de nombreuses maladies de l'âne. On doit donc déployer des moyens efficaces de nettoyage, de préférence après la sortie du fumier. On débute par un grattage soigneux des murs, du sol, des parois des stalles, des auges, des râteliers et de tout le matériel d'élevage, puis on les lave avec de la lessive. On prolonge ce nettoyage par l'aspersion d'un antiseptique tel que de l'eau de Javel diluée au moins à 10 %, du formol à 10 %, du Crésyl à 5 %. On complète ce nettoyage par l'application sur toutes les surfaces des locaux d'une solution contenant le mélange d'un produit blanchissant et d'un insecticide agréé pour l'élevage. Il aura surtout pour fonction de détruire les mouches. Il est important de choisir une journée ni trop froide, ni pluvieuse, pour cette opération, car les animaux devront réintégrer les locaux le plus tard possible pour permettre une bonne aération. C'est aussi le moment favorable pour effectuer de menues réparations, par exemple : boucher des fissures et des cavités difficiles à désinfecter, reprendre des équipements qui ont été rafistolés dans l'urgence, remplacer des planches devenues poreuses, etc. La dératisation régulière se révèle aussi un excellent moyen d'empêcher la propagation de certaines maladies.

Recommandation

À l'occasion de ce nettoyage, on élimine aussi des sources de lésions corporelles possibles, tels que les clous qui dépassent, des fils de fer, des échardes...

Une source grave de pollution peut provenir d'abreuvoirs mal réglés qui débordent dans la litière, créant un milieu humide et chaud favorable à la prolifération microbienne dangereuse surtout pour les pieds de l'âne.
Vérifier la fermeture des portes, car l'accès à un local de stockage d'engrais, de produits de traitement et même d'aliments concentrés, peut être une source d'intoxication grave.

Le diagnostic

Dans la majorité des cas, l'éleveur doit pouvoir reconnaître rapidement les symptômes des maladies. L'âne devient triste ; il perd l'appétit ; le poil est piqué.

Définition

On mesure la température à l'aide d'un thermomètre médical ; chez l'adulte, elle ne doit pas dépasser 37 °C.

La prise de température est un bon moyen de détection. Également l'accélération du pouls que l'on prend à l'intérieur de l'avant-bras. L'augmentation des mouvements respiratoires s'entend si l'on applique l'oreille sur la poitrine. La couleur des muqueuses de l'œil évolue vers le rouge vif ou le blanc. Ces observations générales doivent être complétées par celles de signes plus spécifiques et permettre de déterminer si l'on peut soigner l'affection par ses propres moyens.

Recommandation

Il ne faut jamais hésiter à faire appel au vétérinaire.

Les maladies pulmonaires

L'âne est sensible aux infections des voies respiratoires. En général, elles sont provoquées par des variations de température, notamment le passage d'un milieu confiné où il transpire, au froid extérieur. Le même effet peut résulter de l'exposition de l'animal mouillé dans des courants d'air. Il devient fiévreux, et sa respiration s'accélère. Il perd l'appétit. Les oreilles basses, il paraît abattu. Il tousse souvent, et du jetage s'écoule de ses naseaux. Les soins doivent être pratiqués rapidement pour éviter une aggravation pouvant aller jusqu'à la broncho-pneumonie, surtout chez l'ânon. Comme toutes les maladies infectieuses, ces affections se soignent curativement avec des antibiotiques de préférence prescrits par un vétérinaire. Afin de contenir la contagion, il faut aussi isoler l'animal atteint et vaporiser des aérosols dans l'écurie. Si ces maladies se renouvellent, il est possible de faire confectionner un autovaccin ou d'utiliser un vaccin spécifique.

Recommandation

Ce genre de maladies peut être évité en limitant les facteurs favorisant comme : les changements trop brusques de température ; le confinement des animaux dans un bâtiment insuffisamment ventilé ; ou leur placement dans des courants d'air.

Une alimentation déséquilibrée peut aussi intervenir dans l'évolution de ces maladies, surtout des rations trop pauvres énergétiquement qui rendent l'animal plus vulnérable aux faibles températures. Il est également conseillé d'éviter les visites de personnes étrangères à l'élevage, surtout en périodes d'épidémies humaines.

Les parasites internes

L'âne les absorbe en broutant l'herbe, et ils se développent dans l'appareil digestif. C'est par le crottin que les parasites se répandent à l'extérieur et, à la suite de cycles plus ou moins compliqués, réinfestent l'animal. On en distingue plusieurs variétés.

- **L'oxyure.** C'est un ver fin blanc qui peut mesurer 2 à 5 cm de long. La larve se développe dans le gros intestin jusqu'au rectum où elle pond de grandes quantités d'œufs.

Ce parasite occasionne des démangeaisons anales qui contraignent l'âne à se frotter continuellement l'arrière-train en y provoquant des plaies.

- **L'ascaris.** Il a une forme plus ronde, de couleur plutôt jaunâtre. Sa longueur varie de 20 à 30 cm. Après son ingestion, il migre dans le foie. L'ânon se montre particulièrement sensible à la présence de ce parasite.
- **Les strongles.** De taille faible, 2 mm à 5 cm, ces parasites sont d'une couleur qui tend plutôt vers le gris. Ils s'attaquent à la muqueuse intestinale. Ils peuvent se développer dans la litière.
- **Le ténia.** Il se présente comme un ruban de couleur blanche et peut mesurer plus d'un mètre de longueur. Il se multiplie dans l'intestin grêle.

Tous ces parasites vivent au détriment de l'animal qui s'affaiblit, s'anémie, maigrit. Il devient apathique. Le poil se pique. Parfois apparaissent des coliques.

À noter

Le moyen de détection du parasitisme interne repose sur des prélèvements de crottin que l'on fait analyser au Laboratoire Départemental des Services Vétérinaires.

À la suite du diagnostic, on élimine efficacement ces parasites grâce à des vermifuges spécifiques administrés par voie buccale en fonction du poids de l'âne. Il est essentiel que la totalité de la dose de produit actif soit ingérée. On utilisera donc de préférence une seringue munie d'une canule, en maintenant la tête de l'animal vers le haut. Si la mère est infestée, il est prudent de vermifuger préventivement l'ânon ; on continuera régulièrement ensuite, selon le degré de contamination.

Comme la voie principale d'infestation est constituée par la consommation d'herbe souillée par les matières fécales des animaux infestés, des mesures préventives sont facilement mises en œuvre.

Ainsi, la division de la prairie en parcelles (voir plus haut) permet d'aménager des durées de pâturage insuffisantes pour que la contamination se développe. Le labour régulier des prairies détruit aussi les larves des parasites. On doit éviter également l'accès à des fonds humides favorables à leur prolifération, ainsi que les mares aux accès boueux. Il faut penser à répandre du sulfate de fer dans les parcs d'exercice où les animaux séjournent longuement. La mise au pâturage de printemps donne lieu à la réinfestation.

Recommandation

Il est toutefois préférable de laisser se développer chez les ânes une forme d'immunité naturelle, en ne les traitant pas préventivement avant la mise à l'herbe, mais plutôt 15 jours après celle-ci.

Les parasites externes

Ce terme recouvre de nombreux organismes néfastes. Comme leur nom l'indique, ils s'attaquent en général à la peau de l'âne, que ce soit en plein air ou dans les bâtiments d'élevage.

- **La tique.** Elle se fixe à l'épiderme pour sucer le sang de l'animal et peut inoculer des maladies graves, comme la piroplasmose.

- **Les poux.** Ils prélèvent aussi du sang. Les démangeaisons qu'ils occasionnent poussent les animaux à se gratter si fortement que leur pelage peut en pâtir, surtout lorsqu'ils s'écorchent.

- **Les gales.** Ce sont des acariens qui creusent des galeries dans l'épiderme, provoquant de petits abcès. Les démangeaisons obligent l'âne à se gratter si vigoureusement qu'il en résulte des plaies risquant de s'infecter.

- **La teigne.** C'est une affection contagieuse de la peau et des poils, provoquée par un parasite végétal du type mycose. Elle apparaît sous forme de petits boutons, où les poils sont soulevés par la formation de croûtes. Elles tombent ensuite pour faire place à des plaques dénudées de poils. Les huiles essentielles donnent aussi de bons résultats. Les traitements se font par des aspersions que l'on complète de frictions vigoureuses pour lutter contre la gale.

Les plaies de l'été

Bien que superficielles, leur cicatrisation ne se fait pas car les mouches, en se posant sur les plaies, occasionnent des infections. Il est important d'agir dès l'apparition des premières larves et d'appliquer un traitement local avec un désinfectant à base de sulfamides ou des bombes à base d'alumine, jusqu'à leur disparition. Toutes ces médications n'auront qu'un effet limité si l'on n'assainit pas le milieu où vivent les animaux : tout d'abord un paillage et une sortie régulière de la litière ; et le nettoyage, une fois par an, des murs, du sol, des parois, des stalles, des auges, etc… du local d'élevage ainsi qu'un blanchiment avec un insecticide agréé contre les mouches.

Les maladies des membres

Chez les équidés, l'état sanitaire des membres et des pieds revêt une grande importance.

- **Les boiteries.** Elles ont des causes multiples : la présence de corps étrangers au niveau du sabot, des coups, des chutes, des entorses, ... Ce sont souvent les ligaments qui se trouvent lésés. L'animal souffre, il faut le maintenir au repos. Selon l'intensité de la boiterie, on effectue des frictions avec des lotions ou des pommades, jusqu'à sa disparition complète. La luxation est beaucoup plus grave ; elle nécessite l'intervention d'un vétérinaire pour remettre l'articulation en place.
- **La fourbure.** C'est une inflammation des tissus profonds du pied qui provient en général d'une alimentation trop riche en céréales ou en azote. L'âne ne peut plus marcher tant la douleur est forte. La maladie intéresse d'abord les deux pieds antérieurs, puis s'étend aux autres. Les sabots sont très chauds. L'animal est abattu, l'appétit baisse. Il faut le rentrer et réduire la ration à de la paille et de l'eau. Des bains de pieds dans de l'eau froide, de même que l'emploi d'huiles essentielles vont le soulager. Le vétérinaire prescrira des médicaments à base de chloramphénicol. La prévention réside avant tout dans une alimentation équilibrée.
- **La crapaudine.** On l'appelle aussi «mal d'âne». C'est une inflammation chronique du bourrelet du pied qui provient souvent de coups sur la couronne ou de l'action persistante du contact avec de la boue ou du fumier. On remarque d'abord au niveau du bourrelet des craquelures qui s'étendent à la couronne. Puis la peau s'enflamme, et un liquide purulent s'en écoule. L'âne se met alors à boiter. Il faut nettoyer la région atteinte et retirer les parties de corne décollées, puis pulvériser un désinfec-

tant. Selon le degré d'infection, le vétérinaire peut proposer des injections d'antibiotiques.

À noter

L'entretien régulier des pieds est un bon moyen de prévenir cette maladie, de même que la propreté des litières. On évitera aussi de faire séjourner longtemps les ânes sur un terrain trop humide.

- **L'échauffement de la fourchette.** Cette maladie s'appelle aussi la pourriture de la fourchette. Les causes sont identiques à celles de la crapaudine. Elle atteint plutôt les pieds postérieurs. La fourchette échauffée se ramollit, se désagrège et laisse suinter un liquide noirâtre et purulent. Le pied devient chaud, sensible, et la boiterie apparaît. L'intervention de l'éleveur doit être rapide : il faut procéder à un nettoyage à fond du pied altéré. Les mêmes traitements curatifs et actions préventives que pour la crapaudine, sont à mettre en œuvre.
- **La bleime.** C'est une meurtrissure des tissus du pied dans la région du talon qui est chaud et sensible. L'animal peut boiter, mais surtout, au repos, il pose le pied malade seulement sur les pinces. En premier lieu, il faut parer et désinfecter le pied atteint. Des applications de lotions à base de goudron peuvent donner de bons résultats.

Autres maladies courantes

- **La conjonctivite.** C'est une inflammation de la muqueuse tapissant la face interne des paupières. Elle est provoquée par des corps étrangers sous la paupière : poussières, balles de graminées, poils, insectes, etc. L'âne tient son œil fermé, les paupières laissent couler des larmes, les muqueuses sont rouges. Il faut extraire rapidement le corps étranger, mais délicatement, à l'aide d'un linge fin ou d'une pince à épiler. On lave l'œil avec une décoction de fleur de camomille, puis on applique un collyre en pommade conseillé par le vétérinaire.
- **La gourme.** Cette maladie contagieuse frappe surtout l'ânon. Elle est provoquée par des streptocoques qui se manifestent sous forme d'angines, mais aussi au niveau de la peau. L'animal a de la fièvre, perd l'appétit. Dans le cas de l'angine, la toux apparaît, devient grasse, le jetage est abondant. Dans la forme cutanée, de nombreux boutons s'extériorisent, il s'en écoule un pus épais. Une évolution vers l'abcès est possible. Il faut isoler l'animal malade et faire appel au vétérinaire qui prescrira un traitement à base d'antibiotiques. Une désinfection rigoureuse des locaux est essentielle pour prévenir cette maladie.
- **La morve.** Bien que rare, c'est une affection contagieuse grave qui peut se transmettre à l'homme. L'évolution est rapide chez l'âne comme chez le mulet. Au début, les symptômes n'ont rien de caractéristique : forte fièvre, perte d'appétit, abattement. Au bout de trois jours, la muqueuse du nez devient violacée, des vésicules apparaissent formant des ulcères d'où s'écoule un jetage visqueux. Il faut isoler l'animal malade et faire appel au vétérinaire. Suivant la gravité de l'infection, un traitement d'antibiotiques peut être efficace ; sinon, il faut sacrifier l'animal.
- **La piroplasmose.** Elle est provoquée par la présence dans le sang d'un parasite, le piroplasme, inoculé par des piqûres de tiques. L'âne perd l'appétit, il est fiévreux et abattu. Les muqueuses se décolorent, et les urines devien-

nent rouge foncé. L'issue peut être mortelle. On traite l'animal avec des médicaments spécifiques, les piroplasmides. À titre préventif, il faut détruire les tiques, éviter des pâturages trop près des bois, infestés de broussailles ou marécageux. Le labour et le drainage permettent d'entraver leur développement.

• **Le tétanos.** Il est contracté par la prolifération dans une plaie de bacilles qui sécrètent des toxines qui provoquent l'apparition de contractures musculaires. La raideur des membres s'accroît. L'animal ne peut plus se nourrir, marche avec difficulté et ne supporte plus ni le bruit, ni la lumière vive. La mort peut être rapide. Une intervention du vétérinaire dès les premiers symptômes peut permettre de sauver l'animal grâce à l'utilisation d'un sérum antitétanique, mais aussi d'antibiotiques et d'antispasmodiques. Préventivement, on administre un vaccin.

Recommandation

Pour se procurer les dispositions réglementaires concernant les maladies, il faut s'adresser à la Direction des Services Vétérinaires de son département.

La pharmacie

En général, à la veille des mise bas, on s'assure que la pharmacie recèle le minimum de moyens pour prodiguer les soins requis par l'état de santé des ânes. Tout d'abord, on doit éliminer les médicaments dont la date limite d'utilisation se trouve dépassée. On vérifie ensuite si l'on dispose en quantité suffisante de désinfectants, comme l'alcool à 70°, la teinture d'iode, etc., qui jouent un rôle essentiel surtout avant d'effectuer une injection. Pour atténuer les stress de toutes sortes subis par les adultes comme par les jeunes, les apports de vitamines ont une grande importance ; aussi la constitution de réserves s'impose, surtout en vitamines AD^3E. Pour stopper le développement des nombreuses infections microbiennes, quelques antibiotiques de base injectables sont indispensables, comme de la pénicilline, de la streptomycine,... Pour les plaies, des sulfamides sous la forme de pommades ou de mycobombes seront plus indiqués. Dans le cas des traitements antiparasitaires, des vaccinations et des médications spécifiques, il est préférable d'acheter les médicaments et les vaccins quelques jours avant de les administrer ou à la veille d'une période à risques. On doit aussi renouveler le petit matériel pour les soins, comme du coton, des bandes de gaze, des seringues de préférence jetables, des aiguilles,... On vérifie également que les ciseaux, le thermomètre n'ont pas été égarés, et on contrôle leur parfait état de propreté.

Recommandation

Pour se protéger lors de la manipulation d'avortons ou de délivrances pouvant être infectées, il est essentiel, pour se protéger, de disposer de gants en plastique que l'on jette après utilisation.

Le logement

Loger un ou plusieurs ânes ne consiste pas uniquement à leur fournir une toiture, mais à pouvoir maintenir les animaux dans des conditions de température et d'hygrométrie les plus proches possible de leurs conditions de vie naturelles. La structure et l'implantation du bâtiment varieront selon les conditions agro-climatiques des régions d'élevage, mais dans tous les cas on doit éviter d'isoler l'âne qui a besoin d'être en contact avec d'autres animaux et de participer aux activités humaines qui l'entourent. De même, l'aménagement intérieur doit faciliter la distribution des fourrages, l'abreuvement, le curage du fumier,…

De bonnes conditions d'ambiance

Avant d'acheter un âne, il convient de lui aménager un local, donc de réfléchir aux conditions de vie de cette espèce. Ce n'est pas un animal que l'on pourra laisser toute l'année en plein air sans moyens pour s'abriter, dans n'importe quelles situations climatiques : cela présenterait un danger pour sa santé, notamment dans le domaine pulmonaire.

Cet abri en bois construit par l'éleveur convient parfaitement pour les ânes.

Dans de nombreuses régions françaises, l'écurie en stabulation entravée ou un bâtiment léger fermé sur toutes les faces seront nécessaires pour maîtriser sa protection contre les intempéries. Le simple abri à stabulation libre sera plus adapté dans un climat méditerranéen.

Pour maîtriser ces critères d'ambiance, l'éleveur doit pouvoir ventiler efficacement l'écurie si les animaux y séjournent en permanence en hiver. La ventilation statique consiste à faire circuler de l'air froid entrant de l'extérieur par l'ouverture permanente ménagée dans le haut des fenêtres, puis sortant, après avoir été réchauffé et pollué dans le local, par une fente en faîtage ou une cheminée. Elle convient pour des largeurs de bâtiments inférieures à 6 m, cela pour un coût très accessible. Une hauteur minimum de 3 m à la sablière, combinée à la surface de la stalle et des couloirs, doit contribuer au maintien de la température et de l'hygrométrie du volume d'air disponible par animal.

Définitions

Les conditions d'ambiance recommandées pour les équidés se fondent sur une température optimale se situant aux alentours de 14 °C, car ce sont des animaux sensibles aux affections de l'appareil respiratoire. Pour l'ânon, plus fragile, on peut la majorer à 18 °C. En matière d'humidité, il est conseillé d'entretenir une hygrométrie intérieure inférieure à 85 %, avec une vitesse de l'air de 1 m/sec.

Généralités

La surface de la stalle doit être prévue pour une mère suitée de son ânon. On n'oubliera pas qu'un âne qui s'ennuie dans son box va, par exemple, jouer avec le loquet de la porte, l'ouvrir et profiter de la liberté. Il est donc prudent d'utiliser des systèmes de fermeture qui lui résistent, sans être trop compliqués pour l'ouverture par l'éleveur. Pour l'éclairage de l'écurie, on préférera des fenêtres murales. Si les zones ombragées extérieures sont insuffisantes ou si les températures hivernales sont très basses, il sera nécessaire d'isoler la toiture, surtout lorsqu'il n'y a pas de grenier. Afin de permettre à l'âne de supporter des températures inférieures à celles recommandées précédemment, il faut majorer l'apport énergétique dans la ration journalière, c'est-à-dire la part de céréales.

L'implantation du bâtiment

Il doit être agencé pour permettre un accès facile au lieu de stockage des aliments et à la plate-forme où se dépose le fumier. Il est aussi recommandé de donner à l'animal la possibilité de suivre la vie de la maison et les allées et venues des visiteurs, sans que cela amène des odeurs désagréables pour l'habitation. Un emplacement extérieur bétonné permettant de doucher l'âne peut être utile en périodes de canicule, pour le nettoyer ou encore lors des traitements par aspersion.

L'orientation du local a une grande importance dans le bien-être des ânes.

Recommandation

Des règles très strictes doivent être respectées en matière d'implantation de locaux d'élevage.

Il convient donc, avant d'entreprendre un aménagement ou une construction, de se renseigner auprès de la mairie pour le permis de construire et auprès de la Direction Départementale de l'Agriculture pour les distances à respecter par rapport aux autres habitations, aux points d'eau, etc., également pour le stockage du fumier et l'évacuation des eaux usées, du fumier, du lisier, ainsi que les contraintes liées à la proximité d'un site classé. En dehors des odeurs que l'éleveur peut réduire par un curage régulier et l'utilisation du fumier pour les cultures, l'âne risque aussi de perturber le voisinage par ses braiments bruyants.

L'écurie à stabulation entravée

En général, il s'agit de locaux anciens aménagés pour héberger les animaux pendant la mauvaise saison. Ils sont complétés par un simple abri au pâturage. La stalle a une largeur de 1,5 m, une longueur de 2,5 m et une pente de 2 % qui permettent d'aménager derrière l'animal une rigole à purin pour évacuer plus facilement les excréments vers la fosse, ainsi qu'un couloir de service. En général, on bétonne le sol. Une mangeoire en béton de 50 cm de large est fixée au mur à la tête de la stalle à 70 cm au-dessus du sol pour que l'animal ne puisse la souiller. Dans le commerce, on en trouve en polyéthylène, vendues pour les chevaux. La mangeoire peut être surmontée d'un râtelier à foin. Elle se jumelle à un abreuvoir à niveau constant. L'âne est attaché à l'aide d'une chaîne et d'un collier, à un anneau central placé à 1,30 m de hauteur.

L'écurie à boxes à stabulation libre

En élargissant la stalle, on peut libérer l'âne. Cela sans en exagérer la surface pour que, s'il reste seul, il ne souffre pas du froid. On peut la majorer afin qu'elle puisse détenir deux ou trois ânes.

Le sol peut être uniquement empierré. La tête de la stalle s'ouvre par un portillon sur un couloir de service par lequel on accède à la mangeoire et à la surface paillée. Cette stalle comporte aussi unabreuvoir à niveau constant. Une porte de 1,50 m divisée en deux parties dont celle du dessus reste ouverte, est pratiquée dans le mur d'en face. Elle permet à l'âne de sortir au pré ou dans l'aire d'exercice.

L'abri de plein air

C'est un bâtiment léger qui peut, selon les conditions climatiques, être ouvert sur la totalité ou la moitié d'un pan.

Recommandation

Il faut prendre la précaution de ne pas disposer cette ouverture face aux vents dominants.

Il est préférable que l'abri donne directement sur une pâture de 2000 à 4000 m^2 par sujet adulte. Qu'il s'agisse d'un abri ne dispense pas de veiller : à une ventilation qui ne soit pas faite de courants d'air ; à un volume d'air suffisant par animal ; et à un éclairement par les surfaces latérales. Ces dispositions permettent d'éviter la création de zones insalubres propices au développement microbien. Le sol doit être empierré pour faciliter la sortie du fumier. Une auge reste nécessaire pour apporter des fourrages, du concentré.

Ces ânes Normands apprécient la vie collective, ainsi qu'une litière propre.

Les annexes et le matériel d'élevage

Attenant à l'écurie, on doit installer la sellerie. Ce local est suffisamment sec pour stocker les équipements en cuir nécessaires pour atteler l'âne ou le seller, ainsi que les produits destinés à leur entretien. Il sert également à l'entreposage du petit matériel : étrille, brosse, peigne pour le pansage, cure-pied, cisaille, couteau pour le parage des sabots, etc., de même que l'armoire à pharmacie. Un hangar attenant devrait aussi permettre le stockage de la réserve de foin et de paille, ainsi que les sacs de concentrés et autres aliments achetés en plus grosses quantités pour bénéficier de réductions de prix. On y parquera aussi : la brouette ou le chariot pour le transport des fourrages ; la voiturette en attente d'être attelée ; le van pour le transport à la saillie de l'ânesse ou pour la vente de l'ânon devenu adulte.

Les clôtures

Il est toujours désagréable de constater que les animaux ont provoqué de graves dégâts dans les cultures parce que les clôtures n'étaient pas assez solides.

Recommandation

La conception des clôtures est dictée par l'agilité que l'âne peut déployer pour sortir de son enclos.

Ainsi, en hauteur, 5 fils espacés de 0,25 à 0,30 m ou un grillage de 1 à 1,20 m et 1 à 2 fils au-dessus conviendront. On préférera des fils lisses plutôt que des barbelés. Pour les portillons et les portails d'accès, les mêmes hauteurs sont à respecter. Les poteaux en bois des angles ou de tête de ligne supportent l'essentiel de l'effort de tension ; on choisira une section de 0,25 m et une hauteur de 2 m. Pour les piquets intermédiaires, on peut réduire la section à 0,18 m. Les essences durables comme le chêne, le châtaignier ou le robinier sont recommandées. Des poteaux en fer ou en ciment s'emploient aussi couramment. Pour rationner la pâture, on peut utiliser une clôture mobile, composée de fils ou de rubans électrifiés d'une hauteur minimum de 1,50 m, de 3 à 4 fils espacés de 0,30 m. Elle comprend : un électrificateur sur batterie, des isolateurs, du câble, des piquets

Le van a une grande importance pour transporter l'ânesse au lieu de la monte.

métalliques. Il existe aussi des filets électriques spéciaux pour chevaux.

Recommandation

Il convient de vérifier régulièrement la tension des fils et des grillages, la solidité des piquets, l'absence d'herbe qui puisse faire contact, d'éventuels passages aménagés accidentellement,...

Un râtelier dans la pâture

En été, lorsque la prairie fournit moins de fourrages, il faut y suppléer en général avec des apports de foin. On peut dans ce but et surtout si l'on a plusieurs ânes, utiliser un râtelier placé dans la pâture, ce qui facilite grandement la distribution. Il existe dans le commerce des modèles pour chevaux munis de couvercles en tôle galvanisée qui protègent les fourrages de la pluie. La fabrication de ce type de matériel est relativement facile pour un coût modeste. On constitue d'abord une plate-forme en aggloméré de 0,70 m x 0,50 m par âne. On pratique à ses extrémités 4 encoches pour le passage des montants en chêne de 7 x 7 cm de section et de 90 cm de hauteur. Trois lisses de 7 cm de large, clouées sur ces montants, donnent la rigidité à l'ensemble et permettent de fixer le fond du râtelier à environ 0,50 m du sol. Les barreaux droits de 7 cm de large se clouent sur les lisses avec un espacement de 15 cm.

L'approvisionnement en foin se fait par le haut. Si l'on dote le râtelier d'un couvercle constitué d'une tôle ondulée galvanisée fixée sur un cadre en bois, il convient qu'il soit muni de charnières pour simplifier le remplissage.

Cet âne Catalan s'intéresse aux activités humaines de la ferme.

Recommandation

Ce râtelier se dispose de préférence sur un sol sec, en un lieu abrité du vent et si possible à l'ombre d'un arbre. Il faut toutefois qu'il ne soit pas trop éloigné de l'entrée de la parcelle pour faciliter son approvisionnement et son nettoyage.

L'abreuvement à la pâture

Malgré la sobriété légendaire de l'âne, le fait qu'il consomme de l'herbe en été ne suffit pas à couvrir ses besoins en eau. Ils sont alors plus importants à cause de la chaleur estivale. On doit donc, même dans la pâture, mettre à sa disposition un point d'eau dont la qualité principale sera la propreté.

Après avoir choisi le mode d'abreuvement, il convient d'en stabiliser les abords pour éviter la constitution de zones d'humidité permanente, surtout lorsqu'il s'agit d'une source ou d'une mare.

Le piétinement des animaux a la propriété de favoriser la prolifération de parasites dangereux pour leur santé. Il est donc préférable d'alimenter des bacs fixes grâce au captage d'une source ou avec un système de pompage.

Les modèles d'abreuvoirs que l'on trouve dans le commerce sont divers : bacs en polyéthylène de 80 à 180 litres, en tôle galvanisée de 120 à 180 litres, ou bols à niveau constant.

L'abreuvoir de plein air est apprécié par une chaude journée d'été.

Recommandation

Pour que les animaux ne souillent pas l'eau avec leurs pattes, l'emplacement de l'abreuvoir revêt une grande importance : il doit permettre d'en maîtriser le nettoyage.

S'équiper à moindres frais

Loger un ou plusieurs ânes nécessite une réflexion préalable pour éviter de trop grandes dépenses. En premier lieu, il faut se demander si on réutilise un bâtiment ancien ou si une construction neuve est absolument nécessaire. Avant même de débuter une construction, il faut éviter de choisir un emplacement exigeant des mises à niveau au coût très vite élevé. En règle générale, on cherche à réduire les dépenses, que ce soit : en négociant le meilleur rapport qualité-prix des matériaux et des équipements, en faisant jouer la concurrence à partir de l'établissement de devis détaillés, ou en participant soi-même le plus possible à la construction, cette solution permettant de remplacer le coût à l'heure de salariés spécialisés par celui de la main-d'œuvre familiale. Si l'on a quelques compétences en maçonnerie et en charpente, plusieurs solutions sont possibles comme l'utilisation de plans-types d'abris, mais encore faut-il avoir suffisamment de temps disponible. Il existe aussi la formule «kit» qui consiste à monter un bâtiment préfabriqué permettant d'économiser le coût du montage. Enfin, on peut également faire appel pour la construction à de multiples solutions d'entraide.

Recommandation

Dans toutes ces formules d'autoconstructions, il faut bien mesurer la responsabilité qui se trouve engagée en cas d'accidents impliquant des tiers. De même, il est important de consulter son assureur pour vérifier qu'on continue à bénéficier d'une couverture en cas d'incendie. Et en particulier : attention aux installations électriques qui ne sont pas aux normes !

Un abri même construit par l'éleveur doit présenter de bonnes garanties de solidité.

La vache

L'anatomie

Élever une vache exige l'acquisition des compétences dans de nombreux domaines. En effet, il faudra la faire féconder pour avoir un veau à la fin de la gestation ; la nourrir avec une alimentation saine, mais aussi subvenir aux besoins de croissance de son produit ; disposer d'un logement adapté ; lutter contre les maladies,… Ces pratiques d'élevage reposent sur une parfaite connaissance de l'anatomie et de la physiologie de cette espèce animale. Par exemple, pour la nourrir sans risque, il faut savoir que son appareil digestif comporte plusieurs poches lui permettant d'assimiler la cellulose, faisant ainsi de l'herbe son aliment principal.

Origines

Originaire de l'Inde, l'aurochs serait l'ancêtre des bovins. Apparu au début de l'ère quaternaire, il gagne de nombreux continents. Les études de fossiles de cette espèce ont montré qu'elle est à l'origine de plusieurs branches des bovidés : le bovin européen, le zébu et le buffle en Asie.

Sa domestication remonterait à 7000 ans avant J.-C. en Europe et au Moyen-Orient. Au Moyen Âge, l'attelage de bœufs distingue l'agriculteur. On emploie les bovins pour les travaux des champs, leurs productions de lait et de viande, l'utilisation de la peau et des cornes. Puis les petites unités en polyculture se multiplient pour atteindre 27 millions de têtes au milieu du XVIIIe siècle. Jusqu'à la fin du second conflit mondial, les bœufs représentaient une part importante de la traction dans les labours et le transport. Ils furent progressivement et complètement remplacés par les tracteurs.

À la fin du XIXe siècle se crée le premier livre généalogique qui marque le début du développement de la sélection parmi les nombreuses races locales. Certaines d'entre elles sont améliorées par des croisements avec des races : hollandaise, la Frisonne, et anglaise, la Durham.

À partir de 1970, les effectifs de bovins se stabilisent à 20 millions de têtes, mais la part des vaches laitières se réduit de 40 % pendant la même période, victime de la politique des quotas de l'Union Européenne.

Importance de l'élevage bovin

65 000 éleveurs français exploitaient en 2001, 20 millions de bovins. Les vaches laitières et les vaches allaitantes se partagent à égalité 40 % de cet effectif. Le nombre moyen de vaches par exploitation est un peu plus élevé pour le lait avec 35 têtes que pour la viande avec 27 têtes. La moitié du troupeau laitier se trouve concentré dans quatre régions : Bretagne, Pays de la Loire, Normandie et Nord. La moitié de l'effectif produisant de la viande est implantée en Limousin, Auvergne, Pays de la Loire, Midi-Pyrénées et Bourgogne. Malgré un nombre de vaches laitières en baisse, le volume de lait produit se maintient. De même, les incitations à élever des vaches allaitantes n'ont pas entraîné une augmentation significative de la production de viande.

Ce troupeau de vaches normandes pâture dans une riche prairie de l'Ouest.

Notions d'anatomie

Le bovin est un mammifère appartenant à la famille des bovidés. Il fait partie de l'ordre des artiodactyles, ongulés qui se déplacent sur un nombre pair de doigts, les onglons. C'est un herbivore ruminant, qui dispose donc de quatre réservoirs gastriques, dont la panse. Cette vaste poche qui peut contenir 300 litres d'aliments, permet la digestion de la cellulose par un processus de fermentation combinée avec une double mastication des fourrages, la rumination. L'âge d'un bovin se détermine par l'examen des dents : la pousse et le remplacement de la dentition de lait jusqu'à cinq ans, puis sur l'usure des dents adultes. La vache dispose, pour allaiter le veau, d'une glande mammaire divisée en quatre compartiments dotés chacun d'un trayon.

Recommandation

La disposition particulière de l'appareil digestif du ruminant exige que la ration alimentaire contienne une part suffisante de cellulose, ainsi que le respect de phases de transition à chaque changement de régime alimentaire.

L'ANATOMIE DE LA VACHE

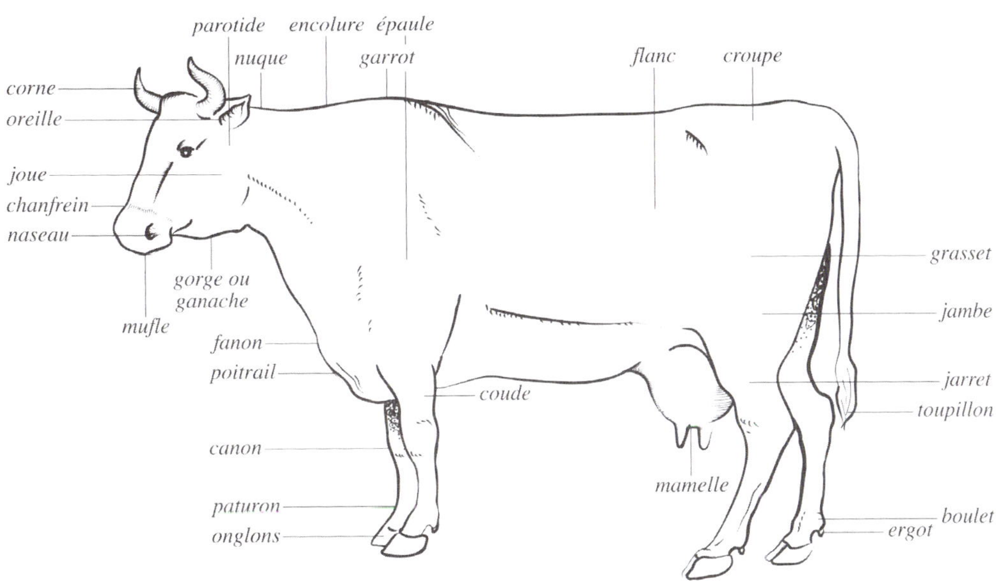

L'APPAREIL DIGESTIF DE LA VACHE

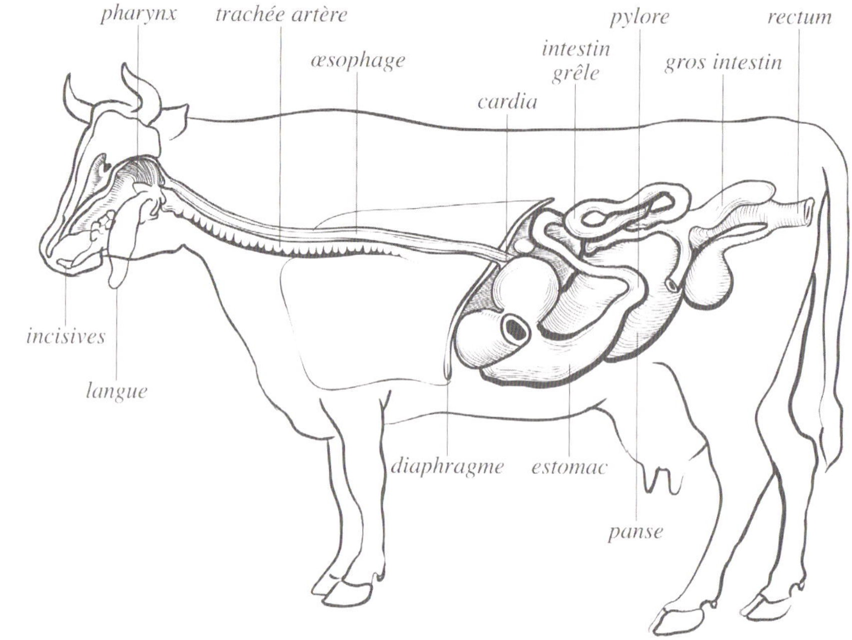

LES SABOTS DE LA VACHE

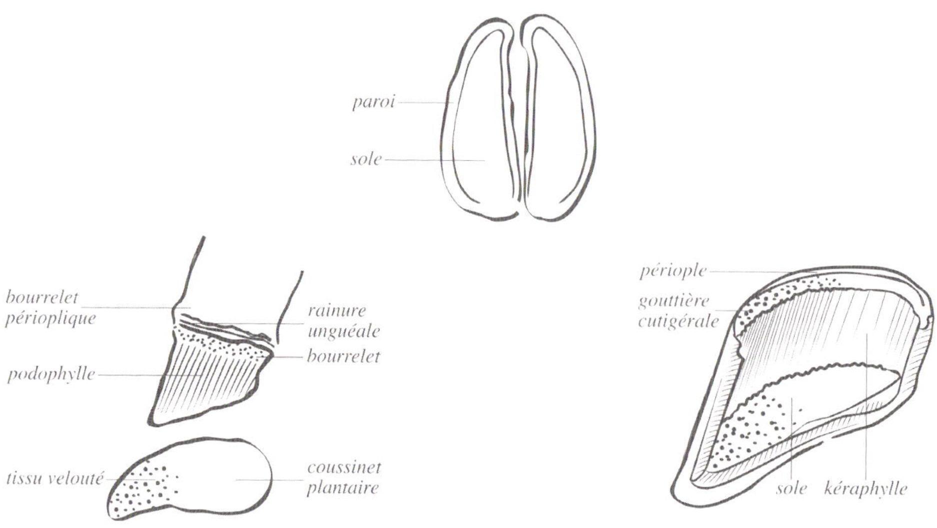

Les races

Les principales races bovines françaises ont été sélectionnées sur leurs aptitudes, en créant ainsi des rameaux spécialisés dans la production de lait ou de viande. En faisant jouer les lois de transmission génétique, les éleveurs sélectionneurs ont amélioré la teneur en matières grasses et en protéines du lait, mais aussi la couverture en viande des carcasses pour satisfaire les consommateurs. On note que quelques races dites mixtes ont d'aussi bonnes capacités de production en lait qu'en viande. On trouve encore des races à faibles effectifs, dont l'existence se maintient grâce à des agriculteurs œuvrant dans un cadre de la sauvegarde de la biodiversité.

Le choix des reproducteurs

Ce taureau de race Salers transmet des caractères laitiers ainsi qu'une bonne conformation de carcasse à ses descendants.

La sélection dans le troupeau bovin consiste à fixer des caractères :

- **soit visibles extérieurement,** comme : le standard de la race et la conformation, qui s'intéresse au format de l'animal, aux aplombs, à la largeur du bassin,..., mais aussi aux qualités d'élevage comme : la fécondité, la prolificité, la rusticité,... ;
- **soit mesurables,** comme : les quantités de lait produites, sa teneur en matières grasses et protéiques, la répartition de la viande sur la carcasse, la croissance du veau,...

Ces derniers présentent une réelle valeur économique.

Comme leur transmission suit majoritairement des règles génétiques, on accouple les mâles avec les femelles qui les expriment le mieux, puis on élève leur descendance.

Pour éviter les risques de consanguinité, il faut changer régulièrement les taureaux, pour ne pas leur faire saillir leurs propres filles.

Néanmoins, à l'achat, l'éleveur doit toujours examiner l'animal pour détecter des tares éventuelles.

En savoir plus

Deux outils sont indispensables : le contrôle laitier pour mesurer individuellement la quantité et la qualité du lait, et l'insémination pour diffuser la semence de taureaux sélectionnés.

LES RACES LAITIÈRES

Abondance

Le standard

- **Tete :** le plus souvent blanche, avec une auréole pigmentée autour des yeux.
- **Corps :** l'ossature est fine.
- **Membres :** secs et solides ; la corne des pieds a une dureté remarquable ; les aplombs sont réguliers.
- **Robe :** pie rouge acajou ; les muqueuses et les trayons sont colorés du rose au marron.
- **Poids :** taureau, de 800 à 1 100 kg ; vache, 650 kg.
- **Taille :** 1,35 m.

Elle est originaire de la vallée de Haute-Savoie qui porte son nom. 150 000 têtes s'exploitent dans 13 départements de la région Rhône-Alpes et dans le Massif Central. C'est une race laitière de zones de montagne et de zones difficiles. Grande marcheuse, elle valorise les alpages. Sa longévité est importante, et elle a une bonne aptitude au vêlage.

Définition

Taux butyreux : pourcentage de matières grasses dans 1 litre de lait.

La production

Son lait particulièrement riche en protéine, taux azoté : 34,3 ‰ pour un taux butyreux : 37,4 ‰, se transforme en fromages A.O.C., comme le Reblochon, l'Abondance et le Beaufort. Son potentiel viande autorise le croisement industriel. Poids de carcasse d'un taurillon de 18 mois : de 320 à 380 kg.

Montbéliarde

Cette race est issue de la population Pie rouge continentale et a été sélectionnée en Franche-Comté. Elle s'est largement répandue dans l'Est et le Sud-Est, ainsi que dans le Massif Central, mais aussi dans le Sud-Ouest et l'Ouest de la France. Elle s'exporte dans de nombreux pays. Ses effectifs s'élèvent à 710 000 vaches. C'est une race laitière de piémont ou de montagne. Elle s'adapte facilement aux conditions d'élevage difficiles. Sa longévité est bonne ainsi que son aptitude au vêlage.

Le standard

- **Tete :** front plat, mufle large ; les yeux sont pleins et brillants; cornes implantées haut, incurvées vers l'avant.
- **Corps :** ossature fine, mais solide.
- **Membres :** secs et résistants.
- **Robe :** pie rouge, aux taches bien délimitées ; le blanc doit couvrir la partie inférieure et les extrémités.
- **Poids :** taureau, de 1 000 à 1 200 kg ; vache, de 600 à 750 kg.
- **Taille :** 1,40 m.

La production

Elle produit annuellement environ 5 800 kg de lait ayant de grandes qualités fromagères, taux azoté : 34,1 ‰ pour un taux butyreux : 38,6 ‰. Il se transforme surtout en Gruyère et en Comté.

Son potentiel viande autorise une amélioration de la qualité de veaux produits par d'autres races grâce au croisement industriel. Poids de carcasse d'un taurillon de 18 mois : 380 kg.

Normande

Comme son nom l'indique, cette race prend ses origines en Normandie, et son élevage s'est développé des Ardennes aux Pyrénées, de même qu'elle s'est implantée en Europe et en Amérique Latine. Des associations dans chaque pays participent à son amélioration génétique et à sa diffusion. Ses effectifs s'élèvent à 810 000 têtes. C'est une grande race laitière qui a une bonne capacité d'adaptation. Sa longévité est bonne, ainsi que son aptitude au vêlage.

La production

Elle produit en moyenne 6 000 kg par an de lait riche ayant de grandes qualités fromagères, taux azoté : 35,4 ‰ pour un taux butyreux : 43.4 ‰. Il convient à la fabrication du Camembert et à celle du beurre.

Son potentiel viande donne des veaux aptes à l'engraissement. Poids de carcasse d'un taurillon de 17 mois : 370 kg.

Le standard

- **Tete :** blanche, tachée autour des yeux et du mufle, cornes recourbées vers l'avant.
- **Corps :** ossature solide, poitrail et bassin larges ; sa mamelle est très développée, bien attachée, haut entre les cuisses.
- **Membres :** aplombs réguliers.
- **Robe :** les couleurs se diversifient en fauve bringé plus ou moins foncé et blanc ; le dessous du ventre reste blanc.
- **Poids :** taureau, de 1 000 à 1 200 kg ; vache, de 700 à 800 kg.
- **Taille :** 1,40 m.

Prim'Holstein

Le standard

- **Tete :** plutôt courte avec un mufle marge.
- **Corps :** garrot et poitrail larges ; mamelle volumineuse bien adaptée à la traite mécanique.
- **Membres :** solides, aplombs réguliers.
- **Robe :** pie noire, parfois pie rouge ; couleur distribuée en larges plaques noires et blanches, bien délimitées, les extrémités des pattes et la queue blanches.
- **Poids :** taureau, de 900 à 1 200 kg ; vache, de 650 à 750 kg.
- **Taille :** moyenne.

La production

Elle produit en moyenne environ 6 400 kg par an de lait riche en protéine, taux azoté : 33,3 ‰ pour un taux butyreux : 40,7 ‰.

Elle offre des possibilités de croisements intéressants. Poids de carcasse d'un taurillon de 18 mois : 340 kg.

D'origines française, frisonne et hollandaise, elle a été introduite en Amérique du Nord, où elle a pris le nom de Holstein. Elle devient ensuite Prim'Holstein. 2 800 000 vaches s'exploitent dans toute la France.

C'est la race laitière spécialisée la plus productive au monde qui valorise l'alimentation de façon optimale. Elle a une très bonne aptitude au vêlage précoce. Avec une vitesse de croissance rapide, les génisses vêlent facilement à 2 ans.

LES RACES À VIANDE

Blonde d'Aquitaine

C'est une race originaire du Sud-Ouest, qui résulte de la fusion de trois rameaux : la Garonnaise, la Quercy et la Blonde des Pyrénées. Elle s'est répandue dans toute la France, en Europe et dans le monde. L'effectif national est de 400 000 vaches. C'est une race bien conformée pour la viande qui présente une grande faculté d'adaptation à des climats et des régions variés. Sa longévité est importante, et elle a une bonne aptitude au vêlage.

Le standard

- **TETE :** courte à front large ; cornes blanches à extrémités blondes.
- **CORPS :** le cou est court ; tronc très long, poitrine ample et profonde.
- **MEMBRES :** solides
- **ROBE :** couleur froment, avec des muqueuses roses.
- **POIDS MOYEN :** vache : 1 000 kg.
- **TAILLE :** 1,50 m.

La production

La production
Le rendement à l'abattage se révèle remarquable avec 65 à 70 %. À l'engraissement, la vitesse de croissance s'élève à 1 500 à 2 000 g de GMQ (Gain Moyen Quotidien) en finition. Poids de carcasse d'un taurillon de 17 mois : 420 kg.

Définition

Rendement : pourcentage du poids de la carcasse d'un animal de boucherie par rapport à son poids vif

Charolaise

Cette race est originaire de Saône-et-Loire. Elle s'est implantée dans toutes les régions françaises et dans le monde, où elle a été utilisée pour améliorer la qualité des races à viande locales. 1 600 000 vaches s'exploitent en France.
C'est une race très bien conformée pour la viande. Elle présente une grande faculté d'adaptation à des climats et régions variés.
Sa longévité est bonne, ainsi que son aptitude au vêlage.
Elle convient bien au croisement industriel.

Le standard

- **Tete :** plutôt courte, face large.
- **Corps :** la poitrine ronde, le dos et les reins larges et musclés ; culotte rebondie et bien descendue recherchée.
- **Membres :** courts, bien d'aplomb, squelette fort.
- **Robe :** uniformément blanche, parfois crème, avec des muqueuses claires.
- **Poids :** taureau, de 1 000 à 1 650 kg ; vache, de 700 à 1 200 kg.
- **Taille :** 1,35 à 1,45 m.

La production

Le rendement à l'abattage est excellent. À l'engraissement, elle est douée d'un très fort potentiel de croissance. Poids de carcasse d'un taurillon de 18 mois : 428 kg.

Conseil

La conformation : elle a une grande importance chez les races à viande où la répartition des masses musculaires est à la base de leur valeur bouchère.

Limousine

Le standard

- **Tete :** courte.
- **Corps :** poitrine profonde, culotte épaisse et arrondie.
- **Membres :** solides.
- **Robe :** couleur acajou, formant des auréoles plus claires autour des yeux et du mufle.
- **Poids :** taureau, de 1 000 à 1 350 kg ; vache, de 650 à 950 kg.
- **Taille :** 1,35 à 1,55 m.

La production

Le rendement de carcasse qui s'établit à 63 % pour des taurillons ; cette race révèle d'excellentes capacités de production de viande. À l'engraissement, elle est douée d'un excellent potentiel de croissance. Poids de carcasse d'un taurillon de 15-17 mois : 380 kg.

Cette race a pour origine la région du Limousin et s'est implantée dans toutes les autres régions et dans de nombreux pays dans le monde. L'effectif exploité en France s'élève à 720 000 vaches. Elle exprime de bonnes aptitudes bouchères avec des facultés d'adaptation favorables. Sa longévité est importante, et elle a une bonne aptitude au vêlage, complétée par ses qualités maternelles.

En savoir plus

La sélection chez les races à viande repose sur le contrôle de croissance des jeunes animaux. Il permet aussi d'estimer la valeur laitière de la mère.

Maine Anjou

Cette race est née du croisement de la race Mancelle, élevée dans l'Ouest, avec le Durham, race précoce et bouchère anglaise. Elle est implantée en Pays de la Loire et plus récemment dans le Nord-Pas-de-Calais, la Normandie, Poitou-Charentes, Champagne-Ardennes, Bretagne et plusieurs pays dans le monde. 70 000 vaches s'exploitent en France. C'est une race à viande lourde qui possède les poids de carcasse les plus élevés et le gène culard dans son patrimoine génétique. Elle présente de bonnes facultés d'adaptation, ainsi que de longévité et d'aptitude au vêlage.

Le standard

- **Tete :** courte, yeux rouges.
- **Corps :** long, ligne de dos plate, squelette fort.
- **Membres :** solides, culotte très musclée.
- **Robe :** pie rouge foncé, avec des muqueuses claires.
- **Poids :** taureau, de 1 300 à 1 900 kg ; vache, de 700 à 1 100 kg.
- **Taille :** 1,40 à 1,45 m.

La production

Le rendement à l'abattage se montre excellent, ainsi que son potentiel de croissance. Une carcasse d'un taurillon de 15 mois pèse plus de 400 kg.

En savoir plus

Culard : bovin qui présente une hypertrophie des masses musculaires, notamment celles du train postérieur, donc recherché en production de viande.

AUTRES RACES

Les races mixtes

Elles ont été sélectionnées dans un double objectif de production, le lait et la viande. On y trouve l'Aubrac, la Bleue du Nord, des pies rouges des plaines et Simmental française, ainsi que la Salers.

Les races spécialisées régionales

Plusieurs autres races laitières ont des implantations régionales, comme : la Bretonne pie noire, la Brune des Alpes, la Jersiaise, la Rouge flamande, la Tarentaise et la Vosgienne. On trouve une situation identique pour quelques autres races à viande, comme : la Bazadaise, la Gasconne et la Parthenaise.

La Tarentaise est une bonne laitière, mais ses effectifs se limitent à sa région d'origine.

Exploitée dans le Massif Central, la Salers révèle de bonnes capacités pour produire du lait comme de la viande.

La race pie rouge des plaines s'est établie dans l'Est, elle présente des aptitudes mixtes lait-viande.

Les races à petits effectifs

On les qualifie aussi de rustiques. Elles sont en général protégées de l'extinction par des programmes de conservation auxquels adhèrent les éleveurs qui souhaitent mettre en valeur leurs qualités. Elles se localisent souvent dans des zones défavorisées. On y distingue : l'Armoricaine, la Béarnaise, la Camargue, la Corse, la Ferrandaise, la Lourdaise, la Maraîchine, la Nantaise,... Moins productives, elles demandent moins de soins et peuvent convenir pour de très petits élevages d'amateurs dont le volume de production se limite aux besoins de la consommation familiale.

Souvent un élevage de quelques vaches permet l'utilisation d'une petite parcelle de prairie.

La conduite de l'élevage

Mener un élevage requiert la maîtrise d'un certain nombre de techniques qui peuvent paraître très diverses mais qui convergent toutes vers un même but : créer un mileu de vie le plus naturel possible pour la vache. Cela suppose d'organiser la saillie, d'être prêt à intervenir à la mise bas, de prodiguer les premiers soins au veau nouveau-né, de traire le lait… Pendant ces phases successives, il importe de distribuer une ration alimentaire adaptée aux besoins de l'adulte comme du jeune bovin. De même, une grande vigilance est nécessaire pour prévenir les maladies et maintenir son élevage en parfaite santé.

La reproduction

Les chaleurs

L'éleveur doit bien repérer les femelles en chaleur, s'il veut individualiser la monte, pour pouvoir les présenter au mâle ou à l'insémination pendant cette phase féconde. Il faut donc qu'il en connaisse les signes extérieurs : l'animal est énervé et cherche à chevaucher les autres femelles, les meuglements se répètent. Sous la queue, la vulve congestionnée laisse s'écouler du mucus. La vache perd l'appétit momentanément, et la production de lait baisse. Les chaleurs peuvent durer de un à deux jours et se répètent en cycles de 17 à 23 jours.

La saillie

Dans le cas de l'utilisation de l'insémination artificielle, il convient, lors de la manifestation de ces premiers signes, de demander le passage de l'inséminateur qui procédera à la mise en place de la semence dans le vagin de la femelle. Un traitement antiparasitaire accompagné d'un apport de 25 cm^3 de vitamines AD^3E, administré un mois environ avant la saillie, aura un effet favorable sur sa réussite.

Recommandation

Pour maintenir une bonne fertilité chez le taureau comme chez la vache, il faut veiller à ce que l'alimentation ne soit pas excessive.

La gestation

Chez la vache, elle dure 280 jours. Pendant cette période, il faut couvrir des besoins alimentaires qui croissent pour former un ou des embryons et constituer les réserves pour la production de lait. L'augmentation de la richesse de la ration ne doit pas provoquer un engraissement exagéré de la femelle afin d'éviter des accidents à la mise bas et même des intoxications dues à un excès d'acides dans le rumen. C'est aussi le moment de reconstituer les réserves minérales, car une vache gestante de 600 kg exporte jusqu'à 61 g de calcium et 35 g de phosphore par jour.

La mise bas

Elle s'annonce par un certain nombre de signes : le gonflement de la mamelle, du mucus qui s'écoule de la vulve, de l'inquiétude, de la fébrilité, la recherche de calme. Après l'écoulement du liquide amniotique des poches des eaux, le veau se présente normalement, la tête reposant sur ses deux pattes antérieures. En cas de complications, si cette position n'est pas conforme, l'éleveur doit être prêt à intervenir, les mains soigneusement lavées, les ongles coupés courts. Un tonicardiaque et un complexe à base de calcium, de phosphore et de vitamines, se trouve à portée de main, pour soutenir la mère.

Les soins au nouveau-né

On coupe le cordon ombilical à 4 à 5 cm de l'abdomen et on le désinfecte avec de la teinture d'iode ou une bombe désinfectante. On lui dégage les naseaux et la bouche des glaires issues du placenta, pour lui permettre de mieux respirer. On le sèche en le frottant vigoureusement avec un bouchon de paille propre. Puis on le présente à sa mère pour qu'elle puisse le lécher.

Le plus rapidement possible après la mise bas, le veau doit être présenté à la mère qui va le lécher.

On contrôle que le jeune animal tète rapidement le colostrum maternel, car la faculté de passer les parois intestinales ne dure que quelques heures. Lorsque le trayon est gonflé de lait et trop dur, il faut aider le veau à téter. Il reste encore à bien vérifier que la délivrance a été expulsée et à en débarrasser la litière.

En savoir plus

Colostrum : lait sécrété par la mamelle dans les jours qui suivent la mise bas ; il est riche en anticorps, et sa composition facilite sa digestion.

L'alimentation

La distribution des aliments conservés se fait journalièrement à l'auge.

L'alimentation hivernale

On distribue à l'auge des aliments conservés comme : le foin de graminées ou de luzerne, bien adapté pour des troupeaux de petite taille ; l'ensilage, surtout de maïs ; les betteraves fourragères et divers déshydratés. En dehors des repousses tardives, les crucifères semées à la fin de l'été, comme le colza et surtout le chou fourrager, constituent un apport riche et varié tard dans l'année.

On calcule les quantités nécessaires en utilisant les tables des besoins des bovins, auxquelles on ajoute un aliment complémentaire vitaminé essentiel car la conservation des fourrages entraîne une perte de vitamines.

Le pâturage

La surface à mettre à la disposition des vaches s'établit à partir d'une durée de passage et d'une consommation d'environ 40 kg de fourrage vert par jour et par tête. Pour éviter les gaspillages, l'éleveur doit fractionner cette surface : soit en parcelles de tailles égales avec des clôtures fixes ; soit en utilisant une clôture électrique de deux fils qu'il avance régulièrement. Il est nécessaire de faucher les refus, d'épandre une petite quantité d'engrais azoté pour relancer la pousse de l'herbe après chaque passage. Pendant cette période, on peut aussi faire consommer des fourrages annuels, comme le maïs sur pied. Des tables donnent les valeurs de tous les aliments.

Les aliments concentrés

Ils comprennent : les céréales et les oléagineux en grains, les résidus industriels comme les tourteaux, et des aliments composés. Ils servent à compléter les rations de fourrages verts ou conservés, dont la richesse se révèle insuffisante.

À l'achat, il convient de savoir lire l'étiquette agrafée au sac qui donne : leur composition, la durée de garantie des vitamines, etc., les modalités de leur utilisation, selon qu'ils sont qualifiés de « vache gestante » en quantités à distribuer par jour, ou « vache laitière » par litre produit pour la production de lait.

L'abreuvoir est indispensable, aussi bien à la pâture que dans l'étable.

Les compléments minéraux

Ils s'emploient pour rééquilibrer les carences en calcium et en phosphore de la ration par rapport aux besoins de gestation et de production. En hiver, l'éleveur peut les compléter avec des vitamines, car les fourrages ont été appauvris par la durée de conservation. S'il constate des insuffisances en oligo-éléments dans le régime alimentaire, il peut les compenser en utilisant des pierres à sel qui en sont enrichies.

Les aliments toxiques

À la pâture, les vaches peuvent être victimes des plantes toxiques, comme le colchique, l'anémone des bois, la mercuriale, etc. Le foin peut aussi contenir des prêles, du vératre, des fougères, etc., ou des moisissures. L'éleveur doit donc bien connaître la flore locale. Des accidents graves surviennent avec du sorgho distribué trop jeune, les capsules du coquelicot,... Il faut aussi respecter les dates limites d'utilisation mentionnées sur les sacs d'aliments, les emballages de vitamines, de médicaments, etc.

À noter

Un stockage dans de mauvaises conditions des aliments, céréales, granulés, etc. peut intoxiquer les animaux.

L'abreuvement

Une vache arrive à consommer de 40 à 100 litres par jour. On doit donc, même dans la pâture, mettre à sa disposition un point d'eau propre.

L'équipement qui donne le plus de satisfaction est l'abreuvoir à niveau constant.

L'élevage du veau

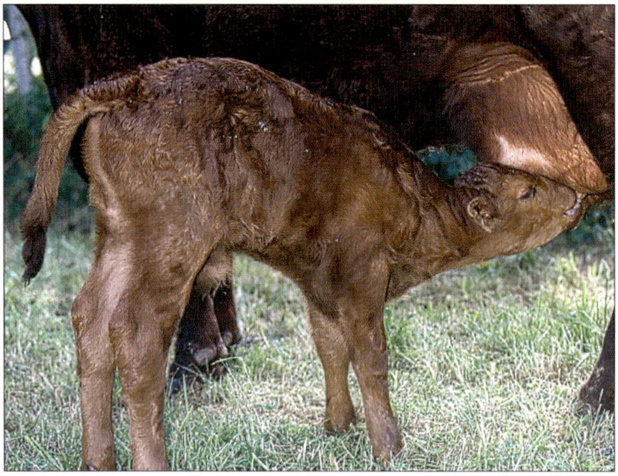

Il est vital que le veau tête le colostrum, premier lait de la vache qui a des vertus digestives et protectrices.

Ce veau est nourri par buvée au seau avec un aliment d'allaitement.

La phase lactée

Elle peut s'étendre jusqu'à 2 à 3 mois. Si l'éleveur emploie du lait en poudre, il doit séparer le veau de sa mère dans les 48 heures pour lui apprendre à boire ou à téter. Il faut, pour une quantité maximum de 8 kg de lait entier par jour, respecter les dosages qui figurent sur l'étiquette du sac et la distribuer toujours à la même température. Une fois par mois, on y dilue un anticoccidien. En cas de diarrhées, il faut revoir les dosages de poudre, la température de distribution et utiliser un antidiarrhéique. Pour les génisses d'élevage, dès l'âge de 15 jours, on met à leur disposition du foin de bonne qualité, du concentré et de l'eau propre, afin de favoriser l'ensemencement de leur panse. Les biberons et les seaux doivent être d'une grande propreté. Il existe aussi des allaiteurs automatiques.

Le sevrage

Il consiste à supprimer définitivement l'aliment lacté. Ce changement radical exige des précautions.

On en détermine la date en se référant au poids vif du jeune animal, entre 100 à 150 kg pour réduire le risque d'une trop forte perte de croissance. Avant de prendre cette décision, on vérifie qu'il absorbe au moins 2 kg par jour de concentré. On réduit alors progressivement l'apport de lait sur une durée de 2 à 3 jours. On limite les stress des sevrages en administrant une dose de vitamines AD^3E.

Après le sevrage

On choisit un concentré contenant un mélange suffisamment riche en céréales et en tourteaux, au minimum de 0,80 UFL et 125 g de matières azotées digestibles par kilo, pour couvrir les besoins de croissance. On en rationne la distribution à 2 kg par jour par animal en libre-service dans des augettes. Si la destination est la boucherie, il faut soutenir la mère pour qu'elle puisse allaiter le plus longtemps possible. La lutte contre le parasitisme exige d'administrer plusieurs traitements anticoccidiens. Les vaccinations ne se justifient que dans un milieu particulièrement insalubre.

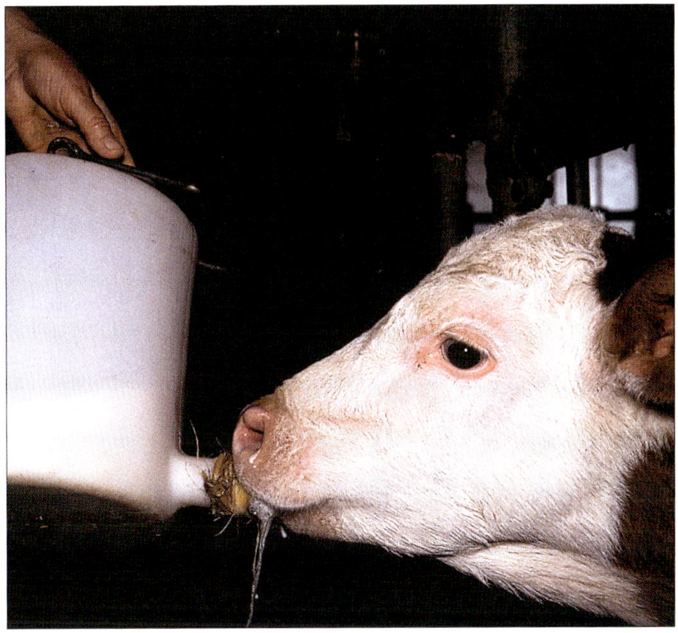

La biberonneuse, dont certains modèles sont automatisés, permet une prise d'aliment plus proche de la tétée.

L'identification

Une boucle en plastique doit être apposée obligatoirement à l'oreille gauche, cela avant que l'animal ne quitte l'élevage. On peut y lire les informations suivantes : le code du pays, le numéro d'identification du cheptel et un numéro d'ordre à la naissance. Cette mesure réglementaire a pour but d'homogénéiser l'identification dans le domaine sanitaire, le contrôle des performances, les filiations, le contrôle de la circulation des animaux et d'assurer ainsi la traçabilité de la viande bovine.

En savoir plus

Traçabilité : identification de l'animal, de sa carcasse après l'abattage, puis de la viande à la découpe ; elle permet de remonter jusqu'à l'élevage d'origine en cas de problèmes sanitaires.

Les boucles numérotées en plastique permettront l'identification de ce jeune bovin au cours de toute sa vie.

Les besoins d'une vache laitière de 600 kg

Stade de production	Besoins			
	UFL	PDI (en g)	Ca (en g)	P (en g)
Entretien	5,0	395	36	27
Gestation				
7e mois	5,9	470	45	30
8e mois	6,6	530	52	32
9e mois	7,6	600	61	35
Lactation taux butyreux 40 g/kg				
production de 5 kg	7,2	635	57	35
production de 10 kg	9,4	875	78	45
production de 15 kg	11,6	1 115	100	54
production de 20 kg	13,8	1 355	115	62
production de 25 kg	16,0	1 595	130	71
production de 30 kg	18,2	1 835	140	75
production de 35 kg	20,4	2 075	150	80
production de 40 kg	22,6	2 315	160	85
production de 45 kg	24,8	2 555	170	91

Extrait des tables de l'alimentation INRA

Les besoins d'une vache à viande rustique de 650 kg

Stades de production Vêlage fin d'hiver et début printemps	Besoins			
	UFL	PDI (en g)	Ca (en g) par 100 g de PV	P (en g) par 100 g de PV
Fin de gestation (8e, 9e mois)	6,0	505	9,0	5,5
Autour du vêlage	7,6	695		
Début d'allaitement	8,9	840	11,0	6,5
Période de reproduction	9,7	900		

Extrait des tables de l'alimentation INRA

Les besoins d'un veau d'élevage jusqu'au poids vif de 150 kg

Phase	Poids vif (kg)	Gain poids vif (g/j)	Besoins			
			UFL	PDI (en g)	Ca (en g)	P (en g)
Lactée	50	800	1,5	220		
	60	800	1,7	242		
	70	800	1,9	263		
Après sevrage	80	800	2,0	265	19	10
	90	800	2,2	275	20	11
	100	800	2,3	285	20	11
	125	800	2,8	308	21	12
	150	800	3,2	329	22	13

Extrait des tables de l'alimentation INRA

UFL : unité fourrage lait – PDI : protéines digestives intestinales – Ca : calcium – P : phosphore

Lorsque la prairie devient moins productive, il est nécessaire de distribuer un complément en fonction des besoins des animaux.

Les maladies

Les maladies pulmonaires

La contamination se fait principalement par les voies respiratoires. L'animal atteint maigrit, devient fiévreux. Il tousse, et du jetage s'écoule de ses naseaux. On le traite avec des antibiotiques. Il faut ventiler correctement l'étable. On peut vacciner avant la fin de la gestation.

Recommandation

Respectez les délais de rémanence des médicaments avant de consommer le lait.

Les maladies abortives

Leurs causes principales sont les chocs et parfois des déséquilibres alimentaires, mais elles peuvent être aussi d'origines infectieuses. Lorsque la maladie est identifiée, des vaccins ou des autovaccins, et des antibiotiques pourront être employés.

Recommandation

Quel que soit le type d'avortement, on ne doit jamais manipuler les avortons et les enveloppes fœtales avec les mains nues.

Les parasites internes

Ils se développent dans la caillette et dans l'intestin grêle pour les strongles, le ténia, les coccidies,..., dans les poumons pour les strongles pulmonaires, ou dans le foie pour les douves. L'animal s'affaiblit, sa production de lait baisse. L'infestation se fait à la mise au pâturage. La détection repose sur l'examen des bouses. On élimine les parasites avec des vermifuges spécifiques. On peut répandre du sulfate de fer dans les parcs d'exercice où les animaux séjournent longuement.

Les parasites externes

Ils s'attaquent à la peau des bovins. Les tiques s'y fixent pour sucer le sang et peuvent inoculer la piroplasmose ; les poux et les puces prélèvent aussi du sang et occasionnent des démangeaisons qui poussent les animaux à se gratter au détriment de leur pelage ; les gales creusent des galeries dans l'épiderme. On détruit ces parasites par aspersion d'insecticides spécifiques.

Autres maladies

- **La météorisation.** Le changement complet de ration à la mise à l'herbe peut provoquer des fermentations anormales dans la panse. Il s'ensuit des gastro-entérotoxémies, mais, avec de la luzerne, le dégagement de gaz dépasse les possibilités d'éructation, et il faut administrer un météorifuge ou même utiliser un trocart. Pendant les premiers jours de pâturage, on doit maintenir la ration de fourrages d'hiver.
- **Les mammites.** Elles sont dues à une infection interne de la mamelle, causée par des litières sales, des coups, des irritations internes dues à une machine à traire mal réglée, etc. On les traite par des antibiotiques.
- **La taille des onglons.** En stabulation permanente, l'usure naturelle de la corne des sabots est insuffisante. Une pousse démesurée peut provoquer des déformations des aplombs. Il est impératif de tailler les onglons.

Le logement

L'intérieur de l'étable doit répondre à des conditions de température et d'hygrométrie pour reconstituer l'ambiance naturelle propre à l'espèce bovine. Pour en maîtriser les paramètres, l'éleveur doit disposer d'un moyen de ventilation. Il est également indispensable qu'il procède régulièrement au nettoyage du local, à sa désinfection et au renouvellement de la litière. Pour rendre le travail moins pénible, il existe des équipements adaptés à la taille du troupeau : des cornadis avec des auges en stabulation libre, des salles de traite prolongées par une laiterie pour le stockage du lait, des nurseries pour l'élevage des veaux…

L'étable à stabulation entravée

Elle convient à de petits effectifs de vaches. Les bêtes sont parquées dans des stalles en béton de 2,30 à 2,50 m ; ou de 1,50 à 1,60 m sans séparations, ce qui ménage ainsi une aire de déjection derrière l'animal. Cette solution simplifie le travail de curage grâce à un canal à lisier couvert d'une grille qui s'évacue vers une fosse. Les stalles communiquent avec des mangeoires sur un couloir d'affouragement. Les vaches sont contenues par des attaches avec colliers. Un abreuvoir à niveau constant est installé pour deux stalles.

La stabulation libre

Elle convient pour un plus grand nombre de vaches. Elle se compose d'une aire paillée collective couverte de 4 à 9 m^2 par vache. Elle se limite sur sa plus grande longueur par le couloir d'alimentation doté de barrières en tubes ou de cornadis et qui débouche sur les stocks de fourrages disposés à proximité. La quantité de paille nécessaire pour la litière varie de 5 à 10 kg par vache et par jour. Les abreuvoirs – de préférence à niveau constant – sont accessibles à tous les animaux. Une aire d'exercice bétonnée permet aux vaches de circuler à l'air libre.

Le cornadis permet à chacune de ces vaches limousines d'avoir accès à la ration de fourrage disposée dans l'auge.

La salle de traite

La salle de traite permet de collecter le lait dans les meilleures conditions d'hygiène.

C'est un lieu équipé pour récolter un lait d'excellente qualité. Pour se faire traire, les vaches accèdent à un quai de 1,60 m de large. Sa hauteur permet au trayeur d'intervenir facilement sur les mamelles. La distribution du concentré s'effectue dans des augettes. La capacité de la salle de traite dépend du nombre d'animaux à traire par trayeur. Celui-ci dispose de 6 à 8 postes de traite, dont la dépose peut être automatique. Il est possible d'automatiser le lavage des griffes et des tuyauteries. Un lactoduc peut conduire le lait dans la laiterie. Pour les troupeaux de grande taille, il existe des quais de traite rotatifs.

Le logement des jeunes

Les veaux logent dans une étable indépendante des adultes, de préférence près de la laiterie. Les premières semaines, ils sont installés soit dans des boxes individuels où ils boivent le lait dans des seaux, soit par 8 à 10 (1,5 m^2 par tête) avec une biberonneuse automatique. Un râtelier à foin est fixé à la paroi. Après 8 à 12 semaines, les jeunes destinés à l'élevage sont transférés dans une étable dotée de stalles ou en stabulation libre.
Les veaux à l'engrais restent dans des boxes individuels de 0,55 m x 1,50 m, jusqu'à l'abattage.

Dès l'âge de dix semaines, le jeune animal consomme du foin qui permettra un bon développement de sa panse.

Les productions de la vache

L'élevage bovin fournit l'essentiel de l'alimentation humaine. Le lait en nature consommé après des traitements thermiques se transforme aussi en beurre, en fromages, en yaourts et se commercialise aussi bien en aliment de base que sous des formes de haut niveau gustatif. La viande, qu'elle soit de veau, de taurillon, de bœuf, grâce à la traçabilité, peut s'identifier selon les races et les régions d'origine, gagnant ainsi en qualité auprès du consommateur. La peau est largement utilisée en maroquinerie, en habillement et en ameublement. Cet ensemble de productions place l'élevage bovin au tout premier plan de la branche agricole de l'économie française.

Le lait de vache

La traite à la main est encore pratiquée dans des élevages de quelques vaches.

La récolte du lait

Elle consiste à extraire le lait de la mamelle de la vache, soit à la main, soit à la machine, en évitant toute pollution qui le rendrait impropre à la consommation. Dans ce but, l'éleveur doit traire dans le calme et utiliser une machine à traire réglée au moins une fois par an, surtout pour contrôler le niveau de vide. Il faut qu'il lave soigneusement tous les instruments entrant en contact avec la mamelle et avec le lait, qu'il élimine le premier jet de lait et vérifie qu'il ne contient pas de grumeaux. Ces mesures d'hygiène concernent aussi la salle de traite. Il convient de pailler régulièrement l'aire de séjour et de procéder en complément à des épandages hebdomadaires de 100 à 150 g/m^2 de superphosphate.

Le tarissement

Il consiste à cesser de traire la vache en fin de lactation ; sa réussite influence également la qualité du lait. On passe progressivement à une traite par jour en réduisant l'alimentation et l'abreuvement. On peut effectuer un trempage des trayons dans une solution à base d'iode.

L'observation de l'aspect du lait pendant la traite est un excellent moyen pour détecter les mammites.

Recommandation

Le tarissement se pratique impérativement deux mois avant la date de la prochaine mise bas pour permettre à la vache de reconstituer ses réserves.

La conservation du lait

S'il n'est pas utilisé immédiatement, il faut refroidir rapidement le lait à 4°C, en plaçant les bidons dans un bac d'eau froide ou en employant un appareil refroidisseur placé dans la laiterie.

La transformation du lait

Elle est opérée principalement dans des entreprises privées ou coopératives qui ramassent le lait des producteurs. Ces entreprises confectionnent plusieurs types de produits laitiers, comme :

- **le lait de consommation,** généralement demi-écrémé, pasteurisé et parfois réenrichi avec des minéraux ou des vitamines ;
- **le beurre,** par une opération qui consiste à extraire la crème du lait, puis après barattage et moulage, à le conditionner pour une consommation directe ou une utilisation en cuisine ;
- **des produits fermentés,** comme les yaourts et les fromages obtenus par le caillage du lait permettant de confectionner, après égouttage du sérum, une pâte que l'on consomme fraîche ou affinée.

L'industrie laitière innove de façon continue dans les produits qu'elle fabrique. Une fraction du lait récolté est également transformée en poudre de lait, en partie destinée à fabriquer des aliments lactés pour l'élevage des veaux. Une part importante des produits laitiers français est exportée. Néanmoins, en raison de la surproduction de lait, l'Union Européenne a été amenée à instaurer des quotas pour limiter sa production.

La qualité des produits laitiers

Les transformateurs pratiquent une politique de qualité, notamment en matière d'Appellation d'Origine Contrôlée, où l'on trouve des noms prestigieux comme les Bries de Meaux et de Melun, le Camembert de Normandie, le Cantal, le Comté, le Maroilles, le Munster, le Reblochon, le Saint-Nectaire, etc. Des marques de qualité existent également pour le beurre, comme les beurres des Charentes, d'Isigny, etc.

Les entreprises effectuent des contrôles bactériologiques de la qualité, qui peuvent déterminer des pénalités dans le paiement du lait, notamment sur les teneurs en germes totaux, en cellules, mais aussi la présence d'antibiotiques.

La vache élevée dans des conditions naturelles produit un lait de bonne qualité.

Les produits laitiers sont emballés mécaniquement avant d'être commercialisés.

La viande de bovin

L'abattage

À la fin de l'engraissement, lorsque le poids demandé sur le marché et le type d'animal de boucherie – veau, taurillon, taureau ou bœuf – sont atteints, l'éleveur s'adresse à un marchand de bétail ou passe par un groupement de producteurs. Les animaux sont convoyés vers un abattoir agréé où ils sont abattus. Après avoir été dépouillée de la peau, la carcasse est divisée en deux demi-carcasses sans la tête.

Ces dernières sont vendues à des grossistes qui approvisionnent les boucheries, et sont aussi dirigées vers des ateliers de découpe fournissant plutôt les grandes surfaces et la restauration. Les abats, la peau, la tête, les pieds, forment le cinquième quartier et suivent un autre circuit.

La qualité de la viande

Pendant toutes ces opérations, le numéro d'identification de l'animal est reporté sur les pièces de viande. On peut ainsi, en cas de problème, remonter jusqu'à l'éleveur qui l'a produite : c'est la traçabilité.

Les animaux et les carcasses sont contrôlés par un vétérinaire attaché à l'abattoir. Ils peuvent donc être refusés si des traces de maladies ou de traitements sont constatés.

La qualité de la viande dépend surtout des méthodes d'élevage, de la race, de l'âge du bovin. La part la plus importante de la viande consommée en France provient de vaches de réforme. Le consommateur demande surtout du beefsteak, donc la partie arrière de la carcasse ; les morceaux moins nobles de l'avant sont en général transformés en « steak » haché.

Le taurillon fournit une viande peu coûteuse de jeune bovin à croissance rapide.

Cette médaille a récompensé un éleveur pour une présentation de jeune mâle Limousin dans un concours départemental.

La peau de bovin

Après avoir été stockées, les peaux sont tannées en mégisserie. Le cuir ainsi obtenu répond à de nombreuses utilisations : celui des veaux, en maroquinerie, en habillement ; celui des adultes, plutôt dans l'ameublement et la décoration ; les peaux munies de leurs poils s'apprécient beaucoup en tapis.

Une mauvaise hygiène de l'animal entraîne une dépréciation de la peau par des parasites, comme le varron, la gale, etc., mais aussi des dermatites. Une litière sale entraîne donc une dévalorisation des peaux en mégisserie qui donne la préférence aux achats de peaux importées de pays où l'élevage est moins intensif.

Les bovins et l'environnement

Ils entretiennent surtout les prairies, soit 24 % de la surface cultivée française. Ils contribuent de cette façon à ralentir la désertification et la dépréciation du paysage qui tend à évoluer vers la friche. Les éleveurs des races locales y participent remarquablement, telles : l'Aubrac dans les Cévennes ; la Tarentaise dans les Alpes ; la Béarnaise, la Corse, la Vosgienne.

Ce troupeau de vaches Salers participe à l'équilibre silvo-pastoral du paysage.

Le mouton

L'anatomie

Moutons ou ovins désignent d'une manière générale le mâle, ou bélier, la femelle, ou brebis, les jeunes, ou agneaux, alors qu'en boucherie le terme de « mouton » s'applique très précisément au mâle castré et âgé de plus de un an.

Le mouton est un ruminant. Son poids varie, suivant les races, de 40 à 90 kg pour les femelles et de 70 à 150 kg pour les mâles. De même la taille (prise au garrot) est variable : de 50 à 80 cm. Si la plupart des races ne portent pas de cornes (ce caractère n'ayant jamais été recherché par les éleveurs), certaines en possèdent, leur donnant fière allure.

Le standard

Chaque race possède un standard spécifique dans lequel sont décrits l'aspect physique de l'animal (son phénotype) et les caractéristiques de sa toison. On y trouve indiqués :

- la forme de la tête et le port des oreilles,
- la description du cou puis du corps et du dessus de l'animal,
- la description des membres et notamment de leurs aplombs,
- les caractéristiques de la laine : couleur, étendue, longueur des mèches,
- la finesse et le poids moyen de la toison.

Ces renseignements sont importants à savoir lors de l'achat d'un animal, tout reproducteur devant correspondre précisément au standard de sa race.

Le standard est la description officielle de l'aspect physique de l'animal à l'âge adulte. Comme on peut le voir sur cette photo (bélier, brebis et agneau de race Solognote), l'aspect varie avec l'âge et le sexe de l'animal.

ANATOMIE DU MOUTON

1. Tête
2. Encolure
3. Garrot } Ligne du dessus
4. Dos } Ligne du dessus
5. Rein } Ligne du dessus
6. Croupe } Ligne du dessus
7. Épaule
8. Pointe de l'épaule
9. Poitrail
10. Côte – Poitrine
11. Flanc
12. Cuisse
13. Fesse
14. Jambe
15. Ventre
16. Grasset
17. Avant-bras
18. Genou
19. } Canon
24. } Canon
20. } Boulet
25. } Boulet
21. } Paturon
26. } Paturon
22. } Onglon
27. } Onglon
23. Jarret

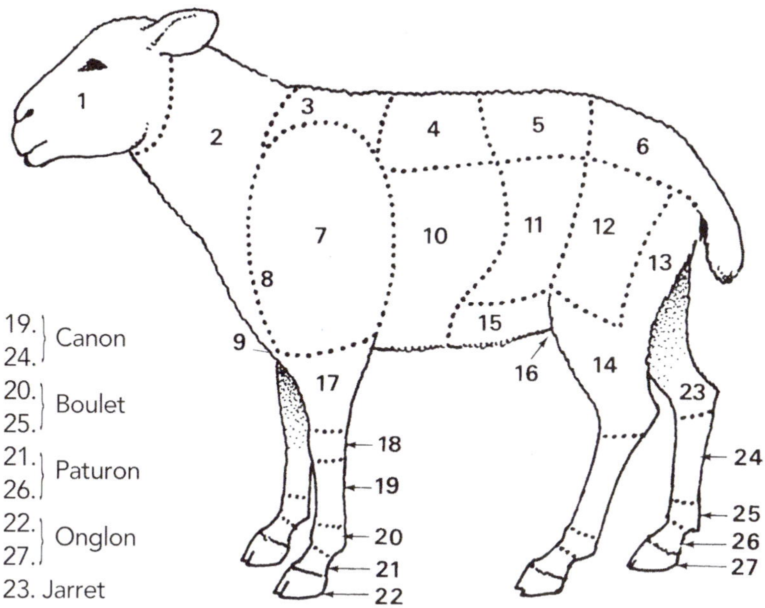

SQUELETTE DU MOUTON

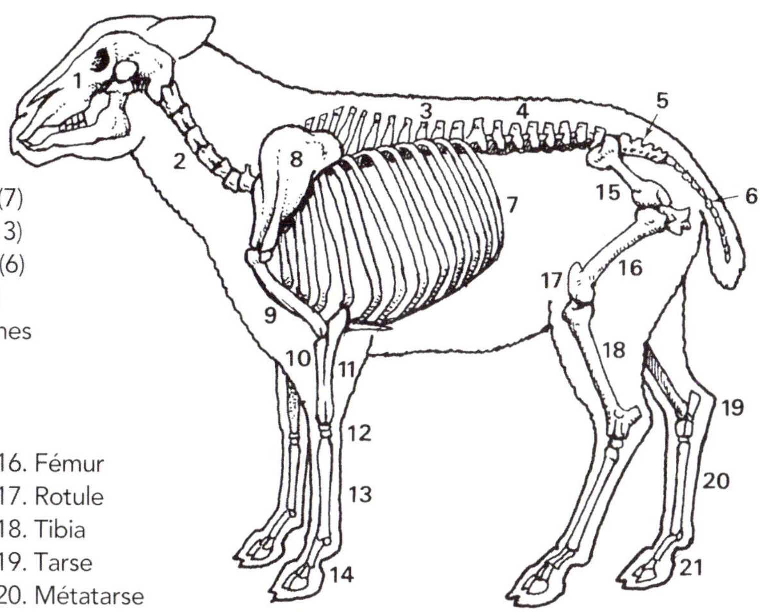

1. Tête
2. Vertèbres cervicales (7)
3. Vertèbres dorsales (13)
4. Vertèbres lombaires (6)
5. Vertèbres sacrées (5)
6. Vertèbres coccygiennes
7. Côtes
8. Omoplate
9. Humérus
10. Radius
11. Cubitus
12. Carpe
13. Métacarpe
14. Phalanges
15. Os du bassin
16. Fémur
17. Rotule
18. Tibia
19. Tarse
20. Métatarse
21. Phalanges

L'âge d'un mouton d'après sa dentition

La longévité moyenne d'une brebis est de 6-7 ans. Toutefois, les meilleures femelles peuvent être gardées jusqu'à l'âge de 10-12 ans. La connaissance précise de la dentition du mouton permet de se faire une idée de son âge. Les moutons ne portent des incisives qu'à la mâchoire inférieure. Elles sont remplacées à la mâchoire supérieure par un bourrelet gingival. Chaque incisive porte un nom : pince, 1re mitoyenne, 2e mitoyenne et coin (du devant vers l'arrière).

Ainsi la dentition du mouton comporte, par demi-mâchoire :

– en haut : 0 incisive, 3 prémolaires, 3 molaires

– en bas : 4 incisives, 3 prémolaires, 3 molaires

Au cours de sa vie l'animal use deux dentitions successives. La première, dite « dentition de lait » (20 dents), est remplacée progressivement par les dents d'adulte (32 dents).

Les dates de sortie des incisives d'adulte constituent des points de repère pour évaluer de manière approximative l'âge des animaux entre 1 et 5 ans. Au- delà de 5 ans les dents s'usent, les incisives peuvent se déchausser et les pinces s'écarter.

En savoir plus

DÉFAUTS DE LA MÂCHOIRE

Chez un mouton sans défaut, l'extrémité de la mâchoire supérieure couvre exactement l'extrémité de la mâchoire inférieure. Lorsque ce n'est pas le cas, soit la mâchoire supérieure déborde sur la mâchoire inférieure (l'animal est bégu), soit la mâchoire supérieure est en retrait de la mâchoire inférieure (l'animal est grignard). Dans un cas comme dans l'autre, ces animaux sont à éliminer car ils ne peuvent se nourrir convenablement.

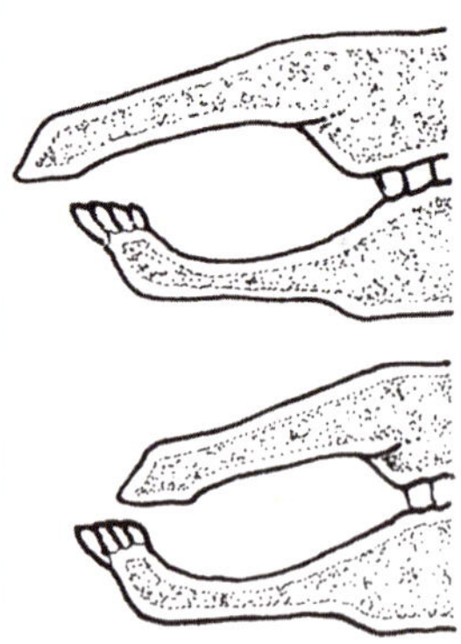

DATE D'ÉRUPTIONS DES DENTS

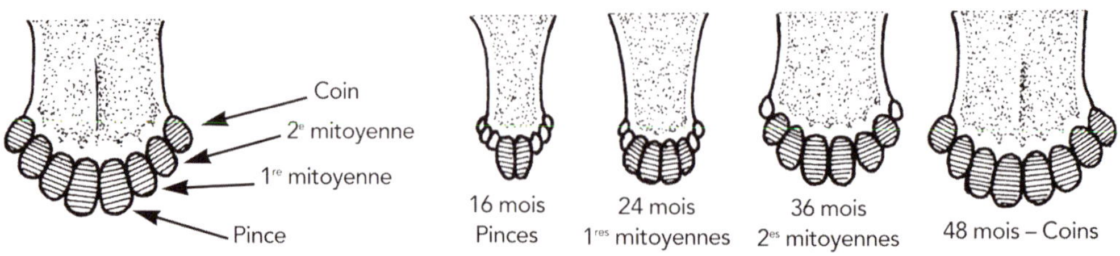

Le comportement du mouton

Le mouton a un instinct grégaire : l'activité de chaque individu est largement subordonnée à celle du groupe. Lors des déplacements, il existe dans le troupeau un animal « conducteur » qui assure la conduite du groupe.

Le mouton est impressionnable et peureux : peur d'une présence nouvelle, de l'agitation, d'un bruit inhabituel. Il importe donc d'agir toujours avec calme et d'être précis lorsqu'il faut le manipuler.

L'art et la manière

Si un éleveur a besoin de manipuler un animal, comment doit-il faire ?

• **Pour l'aborder :** avancer lentement vers le groupe en écartant les bras (ne pas chercher à saisir un animal isolé ce qui provoquerait son affolement et des bousculades).

• **Pour le saisir :**

– par derrière : saisir le jarret avec une main ;

– de côté : poser une main sous le cou et lever sa tête ; placer l'autre main sur la queue pour éviter une réaction de recul.

Attention

Ne jamais attraper un animal par la laine (lésion de la peau et laine arrachée) ni par les membres antérieurs.

• **Pour le faire marcher :** placer une main sous la tête pour la maintenir et diriger l'animal dans la direction souhaitée, de l'autre main exercer une légère pression à la base de la queue pour le faire avancer.

• **Pour le contenir :** se placer à califourchon sur l'animal et l'empêcher d'avancer en mettant une main sous la tête (les jambes sont mises à hauteur des membres antérieurs de l'animal) et de reculer en le bloquant à l'arrière par un obstacle fixe (mur, claie).

• **Pour le coucher et l'asseoir :** placer la main gauche à la base de l'encolure de l'animal ; placer votre genou droit à terre le plus près possible de l'arrière de l'animal ; avec la main droite passant sous le ventre, saisir le membre postérieur droit ; exercer une traction sur ce membre et, en même temps, pousser le bassin de l'animal avec votre épaule droite : l'animal déséquilibré se couche sur le côté droit. Pour l'asseoir, relevez-vous et, avec les mains placées l'une à la tête et l'autre entre les membres antérieurs de l'animal, lever l'avant de l'animal.

• **Pour le porter :**

– agneau nouveau-né : le prendre par les 2 membres antérieurs ;

– agneau de moins de 20 kg : passer une main sous la poitrine et le porter sous le bras ;

– agneau de plus de 20 kg : d'une main saisir le jarret, et de l'autre, que vous aurez passée sous la poitrine de l'animal, soulever l'agneau et le tenir contre vous ;

– adulte : il faut deux personnes, qui emploieront la technique de la « chaise » : mains passées au niveau du poitrail et du grasset.

Avec le mouton, il faut agir avec calme.

Les races

La France est réputée pour ses nombreuses variétés de fromages, plus de 300 dit-on. Elle pourrait l'être, tout aussi justement, pour ses diverses races de moutons : on en dénombre une trentaine (sans tenir compte des races à très faibles effectifs) qui ont toutes leur originalité et qui sont adaptées à un milieu donné.

Choisir une race

Le choix d'une race peut se faire suivant la production recherchée (viande, laine, lait), la zone géographique (race d'herbage, race rustique), la prolificité (capacité à produire plus d'un agneau à la fois).

Pour le lait

Races très spécialisées et sélectionnées en conséquence :
– race Lacaune, située dans le rayon de Roquefort (Aveyron, Tarn, Lozère) ;
– races laitières des Pyrénées, Manech tête rousse et Manech tête noire ainsi que la Basco-béarnaise (Pyrénées-Atlantiques) ;
– race corse (Corse).

Pour la laine

Une seule race est vraiment spécialisée pour la qualité et la quantité de sa laine : la race Mérinos dont le symbole, en France, est représenté par le seul et petit troupeau Mérinos de Rambouillet de la Bergerie nationale. On trouve deux autres rameaux de la race Mérinos : Mérinos d'Arles (région Provence-Alpes Côte d'Azur) et Est à laine Mérinos (départements du Nord-Est de la France).

D'autres races possèdent des toisons intéressantes pour l'industrie artisanale :
– les races Limousine, Causses du Lot (toison de couleur blanche mais à mèches longues plutôt grossières) ;
– les races laitières des Pyrénées et celles des Pyrénées centrales, race Rava (toison de couleur dominante blanche, avec des taches de couleur) ;
– les races Noire du Velay, Bizet, Solognote (toison entièrement colorée).

Pour la viande

Il existe des races « à viande » proprement dit, avec des masses musculaires bien développées ; ce sont généralement des races de grand format vivant en plaine. Le choix est vaste :
– parmi les françaises, citons les principales : Ile-de-France, Berrichonne du Cher, Charmoise, Cotentin, Bleu du Maine, Rouge de l'Ouest, Mouton Vendéen, Mouton Charollais ;
– parmi les étrangères, notons les South-down, Texel, Suffolk, Hampshire.
Les béliers de ces races sont accouplés avec des femelles de moins bonne conformation pour produire des agneaux mieux conformés que ceux

POUR RÉUSSIR UN ÉLEVAGE

Le choix d'une race est primordial. Combien d'échecs ont marqué certaines tentatives d'acclimatation de races dans des milieux qui ne leur convenaient finalement pas. Il existe des races prédisposées à la marche sur les reliefs accidentés : une race de montagne peut s'adapter au mode de vie de plaine, mais il est rare qu'une race de plaine puisse s'adapter à la vie en montagne; il existe des races adaptées aux zones humides, d'autres moins ; il existe des races qui ont des besoins importants en nourriture, alors que d'autres se contentent de peu ; enfin, il existe des races qui peuvent vivre en plein air toute l'année, et d'autres non. Tenons compte de toutes ces particularités avant de démarrer un élevage.

En savoir plus

VITESSE DE CROISSANCE

Gain pondéral (en poids) réalisé par un agneau en 1 jour ; il est distingué 2 périodes : de 10 à 30 jours, qui traduit la valeur laitière de la mère et de 30 à 70 jours, qui traduit l'aptitude de l'agneau à croître.

de la race maternelle, avec des vitesses de croissance et des poids carcasses plus élevés (c'est ce qu'on appelle le croisement industriel). La plupart de ces femelles sont issues des races rustiques comme celles du Massif central (Limou

Définition

Poids vif : poids de l'animal pesé vivant.
Poids carcasse : poids de la carcasse de l'animal abattu, prête à être commercialisée. On peut estimer le poids carcasse à partir du poids vif en multipliant ce dernier par 0,47.

sine, Blanc du Massif central, Bizet, Noire du Velay, Rava) ou, d'une manière générale, toutes les races vivant en zone montagneuse.

Pour sa prolificité

La race Romanov en est le modèle, puisque à chaque mise bas naissent près de 3 agneaux (280 %).

Mais, d'une manière générale, la prolificité d'une brebis est un caractère qui peut se sélectionner. Tous les éleveurs sélectionneurs de toutes les races l'on fait ; les progrès sont lents, mais les meilleures races françaises possèdent maintenant un taux de prolificité proche de 200 %.

Le Texel est une race très prolifique et excellente productrice de viande.

Avranchin

Cette race a été obtenue par croisement entre les populations locales et des béliers de races anglaises. On la trouve principalement dans le département de la Manche et dans les départements limitrophes (Ille-et-Vilaine et Calvados). Ses effectifs sont peu nombreux : environ 4 000 femelles.

Le standard

- **Tete :** pigmentation uniforme et brunâtre, large et plutôt courte, à profil droit, crâne couvert de laine. Front : large, garni de laine, orbites saillantes, sillon lacrymal très marqué et brun foncé. Mufle large et très coloré, naseaux bien ouverts, muqueuse pituitaire rosée. Oreilles moyennes, minces, à port horizontal, pigmentées en brun. Cou assez court, bien attaché, sans pli, ni fanon, ni cravate.
- **Corps :** dessus très large et plat.
- **Gigot :** bien développé et descendu.
- **Membres :** plutôt courts, onglons brun foncé. Aplombs réguliers, jarrets droits.
- **Laine :** assez longue, toison blanche serrée à grain fin. Poids moyen de la toison : bélier 6 kg, brebis 4 kg.
- **Poids :** bélier de 100 à 110 kg, brebis de 80 à 90 kg.
- **Taille :** grande.

Les caractéristiques

L'Avranchin est une race d'herbage, rustique, vivant en plein air pratiquement toute l'année, en petits troupeaux, souvent sur des pâturages imprégnés du sel de la mer : ainsi naissent les « agneaux pré-salés » tant recherchés. C'est une des races françaises les plus prolifiques : de 180 % à 200 %. Les mises bas s'étalent de janvier à avril et les agneaux élevés à l'herbe sont de bonne qualité bouchère.

L'Avranchin est une race d'herbage qui trouve des pâturages de choix dans le bocage normand.

Définition

$$\text{Taux de prolificité} = \frac{\text{nombre d'agneaux nés}}{\text{nombre de femelles mettant bas}} \times 100$$

Berrichon du Cher

Le berceau de la race se situe dans le Berry. A partir d'une population locale, de nombreux croisements ont été effectués au cours des deux derniers siècles, notamment avec du sang Mérinos puis avec des béliers de race à viande anglais. Ses effectifs se composent de 37 000 femelles environ, réparties principalement dans le Centre et le Limousin.

Les caractéristiques

Le Berrichon du Cher est l'une des grandes races ovines françaises, s'adaptant dans de nombreuses régions à différents modes de conduite : plein air, semi-plein air mais aussi bergerie. Dans la zone d'origine, les agneaux nés à l'automne sont élevés intégralement en bergerie alors que ceux nés au printemps sont finis à l'herbe.

Cette race se caractérise principalement par ses qualités bouchères : bonne conformation, bonne vitesse de croissance, caractère « raceur » des mâles, d'où l'utilisation des béliers Berrichon comme mâles de croisement. Enfin, la race est assez prolifique, autour de 150 à 170 %.

Le standard

- **Tete :** de grosseur moyenne chez le bélier, plutôt petite chez la brebis. Profil droit ou très légèrement busqué. Front large, chanfrein large, exempt de plis. Bout de nez large. Oreilles plutôt longues à port légèrement dressé, peu épaisses. Face blanche chez la brebis, parfois légèrement rosée chez le mâle. Tête découverte. Il peut exister un très léger toupet de laine sur le sommet du front. Cou court.
- **Corps :** large et long avec poitrine large et profonde, dos large et très musclé, plutôt long.
- **Gigot :** musclé, descendu, bien développé en tous sens.
- **Membres :** de longueur moyenne, avec une bonne ossature, des aplombs réguliers.
- **Laine :** de couleur blanche, formant une toison semi-fermée, tassée, ne garnissant pas entièrement le ventre, laissant la tête à découvert et s'arrêtant sur les membres un peu en dessous du genou et du jarret. Finesse moyenne : 1-2. Poids de la toison : bélier 4 kg, brebis 3 kg.
- **Poids :** bélier de 90 à 110 kg pouvant atteindre 150 kg, brebis de 80 à 90 kg.
- **Taille :** 68 à 72 cm pour le mâle, 65 à 70 cm pour la femelle.

Définition

Finesse : en pratique, la finesse d'une laine s'exprime, dans le système de classification française, par des numéros et des lettres dans deux grandes catégories, les laines « Mérinos » et les laines « croisées ».
Les laines « Mérinos » vont, en finesse croissante, du n° 100 ou Prime Mérinos (en abrégé Pm) au n° 150.
Les laines « croisées » vont, en finesse décroissante, de la Prime croisée (en abrégé Px) au n° 6 : Px, 1, 2, 3, 4, 5, 6.

Bizet

Issue du type des races ovines du Massif central *Ovis aries arvernensis*, la race Bizet se différencie de la plupart d'entre elles par la couleur de sa toison (gris-brun, gris-bleu). Elle est située en majorité dans le Cantal et la Haute-Loire. Un des plus gros troupeaux de la race se situe sur les îles Kerguelen. Il resterait environ 10 000 femelles de race pure en France.

Les caractéristiques

Race rustique de conformation moyenne et apte à la marche, la Bizet est conduite en semi-plein air. Certains troupeaux pratiquent la transhumance. Sa prolificité est moyenne (150 %) mais son aptitude au désaisonnement (une Bizet peut agneler tout au long de l'année) permet d'accroître sa productivité.

Le standard

- **Tete :** fine à chanfrein busqué. Face noire avec liste blanche couvrant le museau, le chanfrein, le front et le chignon. Muqueuses noires, sans taches claires. Le mâle présente des cornes fines, assez développées et en spirale. Absence de cornes chez la femelle, oreilles noires, plutôt courtes, fines et dressées.
- **Corps :** dos rectiligne, assez large ; poitrine large, arrière-train ample.
- **Gigot :** descendu.
- **Membres :** fins, nerveux, noirs. Deux au moins présentent des balsanes blanches qui n'englobent pas le jarret.
- **Laine :** toison en carapace laissant la tête et les pattes nues jusqu'à la moitié ou aux deux tiers du jarret. Toison tassée ou fermée, à brins longs fins, mais présence de jarre. Couleur légèrement gris-brun, gris-bleu à la base, blanc-jaunâtre ou grisâtre à l'extrémité. Teinte générale ni trop blanche, ni trop foncée. L'animal tondu est de couleur bleuâtre ou gris fer. Finesse moyenne : 1-2. Poids moyen de la toison : bélier, 2 à 2,5 kg ; brebis, 1 à 2 kg.
- **Poids :** bélier, de 75 à 90 kg, brebis, de 50 à 60 kg.
- **Taille :** petite.

Définition

Jarre : fibre très grossière, dont le diamètre du canal médullaire est égal au 9/10e du diamètre de la fibre, d'où des propriétés mécaniques très médiocres. C'est une fibre raide et cassante se teignant difficilement. Le jarre ne présente donc aucune qualité textile, et sa présence dans la toison déprécie cette dernière.

Blanc du Massif central

Cette race fait partie d'un ensemble de races rustiques peuplant les Causses. Elle est adaptée aux parcours secs et au sol caillouteux et pauvre caractéristiques de ces régions.
Ressemblant phénotypiquement aux races Lacaune et Préalpes elle a, à force de sélection, obtenu son identité propre. Ses effectifs sont de 360 000 femelles environ, la population de cette race ne cessant de s'accroître, absorbant même les petites races locales peuplant les régions sud, sud-ouest du Massif central où elle est principalement localisée (Lozère, Cantal, Haute-Loire, Ardèche).

Les caractéristiques

Le Blanc du Massif central est une race rustique particulièrement adaptée à la marche dans les zones de parcours des régions arides et sèches de montagne.
Sa saison sexuelle est précoce et étendue, favorisant l'augmentation du rythme d'agnelage (3 en 2 ans) : les agneaux d'automne sont élevés en bergerie, alors que ceux du printemps sont sevrés sur les parcours peu herbeux, comme ceux des Causses. Sa prolificité est moyenne autour de 140 %.

Adaptée aux terrains difficiles, la race Blanc du Massif central est l'une des plus importantes en effectif. Elle occupe une place économique de premier plan dans l'élevage ovin.

Le standard

- **Tete :** fine et plutôt longue, dégagée de laine, portant sur la face des poils fins et soyeux blond pâle ou blancs ; le crâne est bombé, plutôt large, le chanfrein légèrement busqué, surtout chez le mâle. Les oreilles sont longues, pouvant être portées horizontalement, mais le plus souvent un peu tombantes. Cou sans pli ni fanon.
- **Corps :** poitrine ouverte et descendue, dessus droit, assez large et épais.
- **Gigot :** développé, mais cependant assez plat.
- **Membres :** solides mais sans grosseur excessive, bien d'aplomb, plutôt longs.
- **Laine :** blanche, semi-fermée à mèches de 5 à 7 cm, s'arrêtant sur les membres un peu au-dessus du genou et du jarret, finesse 1-2.
- **Poids moyen de la toison :** bélier de 1,5 à 2,5 kg, brebis de 1,1 à 1,5 kg.
- **Poids :** bélier de 80 à 110 kg, brebis de 50 à 70 kg.
- **Taille :** moyenne.

Définition

Phénotype : aspect physique de l'animal.

Bleu du Maine, Rouge de l'Ouest

Ces races ont une origine commune, résultat d'un croisement entre les brebis de races locales et des béliers anglais Wensleydale, ce qui donne des animaux soit à face bleuâtre (bleu du Maine), soit à face rouge cuivrée (Rouge de l'Ouest).

Comme leur nom l'indique, elles peuplent tous les départements de l'ouest de la France, depuis le Maine-et-Loire et la Sarthe jusqu'à la Bretagne, en passant par les Pays de la Loire. Leurs effectifs seraient de 14 000 femelles pour la Bleu et plus de 110 000 pour la Rouge.

Les caractéristiques

Il s'agit de deux races d'herbage de gros format, exploitées en plein air quasi intégral.

Elles sont très prolifiques (190 à 200 %). Conduites en association avec des bovins, elles ne font qu'un agnelage par an, au printemps ; cependant, les agnelles sont sexuellement précoces et fertiles dès l'automne suivant.

Le standard

- **Tete :** bleu foncé pour le Bleu du Maine, rouge pour le Rouge de l'Ouest (c'est la seule différence entre les deux races). Front large dégagé de laine, profil légèrement busqué, yeux à orbites saillantes, nez large, oreilles de même couleur que la tête, longues, fines, implantées haut et non rabattues.
- **Corps :** cou moyen, épaules fortement musclées, poitrine large et profonde, dos droit et régulier.
- **Gigot :** bien développé, descendant sur le jarret.
- **Membres :** verticaux à aplombs réguliers.
- **Laine :** blanche, toison volumineuse à mèches longues, couvrant tout le corps sauf la tête, les jarrets et genoux, finesse 2 à 3. Poids moyen des toisons : bélier 6 kg, brebis 4 kg.
- **Poids moyen :** bélier de 110 à 120 kg, brebis de 80 à 90 kg.
- **Animaux de grande taille :** 70 cm.

A gauche, Bleu du Maine ; à droite, Rouge de l'Ouest.

Causse du Lot

Cette race serait issue du grand groupe des races pyrénéennes et 98 % des effectifs (108 000 femelles) sont concentrés dans le département du Lot.

Les caractéristiques

Cette race est rustique et bien adaptée à la vie sur les parcours secs des Causses. Elle est résistante à la piroplasmose, maladie qui sévit dans sa zone d'élevage.

Conduite généralement en semi-plein air, elle possède une bonne aptitude au désaisonnement qui permet des luttes à contre-saison. Sa prolificité est assez bonne : 150 % pour les adultes.

Le standard

- **Tete :** busquée, couverte de poils blancs et brillants avec des taches noires symétriques entourant les yeux. Oreilles légèrement pendantes, noires à la pointe sur un tiers environ. Cou court sans fanon.
- **Corps :** poitrine large, descendue et profonde. Dos : droit et large.
- **Gigot :** moyen et descendu.
- **Membres :** moyens et forts, aplombs corrects.
- **Laine :** de couleur blanc uniforme, laisse à découvert la tête, la nuque, le dessous du ventre et s'arrête sur les membres, un peu en dessous du genou et du jarret. Toison semi-fermée, assez tassée à mèches de bonne longueur. Finesse moyenne : 2-3. Poids de la toison : bélier, 2,5 kg ; brebis, 2 kg.
- **Poids :** bélier, de 90 à 110 kg ; brebis, de 60 à 65 kg.
- **Taille :** moyenne.

Définitions

Désaisonnement : aptitude d'une brebis à être luttée en dehors de sa saison sexuelle normale (l'automne), c'est-à-dire au printemps.

Piroplasmose : maladie parasitaire due à un parasite du genre babesia, transmis par les tiques. Symptôme : fièvre, jaunisse.

En raison de sa résistance à la piroplasmose, la Causse du Lot est la seule race qui puisse vivre dans la région dont elle porte le nom.

Charmoise

Cette race est issue de divers croisements de races françaises (Berrichon, Mérinos, Tourangeau, Solognote) avec des béliers Kent de race anglaise. Elle est implantée en Vienne et Haute-Vienne, mais aussi dans toutes les zones du Sud-Ouest à forte sécheresse estivale. Ses effectifs avoisineraient 24 000 femelles.

Les caractéristiques

La race Charmoise est une race de petit format mais de très bonne conformation, très résistante aux difficiles conditions d'élevage en plein air de sa région d'origine et conduite le plus souvent en grands troupeaux.

Sa prolificité est moyenne (125 %), mais elle possède une certaine aptitude au désaisonnement. Ses béliers sont très utilisés sur des femelles de moins bonne conformation.

Le standard

- **Tete :** petite, blanche ou rosée, parfois havane et à pigmentation tolérée. Yeux et orbites très saillants. Oreilles petites, minces, droites, mobiles. Cou court et assez gros.
- **Corps :** poitrine ample, dos horizontal, croupe large.
- **Gigot :** nettement rebondi et bien descendu.
- **Membres :** courts, fins, écartés et bien d'aplomb.
- **Laine :** blanche, fine, tassée et à mèches courtes, laissant la tête et les jambes complètement dénudées. Finesse : 1-2. Poids moyen de la toison : bélier, 3 kg ; brebis, 2 kg.
- **Poids :** bélier, de 80 à 90 kg ; brebis, de 55 à 70 kg.
- **Taille :** bélier, 70 cm ; brebis, 65 cm.

Race de petit format et au corps bien caractéristique avec une poitrine ample et une croupe large, la Charmoise est une race très résistante à la sécheresse.

Mouton Charollais

Mouton de pays du Morvan ou du Bourbonnais, le Charollais a été croisé avec des béliers anglais de race Dishley. La majeure partie des brebis se trouvent en Bourgogne et en Saône-et-Loire. C'est l'une des races françaises dont les effectifs (282 000 femelles) sont en extension.

Les caractéristiques

Le mouton Charollais est une race de zones herbagères, conduite généralement en association avec les bovins en plein air intégral. Ses qualités bouchères font que les béliers sont de plus en plus utilisés en croisement industriel. C'est une race prolifique (190 %), mais très saisonnée de par son mode d'exploitation.

Le standard

- **TETE :** dégarnie de laine et souvent de jarre, teintée de rose ou de gris, portant parfois de petits points noirs. Front large, avec orbites écartées. Oreilles fines, longues, mobiles, même teinte que la tête.
- **CORPS :** long avec dessus musclé, poitrine large, descendue, et épaules aussi soudées que possible.
- **GIGOT :** épais et descendu.
- **MEMBRES :** dégarnis de laine, assez courts, teintés et jamais très foncés, bons aplombs.
- **LAINE :** très courte et fine.
- **POIDS :** bélier, de 80 à 120 kg ; brebis, 70 à 90 kg.
- **TAILLE :** moyenne.

Corse

La race Corse est vraisemblablement une variété issue du groupe des races pyrénéennes. On ignore la date de son introduction sur l'île, où elle a probablement connu un certain nombre de modifications au fil des ans. Elle est exclusivement présente sur l'île (effectifs 92 000 femelles).

Les caractéristiques

Les sujets de race Corse sont de petit format mais présentent une grande résistance à la vie en plein air. Les brebis sont dotées de mamelles bien développées, ce qui permet de les traire facilement (80 % d'entre elles sont traites pendant 7 à 9 mois), leur lait servant à la fabrication de nombreuses variétés de fromages locaux. Environ 80 litres de lait peuvent être commercialisés par brebis et par an. Sa prolificité est faible (110 %) ; par contre, elle se désaisonne très bien.

Le standard

- **Tete :** très fine, avec une face longue, chanfrein plat ou légèrement busqué chez la brebis, plus chez le bélier, présence d'un toupet sur le front. Oreilles petites, implantées bas et portées le plus souvent horizontalement. Cornes parfois absentes chez la femelle ; lorsqu'elles existent, elles sont petites, minces et aplaties. Chez le mâle, elles sont annelées, enroulées en spirale et rejetées en arrière. La couleur des muqueuses varie avec celle de la toison. Elles sont noires pour les brebis noires ou d'un rose plus ou moins soutenu si la toison est grise ou blanche.
- **Corps :** régulier avec un thorax développé en hauteur, un dos droit, une croupe étroite et un gigot peu développé. Queue longue et fine (30 à 35 cm). Mamelle : développée et conformée en « pis de chèvre ».
- **Membres :** remarquablement fins. Onglons blancs ou bruns.
- **Laine :** couleur variable avec des sujets tirant sur le blanc (environ 50 %), de couleur noire (environ 30 %), de couleur gris-roux ou gris cendré (environ 20 %). Les brebis entièrement blanches sont plus rares. La toison est très ouverte ; inexistence de laine sous le cou, sur les membres et sous le ventre. Poids de la toison : de 1 à 1,2 kg. Elle est composée d'une laine grossière et jarreuse à brins longs (utilisée pour tapis et matelas).
- **Poids :** brebis, de 30 à 40 kg, bélier 50 kg.
- **Taille :** brebis, de 50 cm à 60 cm, bélier 65 cm.

Enroulées en spirale et annelées, les cornes des béliers Corse sont très caractéristiques.

Cotentin

Originaire de la région dont elle porte le nom (nord du département de la Manche), la race Cotentin est issue de croisements effectués avec des béliers de races anglaises. Elle reste cantonnée dans son département d'origine et dans ceux du Calvados et de l'Orne. Ses effectifs sont faibles (16 000 femelles).

Les caractéristiques

Race d'herbage rustique, le Cotentin est élevé en plein air, en petites troupes en association avec des bovins. C'est une race prolifique (180 %) et des brebis agnèlent une fois par an, en hiver.

Le standard

- **Tete :** rose et blanche, front large, face trapézoïdale, orbites très saillantes avec un sillon parallèle à la ligne du chanfrein. Profil presque droit, oreilles grandes à port horizontal, jamais tombantes, semi-transparentes, intérieur rosé, nuque large, recouverte de laine jusqu'aux oreilles. Cou court, bien rattaché aux épaules, sans gorge, ni fanon, ni pli.
- **Corps :** ample et long, dessus large et plat.
- **Gigot :** très développé, bien descendu sur le jarret.
- **Membres :** plutôt courts, avec une bonne ossature, aplombs réguliers, onglons blancs.
- **Laine :** couleur blanche ; la toison laisse la tête à découvert, à l'exception du bord des joues et s'arrête sur les membres, au genou et au jarret. Le ventre et la gorge doivent toujours être garnis. Toison volumineuse, semi-fermée, à mèches longues (15 cm environ). Finesse moyenne : 3. Poids moyen des toisons : brebis, 3 à 5 kg ; bélier, 5 à 7 kg.
- **Poids :** 100 à 110 kg pour les mâles, 80 à 90 kg pour les femelles.
- **Taille :** c'est une race de grande taille.

Ile de France

Cette race a été obtenue à la suite de croisements opérés entre des femelles Mérinos de Rambouillet et des béliers anglais de race Dishley (laine + viande). Originaire du Bassin parisien, elle s'est étendue aux zones céréalières qui entourent l'Ile-de-France, notamment vers l'Est (Champagne). Jusqu'aux années 70, son extension avait été importante. Depuis, ses effectifs ont considérablement réduit (235 000 femelles) en liaison avec la diminution de l'élevage ovin dans les zones céréalières .

Les caractéristiques

La race Ile de France possède un ensemble remarquable de qualités : très bonne conformation, vitesse de croissance des agneaux élevée (deux critères qui justifient l'emploi fréquent des béliers en croisement), bonne prolificité (165 %), grande aptitude au désaisonnement (60 % des agneaux naissent d'août à octobre), laine de qualité. Race de bergerie par tradition, elle s'adapte à presque tous les modes d'élevage.

Le standard

- **Tete :** forte, large au niveau du crâne, orbites en saillie, lèvres et nez un peu épais, profil droit ou très légèrement busqué chez le bélier. Oreilles grandes, horizontales ou légèrement dressées, jamais tombantes, couvertes de poils fins et courts. Nuque large. Cou court, arrondi à son bord supérieur, bien fondu avec les épaules, sans gorge, sans fanon, sans plis ni cravate.
- **Corps :** ample et long, poitrine ouverte et descendue, sternum proéminent et épais, dessus (dos et reins) droit et large.
- **Gigot :** descendu et bien développé.
- **Membres :** à aplombs réguliers, jamais long-jointés ; les postérieurs avec un jarret fort mais bien vertical, jamais fermé, ni la pointe renvoyée en haut, ni clos ni trop ouvert.
- **Laine :** de couleur blanche, toison étendue, couvrant le haut de la tête jusqu'à une ligne passant par les orbites ou légèrement au-dessus, garnissant les ganaches et le bord postérieur des joues, s'arrêtant aux membres antérieurs à quelques centimètres au-dessus du genou, revêtant la poitrine et le ventre, descendant aux membres postérieurs jusqu'au jarret en recouvrant les parties supérieures et latérales de celui-ci et le haut du tendon en arrière. Toison fermée et tassée, à mèches carrées et de bonne longueur. Finesse moyenne : 1. Poids moyen des toisons : bélier, 5 à 6 kg ; brebis, 4 kg.
- **Poids moyens :** bélier, de 110 à 150 kg ; brebis, de 70 à 90 kg.

Lacaune

La Lacaune : première race de par ses effectifs et meilleure productrice de lait.

Cette race tire son nom d'un chef-lieu de canton situé dans le Tarn, à la limite de l'Aveyron et de l'Hérault. Elle est majoritaire dans la région Midi-Pyrénées, notamment dans l'Aveyron et le Tarn. C'est la première race de France : près de 1 200 000 femelles dont 800 000 soumises à la traite et 400 000 spécialisées pour la production d'agneaux de boucherie.

Les caractéristiques

Première race de brebis laitières par son effectif et par ses performances, la Lacaune est le prototype de la race mixte : production de lait et production d'agneaux de boucherie.

Son lait sert à la fabrication du fromage de Roquefort. La production moyenne par brebis augmente sans cesse grâce à une sélection rigoureuse et d'avant-garde : en trente ans, la production laitière moyenne par brebis est passée de 86 litres à près de 200 litres. Par ailleurs, la production des meilleures brebis dépasse les 400 litres par lactation.

Le standard

- **Tete :** assez fine, un peu longue ; profil droit ou busqué ; front un peu bombé, large et court ; chanfrein en voûte plein cintre, nettement triangulaire, la face est recouverte de poils blancs à teinte argentée, lustrés et très fins. Oreilles longues, horizontales. Cou ample et long.
- **Corps :** la ligne de dessus doit être recherchée droite, du garrot à la base de la queue. Poitrine profonde, descend bas entre les membres antérieurs. Queue assez régulièrement cylindrique, longue, descendant au-dessous du jarret (dans la mesure où elle n'est pas coupée).
- **Membres :** de longueur moyenne, proportionnés et bien d'aplomb.
- **Laine :** la toison couvre suffisamment l'animal, hormis les parties inférieures du corps qui le sont à un moindre degré ; laisse à découvert la tête et la nuque et un délicat décolleté. Couleur blanche, texture tassée, à mèches carrées et courtes ; finesse moyenne Px/1 ; poids moyen : bélier, 2,5 kg ; brebis, 1,5 kg.
- **Poids :** moyen à important. Le poids moyen des animaux adultes femelles est de 70 kg (minimum 60 kg), celui des adultes mâles est de 95 kg (minimum 80 kg).
- **Taille :** 70 à 80 cm au garrot.

Malgré une conformation moyenne, elle possède d'excellentes performances de vitesse de croissance, critère sur lequel elle se révèle la meilleure en France. Les progrès réalisés du point de vue de la prolificité la rendent également très intéressante sous cet aspect (170 %). La Lacaune est une race de semi-plein air, bien adaptée au pâturage en parcours et qui se désaisonne bien, permettant ainsi d'adopter le système de 3 agnelages en 2 ans dans les élevages orientés vers la production de viande.

Limousine

Issue probablement d'un rameau des races berrichonnes, la Limousine est implantée dans le Limousin, depuis le plateau de Millevaches, en Corrèze, jusqu'aux départements limitrophes. mais ses effectifs sont en réduction et le nombre de femelles conduites en race pure est tombé en dessous de 40 000 têtes.

Les caractéristiques

La race Limousine présente une conformation moyenne ; elle est d'une grande rusticité et possède un instinct maternel très développé. Conduite en plein air dans sa zone d'origine, elle a fait preuve d'une bonne adaptation à de nombreux milieux. Sa prolificité est moyenne (135 %). En dehors de son berceau, elle est très utilisée avec des béliers de race à viande.

Le standard

- **Tete :** un peu allongée, dépourvue de laine et recouverte de poils blancs satinés. Chanfrein légèrement busqué, davantage chez le mâle que chez la femelle. Oreilles moyennes, larges, peu épaisses, horizontales, la pointe ramenée un peu en avant. Muqueuses rosées sans pigmentation. Cou court.
- **Corps :** poitrine large, descendue et profonde, dos droit et large, croupe large, faiblement inclinée.
- **Gigot :** assez développé, épais et descendu.
- **Membres :** fins et nerveux, recouverts de poils blancs satinés, les aplombs sont corrects, les onglons plutôt hauts et serrés.
- **Laine :** de couleur blanche, la toison laissant à découvert la tête, la partie supérieure de la gorge et le ventre, descendant vers le genou et le jarret. Toison semi-fermée à mèches de bonne longueur, présence de jarre. Finesse moyenne : 2/3. Poids moyen de la toison : bélier, de 3 à 3,5 kg ; brebis, 1,5 kg.
- **Poids :** bélier, de 75 à 100 kg ; brebis, de 55 à 75 kg.
- **Taille :** moyenne.

La Limousine est une race rustique à l'instinct maternel développé. Une des rares à voir ses effectifs progresser.

Mérinos

Mérinos de Rambouillet

Actuellement, le troupeau le plus connu est celui de la Bergerie nationale de Rambouillet. Pour la petite histoire, c'est le 16 juin 1786 que partit d'Espagne un troupeau de 318 brebis et 41 béliers à destination de la ferme expérimentale de Rambouillet où, actuellement, il se compose de 120 femelles et de 25 béliers.

Les caractéristiques

Le Mérinos de Rambouillet est le prototype du mouton à laine. Il a été croisé avec la plupart des races françaises, à un degré plus ou moins important, conférant à celles-ci une laine meilleure et le caractère de désaisonnement.

A l'origine, il s'agit d'une race très rustique qui s'accommode de tous les climats et de toutes les régions. Enfin, sa prolificité est très moyenne (125 %).

Le standard

- **Tete :** fine, courte, profil légèrement busqué, avec souvent des plis au travers du nez. Oreilles courtes, horizontales. Seuls les mâles sont munis de cornes enroulées régulièrement en spirale. Cou court, fanon peu développé avec, chez certains individus, présence de plis dénommés cravates ou tabliers.
- **Corps :** cylindrique, poitrine ample, dos horizontal.
- **Gigot :** assez épais.
- **Membres :** robustes, écartés, bien d'aplomb.
- **Laine :** toison très serrée à mèches carrées, recouvrant tout le corps et représentant 8 à 10 % du poids vif des animaux adultes (4 à 5 kg chez la brebis, 5 à 8 kg chez le bélier). Mèche de laine blanche très ondulée, longueur 60-70 cm, finesse moyenne 110-120.
- **Poids :** bélier, 70 à 90 kg ; brebis 45 à 60 kg.
- **Taille :** bélier, 70 à 75 cm ; brebis, 60 à 65 cm.

Mérinos d'Arles

Le type actuel de la race Mérinos d'Arles a été fixé au début du siècle, à la suite de croisements effectués entre des populations de brebis locales et des béliers Mérinos importés d'Espagne au cours du XIXe siècle. Actuellement, 90 % du cheptel femelle (environ 280 000 femelles) se situe dans les départements de la région PACA (Provence-Alpes-Côte d'Azur).

En savoir plus

LE MÉRINOS PRÉCOCE

Il s'agit de la dernière variété des races Mérinos. On l'appelle ainsi car les efforts de sélection avaient conduit à améliorer la conformation et à augmenter son format, les femelles gardant toutes les qualités des femelles Mérinos. L'élevage ovin étant en régression dans les zones céréalières du Bassin parisien, berceau de cette race, l'effectif de race pure a fortement diminué (moins de 30 000 femelles).

Le standard

- **TETE :** large, munie chez certains mâles de grandes cornes enroulées en spirale, moyennement développées et de section triangulaire. Front large, nez gros. Chanfrein très légèrement busqué avec la peau plissée chez le mâle. Oreilles petites, horizontales. Cou de longueur moyenne.
- **CORPS :** de longueur moyenne, avec dessus droit. Poitrine aussi couverte que possible.
- **GIGOT :** un peu plat.
- **MEMBRES :** vigoureux, gros, assez hauts, aplombs réguliers.
- **LAINE :** de couleur blanche, toison très étendue, tête coiffée chez les bons sujets (un peu au-dessous des yeux, sans lunettes), la toison descend jusqu'aux onglons et enveloppe les testicules et une partie de la mamelle. Toison fermée, mèches très tassées, carrées, brin ondulé, souple, fin, nerveux, aussi long que possible. Finesse : 110/125. Poids moyen de la toison : bélier, 5,5 kg ; brebis, 3 kg.
- **POIDS :** bélier, de 70 à 90 kg ; brebis, de 40 à 60 kg.
- **TAILLE :** bélier, de 60 à 80 cm ; brebis, de 55 à 70 cm.

Les caractéristiques

Le Mérinos d'Arles est l'animal type de la transhumance, des plaines de la Crau à la haute montagne (jusqu'à 2 500 m dans les Alpes). C'est une race très rustique conduite en grands troupeaux. Elle a acquis une remarquable aptitude à la marche, résistant aux intempéries (froid en montagne, canicule et mistral en plaine). Comme toutes les autres races Mérinos, elle est remarquablement désaisonnée et sa toison est d'excellente qualité. Sa prolificité est relativement faible (130 %).

Est à laine Mérinos

Majoritaire en Alsace et en Lorraine, cette race a pour origine la région du Wurtemberg (sud de l'Allemagne), où des croisements furent opérés entre les populations locales de brebis et des béliers Mérinos. Aujourd'hui située dans des régions où l'élevage ovin régresse, la race Est à laine Mérinos connaît des effectifs limités (environ 40 000 femelles).

Le standard

- **Tete :** allongée, couleur blanc-gris à poils fins, oreilles longues légèrement pendantes ; cou moyen, sans plis ni fanon.
- **Corps :** long , poitrine large, dos horizontal.
- **Membres :** très bonne ossature, aplombs corrects.
- **Laine :** blanche, toison homogène, fermée, tassée, très étendue, garnissant le front, la naissance des oreilles et revêtant toutes les parties du corps, s'arrêtant au genou et débordant sur le jarret. Finesse : 100/105. Poids moyen de la toison : bélier, 7 kg ; brebis, 4,5 kg.
- **Poids :** bélier, de 90 à 120 kg ; brebis, de 70 à 90 kg.
- **Taille :** moyenne.

Les caractéristiques

Le mouton Est à laine Mérinos est un animal de grand gabarit, conduit le plus souvent en grands troupeaux. Rustique, il s'adapte à tous les systèmes d'élevage : transhumance, plein air, stabulation permanente. Les brebis sont d'excellentes mères (maternelles et laitières). Des Mérinos, elles possèdent un long cycle sexuel et une laine de qualité et abondante (tout comme les béliers d'ailleurs, voir ci-dessus l'encadré sur le standard). Leur prolificité est bonne (150 %). Quelques raisons qui pourraient justifier son maintien dans des régions où l'élevage ovin est en régression.

Des trois types de races Mérinos, l'Est à laine Mérinos est celui qui présente le plus d'aptitude à la production de viande. Le Mérinos de Rambouillet constitue quant à lui une réserve génétique de la race type, productrice de laine.

Noire du Velay

Le département de la Haute-Loire comprend la presque totalité des effectifs de cette race qui doit son nom à la couleur de sa laine et à celui de la région d'origine (plateau du Velay). Son phénotype actuel est l'aboutissement d'une sélection sur ce critère de couleur à partir des races locales plus ou moins colorées à l'origine. On compte environ 22 000 femelles.

Les caractéristiques

Race de conformation moyenne, adaptée aux conditions climatiques rigoureuses dans un contexte d'élevage de montagne, la Noire du Velay possède de bonnes aptitudes de désaisonnement permettant une production de contre-saison. Sa prolificité est moyenne (140 %).

Le standard

- **Tete :** assez fine, un peu longue, à profil droit ou très légèrement busqué. Les oreilles sont moyennes, plutôt fines, implantées latéralement et portées horizontalement.
- **Corps :** cylindrique, poitrine ronde et profonde, descendant bas entre les membres antérieurs qui sont écartés.
- **Gigot :** bien dessiné, assez descendu.
- **Membres :** assez longs et grêles, mais bien orientés, bons aplombs.
- **Laine :** toison en carapace, complètement fermée. La tête, la gorge, les aines, les pattes sont dépourvues de laine. Couleur noire allant du noir mal teint à reflets brunâtres au noir franc. Les parties blanches sont localisées au front (étoile en tête) et à la queue (tiers inférieur). Toison tassée à mèches plutôt courtes et carrées, présence de jarre. Finesse moyenne : 1-2. Poids moyen de la toison : bélier, 2 à 2,5 kg ; brebis, 1 à 1,5 kg.
- **Poids :** bélier, de 70 à 90 kg ; brebis, de 50 à 70 kg.
- **Taille :** moyenne (de 60 à 65 cm).

C'est la seule race de nos régions dont tous les sujets sont entièrement noirs… à l'exception du front (étoile blanche) et de l'extrémité de la queue (blanche aussi).

Préalpes du Sud

Assimilée par certains à la race dite de Syrie, la race appelée Préalpes du Sud porte le nom de la région dans laquelle elle est implantée depuis assez longtemps.
Par ailleurs, on ne la rencontre pas en dehors des départements qui forment les régions Provence-Alpes-Côte d'Azur et Rhône-Alpes. Ses effectifs (240 000 femelles) sont importants mais néanmoins en régression depuis quelques années.

Les caractéristiques

Race rustique adaptée aux parcours des garrigues et des montagnes du sud-est de la France, avec bien souvent 6 mois d'hivernage en bergerie et estive en alpage. La Préalpes du Sud est moyennement prolifique (140 %) mais apte au désaisonnement, favorisant ainsi le système de 3 agnelages en deux ans.

Le standard

- **Tete :** fine, allongée, front plutôt large, légèrement arqué transversalement (bombé). Chanfrein étroit, plus large en haut qu'en bas ; un peu busqué chez le mâle, moins chez la femelle, avec dépression caractéristique à son point de jonction avec l'os frontal. Oreilles fines, moyennement longues, bien portées horizontalement, parfois un peu bas.
- **Corps :** poitrine large, cuisses épaisses et courtes, membres fins. Absence de pigmentation, en particulier à la face, aux muqueuses de la bouche et aux pattes.
- **Laine :** blanche, mais ne débordant pas sur le front ou les joues, ne descendant pas au-dessous des jarrets ou des genoux. Toison tassée, à mèches courtes et carrées. Finesse : Px/1. Poids moyen de la toison : bélier, 1,5 kg ; brebis, 1 kg.
- **Poids :** bélier, de 75 à 100 kg ; brebis, de 50 à 70 kg.
- **Taille :** moyenne ; de 60 à 70 cm au garrot chez la brebis, un peu plus chez le mâle.

Les races laitières des Pyrénées

Basco-Béarnaise

Le standard

- **Tete :** crâne étroit, sans chignon ; chanfrein long, étroit, fortement busqué ; mufle bien rosé ; oreilles longues, fortes et dirigées vers le bas ; cornes chez les deux sexes, à spires écartées chez le mâle.
- **Corps :** long, mais assez plat surtout dans l'avant.
- **Gigot :** peu développé.
- **Membres :** de longueur moyenne, proportionnés et bien d'aplomb.
- **Laine :** toison couvrant tout le corps, mais laissant à découvert la tête et les membres jusqu'à une dizaine de centimètres au-dessous du genou et du jarret ; la toison est ouverte formant des mèches longues et pointues. Poids moyen : 2,5 kg chez le mâle, 2 kg chez la femelle. Laine longue mais grossière, convenant au tapis, couleur blanche.
- **Poids :** bélier, 75 kg ; brebis, 60 kg.
- **Taille :** grande, de 70 à 80 cm au garrot.

Manech

Le standard

- **Tete :** crâne étroit, sans chignon ; chanfrein long, étroit, très largement busqué ; mufle coloré de la couleur de la tête ; oreilles longues, fortes et dirigées vers le bas ; cornes chez les deux sexes dans la variété à tête et extrémités noires, chez les mâles seulement dans la variété à tête et extrémités rousses.
- **Corps :** long mais assez plat, surtout dans l'avant.
- **Membres :** forts, grands par rapport à la taille.
- **Laine :** toison à mèches longues et pointues, ouverte, laissant à découvert la tête et les membres au-dessous du genou et du jarret. Comporte un collier noir dans la variété à tête noire. Poids moyen : 2 kg chez le mâle, 1,8 kg chez la femelle. Laine longue, mais grossière, convenant surtout au tapis. Présence de fibres gris foncé ou noires chez la variété à tête noire ; quelques fibres ou pigmentations rousses chez la variété à tête rousse.
- **Poids :** bélier, de 55 à 70 kg ; brebis, de 45 à 50 kg.
- **Taille :** petite, 55 à 65 cm au garrot.

Les types de la race Manech (manech à tête noire et manech à tête rousse) existant actuellement sont probablement issus des nombreuses races locales qui peuplaient les Pyrénées-Atlantiques et qui, contrairement aux races situées plus à l'est dans les Pyrénées, n'auraient pas subi d'apport de sang Mérinos. Les moutons Manech sont concentrés à plus de 95 % dans les Pyrénées-Atlantiques, où on dénombre 120 000 femelles à tête noire et 280 000 femelles à tête rousse.

Les caractéristiques

Les races Basco-Béarnaise et Manech sont des races rustiques, adaptées au climat humide du Pays Basque ou à la montagne pyrénéenne où elle transhument. Souvent traites encore manuellement, elles sont de bonnes laitières (100 litres en moyenne par lactation) ; leur lait sert à la fabrication de fromages, pur brebis bien souvent. Ce sont des races peu prolifiques (115-120 %) présentant une bonne aptitude au désaisonnement. Les artisans utilisent leur laine grossière avec de longues mèches.

Page ci-contre : en haut, Basco-Béarnaise ; en bas, Manech à tête noire.

Les races des Pyrénées centrales

Toutes les races que vous découvrez ici appartiennent à l'ensemble connu sous le nom de « race ovine des Pyrénées centrales ». Cette dernière est probablement issue d'Asie, et la plupart de ses rameaux ont connu un apport de sang Mérinos.

Des efforts de sélection plus ou moins maîtrisés ont permis de dégager quelques types suffisamment différenciés les uns des autres pour qu'on puisse les distinguer par une appellation liée à une région ou à une vallée pyrénéenne. On trouve la Tarasconnaise essentiellement dans les départements de l'Ariège et des Hautes-Pyrénées, à un degré moindre en Haute-Garonne et dans le Gers. De toutes ces races, c'est celle qui comprend les effectifs les plus importants (150 000 femelles).

Les caractéristiques

Toutes les races des montagnes pyrénéennes sont très rustiques et parfaitement adaptées à la transhumance en estive. Elles présentent de bonnes aptitudes au désaisonnement qui, bien souvent pour des raisons de conduite de troupeaux, n'est pas recherché par les éleveurs. Leur prolificité est faible (115-125 %). Sans jamais avoir été sélectionnées, contrairement à leurs « cousines » des Pyrénées-Atlantiques, leurs qualités laitières naturelles permettent d'élever les agneaux dans de bonnes conditions.

Aure et Campan

Le standard

Tete : grisâtre, avec un toupet de laine sur le front, chanfrein droit, long et étroit. Oreilles longues, horizontales. Seuls les mâles ont des cornes.

Corps : poitrine ogivale, gigot plat.

Membres : longs et forts.

Laine : couleur bis (quelques animaux noirs) ; toison couvrant tout le corps, assez tassée, à mèches de 5 à 7 cm de longueur ; finesse : 1 à 1-2. Poids de la toison : de 2,2 à 2,5 kg.

Poids : bélier, de 70 à 80 kg ; brebis, de 55 à 60 kg.

Taille : bélier, de 70 à 85 cm ; brebis, de 65 à 75 cm.

Page ci-contre : bélier de race auroise ; ci-dessus : bélier de race Castillonnaise. Deux exemples des races des Pyrénées centrales.

Barégeoise

Le standard

Tete : quelquefois un toupet de laine sur le front. Chanfrein légèrement busqué. Oreilles moyennes. Présence de cornes chez les deux sexes.

Corps : poitrine étroite, gigot plat.

Membres : moyens.

Laine : mèches de 8/10 cm ; finesse : 3. Poids moyen de la toison : bélier, 2,5 kg ; brebis, 1,5 kg.

Poids : bélier, de 70 à 80 kg ; brebis, de 50 à 60 kg.

Taille : bélier, de 70 à 85 cm ; brebis, de 60 à 75 cm.

Castillonnaise

Le standard

Tete : fine, tachée de roux, chanfrein étroit. Oreilles fines, tachées de roux. Présence de cornes chez le mâle et souvent chez la femelle. Cou grêle.

Laine : la toison est blanche, tachée de roux, surtout la tête et les extrémités. Laine grossière (jarre), mèches 5/8 cm. Poids de la toison : bélier, de 1,5 à 2 kg ; brebis, de 1 à 1,2 kg.

Poids : bélier, de 50 à 60 kg ; brebis, de 40 à 45 kg.

Taille : bélier, de 60 à 70 cm ; brebis, de 50 à 65 cm.

Lourdaise

Le standard

- **Tete :** à poils longs, chanfrein très busqué, long, étroit. Oreilles longues et portées basses. Cornes chez les deux sexes.
- **Corps :** poitrine étroite, ogivale, gigot long et plat.
- **Membres :** longs et forts, plus ou moins tachés de noir.
- **Laine :** mèches longues (10/15 cm), finesse 4, blanche (quelques animaux noirs, marron ou pie). Poids de la toison : bélier, 2 à 3 kg ; brebis, de 1,8 à 2,5 kg.
- **Poids :** bélier, de 70 à 100 kg ; brebis, de 70 à 80 kg.
- **Taille :** bélier, de 75 à 95 cm ; brebis, de 70 à 85 cm.

De toutes les races des Pyrénées centrales, la Tarasconnaise est celle qui possède les effectifs les plus importants.

Tarasconnaise

Le standard

- **Tete :** grosse, chanfrein légèrement busqué ; oreilles assez longues, horizontales ; présence de cornes chez les deux sexes, grosses chez le mâle. Cou long et fin.
- **Corps :** long.
- **Membres :** forts.
- **Laine :** toison le plus souvent blanche, quelquefois marron ou pie. Laine grossière, sans jarre, mèches 10/20 cm, dessous découvert. Poids de la toison : bélier, de 2 à 3 kg ; brebis, de 1 à 1,5 kg.
- **Poids :** bélier, de 70 à 80 kg ; brebis, de 60 à 70 kg.

Définition

Estive : pâturage de montagne dans lequel on met des animaux, un troupeau en été. Également : période pendant laquelle les animaux sont dans les pâturages de montagne au cours de l'été.

Rava

A partir de son berceau (les monts Dôme), la race Rava s'est étendue aux départements limitrophes. Issue des races *Ovis aries arvernensis*, la Rava, appelée à l'origine « race celte », est l'aboutissement d'une sélection sur le type que nous connaissons actuellement et qui a résisté à de nombreuses tentatives de croisement. Les effectifs des moutons Rava se maintiennent autour de 30 000 femelles.

Les caractéristiques

Cette race est très rustique, de conformation moyenne, adaptée à la marche sur les parcours volcaniques. Elle peut être conduite en plein air intégral. Son aptitude au désaisonnement est excellente (luttes de printemps et d'automne). Sa prolificité est moyenne (140 %).

Définition

Lutte : accouplement du mâle et de la femelle.

Le standard

- **TETE :** plutôt fine, sans laine, marquée de taches d'un noir plus ou moins franc, parfois roussâtres qui, tantôt se limitent au pourtour des yeux, tantôt s'étendent jusqu'à envahir presque complètement la face. Cornes rares, surtout chez les brebis ; chanfrein à profil légèrement busqué ; oreilles moyennes et portées horizontalement. Cou long et mince.
- **CORPS :** dos droit.
- **GIGOT :** allongé.
- **MEMBRES :** fins, toujours marqués de tâches de la même couleur que celles situées sur la tête.
- **LAINE :** jarreuse, grossière, à brins longs, blanche, assez souvent mélangée de touffes brunes ou gris foncé, à mèches longues, ouvertes, s'arrêtant sur les membres très au-dessus du genou et du jarret, dégageant la nuque et le dessous du ventre. Poids moyen de la toison : bélier, 2 kg ; brebis, 1,5 kg.
- **POIDS :** bélier, de 65 à 85 kg ; brebis, de 50 à 60 kg.
- **TAILLE :** moyenne (60 cm).

Établie sur les monts de l'Auvergne du nord, la Rava est une race rustique mais de faibles effectifs.

Solognote

Race assez ancienne ayant subi peu d'apport de sang de race étrangère, la Solognote est étroitement liée à l'histoire de la Sologne, berceau de la race. L'essentiel de ses faibles effectifs (3 000 femelles de race pure à l'heure actuelle) se retrouve dans cette région, dont le mouton Solognot assure l'entretien.

Les caractéristiques

Cette race est bien rustique ; elle est adaptée aux terrains pauvres et acides de la Sologne, à la fois humides l'hiver et secs l'été. Elle est sobre et résistante au parasitisme. Sa prolificité est moyenne (145 %).

Le standard

- **Tete :** fine et découverte, de couleur châtain roux uniforme, avec un chanfrein très légèrement bombé. Oreilles moyennes, horizontales. Cou bien fondu avec les épaules.
- **Corps :** long.
- **Gigot :** assez développé.
- **Laine :** de couleur légèrement bise, toison allant de la base des oreilles à quelques centimètre au-dessous du jarret. Texture : toison semi-fermée à mèches plutôt courtes, finesse 1-2. Poids moyen de la toison : bélier, 2,5 kg ; brebis, 1,5 kg.
- **Poids :** bélier, 80 kg ; brebis, 55 kg.
- **Taille :** moyenne (65 cm).

Mouton Vendéen

La race du Mouton Vendéen est issue des premiers croisements effectués avec des béliers de race Southdown sur des femelles de pays. Ses effectifs sont assez importants (100 000 femelles), répartis notamment sur les régions des Pays de la Loire et du Poitou-Charentes, mais aussi dans le Limousin et le Centre.

Les caractéristiques

Le Vendéen est une race rustique, résistant aussi bien à la rigueur des étés qu'aux périodes très humides. Elle est conduite en semi-plein air. Ses qualités bouchères (bonne conformation et précocité des agneaux) font que les béliers vendéens sont utilisés en croisement industriel. C'est une race prolifique (185 %).

Le Mouton Vendéen est une race qui, depuis quelques années, prend de l'extension, au détriment du Southdown.

Le standard

- **Tete :** front assez large, plat, chanfrein allongé et rectiligne, bord du nez large, couleur grise sans taches. Yeux : gros, noirs. Oreilles : demi-longues, obliques, non dénudées à la naissance de l'organe, mi-fines. Cou large à la base, s'attachant fortement aux épaules, sans fanon.
- **Corps :** poitrine ample et profonde, dos bien allongé, large et uni jusqu'à la croupe.
- **Gigot :** épais et descendu.
- **Membres :** pattes fortes, droites, bons aplombs, couleur grise comme la tête.
- **Laine :** couleur blanche, toison étendue garnissant le front et l'arrière des joues, revêtant tout le corps et descendant sur les membres jusqu'aux genoux. Texture : toison fermée et tassée à mèches carrées et longues (7 cm) ; finesse moyenne 1. Poids moyen de la toison : bélier, 3,5 kg ; brebis, 2,5 à 3 kg.
- **Poids :** bélier de 85 à 110 kg ; brebis, de 60 à 70 kg.
- **Taille :** moyenne.

En savoir plus

LES RACES MINORITAIRES

À côté des grandes races, il existe de nombreuses autres races à très faibles effectifs. Voici leur nom, accompagné de la région où on les rencontre principalement ainsi que du nombre de femelles :

Berrichonne de l'Indre (Centre, 7 200)
Black-Face (Sud, 5 000)
Boulonnaise (Pas-de-Calais, 5 400)
Brigasque (Alpes-Maritimes, 800)
Caussenarde des Garrigues (Languedoc-Roussillon, 19 400)
Dorset-Down (Centre, 2 400)
Grivette (Isère, 21 000)
INRA 401 (Bourges, 42 000)
Mourérous (Alpes-Maritimes, 36 000)
Ouessant (Bretagne, 2 100)
Raïole (Cévennes, 3 300)
Roussin de la Hague (Manche, 22 000)
Thônes et Marthod (Savoie, 7 500)

En haut, à gauche : groupe de Black-Face ; en haut, à droite : Thônes et Marthod ; ci-dessous : une brebis Roussin et son agneau.

Les races d'origine étrangère

Les races Hampshire et Suffolk sont toutes deux originaires du sud-sud-est de l'Angleterre. Elles ont été obtenues par croisement de béliers Southdown avec des brebis de races locales (Berkshire pour la Hampshire et Norfolk pour la Suffolk). Les béliers Hampshire et Suffolk sont utilisés sur tout le territoire français où il existe quelques troupeaux conduits en race pure au nord et nord-est de la France (7 700 femelles Hampshire et 166 000 femelles Suffolk).

Les caractéristiques

Les moutons Hampshire et Suffolk sont à l'origine deux races d'herbage qui se sont bien adaptées, en France, à un mode de vie plus orienté vers la bergerie. Ils sont avant tout exploités en croisement industriel avec des brebis de races locales : les agneaux, aussi bien d'herbe que de bergerie, sont bien conformés et grandissent très vite. Ce sont deux races prolifiques : 160 % pour la Hampshire et 180 % pour la Suffolk.

Troupeau de race Hampshire à l'herbe. Les sujets, récemment tondus, ont été sortis et mis sur une riche prairie.

Hampshire

Le standard

- **TETE :** pas trop large, de teinte uniformément noire. Oreilles longues et horizontales. Cou musclé, court, sans pli ni fanon.
- **CORPS :** long, régulier, harmonieux ; dos épais, gigot rebondi. Peau : souple, sans tache.
- **MEMBRES :** antérieurs et postérieurs écartés avec une ossature assez forte, pattes de couleur noire, de teinte uniforme.
- **LAINE :** de couleur blanche ; la toison fermée couvre le corps et les membres, le cou, la tête où elle entoure les oreilles et descend sur le front. Finesse : 1-2 ; poids de la toison : bélier, 3 à 3,5 ; brebis, 2 à 2,5 kg.
- **POIDS :** bélier, de 90 à 120 kg ; brebis, de 65 à 75 kg.
- **TAILLE :** moyenne.

Suffolk

Le standard

- **TETE :** sans laine, couverte d'un poil noir fin et brillant. Quelques poils blancs ou bruns, ainsi qu'un toupet de laine sur le front chez les jeunes. Oreilles longues, fines et légèrement inférieures à l'horizontale. Cou moyen, sans pli ni fanon.
- **CORPS :** long, cylindrique, poitrine et garrot larges, avec un dessus proche de l'horizontale. Peau : claire, fine, sans tache.
- **GIGOT :** développé, aussi descendu que possible.
- **MEMBRES :** bien d'aplomb ; membres antérieurs et postérieurs bien écartés. Pattes couvertes au-dessous du genou et du jarret d'un poil noir fin et brillant.
- **LAINE :** de couleur blanche ; finesse : 2/3. La toison fermée couvre tout le corps, les membres jusqu'aux genoux et aux jarrets, le cou jusqu'à la nuque. Poids moyen de la toison : bélier, 3,5 kg ; brebis, 2,5 kg.
- **POIDS :** bélier, de 80 à 150 kg ; brebis, de 65 à 90 kg.
- **TAILLE :** forte.

La Suffolk est l'une des principales races bouchères anglaises : elle rencontre un vif succès en France.

Romanov

Originaire de Russie, la race Romanov aurait pour berceau la province de Iaroslav, au nord-ouest de Moscou, dans la vallée supérieure de la Volga. Cette race a été introduite pour la première fois en France par l'INRA, en 1961 à titre expérimental, puis de façon plus massive en 1970 dans quelques élevages français (96 mâles et 439 femelles). Actuellement, il y aurait environ 9 000 femelles Romanov réparties un peu partout en France.

Les caractéristiques

Réel prototype de la race prolifique avec un taux de 280 %, la Romanov souffre néanmoins de sa mauvaise conformation. Aussi est-elle le plus souvent utilisée comme race amélioratrice du critère de prolificité, soit par le croisement entre femelle de race française et bélier Romanov, soit par le croisement entre femelle Romanov et bélier de race à viande. En plus du gain de prolificité, les femelles ainsi conçues (les F1) acquièrent les autres qualités de la race Romanov : rusticité, précocité sexuelle, désaisonnement, instinct maternel.

Le standard

- **Tete :** petite et anguleuse, le crâne est arrondi, les oreilles sont dressées et mobiles, les yeux sont volumineux. Les mâles, cornus ou non, ont un chanfrein plus busqué que les femelles et une tête plus large et plus courte.
- **Corps :** format moyen, haut sur pattes, membres fins, queue courte et effilée, de 13 cm de longueur en moyenne.
- **Laine :** noire à la naissance, elle apparaît ensuite gris bleuté du fait d'un mélange de poils noirs et de laine blanche fine. Les mâles présentent une crinière de longs poils noirs autour du cou et sur le fanon. Poids : bélier, 3 à 4 kg ; brebis, 2,5 à 3,5 kg.
- **Poids :** bélier, 70 kg ; brebis, 55 kg.
- **Taille :** petite.

La Romanov est certes de mauvaise conformation, mais c'est un défaut qu'elle compense par bien d'autres qualités, dont un instinct maternel très développé et un taux de prolificité excellent.

Southdown

Originaire du sud de l'Angleterre, cette race a été l'une des premières à être importées en France où elle connut un énorme succès. Mais depuis les années 70, ses effectifs déclinent très sensiblement : il n'y aurait plus que 8 000 femelles de race pure réparties dans le Poitou-Charentes, le Limousin et l'Aquitaine. Les béliers Southdown, concurrencés par ceux d'autres races plus lourdes, sont beaucoup moins demandés pour être utilisés en croisement.

Les caractéristiques

Le mouton Southdown a été longtemps considéré comme l'animal type de boucherie grâce à son excellente conformation et à ses qualités de « raceur ». Il s'adapte facilement aussi bien à l'élevage en bergerie qu'à celui conduit en plein air. Sa prolificité est bonne (160 %).

Le standard

- **Tete :** large à profil droit, front plat, chanfrein court, bout du nez large, couleur grise, ni trop claire ni trop foncée, muqueuse nasale noire. Yeux gros, noirs et proéminents. Oreilles de longueur moyenne, bien dressées et assez fines. Cou : court, large à la base, sans fanon.
- **Corps :** poitrine ample et profonde ; dos bien allongé, large et uni jusqu'à la croupe ; gigot bien développé descendant bas. Peau fine et rosée.
- **Membres :** pattes fortes, droites, courtes, d'une couleur grise uniforme, de bons aplombs.
- **Laine :** couleur blanche, toison fermée et tassée, à mèches plutôt courtes, très étendue, garnissant le front et les joues, revêtant tout le corps et descendant jusqu'aux genoux et aux jarrets. Finesse : Px-1. Poids moyen de la toison : bélier, 4 kg ; brebis, 2,5 kg.
- **Poids :** bélier, 80 à 120 kg ; brebis, 60 à 80 kg.
- **Taille :** petite.

La Southdown, une autre race d'origine anglaise, d'excellente conformation.

Texel

Originaire de l'île de Texel, aux Pays-Bas, cette race très ancienne doit son format actuel à des croisements opérés avec des brebis de races anglaises (Lincoln, Leicester, Kent). La race Texel a connu une forte extension en France où l'on dénombre actuellement 300 000 femelles. Outre les régions du Nord, elle est bien implantée en Vienne et Haute-Vienne, mais aussi en Bretagne.

Les caractéristiques

Le mouton Texel est une race d'herbage et de plein air par excellence. C'est une excellente productrice de viande : bonne conformation des agneaux et vitesse de croissance élevée, carcasse lourde (agneaux vendus à 50 kg de poids vif). Des expériences sérieuses ont montré qu'en croisement industriel les béliers Texel donnaient des carcasses parmi les plus lourdes et sans excès de gras. C'est une race de grand format, très prolifique (180 %) à la toison abondante (6 kg pour le bélier).

Le standard

- **Tete :** forte, large au niveau du crâne. Nez de couleur foncée, de préférence noire, et large, chanfrein large et court. Oreilles relativement minces, poilues, légèrement dressées. Cou court, trapu sans gorge, ni fanon, sans plis ni cravate.
- **Corps :** poitrine large, dos droit, large, croupe horizontale et carrée.
- **Gigot :** développé, aussi arrondi et descendu que possible.
- **Membres :** forts, onglons noirs, aplombs très réguliers.
- **Laine :** couleur blanche, toison laissant à découvert la face et le crâne. Finesse : 2-3. Poids moyen de la toison : bélier, 6 kg ; brebis, 4,5 kg.
- **Poids :** bélier, de 115 à 130 kg ; brebis, de 75 à 80 kg.
- **Taille :** bélier, de 75 à 82 cm ; brebis, de 68 à 72 cm.

CARACTÉRISTIQUES DES PRINCIPALES RACES			
RACES	**TAUX DE PROLIFICITÉ***	**POIDS DE RÉFÉRENCE D'UNE FEMELLE (EN KG)**	**EFFECTIF FEMELLES RACE PURE***
Avranchin	190	80-90	3 710
Basco-Béarnaise	120	60	84 962
Berrichon du Cher	155	80-90	37 030
Bizet	140	50-60	9 754
Blanc du Massif central	140	50-70	358 954
Bleu du Maine	200	80-90	14 318
Causse du Lot	150	60-65	107 695
Charmoise	125	55-70	23 923
Mouton Charollais	185	70-90	281 753
Corse	110	30-40	92 215
Cotentin	180	80-90	15 976
Est à laine Mérinos	155	70-90	38 580
Ile-de-France	165	70-90	235 748
Hampshire	160	65-75	7 659
Lacaune	170	60-70	1 163 623
Limousine	135	55-75	38 369
Manech	115	45-50	398 067
Mérinos de Rambouillet	125	45-60	3 758
Mérinos d'Arles	130	40-60	283 286
Noire du Velay	140	50-70	22 266
Préalpes du Sud	140	50-70	241 126
Rava	135	50-60	33 622
Romanov	280	55	9 143
Rouge de l'Ouest	190	80-90	111 362
Solognote	145	55	3 166
Southdown	165	60-80	8 069
Suffolk	180	65-90	165 954
Tarasconnaise	120	60-70	152 100
Texel	180	75-80	295 897
Mouton Vendéen	185	60-70	104 745

* à partir du recensement agricole de 2000

Quelques races exotiques

Ci-dessus : moutons Jacob.
Ci-dessus, à droite : moutons de Soé.
Ci-contre : brebis Karakul.
Ci-dessous : mouton de Somalie.
En bas, à droite : individus de race Racka.

L'élevage du mouton

L'élevage occupe une place de premier plan dans l'agriculture puisqu'il représente environ 50 % du produit agricole national brut. En revanche, l'élevage ovin n'en occupe qu'une part modeste (2 %), mais cette activité n'en joue pas moins un rôle essentiel car elle constitue, dans beaucoup de régions difficiles, non seulement la principale production mais aussi, bien souvent, la seule possible.

Une activité économique importante

L'élevage des moutons est essentiel à la vie d'une région. Il doit pour cela être préservé, même s'il n'occupe aujourd'hui qu'une part relativement modeste dans les activités d'élevage en général.

Plus des trois quarts des brebis sont élevées aujourd'hui dans les régions dites défavorisées (terrains pentus, sols médiocres, climats rigoureux allant du froid l'hiver à la sécheresse l'été). L'élevage ovin est donc une activité agricole irremplaçable pour la préservation de la vie et des activités rurales.

Le lait est l'un des produits les plus importants de l'élevage du mouton (ici, des brebis Lacaune en salle de traite).

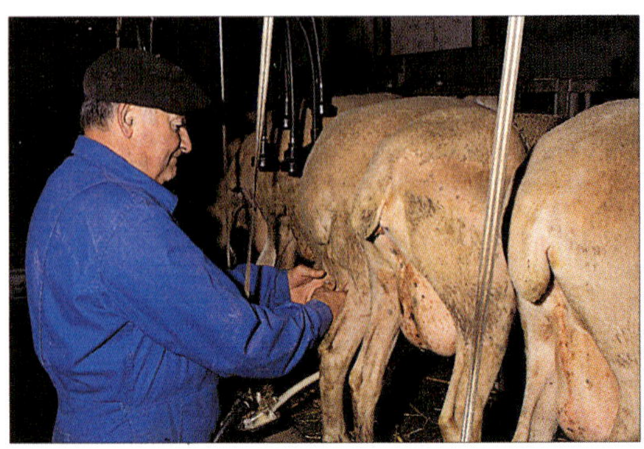

Pourtant, depuis le début des années 80 l'élevage du mouton en France est en déclin, depuis que les échanges des produits communautaires entre pays adhérents à l'Union européenne ont été libéralisés, depuis que l'élevage ovin français se retrouve en concurrence avec celui de

En savoir plus

QUELQUES CHIFFRES
De 8 155 000 femelles en 1980, le troupeau de reproductrices en France est passé à 6 580 000 femelles en 2000 (soit – 19 %). Dans le même temps, le troupeau de femelles reproductrices existant au Royaume-Uni est passé de 13 766 000 à 18 513 000 (+ 34,5 %) et en Irlande de 1 607 000 à 3 934 000 (+ 145 %).

pays comme le Royaume-Uni et l'Irlande où le prix à la production des agneaux est beaucoup moins élevé qu'en France. Ainsi, dans toutes les régions situées au nord de la Loire, où l'élevage du mouton a pendant longtemps représenté une activité complémentaire à d'autres spéculations (cultures des céréales, élevage des bovins, etc.), de nombreux troupeaux ont disparu. Au sud de la Loire en revanche, l'élevage ovin résiste mieux et a même progressé dans certains cas.

Les structures de l'élevage du mouton

En 1980, d'après le RGA (Recensement général sur l'agriculture) réalisé en 1979, il y avait 191 850 exploitations ovines possédant 8 158 000 brebis mères, soit une moyenne de près de 43 brebis par exploitation.
Dix ans plus tard (RGA de 1988-89), 16 % des exploitations avaient disparu et les effectifs de brebis mères étaient inférieurs de 5 % ; le troupeau moyen s'élevait alors à 48 brebis.
En 2000, il n'y avait plus que 95 665 exploitations pour un cheptel de 6 580 000 brebis mères, soit une moyenne de près de 100 brebis par troupeau. Certains élevages disparaissent, d'autres s'agrandissent : 40 % du cheptel reproducteur est détenu par 10 % des éleveurs et près de 5 000 élevages sont des troupeaux de plus de 350 têtes.

Les structures d'élevage ont aussi pour vocation de sauvegarder les races minoritaires.

LE BILAN PRODUCTION-CONSOMMATION

En 1980, la France produisait 179 500 tec d'ovins-caprins et en consommait 224 900 tec. Depuis, le niveau de production n'a cessé de se dégrader pour atteindre 137 000 tec en 2003. Dans le même temps, la consommation a régulièrement augmenté jusqu'en 1992 avant de décliner modérément à la fin des années 1990. L'épizootie de fièvre aphteuse de 2001 a accéléré ce mouvement : en 2003, la consommation française n'était plus que de 264 000 tec. De 80 % en 1980, la part des besoins français couverte par la production nationale est tombée à moins de 44 % en 2000 avant de remonter autour de 50 % les années suivantes en raison de la chute de la consommation. Cette évolution nécessite un recours important aux importations, essentiellement en viandes provenant des îles anglo-saxonnes et de Nouvelle-Zélande. Ainsi, en 2000, le Royaume-Uni avait fourni 47 % des importations françaises, l'Irlande 24 % et la Nouvelle-Zélande 18 %.

	1980	**1990**	**2000**	**2003**
Production (1) (1000 tec)	179,5	177,3	137,8	136,9
Importations (2) (1000 tec)	46,8	152,6	188,2	144,8
Exportations (2) (1000 tec)	1,5	16,1	19,1	17,6
Consommation (3) (1000 tec)	224,9	313,2	304,9	264
Consommation par habitant (en kg équivalent carcasse)	4,1	5,5	4,9	4,3
Taux d'auto-approvisionnement	80	58	44	52
Prix à la production des agneaux (F/kg pour 1980 et 1990 et €/kg pour 2000 et 2003)	19,94	21,93	4,23	4,82

tec : tonne équivalent carcasse.
(1) production indigène brute. (2) animaux vivants et viandes. (3) consommation indigène brute.

Les conditions d'élevage

Les différents modes d'élevage

Le mouton peut être élevé dans n'importe quel système, du plein air intégral au zéro-pâturage ; mais, entre ces deux extrêmes, nombre de variantes sont possibles.

● **Dominante plein air :** dans ce système la nourriture de base sera l'herbe. La vie des animaux est donc réglée par la présence ou non d'herbe dans les prairies ou par celle d'une maigre végétation sur les reliefs accidentés. La durée de vie en plein air est donc très variable suivant les régions.

● **Dominante bergerie :** les animaux passent l'hiver en bergerie. Ils peuvent être sortis pendant les belles journées tout en étant rentrés tous les soirs. Le zéro-pâturage, qui consiste à maintenir les animaux enfermés nuit et jour, n'est plus pratiqué en France que pour l'engraissement des agneaux laitiers.

● **Transhumance :** système encore très pratiqué dans les trois massifs montagneux : Alpes, Pyrénées et Massif central. A la belle saison, les animaux montent (ou sont transportés) en alpages. Ils y restent de la fin mai jusqu'au mois d'octobre, période où ils regagnent leur « bergerie » située à des altitudes moindres : plateaux (Massif central), vallées (Pyrénées) ou même plaine comme dans les régions de Provence et de Côte d'Azur (l'exemple classique de la transhumance est fourni par les Mérinos d'Arles vivant l'hiver sur la plaine de la Crau et l'été sur les pâturages des Alpes).

Le mouton s'adapte à des conditions parfois fort différentes, depuis l'élevage en plein air toute l'année jusqu'à la vie en bergerie. Remarquez, en haut, les prés-salés dans la baie du mont Saint-Michel et page ci-contre, un troupeau de Basco-Béarnaise en transhumance.

Les grandes régions moutonnières

De nos jours, toutes les grandes régions moutonnières se trouvent au sud de la Loire. Les voici schématiquement, du nord au sud et d'ouest en est.

- **La région du Centre-Ouest,** depuis le bocage angevin et les Charentes à l'ouest, jusqu'au Limousin à l'est, en passant par le Poitou et le Montmorillonnais. C'est la zone type de l'agneau d'herbe, né en fin d'hiver et début de printemps, élevé en plein air et vendu entre mai et décembre. C'est une zone de prairies naturelles avec une association des moutons aux bovins.
- **La région Centre,** avec les départements moutonniers de l'Indre, du Cher, de la Nièvre et de l'Allier : régions herbagères comme les précédentes, avec une association bovins-ovins, mais des élevages plus petits. L'élevage en semi-plein air prédomine, les agneaux étant aussi élevés à l'herbe.
- **La région du Sud-Est,** marquée par la complémentarité entre la plaine et la montagne à travers la transhumance, mélange de conduite en bergerie et de système de plein air, de petits et de grands troupeaux. Région où l'élevage du mouton est la principale spéculation animale.
- **La région du Sud-Ouest,** marquée par l'importance des élevages laitiers (Roquefort et Pyrénées-Atlantiques). C'est la seule région à connaître, grâce à la « dynamique lait », un maintien des effectifs de moutons ces dernières années. Même si la production laitière prédomine, l'élevage ovin-viande joue également un grand rôle.

Page ci-contre : en haut, Noire du Velay ; en bas, Blanc du Massif central (Lozère, Ardèche, Cévennes...).

En savoir plus

UN ÉLEVAGE BIEN CONDUIT

L'éleveur doit bien connaître son troupeau. Parmi les actes indispensables qu'il doit réaliser citons :

– l'identification du troupeau (par tatouage d'un numéro à l'oreille) ;

– l'enregistrement des résultats techniques des brebis (dates de mise bas et nombre d'agneaux nés par mise bas), des agneaux (vitesse de croissance mesurée, d'une part par le gain 10/30, c'est-à-dire le gain de poids quotidien entre les pesées effectuées le 10e et le 30e jour et, d'autre part, par le gain 30/70, c'est-à-dire le gain de poids quotidien entre les pesées effectuées le 30e et le 70e jour ;

– le bilan recettes-dépenses lié à l'élevage, sachant qu'on doit toujours avoir à l'esprit la notion d'augmenter les recettes (par une amélioration de la fertilité et de la prolificité, par la réduction de la mortalité, par la recherche d'une meilleure qualité des agneaux, etc.) et celle de diminuer les coûts de production.

L'alimentation

Le mouton (ici, race Solognote) s'adapte aux parcours les plus pauvres.

Le mouton est avant tout un animal rustique qui permet d'utiliser les parcours pauvres, là où la végétation est souvent rare. Mais, dans les régions plus riches, son élevage permet aussi de tirer parti des sous-produits de la ferme (chaume, pulpes de betteraves...). Son alimentation de base se fera, dans tous les cas, à partir de fourrages, au stade vert ou séché, le complément étant assuré par des aliments concentrés (céréales, tourteaux) et des minéraux.
Pour rester productif, un troupeau de mouton doit être bien alimenté :

– les brebis résistent mieux aux maladies parasitaires ou microbiennes et peuvent mieux réaliser leurs potentiels de production ;
– les agneaux ont une meilleure croissance et sont de meilleure qualité et, plus tard, les agnelles pourront être mises plus jeunes à la lutte (7 à 9 mois).
Ainsi, une bonne alimentation sera l'une des règles d'or pour la réussite de l'élevage.

A noter

• Principales graminées (dactyle, ray-grass, fétuque, fléole...).
• Principales légumineuses (luzerne, trèfle, lotier, sainfoin...).

Les aliments du mouton

Ils se divisent en deux grandes catégories : les aliments aqueux contenant plus de 20 % d'eau (certains peuvent contenir jusqu'à 92 % d'eau) et les aliments secs contenant moins de 20 % d'eau.
• **L'herbe :** abondante dans les prairies naturelles (où la flore est constituée par de nombreuses espèces où dominent les graminées), temporaires (à base essentiellement de graminées) ou artificielles (production de légumineuses), elle est consommée sur place, souvent en compagnie des bovins.
Cependant, le mouton est la seule espèce (avec les chèvres) à pouvoir consommer l'herbe existant sur les terrains en friche ou sur les parcours. C'est l'aliment de base le plus économique qui peut, en outre, couvrir à lui seul les besoins d'entretien de l'animal. Un mouton peut en effet en ingérer 5 à 10 kg par jour.

A noter

Une herbe jeune contient beaucoup d'azote (attention aux excès) ; inversement, en vieillissant, la tige de l'herbe devient dure jusqu'à ce que le mouton refuse de la manger (risque de gaspillage).

Définition

Parcours : terrain non cultivé fournissant une faible production végétale et ne faisant pas l'objet d'entretien ; utilisé pour l'alimentation des herbivores domestiques.

Cellulose : substance naturelle qui constitue le matériau de soutien des cellules végétales. En alimentation animale la digestion de la cellulose n'est jamais complète, ce qui limite la transformation des aliments végétaux en produits animaux. Par contre, la cellulose favorise les fonctions digestives et facilite la progression du bol alimentaire dans l'intestin.

- **Les fourrages verts :** les fourrages de luzerne, de trèfle, de seigle, de vesce, de maïs, de chou, de colza, ainsi que les collets de betterave complètent la panoplie d'herbes mises à disposition du mouton. Ils seront les bienvenus au printemps – lorsque que les prairies ne sont pas encore suffisamment enherbées – et à l'automne – lorsque l'herbe n'est plus suffisante.
- **Le foin :** c'est la nourriture de base durant les périodes hivernales, et cela dans de nombreuses régions. Le foin peut être de prés, de luzerne ou de trèfle. Un bon foin sera aussi pauvre que possible en cellulose et aussi riche que possible en matières azotées et en matières minérales. Pour l'hivernage d'une brebis, il faut compter 1,5 à 2 kg de foin par jour, soit 100 à 200 kg pour la saison.
- **Les pailles :** elles ne sont consommées qu'en quantités modérées. Les moutons choisissent les brins les plus fins parmi la paille qui leur sert de litière. Elle peut être distribuée en dernier ressort par l'éleveur. Les principales pailles sont celles d'avoine, d'orge ou de blé.

Le foin est l'un des aliments de base pour les élevages en bergerie, en particulier durant les périodes hivernales où les moutons ne sortent pas (ici, des Lacaune).

Les grains peuvent être consommés entiers par les adultes (ici, des Moutons Charollais) ; pour les agneaux, il est préférable de les concasser.

- **Les racines et tubercules :** aliment rafraîchissant, la betterave découpée en fines cossettes est très appréciée des moutons, à condition de ne la distribuer qu'en quantité limitée : pas plus de 10 % du poids vif de l'animal. Dans les régions les plus pauvres, les topinambours peuvent remplacer les betteraves, de même que les navets et les raves.
- **Les feuillages :** le mouton apprécie les feuilles de nombreux arbres et arbrisseaux. Dans le Massif central et dans le Sud-Est, en année sèche, les feuilles d'arbres pallient bien souvent les disettes fourragères. Dans ces régions, les moutons sont également très friands des jeunes pousses de bruyères et de genêts.
- **Les fruits :** les moutons apprécient beaucoup les fruits secs comme la châtaigne et le gland ; ce sont des aliments très nourrissants et, pour cette raison, leur consommation ne doit pas être excessive.
- **Les grains :** l'orge, l'avoine et le maïs sont les trois céréales les plus consommées par les moutons, notamment par les brebis nourrices et les agneaux. Les animaux peuvent consommer les grains entiers, qu'il est cependant préférable d'écraser grossièrement. Le blé est plutôt consommé par le mouton sur les chaumes de céréales, après la moisson.
- **Les issues de meunerie :** si le son est peu utilisé dans l'alimentation des adultes, il convient bien aux jeunes agneaux élevés en bergerie. Distribué dans les mangeoires, il sera l'aliment de transition entre le lait et les graines.
- **Les tourteaux :** ce sont des aliments très riches en matières azotées, utilisés en quantités bien définies lors des moments de production des animaux : brebis en période de lactation, agneau en fin de croissance. La plupart des tourteaux conviennent au mouton, notamment ceux de lin, d'arachide et de soja.
- **Mélange d'aliments concentrés :** les mélanges (grains, tourteaux, compléments minéraux) peuvent être effectués à la ferme directement par l'éleveur ou être achetés dans le commerce.

Les besoins des animaux

Tous les aliments que nous venons de présenter n'ont pas la même valeur nutritive. Par conséquent, ils ne peuvent et ne doivent pas être distribués en quantité illimitée, mais d'une manière planifiée et rationnée.

La ration variera en fonction des besoins en quantité de l'animal (besoins d'entretien ou besoins de production) et de la valeur énergétique de l'aliment, sa teneur en matière azotée, en matière grasse, en substances minérales ou vitaminiques (besoins qualitatifs).

Les besoins qualitatifs des animaux sont satisfaits par trois grandes catégories de matières alimentaires.

- **Les matières énergétiques :** l'unité de base est donnée par l'unité fourragère (UF). Elle correspond à l'énergie nette contenue dans 1 kg d'orge moyenne. Cette énergie est essentiellement apportée par les sucres et les graisses contenus dans les aliments. La valeur énergétique d'un kilo de grains varie peu, celle d'un kilo de fourrage beaucoup plus, selon qu'il est consommé sec (foin) ou vert (pâturage).
- **Les matières azotées :** elles entrent dans la constitution du lait, de la laine, de la viande.

En savoir plus

LES BESOINS DU MOUTON

- Les besoins d'entretien : ils correspondent aux dépenses de base de l'organisme de l'animal pour se maintenir en vie, consommer, digérer les aliments et se déplacer. Ils sont essentiellement fonction du poids de l'animal.
- Les besoins de production : ils s'ajoutent aux besoins d'entretien dès que l'organisme de l'animal fournit un produit utilisable (lait et viande). Ils sont proportionnels à la quantité de produit fourni.

La pierre à sel mise à la disposition des agneaux leur fournit un complément en matières minérales (chlorure de sodium) nécessaires à la formation des os.

Les légumineuses et les tourteaux, en particulier, sont très riches en matières azotées digestibles (MAD)

Les matières minérales : indispensables à la formation du squelette, elles sont également des éléments de constitution. L'insuffisance de ces matières peut provoquer des déséquilibres très importants, nuisibles à la production, voire à la vie de l'animal. En général, les légumineuses sont riches en calcium, les graminées et céréales en phosphore.

Il existe des tables, élaborées par des chercheurs, qui donnent, pour chaque aliment, sa valeur en UF et en MAD, voire leur teneur en minéraux. Le tableau de la page 66 vous en donne un aperçu pour quelques aliments de base.

A noter

Les besoins en eau pour un mouton varient entre 1 et 6 litres par jour, en fonction de son alimentation, de la température et de la production : l'animal trouve la plus grande part de ses besoins dans les aliments, l'autre partie doit lui être fournie par l'eau de boisson.

LES BESOINS D'UNE BREBIS DE 60 KG

Stade de production	Besoins UF	Besoins MAD (en g)
Entretien	0,70	60
Lutte, 3 semaines avant et pendant	1,15	135
Gestation, 4e mois	1,00	110
Gestation, 5e mois	1,30	140
Allaitement		
faible production (1 litre)	1,42	170
forte production (3 litres)	2,50	350

UF : Unité Fourragère. MAD : Matière Azotée Digestible.

LES BESOINS DES AGNELLES

Age	**Poids (en kg)**	**Besoins**	
		UF	MAD (en g)
4 mois	35	0,90	120
6 mois	45	1,00	120
Lutte de 7 à 9 mois	50	1,25	175
Début de gestation	50	0,90	80
Fin de gestation	60	1,30	150

LES BESOINS DES AGNEAUX SOUS LA MÈRE

Age	**UF**	**MAD (en g)**
1er mois	0,85	110
2e mois	1,10	130
3e mois	1,35	150

UF : Unité Fourragère. MAD : Matière Azotée Digestible.

LES BESOINS EN MATIÈRES MINÉRALES

Besoins aux différents stades	**Calcium**	**Phosphore**	**Chlorure de sodium**
Entretien/kg vif	0,05 g	0,03 g	0,5 g
Lactation/kg de lait	10 g	6 g	3,5 g
Croissance/kg de croît	20 g	15 g	0,2 g

NATURE ET QUALITÉS DES ALIMENTS

Nature de l'aliment	Composition	% MS	Par kg d'aliment	
			UF	MAD (en g)
Pâturage ordinaire	Dactyle, sainfoin	0,20	0,15	17
Pâturage excellent	Dactyle, luzerne	0,21	0,20	25
Foin de prairies naturelles	50 % légumineuses, graminées	0,93	0,50	50
	+ 60 % graminées	0,82	0,45	60
Foins de prairies temporaires (1re coupe)	50 % graminées et légumineuses mélangées	0,91	0,50	70
	+ 60 % légumineuses	0,92	0,50	80
Betteraves fourragères		0,12	0,12	3
Pailles	de blé	0,93	0,28	2
	d'avoine	0,89	0,34	8
Céréales	orge	0,87	1,00	60
	avoine	0,88	0,80	69
	blé	0,86	1,05	90
	seigle	0,87	1,11	85
	maïs-grain	0,88	1,15	69
Vesce-grain		0,86	0,95	200
Son de blé		0,87	0,61	88
Tourteaux	arachide	0,89	0,93	410
	lin	0,89	0,86	245
	soja	0,89	1,06	400

MS = Matière Sèche. UF = Unité Fourragère. MAD = Matière Azotée Digestible.

Le logement

Le mouton n'est pas un animal très exigeant ; il suffira à l'éleveur de suivre quelques grands principes pour trouver une solution adaptée. Les moutons adultes, avec leur toison, résistent bien aux basses températures ; les agneaux sont plus sensibles. De même, le mouton supporte assez bien l'insolation. Mais il est plus sensible à l'action du vent et aux courants d'air. Son ennemi principal reste l'humidité, qu'elle provienne de l'air (troubles respiratoires), des aliments (troubles digestifs) ou du sol (parasitisme accru).

En plein air

Le souci de l'éleveur sera triple : d'une part, installer quelques abris sommaires pour protéger les animaux en cas de mauvais temps ; d'autre part, pouvoir apporter une nourriture complémentaire à l'herbe et de l'eau ; enfin, équiper le terrain de clôtures.

- **L'abri :** il peut être construit sommairement autour de quatre piquets solidement plantés dans le sol, avec un toit en tôle ondulée et un bordage en planches de bois, voire en bottes de paille.
- **L'alimentation complémentaire :** elle est en particulier constituée de foin et de grain ; elle sera apportée dans des auges ou râteliers mobiles placés dans la prairie, soit à l'extérieur, soit sous un abri.
- **Les clôtures :** elles peuvent être naturelles (haies, talus, bosquets...) ou bien artificielles. Dans ce dernier cas, l'emploi de grillage à fil lisse (seule la rangée supérieure peut être munie de fil de fer barbelé) est obligatoire. Les clôtures électriques ne seront employées que comme clôture mobile.

L'abri réservé au troupeau doit être économique mais efficace contre les courants d'air et protégé de l'humidité.

En stabulation

Par stabulation, on entend le séjour (et l'entretien) du bétail en étable, temporairement ou en permanence.

- **Utilisation de vieux bâtiments :** lorsque la taille du troupeau n'excède pas quelques dizaines de brebis, il est préférable d'utiliser quelques vieux locaux, pourvu qu'ils offrent les conditions nécessaires à la vie du mouton :

Recommandation

La litière doit être rechargée tous les jours, soit avec les refus des fourrages donnés aux animaux, soit avec de la paille. Le fumier sera enlevé tous les mois de préférence.

aération, pas de courant d'air, à l'abri de l'humidité, sol non bétonné.

Faute de vieux bâtiments, l'éleveur se résoudra à faire quelques constructions légères et économiques. Par exemple des hangars, fermés sur 3 côtés par des bordages en bois.

● **Construction d'une bergerie :** ce cas ne peut intéresser que des éleveurs possédant de grosses troupes dans un système de semi-plein air et, au minimum, une centaine de brebis dans les régions difficiles, froides l'hiver.

Cette construction doit être le plus économique possible, d'une grande souplesse de fonctionnement pour que le travail y soit facilité au maximum.

L'intérieur de la bergerie doit comprendre certains équipements tels que des auges, cela afin de distribuer l'alimentation complémentaire.

Des claies permettent de constituer des cases provisoires à l'intérieur de la bergerie.

A noter

Les manipulations sur les moutons étant relativement nombreuses, il faut prévoir un jeu de claies pour constituer, devant la bergerie, des parcs de triage, dont une extrémité conduira au pédiluve.

Recommandation

• Surface de la bergerie = nombre de brebis prévu x 1,5 m² à 2m²/brebis.

• Longueur des râteliers = 3 à 4 m pour 10 brebis.

• Température du local : 12-14 °C.

En outre, prévoir de nombreuses claies pour fabriquer des cases mobiles. Celles-ci pourront servir pour les brebis mettant bas, pour les agneaux qui doivent avoir leur espace indépendant, pour isoler les béliers...

A l'extérieur, prévoyez des auges mobiles et des points d'eau (ci-dessus). Les clôtures électriques ne sont employées qu'en tant que clôtures mobiles.

Hygiène et santé du mouton

Un mouton en bonne santé est alerte, sa température varie autour de 39 °C, sa respiration est régulière, la muqueuse du fond de l'œil est de couleur rosée, sa toison ne s'effiloche pas et, principal baromètre souvent, il a de l'appétit. Lorsqu'une ou plusieurs de ces conditions manquent l'animal est vraisemblablement malade. S'il boite, c'est qu'il a quelque chose à la patte. Mais si sa laine part en morceaux, s'il a de la diarrhée, de la fièvre, s'il ne mange plus : de quoi souffre-t-il ?

Les maladies du mouton

Ses maladies peuvent se diviser en quatre grands groupes : maladies parasitaires externes, maladies parasitaires internes, maladies infectieuses et maladies nutritionnelles.

- **Les maladies parasitaires externes :** elles sont provoquées par des insectes qui vivent dans la laine ou dans la peau des moutons : gales, poux, tiques, mouches. La contagion entre moutons peut être très rapide : les animaux se grattent, perdent leur laine, maigrissent (les tiques inoculent même une maladie très grave : la piroplasmose).
- **Les maladies parasitaires internes :** elles sont provoquées par des vers ou des protozoaires qui vivent dans les divers organes du mouton.

Les strongles, qui s'installent dans les intestins, la caillette et les poumons. Ils provoquent une strongylose qui peut être, selon l'organe atteint, gastro-intestinale ou pulmonaire.

Les douves, qui vivent dans le foie. On distingue la grande douve et la petite douve.

Les ténias et les coccidies, qui infectent l'intes-

Ci-dessus : quelques individus de la race Causses du Lot en parfaite santé ! Ci-contre : traitement par drogage contre les maladies parasitaires internes.

tin grêle pour donner soit le téniasis, soit des coccidioses. Les moutons se contaminent en mangeant de l'herbe infestée par les larves des vers. La coccidiose se transmet aussi par l'absorption d'eau ou par une litière souillées. La présence des parasites dans les organes des moutons est décelée par des analyses de crottes, réalisées en laboratoire.

- **Les maladies infectieuses :** elles sont dues à des microbes ou des ultra-virus. Ce type de maladies cause le plus grand nombre de cas de mortalité. Elles sont développées aux chapitres « Brebis » et « Agneau ».
- **Les maladies nutritionnelles :** elles peuvent provenir aussi bien d'une sous-alimentation que d'une sur-alimentation. Elles sont également développées aux chapitres « Brebis » et « Agneau ».

Pour prévenir les maladies

La santé est un état d'équilibre précaire et beaucoup d'éléments tendent à le rompre. Le mouton doit se trouver dans des conditions de vie

En savoir plus

DÉSINFECTION

La désinfection vise à détruire les germes partout où ils peuvent se trouver en dehors de l'organisme des animaux. C'est une opération importante, indispensable dans la lutte contre les maladies contagieuses. Elle concerne principalement la bergerie ainsi que le matériel utilisé pour l'alimentation ou la traite.

Un milieu de vie sain et un espace suffisant sont parmi les conditions qui permettent de prévenir les maladies (ici, race Berrichon du Cher).

favorables pour échapper à ces maladies. Ces conditions sont les suivantes.

● **Un milieu de vie sain :** en bergerie, les moutons doivent disposer de suffisamment d'espace (1,5 m^2 par brebis), d'air (pas de courant d'air) et d'une bonne litière si possible rechargée quotidiennement.

Au pâturage, les zones humides, réservoirs à parasites internes, sont à éliminer. De même un séjour prolongé du troupeau sur la même pâture, ou bien des pâturages de la même pâture, à intervalles trop rapprochés favorisent le parasitisme : laissez un temps de repos de 4 à 6 semaines entre deux passages.

● **Une alimentation appropriée :** les aliments doivent être distribués à heure fixe, sans excès ni insuffisance. Ils doivent être propres et de qualité : attention aux fourrages et aux graines moisis.

● **Des soins périodiques :** une à deux fois par an (notamment après la tonte), procéder à des balnéations ou des pulvérisations contre les parasites externes. Contre les parasites internes (cf. tableau), traiter à périodes bien définies autant de fois que nécessaire.

Pour certaines maladies comme l'entérotoxé-

Recommandation

Attention aux transitions : le passage d'une ration à une autre (mise à l'herbe), d'un aliment à un autre (foins de graminées, foins de légumineuses), d'un état physiologique à un autre (sevrage des agneaux) doit se faire progressivement et non brutalement.

CALENDRIER DES TRAITEMENTS ANTIPARASITAIRES INTERNES

Date	Traitement	Animaux concernés	Observations
1/3	Ténia	Agneaux	
8/3	Strongylose gastro-intestinale	Agneaux et brebis	
15/4	Ténia	Agneaux et brebis	Traiter aussi les chiens
1/5	S.G.I.	Agneaux et brebis	Si les brebis ne sont pas en lutte
1/6	Ténia	Agnelles et brebis	Plus les agneaux qui restent
15/6	SGI	Agnelles et brebis	Plus les agneaux qui restent
1/7	Grande douve	Agnelles et brebis	
15/7	S.G.I. et strongylose pulmonaire	Agnelles et brebis	
15/9	S.G.I.	Agnelles et brebis	Traiter aussi vos chiens
1/11	Grande douve	Agnelles et brebis	Dans les années à forte infestation un autre traitement sera fait en septembre
15/12	S.G.I. et strongylose pulmonaire	Agnelles et brebis	

A noter

Lorsque vous avez un doute sur la maladie de votre animal, ou sur le remède à apporter, n'hésitez pas à faire appel à un vétérinaire.

mie, il existe des vaccins : utilisez-les à bon escient et à la date convenable.
Enfin taillez régulièrement les onglons et soignez sans délai le piétin.

● **Vaccins, sérums et médicaments**

L'immunité et la protection des moutons peut être acquise par des vaccins, des sérums ou par des médicaments.

Pourquoi des vaccins ? Les microbes sécrètent des toxines au pouvoir nocif. L'organisme de l'animal en présence de ces agents étrangers (les antigènes) élaborent des anticorps qui lui permettent de lutter contre l'infection. Pour accélérer la fabrication d'anticorps dans le sang, on pratique la vaccination ; mais l'immunité ainsi acquise n'est pas immédiate. Elle ne s'établit que lentement et n'est efficace qu'après une, deux ou trois semaines selon les cas. Son effet ne dépasse guère un an, d'où la nécessité, selon les infections, de vacciner chaque année.

Pourquoi des sérums ? Les sérums proviennent du sang prélevé sur un animal (souvent le cheval) qui a déjà réagi contre la maladie. Ils contiennent des anticorps qui assurent, immédiatement après l'injection, la protection de l'organisme, mais pendant un temps très court.

Pourquoi des médicaments ? Les médicaments aident l'organisme à lutter contre les agents infectieux. Parmi les principaux médicaments utilisés en élevage ovin, on trouve les antibiotiques (pénicilline, streptomycine, tétracycline...) et les sulfamides, produits de synthèse chimique, ainsi que les désinfectants : alcool, teinture d'iode, chaux vive, soude caustique, formol, etc.

● *En savoir plus*

MALADIES LÉGALEMENT CONTAGIEUSES

Une liste des maladies contagieuses est établie par les organismes compétents à des périodes régulières. Même si beaucoup d'entre elles sont à ce jour éradiquées en France, pour les ovins, on relève la brucellose, la clavelée, les fièvres aphteuse, catarrhale, charbonneuse, la peste bovine, la rage, la variole caprine et enfin la gale. Ces maladies doivent donner lieu à une déclaration obligatoire auprès de la mairie de la commune. Dans un premier temps, l'éleveur doit isoler l'animal apparemment atteint d'une de ces maladies, puis faire procéder à une analyse en laboratoire pour confirmer le diagnostic. La plupart du temps l'animal, si ce n'est le troupeau, devra être abattu.

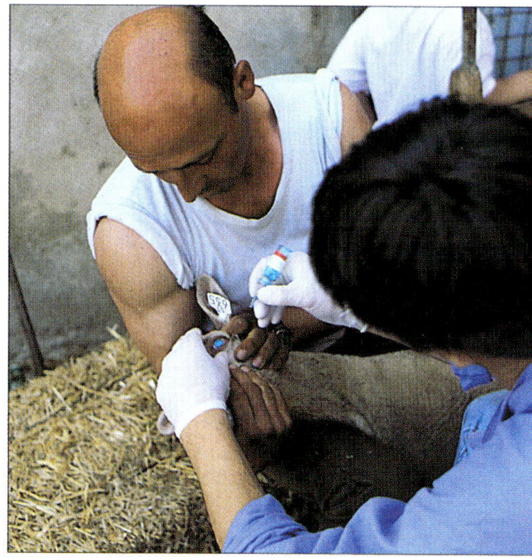

La vaccination contre la brucellose, maladie contagieuse, est indispensable.

Les interventions en élevage ovin

Un élevage, même de quelques têtes, fait appel à un certain nombre d'interventions quotidiennes indispensables.

L'élevage des moutons demande quelques interventions.

L'identification

Par décret en date du 20 décembre 2002 tout détenteur d'un ovin est tenu d'identifier chaque animal né sur l'exploitation avant l'âge de 7 jours et en tout état de cause, avant sa sortie de l'exploitation, s'il la quitte avant cet âge. Dans l'oreille gauche vous apposerez une boucle fournie par votre EDE, qui comporte deux lettres (FR), le numéro de l'exploitation et le numéro d'ordre de l'agneau (son ordre d'arrivée). Dans l'oreille droite vous pourrez tatouer (c'est facultatif) l'agneau avec son numéro d'ordre (millésime de l'année de naissance et numéro d'ordre d'arrivée dans l'élevage). Lors de la naissance de l'agneau il peut être pratiqué une identification temporaire par un marquage à la peinture du numéro d'ordre sur le dos de l'animal.

L'examen de l'œil

Il se pratique pour avoir une première idée sur l'état de santé de l'animal. Avec les deux pouces, écarter les paupières de l'animal et examiner le fond de l'œil. Une couleur rosée traduit une bonne santé. Une autre couleur indique une affection : blanche (anémie), rouge (congestion), jaune (jaunisse).

La prise de température

Face à un animal malade, il est nécessaire de lui prendre la température par voie rectale, encore que toute maladie ne donne pas forcément de la fièvre. Une température normale varie chez le mouton entre 38,5 °C et 39,5 °C. Au-delà de cette norme, l'animal peut être affecté de septicémies ou de maladies infectieuses aiguës ; en deçà, de toxémie.

En savoir plus

La première réglementation de l'identification des animaux découle de la loi sur l'élevage du 28 décembre 1966 et de ses décrets d'application.
À partir du 1er janvier 2008, l'identification électronique sera obligatoire, dans toute l'Union Européenne, pour tous les ovins et caprins.

La prise de sang

Elle est réalisée à la veine jugulaire. Après avoir pressé celle-ci, enfoncez l'aiguille dans la veine, de bas en haut, puis aspirez lentement avec la seringue.

Les prélèvements coprologiques

Il consiste à prélever des excréments sur l'animal pour rechercher la présence, par examen microscopique réalisé en laboratoire, d'éléments parasitaires (œufs, larves...). Le prélèvement s'opère avec la main, munie d'un gant, par introduction d'un ou deux doigts dans le rectum de l'animal. Les excréments seront placés dans un sachet plastique ou un flacon de verre et envoyés au laboratoire.

Le drogage

Opération qui consiste à administrer par voie orale des produits le plus souvent anti-parasitaires. Se munir d'un pistolet doseur, le remplir avec la dose de produit dilué. Maintenir la tête de l'animal d'une main et, de l'autre, introduire la canule du pistolet dans sa bouche. Administrer progressivement le produit.

Les piqûres

Elle sont parfois nécessaires pour administrer les produits médicamenteux. Elles se font soit dans la veine jugulaire, soit dans les muscles, soit sous la peau.

Avant de faire une piqûre, vous devez :

– bien tenir l'animal, de façon qu'il ne bouge pas au moment de la piqûre ;

– maintenir le matériel (seringue, aiguilles) en bon état et le conserver très propre (le stériliser) ;

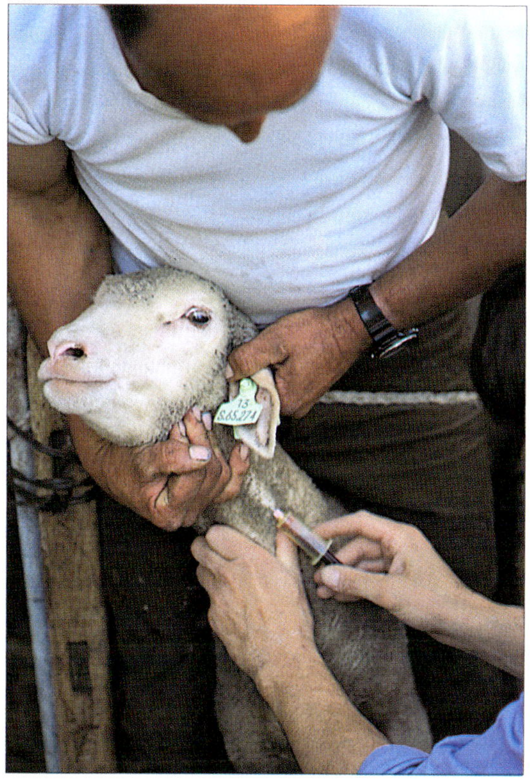

La prise de sang effectuée sur un animal demande d'être deux pour immobiliser le mouton sans risquer de le blesser.

– désinfecter autour de l'endroit choisi pour la piqûre, avec de la teinture d'iode par exemple.

● **Comment procéder :**

– piqûre sous-cutanée : elle consiste à faire pénétrer le médicament entre la chair et la peau : pincez un pli de peau et piquez à la base du pli, parallèlement à la peau ; injectez la dose prescrite. Cette opération se réalise soit dans le fanon, dans la zone dégarnie de laine, soit dans les plis, en arrière des membres antérieurs, sous la poitrine ;

– piqûre intramusculaire : plantez l'aiguille dans les muscles du cou, en arrière de la tête et légèrement de côté pour ne pas toucher les apophyses osseuses ; injectez la dose prescrite.

Évitez de faire la piqûre dans le gigot, celle-ci pouvant entraîner des dépréciations ;
– piqûre intraveineuse : elle est difficile à réaliser. Elle se pratique dans la veine jugulaire. Pour cela : pressez avec le pouce pour la faire ressortir et enfoncez l'aiguille toujours de bas en haut. Injectez le produit très lentement.

La taille des onglons

Il est nécessaire de tailler les onglons des moutons, au moins en deux occasions : soit simplement pour éliminer l'excès de corne (2 à 3 fois par an si nécessaire), soit en cas de maladie infectieuse (piétin). Le matériel utilisé sera un sécateur ou un couteau, le « couteau du berger », à lame en crochet. Asseoir l'animal et placer les jambes derrière son dos pour le maintenir : tailler.

La taille des onglons a pour but de prévenir le piétin, une maladie infectieuse et contagieuse. Inspectez les pieds des animaux tous les 8 jours.

L'amputation de la queue

Elle est facultative. Un agneau sans queue a ses masses musculaires mieux mises en valeur et il est préférable que la future brebis en soit également dépourvue.

En savoir plus

UN BON ÉQUIPEMENT

Tout éleveur doit posséder au moins une trousse à pharmacie et quelques instruments : thermomètre, seringues avec aiguilles, coton, alcool, sérum polyvalent, sérum antigangréneux, mercurochrome ou teinture d'iode, bombes désinfectantes, pénicilline, tétracycline, vitamines buvables, désinfectant général (eau de Javel, ammonium quarternaire) ; marques pour l'identification (tiptag, boucles d'oreilles), crayons à marquer de couleurs différentes, couteau à berger, forces à tondre, carnet d'agnelage, biberon et tétines, gants de caoutchouc, lampe infrarouge.

ANATOMIE DU PIED

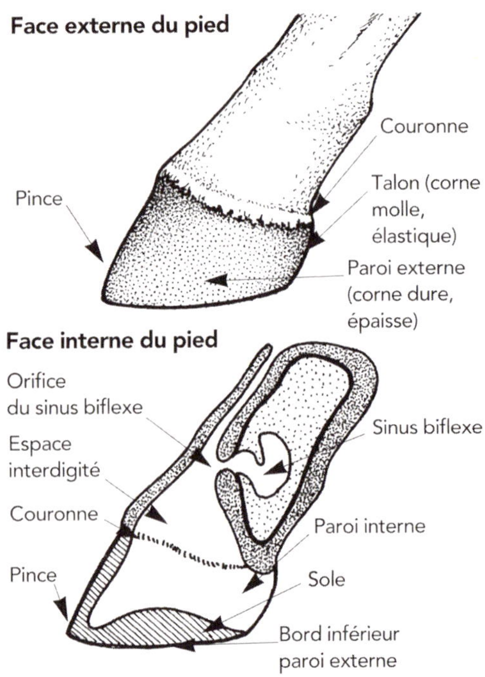

L'opération se pratiquera chez l'agneau lors de la première semaine. On contient l'agneau entre ses jambes, on se sert d'une pince hémostatique que l'on place autour de la queue près de l'anus. Serrer la pince à fond pendant 30 secondes. Retirer la pince et appliquer un cicatrisant. Une amputation pratiquée dans de mauvaises conditions peut entraîner une infection (méningomyélite).

En savoir plus

Du point de vue légal, vous ne pouvez pas abattre en dehors des abattoirs les animaux que vous avez élevés, même ceux réservés à la consommation familiale. La remise de vente à des tiers, même à titre gratuit, est interdite.

La castration

Elle correspond à deux nécessités : éviter les saillies des mères par leurs agneaux âgés de plus de 5 mois, et faciliter la finition des agneaux.

Elle n'est donc pas nécessaire pour les agneaux qui partent à la boucherie à 100-120 jours d'autant que, provoquant un stress chez l'animal, elle présente souvent plus d'inconvénients que d'avantages pour leur vitesse de croissance. Il existe plusieurs méthodes de castration : donnons ici une méthode « douce », celle qui se pratique avec une pince à castrer. La castration s'opère par écrasement, avec la pince, du cordon testiculaire situé entre le corps de l'animal et les testicules : un caillot se formera dans le cordon au niveau du pincement (il faut tenir la pince serrée pendant environ 1 minute), le testicule ne sera ainsi plus irrigué et il s'atrophiera.

La saignée

Une fois l'animal allongé sur le côté, deux opérations successives sont nécessaires :

– le couteau doit être planté dans la nuque au-dessus des premières vertèbres, pour sectionner la moëlle épinière,

– puis la tête, ramenée en arrière, tenue en extension, la gorge de l'animal sera tranchée d'un geste ferme.

La reproduction

A partir de la puberté, l'activité sexuelle d'une brebis est marquée par des cycles (intervalle de temps entre deux chaleurs successives) dont la durée varie, suivant les animaux et les races, entre 16 et 19 jours. A la fin de chaque cycle, la femelle entre en chaleur, période qui dure entre 36 et 48 heures et au cours de laquelle la brebis sera saillie par le bélier.

CHOIX D'UN PLAN DE REPRODUCTION
(quelques exemples)

Pour une seule saison d'agnelage

agnelage d'hiver

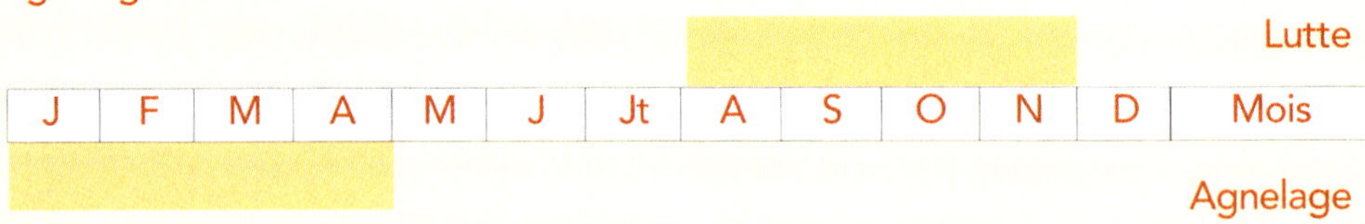

agnelage de printemps

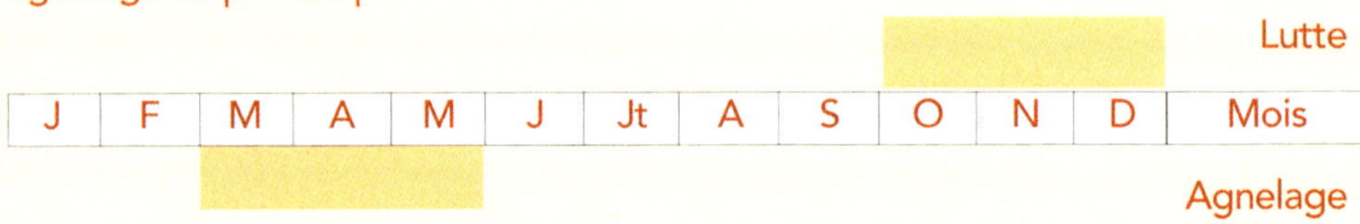

Pour deux saisons d'agnelage

avec des races à saison sexuelle de longue durée

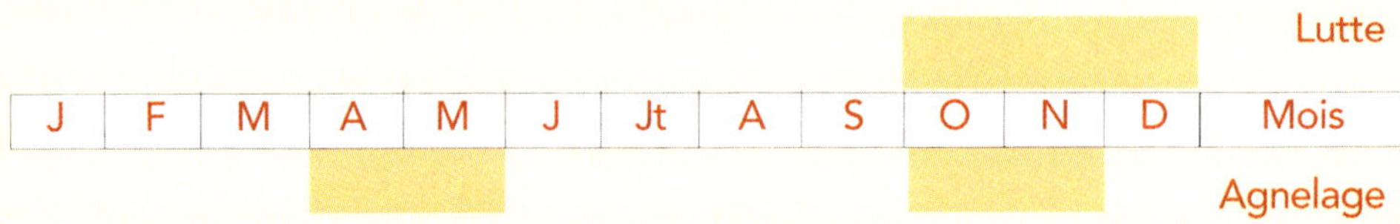

avec des élevages séparant les périodes de lutte des brebis des agnelles

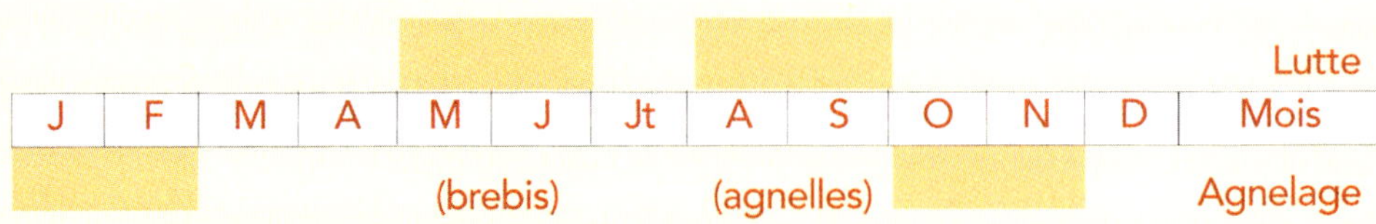

La brebis

La vie d'une brebis se caractérise par des moments intenses pendant lesquels l'éleveur devra porter toute son attention et utiliser son savoir.

Son attention, pour se prémunir par des traitements préventifs des nombreuses maladies qui peuvent advenir, pour surveiller la qualité des aliments qu'il met à disposition de ses animaux, pour veiller à l'agnelage.

Son savoir, pour appliquer les traitements curatifs nécessaires lorsque la maladie se déclare, pour équilibrer les rations qui seront distribuées aux différents stades de production de la brebis (lutte, gestation, lactation), pour choisir ses agnelles de renouvellement.

Un troupeau doit comporter des individus issus de préférence d'un même élevage.

A propos de l'alimentation de la brebis

L'alimentation de la brebis (comme celle du bélier ou de l'agneau) doit être équilibrée, c'est-à-dire qu'elle doit lui permettre de couvrir tous ses besoins en matières énergétiques, azotées, minérales, en vitamines et en eau.

Au cours du cycle de reproduction de la brebis, les besoins alimentaires varient avec le stade de production de l'animal. On distingue des périodes à faibles besoins (celle du repos sexuel et celle des trois premiers mois de gestation) et des périodes à hauts besoins (ce sont celles de la lutte, des deux derniers mois de gestation et de la lactation).

En outre, l'alimentation doit être continue, c'est-à-dire qu'elle ne doit jamais varier brusquement en nature et en quantité ; les modifications doivent se faire progressivement.

Le choix d'une brebis

Lorsqu'un éleveur doit se constituer un troupeau, il y a une chose qu'il ne doit absolument pas faire : c'est acheter des brebis (ou des agnelles) provenant de plusieurs élevages différents ; il peut être assuré d'avoir le maximum d'ennuis sanitaires s'il ne respectait pas cette consigne.

Au contraire, et dans la mesure du possible, il ne faut acheter que dans un seul élevage ou dans peu d'élevages à la fois, en prenant soin

Achetez des brebis (ici, la race Blanc du Massif central), dont le suivi et le contrôle des performances ont bien été effectués.

alors d'isoler les lots d'animaux d'origines différentes, le temps de faire des analyses sur la santé de ces animaux.

En dehors de ces précautions, la question se pose de savoir si l'on doit se procurer des brebis, des antenaises ou des agnelles.

- **Les brebis :** la meilleure opportunité serait d'acheter tout ou partie d'une troupe qui se vend. La préférence de l'éleveur ira à l'élevage où sont pratiqués le suivi et le contrôle des performances des animaux ; ainsi, il pourra demander au vendeur les « papiers » de chaque brebis : origine, nombre de mises bas, agneaux nés à chaque agnelage, valeur laitière (mesurée par le gain 10/30 de ses agneaux). Dans le cas contraire, il ne pourra juger l'animal que sur son aspect physique : correspondance avec le standard de la race, état de la dentition, des mamelles, des pieds, des aplombs, aspect de la toison.
- **Les antenaises :** âgées de 1 an, elles seront pleines en principe, ce qui fera gagner quelques mois précieux pour l'acheteur. Si elles ne le sont pas, l'acheteur peut se demander la raison de leur mise en vente.
- **Les agnelles :** dès que sa troupe sera constituée, l'éleveur pourra, dès l'année suivante, utiliser des agnelles (femelles de moins de 1 an) nées dans son élevage (environ 1/5 de l'effectif brebis) pour assurer le renouvellement normal du troupeau. Les critères de choix sont les mêmes, qu'il s'agisse d'agnelles achetées à l'extérieur ou d'agnelles nées sur l'élevage.

– En premier lieu, l'éleveur doit considérer les performances des parents et conserver les agnelles nées des meilleures mères : celles-ci seront jugées sur le gain 10/30 de leurs agneaux (signe qu'elles sont de bonnes laitières), sur leur aptitude à ne pas sauter une période de lutte, sur le nombre d'agneaux nés et élevés dans leur carrière.

Dans le cas des élevages laitiers, les agnelles seront aussi choisies en fonction de l'index laitier de leur père.

Définition

Index : estimation de la valeur génétique d'un animal. L'index exprime l'écart entre la valeur génétique de cet animal et celle des animaux contemporains. Dans les élevages soumis aux contrôles de performance les brebis, les béliers et les agneaux peuvent avoir un index, soit de valeur laitière (brebis ou bélier), soit de croissance (agneau ou bélier), soit de prolificité (brebis).

– En second lieu, l'éleveur triera en fonction des propres performances de l'agnelle. Il préférera les agnelles nées double ou triple à celles nées simple (signe qu'elles répéteront, plus facilement, cette faculté de donner plus d'un agneau à chaque mise bas), et celles présentant les meilleures performances sur les gains

30/70 (traduisant leur plus ou moins grande aptitude à croître rapidement). Enfin, il se déterminera sur leur aspect physique.
Lors de l'achat, ne pas oublier que, en principe, les meilleures agnelles auront été gardées par le vendeur pour son propre élevage.

Puberté et saison sexuelle

La puberté est l'âge où la reproduction devient possible : on la détermine à partir de la première chaleur. Chez l'agnelle, c'est théoriquement vers les 7-10 mois qu'apparaissent les premières chaleurs. La saison sexuelle est la période pendant laquelle la femelle est cyclique. La période d'activité sexuelle commence lorsque la durée du jour diminue, c'est-à-dire au début de l'été, et sera maximum à l'automne. Le reste de l'année, sauf au printemps pour quelques races (c'est-à-dire à contre-saison), l'organe de reproduction (ovaire) est au repos (c'est la période dite d'anœstrus saisonnier).

En savoir plus

Pour les brebis qui ne désaisonnent pas naturellement, il est possible de remédier à cela.
Trois méthodes sont possibles : soit provoquer artificiellement les chaleurs de la brebis en utilisant des hormones ; soit en essayant de jouer sur la durée du jour au début du printemps pour retrouver les conditions de l'automne, période de jours décroissants. Cette méthode par traitement lumineux est encore peu utilisée en élevage ovin. La dernière méthode consiste à sélectionner les animaux (mâles et femelles) sur leur aptitude naturelle à désaisonner.

La période d'activité sexuelle débute, chez l'agnelle, vers l'âge de 7-10 mois.

Ainsi, pour une agnelle née en février-mars, la reproduction est possible en automne de la même année ; mais pour une agnelle née en juin-juillet, il faudra attendre l'été ou l'automne de l'année suivante, soit au mieux 12-13 mois.

La lutte

Le début de la période de lutte dépendra de la date à laquelle l'éleveur voudra vendre ses agneaux : par exemple à Pâques, où les prix des agneaux vendus à la boucherie seront les plus hauts, mais où, nécessairement, les agneaux auront été élevés en bergerie, donc avec une alimentation onéreuse ; ou bien en fin d'été, où les prix des agneaux sont au plus bas mais où l'essentiel de leur nourriture aura été fournie par l'herbe, peu chère.
Quel que soit le choix retenu, l'éleveur doit faire en sorte d'apporter aux femelles une alimentation plus riche et plus abondante. Cette suralimentation agit favorablement sur la ponte ovulaire (il y aura d'autant plus d'ovules pondues que la brebis sera mieux nourrie), sur la fécondation de ces ovules et sur la réduction de la mortalité embryonnaire.
En pratique, il est recommandé d'augmenter la

ration des brebis avant (1 mois), pendant (45 jours), et après (15 jours) la période de lutte. Par exemple, en plus de la ration de base, l'éleveur distribuera de 200 à 300 g de céréales par jour et par brebis.

Enfin, il faut éviter à la brebis tout traumatisme, qui provoquerait une mortalité embryonnaire élevée. Pour cela l'éleveur doit prendre certaines précautions : pas de drogage, pas de tonte, pas de changement brutal de la ration de base.

Recommandations

• Ne mettre en lutte une agnelle que lorsqu'elle a atteint au minimum les deux tiers de son poids théorique adulte.

• Une fois la lutte principale terminée, retirez le bélier et recommencez une autre période de lutte trois semaines après avec, si possible, un autre bélier (pour le cas où le premier serait stérile).

La gestation

Durée de gestation : elle est variable (entre 139 et 153 jours) et dépend de la race, de l'âge de la brebis (plus courte chez les jeunes brebis), du nombre d'agneaux à naître (plus courte pour les portées multiples).

Comme la gestation dure 5 mois environ, il devrait être possible de faire 2 agnelages par an. En fait, cela est très difficile à réaliser, car il faut compter avec les anœstrus saisonniers, les anœstrus de lactation (après une mise bas, les chaleurs ne réapparaissent qu'après un certain temps, jamais inférieur à 15 jours), l'état de fatigue de la femelle, l'ardeur et la fertilité du bélier.

Définition

Désaisonnement : aptitude d'une brebis à être luttée en dehors de sa saison sexuelle normale (l'automne), c'est-à-dire au printemps.

A noter

Le jeune embryon se fixe sur la muqueuse utérine entre le 11e et le 20e jour après la fécondation. Pendant les 3 premiers mois qui suivent celle-ci, le développement du fœtus est relativement peu important. Par contre, durant le 4e et le 5e mois la croissance est élevée et les besoins alimentaires de la mère augmentent.

• Les besoins en période de gestation : jusqu'à la fin du 3e mois de gestation, les besoins de la brebis n'augmentent pratique-

● *En savoir plus*

FACTEURS AFFECTANT LA GESTATION

Une température élevée en période de lutte favorise la mortalité embryonnaire. Mais c'est essentiellement de l'alimentation que peuvent survenir les ennuis les plus importants. De nombreux essais ont montré que le poids des agneaux à la naissance, leurs chances de survie et la production laitière de la mère étaient diminués lorsque l'alimentation était insuffisante durant la gestation et notamment pendant les deux derniers mois. Enfin, il faut éviter aux brebis gestantes tout stress qui peut entraîner l'avortement : en particulier les bousculades, les trop longues marches, la tonte, la distribution d'aliments ou d'eau glacés.

En savoir plus

RECONNAÎTRE UNE BREBIS EN GESTATION

Elle ne revient pas en chaleur. A la fin du 3e mois, par un palper abdominal, vous pouvez sentir remuer l'agneau. A la fin du 4e mois, la mamelle commence à se développer.

ment pas. Mais il n'en va pas de même lors du 4e et 5e mois, période pendant laquelle les besoins augmentent rapidement en raison du développement rapide du (ou des) fœtus. C'est aussi lors de cette période que la brebis doit constituer des réserves en vue de sa prochaine lactation.

On a coutume de dire que ces besoins, par rapport à ceux de la période d'entretien, croissent d'un tiers. Cela donne en pratique :

- **pour un élevage en plein air,**

– au 4e mois : mettre les brebis dans une prairie de meilleure qualité, distribuer du bon foin (1 à 2 kg) et 200 g de céréales par brebis et par jour ;

– au 5e mois : laisser les brebis sur une bonne prairie, distribuer 300 g de céréales (orge ou maïs) et 100 g de tourteau (si la brebis est pleine de 2 ou 3 agneaux) et un complément minéral ;

- **pour un élevage en bergerie,**

– au 4e mois : ration de base + 500 g de foin (ou foin à volonté si c'est la ration de base), complétée par 100 à 200 g de céréales ;

– au 5e mois : ration de base + 300 g de céréales + 100 g de tourteau.

La mise bas

La plupart des mises bas se passent sans problème, toutefois une intervention humaine est parfois indispensable. Les raisons sont diverses :

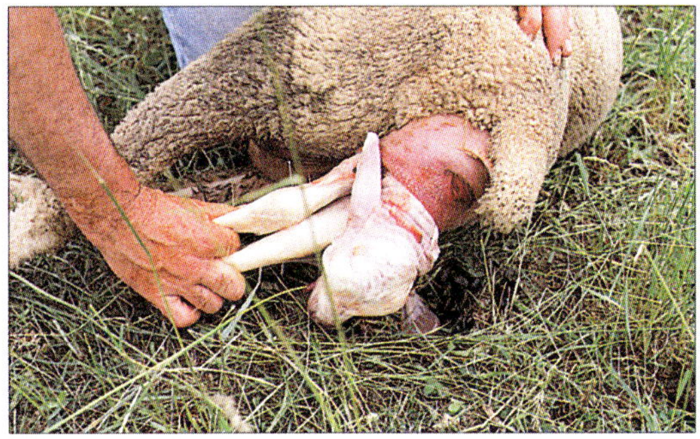

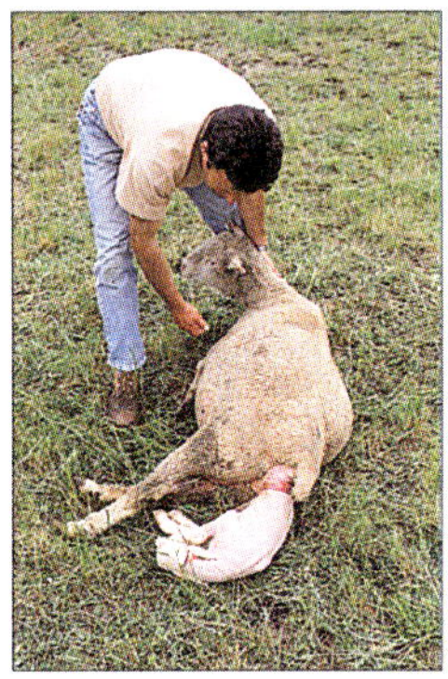

L'intervention de l'éleveur (ou du vétérinaire) est parfois nécessaire lors de la mise bas (agnelage), qui se passe le plus souvent sans problème.

Après la mise bas, la brebis lèche l'agneau qui est mouillé ; sinon, il faut le frictionner avec de la paille, puis le mettre dans une case, sous une lampe à infrarouge.

Après l'agnelage, et durant un mois, l'agneau se nourrit du lait de sa mère.

mauvaise présentation des agneaux lors de l'agnelage, nécessité de pratiquer une césarienne, agneaux restant dans les enveloppes, refus d'adoption de l'agneau par la mère...
A l'approche de la mise bas la brebis est inquiète, gratte le sol et émet des bêlements, sa mamelle devient dure, ses flancs se creusent, la vulve se tuméfie et elle recherche l'isolement. Puis elle se couche, fait des efforts d'expulsion, se relève et se recouche, et cela plusieurs fois jusqu'à ce que la poche des eaux apparaisse.
Alors, la naissance est proche : les efforts de la brebis deviendront de plus en plus violents jusqu'à la sortie de l'agneau. S'il y a un deuxième agneau, celui-ci sera expulsé environ un quart d'heure plus tard.
Enfin, au minimum une heure après, de nouveaux efforts de la brebis aboutiront à l'expulsion des enveloppes.
Normalement, le fœtus arrivera soit en position antérieure (la tête en avant reposant sur les membres antérieurs bien allongés), soit en position postérieure (dans ce cas, l'arrière en avant avec les membres postérieurs se présentant en premier).
En bergerie, l'éleveur doit se tenir prêt pour intervenir si besoin, notamment lorsque l'agneau se présente dans une position autre que décrite précédemment. Il aura pris soin de préparer des cases (1,20 m x 1 m) dans lesquelles il mettra les brebis nouvellement accouchées avec leurs petits : il pourra ainsi mieux surveiller les premiers pas de l'agneau, se rendre compte si la brebis l'adopte, si l'agneau tète bien, etc.

Recommandation

En cas de présentation anormale de l'agneau, agissez avec précaution et suivez les conseils que vous aura prodigués votre vétérinaire.

La lactation

Sitôt après l'agnelage, les besoins alimentaires de la brebis augmentent considérablement avec le début de la lactation. Ces besoins varient avec le nombre d'agneaux allaités ou avec le volume de lait produit à la traite : à partir du 45e jour de la lactation, le volume décroît. Les besoins d'entretien d'une brebis doublent si celle-ci allaite un agneau, triplent si elle en allaite deux.
Doubler ou tripler la ration d'une brebis ne signifie pas qu'il faille doubler ou tripler la quantité d'herbe ou de foin : l'animal ne pourrait

pas l'ingérer. Il faut donc avoir recours à une alimentation complémentaire en céréales ou en tourteaux.

La ration à apporter pendant la lactation doit répondre parfaitement aux besoins de la brebis :

– première phase : partir de la ration de fin de gestation et l'augmenter progressivement pour arriver à la fin de la 3e semaine à la ration de la deuxième phase ;

– deuxième phase : de la 4e à la 8e semaine, la production laitière est maximum. En pratique, en plus de la ration de base, vous pouvez distribuer 500 g à 800 g de céréales par brebis et par jour, en deux fois ;

– troisième phase : à partir de la 9e semaine la production laitière commence à décroître, il vous faut progressivement diminuer la ration complémentaire jusqu'à la supprimer lorsque la brebis n'a plus de lait.

Recommandation

Si la brebis n'a plus que très peu de lait lors du sevrage de l'agneau, le tarissement se fera tout naturellement ; en revanche, si elle en a encore une quantité suffisante il faut, dans un premier temps, supprimer la distribution d'aliments concentrés, puis le bon fourrage dans un deuxième temps. Pour terminer, donnez-lui pendant trois jours de la paille, en réduisant l'abreuvement.

Le stade repos

C'est la période de non-production, celle où les besoins de la brebis sont au minimum. En plein air, l'herbe trouvée sur le parcours devrait suffire à les couvrir. En bergerie, la ration sera composée de 1,5 kg de foin de qualité moyenne

Pendant la période de non-production, l'alimentation de la brebis peut se limiter à l'herbe trouvée sur le parcours.

par brebis et par jour. Toutefois pendant cette période, si l'éleveur a décidé de réformer la brebis, il devra lui donner une alimentation plus riche pour qu'elle soit vendue en bon état. En plein air, l'animal sera mis sur une bonne prairie et il lui sera distribué 200 g de céréales par jour ; en bergerie, il aura du foin à volonté et 200 g de céréales par jour.

Les maladies de la brebis

De nombreuses maladies risquent de survenir tout au long de la carrière de la brebis. Chaque année on peut assister, outre les maladies parasitaires qui concernent tout le troupeau et qui sont traitées précédemment, à des maladies propres aux brebis dues à des excès ou à des carences alimentaires, et à toute sorte d'infections microbiennes. Elles concernent différents stades de la production d'une brebis.

• Maladies de la reproduction

– Les avortements : ils constituent un des plus graves fléaux de l'élevage du mouton. Leurs origines sont diverses : mécaniques (bousculades, courses, chocs, manipulations inopportunes en fin de gestation), nutritionnelles (sous-alimentation ou alimentation déséquilibrée ou toxique), parasitaires (trop grande infestation), mais surtout infectieuses. Ce sont les avortements les plus dangereux car ils peuvent être contagieux pour l'homme. Les trois plus répandus sont dus à la brucellose, la chlamydiose et la salmonellose.

Recommandations

• Dès qu'un avortement ayant une cause microbienne se produit, il faut en rechercher l'origine précise : envoyer l'avorton et les enveloppes fœtales à un laboratoire pour analyse (attention : ne rien touche les mains nues), ainsi qu'un prélèvement de sang. Isoler la brebis et faire brûler la litière avec laquelle elle était en contact.

• Des microbes (brucella, salmonella) sont dangereux pour l'homme. Éleveurs et bergers doivent prendre de grandes précautions : ne pas manipuler des avortons et leurs enveloppes, se laver régulièrement les mains, voire les désinfecter après tout contact suspect. La contamination se fait en effet, dans 75 % des cas, par contact direct.

Le traitement des avortements est délicat, il faut absolument demander l'avis du vétérinaire. D'une part il vous aidera à comprendre les analyses faites par le laboratoire, d'autre part il prescrira les antibiotiques à employer. Si l'animal est reconnu brucellique l'élevage sera placé sous arrêt sanitaire et les animaux atteints devront être abattus.

– Les mammites : la mammite banale est une maladie microbienne provoquée par des staphylocoques, streptocoques, colibacilles. La mamelle devient chaude, congestionnée et douloureuse. La brebis atteinte doit être isolée car contagieuse, elle doit être traitée pendant au moins trois jours aux antibiotiques et sa ration alimentaire doit être réduite en quantité et en qualité. Néanmoins, la mamelle peut être perdue partiellement ou totalement.

La mammite gangreneuse (le quartier atteint est violacé et froid) est beaucoup plus grave : elle entraîne généralement la mort. Parfois, des piqûres de sérum antigangréneux peuvent sauver la brebis.

– L'infécondité : lorsque la brebis n'arrive pas à être fécondée on peut accuser d'abord le bélier. Mais il existe aussi des causes alimentaires (brebis trop grasse ou sous-alimentée) et des causes infectieuses.

• Les maladies alimentaires

– L'entérotoxémie : maladie infectieuse due à l'action de divers germes microbiens (du genre *Clostridium perfringens*) qui attaquent les différentes parties du tube digestif. L'évolution de cette maladie est foudroyante dans la plupart des cas, entraînant la mort en quelques minutes. Dans ses formes à évolution plus lente, la bre-

> **● *En savoir plus***
>
> **PRÉVENTION**
>
> **Elle repose sur des mesures simples d'hygiène : propreté des litières, désinfection des bergeries, traite faite avec des mains propres ou avec des appareils de traite bien réglés, bien nettoyés. L'emploi de produits spéciaux (à base d'antibiotiques) introduits par le trayon lors du tarissement et la vaccination seront de bons moyens de prévention.**

bis peut être sauvée par l'injection d'un sérum. Cette maladie est généralement provoquée par un déséquilibre alimentaire dû à une nourriture trop énergétique ou trop riche en matières azotées ; elle survient bien souvent lors des changements brusque d'aliments et elle apparaît, pour cette raison, sur des animaux soumis à une alimentation intensive. Une vaccination appropriée des mères lors du dernier mois de gestation (et des agneaux dès leur plus jeune âge) permet de réduire considérablement les risques d'entérotoxémie.

– La météorisation : elle est due à une accumulation de gaz dans la panse, suite à des fermentations anormales. La brebis ne mange plus et a du mal à respirer ; ses flancs sont ballonnés. La météorisation survient lorsque l'animal consomme trop rapidement des quantités d'herbe riche en azote. L'éleveur doit intervenir rapidement, soit en injectant directement dans la panse une préparation « météorifuge », soit en n'hésitant pas à se servir d'un trocard, sorte de poinçon entouré d'une canule, que l'on enfonce dans le flanc gauche de l'animal : cela permet l'évacuation des gaz.

– Les intoxications : ce sont généralement des intoxications alimentaires dues, soit à des plantes toxiques (if, feuille de cytise, laurier-rose, germe de pomme de terre, colchique, graine de moutarde), soit à des aliments toxiques, comme le tourteau de lin humide, le tourteau de colza et les glands (s'ils sont consommés en trop grande quantité), des aliments moisis ou gelés, soit à des produits chhimiques, comme le sulfate de cuivre, les nitrates et les superphosphates.

De même, à tout moment, une consommation excessive d'un aliment non toxique peut provoquer une indigestion.

En cas d'intoxication, les symptômes les plus visibles sont le tremblement et les diarrhées ; la mort peut survenir. La suppression des aliments suspects (voire même la diète), l'administration d'un purgatif et la mise à disposition d'eau additionnée de bicarbonate de soude sont les premières mesures à prendre en cas d'intoxication.

– La mise sur le dos : ce n'est pas à proprement parler une maladie mais un simple accident, fréquent chez les brebis au pâturage. La brebis ne peut rester trop longuement au risque de mourir d'une entérotoxémie foudroyante. Il suffit de la remettre sur pied.

– La chute de laine : les causes de dépilation, très désagréable à voir, sont nombreuses et d'origines diverses. Elles traduisent le plus souvent une carence minérale, donc une alimentation déséquilibrée.

● Les maladies infectieuses

– La pasteurellose : c'est une maladie microbienne qui provoque des lésions pulmonaires. L'animal tousse, maigrit. Le traitement curatif se fera à base d'antibiotiques ou de sulfamides. Préventivement, la brebis peut être vaccinée lors de son 3e mois de gestation.

– La fièvre aphteuse : maladie extrêmement contagieuse qui atteint les bovins, les porcins, les ovins et les caprins.

– La listériose : il s'agit d'une encéphalite contagieuse. L'animal présente des troubles nerveux, des convulsions, généralement il meurt en deux ou trois jours. Dans certains cas, l'emploi d'antibiotiques, dès l'apparition des premiers symptômes, peut sauver l'animal.

– L'adénomatose : c'est un genre de pneumonie, provoquée par des virus. L'animal présente des signes d'essoufflement, tousse, maigrit et meurt. La vaccination permettra de prévenir cette maladie.

– La clavelée : maladie due à un ultra-virus qui provoque de la fièvre et des éruptions de pustules sur les régions du corps délainées. On la rencontre surtout dans les pays méditerranéens et dans les pays du nord de l'Afrique, où les animaux devront être vaccinés.

– Les abcès : ils sont dus à des germes microbiens (staphylocoques, streptocoques) dont le développement est favorisé par de mauvaises conditions hygiéniques. Il ne faut pas hésiter à les « couper » ou « débrider » puis à les désinfecter soigneusement, ainsi que les instruments qui ont servi à l'opération.

– La diarrhée : elle n'est que le symptôme d'une affection digestive : infection microbienne (entérotoxémie…), infection parasitaire (stongylose…) ou signe d'une alimentation déficiente. En présence de diarrhée, l'éleveur doit s'appliquer à en rechercher la cause ; celle-ci trouvée, il y portera remède.

– Le piétin : c'est une maladie infectieuse de la corne du pied, contagieuse. Elle se caractérise par la ramollissement puis la pourriture de la corne : il y a suppuration et une odeur fétide se dégage. La brebis (mais aussi le bélier ou l'agneau) se met à boiter, puis en arrive à « marcher sur les genoux ».

Il faut absolument traiter avant d'en arriver à ce stade : tailler à l'aide d'un couteau tout ce qui est mou, tout ce qui est pourri. Cautériser la plaie àl'aide d'un produit à base de chloramphénicol et laisser l'animal au sec. Tous les huit jours, il faut examiner les pieds de l'animal et recommencer la taille si besoin.

Préventivement, il faut s'attacher à éviter les piétinements sur des sols ou des litières humides, à tailler régulièrement les onglons et faire passer les animaux dans un pédiluve.

Définition

Pédiluve : il s'agit d'un bac contenant une solution antiseptique pour la prévention ou le traitement des maladies du pied. En général, le pédiluve est placé à quelques mètres de l'entrée de la bergerie. Il doit avoir une largeur de 0,60 m, une longueur de 4 à 5 m. Il sera profond de 20 centimètres. Vous devez le remplir d'eau formolée à 10 %.

Attention : morsure de serpent

Seule une injection de sérum antivenimeux peut sauver l'animal victime d'une morsure de serpent venimeux. Encore faut-il pouvoir intervenir à temps…

En savoir plus

Depuis la dernière crise en 2000 due à l'ESB (Encéphalite spongiforme bovine), les autorités françaises ont pris des mesures pour éviter la propagation de cette maladie, notamment en interdisant de la chaîne alimentaire certains organes des ovins et des caprins, comme la cervelle, les yeux, les amygdales et la moelle épinière. En outre, la France a mis en place un dispositif de surveillance de la tremblante des ovins et des caprins avec, notamment, l'obligation de déclarer tout animal de plus de 6 mois présentant des symptômes caractéristiques de la maladie.

Le bélier

L'agneau hérite pour moitié des gènes de sa mère et pour moitié de ceux de son père. C'est une évidence, et pourtant cette simple constatation n'est pas toujours prise suffisamment en compte par les éleveurs : au contraire, il faut porter la plus grande attention sur le choix du bélier d'autant plus qu'il est appelé à produire plus de 50 agneaux dans une année.

Bélier Mérinos d'Arles : une race très résistante à la marche et aux intempéries.

Le choix d'un bélier

Lors de l'achat – ou dans le cas de l'utilisation d'un jeune bélier né sur l'exploitation –, l'éleveur doit parfaitement connaître les origines de son futur reproducteur.

- **Quelles sont les performances de la mère :** a-t-elle une bonne valeur laitière (mesurée par le gain 10/30 des agneaux qu'elle a déjà produits) ; quelle est son aptitude à donner des naissances gémellaires (son taux de prolificité) ?
- **Quelles sont les performances du père :** ses fils ont-ils une bonne croissance (mesurée par le gain 30/70 de ses agneaux) ; ont-ils une bonne conformation ; dans le cas des élevages spécialisés « lait », ses filles ont-elles de bonnes lactations (déterminant l'index laitier du père) ?
- **Quelles ont été ses propres performances en tant qu'agneau :** est-il né double, ses gains 10/30 et 30/70 sont-ils parmi les meilleurs ?

Enfin, il doit être jugé sur son aspect physique : il ne doit pas avoir de défauts apparents (aplombs, bouche, dentition...), sa conformation doit être la meilleure possible, sa toison homogène ; il doit être conforme au standard de sa race.

Pour être complet, le choix du bélier peut se faire aussi sur les collatéraux, c'est-à-dire sur les performances zootechniques des frères et sœurs, demi-frères ou demi-sœurs.

La lutte

Le bélier est pubère dès l'âge de 6-7 mois (vers 4 mois même, chez le Romanov). Son activité sexuelle est un peu moins « saisonnée » que celle de la brebis. En pratique, sa saison sexuelle étant plus étendue, il peut saillir avec succès les brebis de même race que lui.

Un bélier adulte peut, pour une période de lutte à l'automne, saillir 50 à 60 brebis alors qu'en lutte de printemps il est plus sage de ne lui en présenter qu'une trentaine. Lorsqu'un bélier est jeune (première lutte), il faut diviser ces chiffres par deux.

Suivant la taille du troupeau et le but recherché par l'éleveur, il y a plusieurs façons de pratiquer la lutte.

- **La lutte libre :** le bélier (ou les béliers) vivent en permanence avec les brebis. Inconvénient : s'il y a plusieurs béliers, les agneaux nés seront tous de père inconnu.

Attitude caractéristique du bélier (ici, un Préalpes du Sud) vis-à-vis de la femelle, avant la saillie.

- **La lutte par lots :** le troupeau est réparti par lots de 30, 40 ou 50 brebis et un bélier est affecté à chaque lot : la garantie de paternité est alors assurée. Inconvénient : avec un seul bélier, le taux de fertilité est en général plus faible qu'avec plusieurs béliers.

Recommandation

Lorsqu'on le peut, il est recommandé de ne pas laisser le bélier en permanence dans le troupeau : fatigue du bélier, éparpillement des agnelages. Il vaut mieux l'introduire dans le troupeau une quinzaine de jours avant la date choisie par l'éleveur pour faire débuter la lutte en fonction de la période à laquelle il veut obtenir ses agneaux.

A noter

De fortes températures extérieures, supérieures à 32 °C (température intérieure du testicule) peuvent altérer la quantité de spermatozoïdes produite.

L'alimentation du bélier

- **Au repos :** une simple ration d'entretien, c'est-à-dire de l'herbe à volonté s'il est en plein air, ou bien 1,5 à 2 kg de foin par jour s'il est en bergerie.
- **Pour la préparation à la lutte :** un mois avant le début de la lutte, il faut commencer à distribuer 100 g d'aliment concentré par jour pour arriver, progressivement, jusqu'à 1 kg quelques jours avant le début de la période de monte. Pour que le sperme, riche en minéraux, soit de meilleure qualité, le bélier a besoin d'une alimentation minérale supplémentaire en phosphore, calcium, iode et zinc. De même, une distribution de vitamines (AD3E) favorise la qualité de la semence.
- **Pendant la lutte :** distribuer une ration supplémentaire en avoine (500 à 600 g par jour), vitamines et compléments minéraux.

Les maladies du bélier

Outres les maladies classiques pouvant survenir dans le troupeau, celles propres au bélier concernent surtout son appareil reproducteur.

- **L'orchite :** infection de l'un ou des deux testicules par des germes divers, dont celui de la brucellose : le testicule devient dur et les spermatozoïdes ne se forment plus. Le bélier est à réformer.
- **L'épididymite :** inflammation de l'épididyme (enveloppe qui entoure les testicules et où sont stockés les spermatozoïdes) par des germes divers dont celui de la brucellose. Pour la déceler, il faut palper le bas du testicule : s'il est dur, le bélier a une épididymite ; il devient moins fertile voire stérile.
- **La balanoposthite :** elle est due à une infection microbienne et se traduit par l'inflammation

de la verge et du fourreau qui devient chaud et douloureux. L'animal ne peut saillir en raison de la douleur. Un traitement aux antibiotiques guérira le bélier, mais il ne pourra être utilisé que pour une lutte ultérieure.

- **Gravelle :** il s'agit de l'obstruction du canal de l'urètre au niveau du S pénien par un dépôt de sels minéraux qui empêche l'écoulement de l'urine. Le traitement curatif est difficile, aussi vaut-il mieux essayer de prévenir un tel risque en additionnant du bicarbonate de soude (2 g/litre) à l'eau de boisson.

Renouvellement du bélier

Un bélier peut être conservé jusqu'à l'âge de 5-6 ans, voire jusqu'à sa mort si c'est un bélier améliorateur. Par principe cependant, il faut envisager son renouvellement tous les cinq ans selon les critères :
– soit en gardant un bélier né sur l'élevage, en suivant les principes énoncés en introduction de ce chapitre. Attention cependant : un bélier ne doit pas saillir ses propres filles (effets néfastes de la consanguinité). Si le troupeau est de petite taille, il faudra renouveler le bélier plus souvent ;
– soit en achetant un bélier à l'extérieur : dans ce cas, il vaut mieux s'adresser à un élevage adhérent à une UPRA (unité de sélection et de production des races). Son prix sera plus élevé, mais c'est un investissement nécessaire.

L'habitat

Partant du principe qu'il vaut mieux isoler le bélier des brebis en dehors des périodes de lutte il faut, quel que soit le système d'élevage, prévoir un espace clos d'une dizaine de m^2, pour y loger le bélier : coin de bergerie, de hangar, de vieille bâtisse, etc.
Si les brebis sont à proximité, prenez la précaution de surélever les claies qui délimitent son « terrain », sinon il tentera de sauter par-dessus pour rejoindre les brebis.

L'agneau

L'éleveur s'efforcera d'obtenir un agneau de qualité : pour la boucherie, il sera le plus lourd possible, tout en ayant une carcasse pas trop grasse. L'agneau doit faire l'objet de soins attentifs dès la naissance. L'éleveur portera tout particulièrement son attention sur l'alimentation, car une erreur peut avoir de graves conséquences : mort, finition interminable, carcasse trop grasse ; et il appliquera un plan de traitement aussi bien préventif que curatif.

Après la naissance, l'éleveur doit parfois aider l'agneau à trouver la mamelle de la brebis.

Dans le cas où la brebis porte deux agneaux, le deuxième naît environ un quart d'heure après le premier.

Les premiers soins

Dès la naissance, le nouveau-né fera l'objet de soins particuliers :

– désinfection du cordon ombilical par badigeonnage avec de la teinture d'iode, pour éviter tout risque d'attaque par les microbes présents sur les litières pas toujours très propres ;

– le colostrum est indispensable au nouveau-né car il est très riche en anticorps qui le protégeront pendant les huit premiers jours de son existence. Si l'agneau ne tète pas sa mère peu après sa naissance, l'éleveur doit intervenir : ou bien l'agneau est malhabile, et il devra lui apprendre à prendre la tétine, ou bien la mère n'accepte pas son agneau. Dans ce cas, l'éleveur doit immobiliser la mère et mettre l'agneau en face des tétines ;

– lorsque l'agneau naît il est mouillé : normalement sa mère le lèche. Dans le cas contraire, le frictionner avec de la paille et si possible le mettre dans une case, à part, sous une lampe à infrarouge ; sinon, utiliser un séchoir à cheveux ;

– plus rare, mais le cas peut se présenter si la mise bas est difficile, le nouveau-né ne respire pas : il faut agir vite. Ses naseaux et sa bouche doivent être débarrassés, avec les doigts, des mucosités qui les encombrent, puis l'agneau doit être vivement balancé plusieurs fois la tête en bas (mouvement de pendule).

Recommandation

N'employez jamais le bouche à bouche en raison des risques que cette méthode présente quant à la transmission à l'homme de certaines maladies, telle la brucellose.

L'alimentation de l'agneau

Du premier au dernier jour de sa vie, les performances de l'agneau seront étroitement dépendantes de son alimentation, uniquement lactée dans un premier temps, mixte par la suite. Au lait tété sous la mère, s'ajoutera une ration complémentaire à base, suivant les cas, d'herbe, de fourrages, de céréales ou d'aliments concentrés achetés dans le commerce.

A noter

Les aliments concentrés achetés dans le commerce reviennent plus chers que les aliments fabriqués à la ferme. Mais, pour des amateurs, ils ont l'avantage d'être parfaitement composés, équilibrés en UF, MAD, minéraux et vitamines. Ces compositions sont faites en tenant compte de l'âge de l'animal.

Recommandation

L'alimentation des agneaux doit se faire dans un endroit de la bergerie où les mères ne peuvent pas avoir accès. D'autre part, les besoins tant quantitatifs que qualitatifs en nourriture variant avec l'âge des agneaux, il est dangereux de mettre ensemble des jeunes âgés de 1 mois avec d'autres de 3 mois. En théorie, il faut donc faire des lots d'agneaux homogènes : pour des grands troupeaux c'est assez facile, pour les petits troupeaux cela l'est beaucoup moins.

Dans un élevage de plein air conduit de manière extensive, l'agneau suit sa mère dans la prairie. Durant le premier mois, il se nourrit du lait de sa mère puis, petit à petit, il apprend à manger l'herbe. La transition du lait à l'herbe se fait sans intervention de l'homme : l'agneau croît tant bien que mal, plutôt mal bien souvent.

● **Les interventions de l'éleveur :** tout d'abord, et c'est valable pour tous les systèmes d'élevage, il faut bien alimenter la mère pendant sa gestation, puis pendant sa lactation. Pour l'agneau, l'éleveur devra lui apporter une nourriture complémentaire : foin, céréales, aliments concentrés...

Cet apport complémentaire ne peut se faire que sous les abris aménagés dans la prairie dès que les agneaux atteignent l'âge de un mois et demi. Au début la 1re semaine, l'éleveur distribuera, par exemple, 100 g d'aliment concentré par jour et par agneau. Puis, chaque nouvelle semaine, il augmentera la quantité régulièrement pour arriver à 500 g/jour/agneau.

Dans un élevage en bergerie, les interventions de l'éleveur peuvent être plus précises. Dès l'âge de 3 semaines, l'agneau recevra en petites quantités du bon foin et du son pendant environ 1 semaine. Passé ce délai, le son sera remplacé par des céréales ou un aliment concentré : 100 g par jour au début pour arriver, toujours progressivement, à 500 g par jour et par agneau, voire au libre service.

L'allaitement artificiel

Si, de tout temps, le biberonnage des agneaux a été couramment pratiqué, l'allaitement artificiel des agneaux s'est fortement développé ces dernières années pour, dans certains cas, devenir une méthode d'élevage. Aux cas des agneaux orphelins ou abandonnés peuvent s'en ajouter beaucoup d'autres :

– lorsqu'il s'avère impossible de laisser deux agneaux ou plus sous une mère adulte ou plus d'un sous une agnelle ;

● *En savoir plus*

QUEL LAIT EMPLOYER ? QUELS APPAREILS UTILISER ?

Vous trouverez plusieurs marques de poudre de lait écrémé réengraissé. Cette poudre sera dissoute dans de l'eau, à raison de 200 g/litre d'eau. Au début, l'agneau consommera environ 1 litre de lait de remplacement, puis près de 2 litres en fin d'allaitement. Aussi faut-il prévoir environ 15 kg de poudre pour allaiter un agneau.

Le matériel utilisé sera fonction du nombre d'agneaux à mettre à l'allaitement. Pour un petit nombre, des appareils sommaires à partir de seaux, de poubelles munis de tétines. Pour un plus grand nombre, munissez-vous d'appareils d'allaitement automatique (multibiberon, baragno, minoria, etc.).

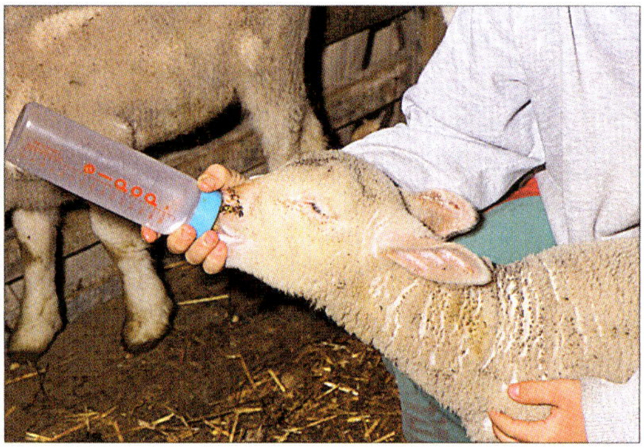

Le biberon est nécessaire pour alimenter l'agneau, par exemple si le lait de la mère est réservé à la traite.

– lorsque, pour une raison ou pour une autre, la lactation de la mère devient insuffisante ;
– lorsque l'éleveur désire remettre ses brebis en lutte assez rapidement après leur mise bas ;
– pour accorder une priorité à la traite, en élevage laitier ;
– pour essayer de « retaper » un agneau « traînard » et maladif.

Le sevrage

Un agneau élevé au lait artificiel doit être sevré entre 2 et 3 mois (l'âge idéal serait de 45 jours à condition que l'agneau ait atteint 3-4 fois son poids de naissance). Pendant une semaine, le lait est progressivement remplacé par un aliment concentré de sevrage ; le lait supprimé, l'« aliment sevrage » sera remplacé par un « aliment engraissement ».

Les maladies de l'agneau

Une liste complète des maladies pouvant atteindre les agneaux serait très longue : contentons-nous ici d'en rappeler les principales, autres que celles dues au parasitisme externe ou interne (voir pages 80-81).

- **Septicémie :** c'est une maladie microbienne qui attaque les jeunes agneaux. Dans sa forme foudroyante, l'animal meurt en quelques heures. Dans une évolution moins rapide – l'agneau refuse de téter, sa fièvre est élevée (40-41 °C), il a de la diarrhée –, il peut mettre quelques jours à mourir. Dans d'autres cas, l'organisme arrive à résister ; on peut alors espérer sauver l'agneau en lui injectant, par voie sous-cutanée et pendant trois jours consécutifs, un anti-infectieux.
- **Coccidiose :** elle est provoquée par la multiplication de coccidies dans l'intestin grêle. L'ani-

Le sevrage de l'agneau doit se faire quand l'agneau a multiplié son poids de naissance par 3 ou 4. Pas après !

mal présente des diarrhées et maigrit rapidement. Un traitement à base de sulfamides peut débarrasser l'agneau de ses parasites. Il sera complété par une désinfection de la bergerie.

• **Entérotoxémie :** c'est un trouble de la digestion consécutif à une erreur alimentaire, dont les trois principales causes sont : un déséquilibre de la ration, un changement trop brusque d'aliments ou, le plus souvent, une consommation d'herbe riche en azote. La mort peut survenir en quelques minutes. Le meilleur traitement préventif que l'on connaisse est de vacciner les mères gestantes et les agneaux dès l'âge de 8-10 jours.

• **Calcul urinaire :** il s'agit de la formation de calculs dans la vessie qui empêchent l'écoulement de l'urine. Elle est provoquée par une alimentation trop riche. A titre curatif, l'éleveur doit couper à sa base le filet terminal de la verge de l'agneau mâle: si l'animal urine à nouveau, il sera peut être sauvé ; sinon, il est inutile de le faire souffrir plus longtemps : il faut l'abattre, mais sa viande n'est pas comestible.

• **Arthrite :** c'est une inflammation des articulations entraînant une boiterie plus ou moins intense et ralentissant la croissance de l'agneau ; elle est due à des bactéries de nature très diverses. Elle se traite aux antibiotiques ou aux sulfamides. Une alimentation bien équilibrée en minéraux et en vitamines permet d'éviter cette affection ; sinon vacciner les mères et les agneaux.

• **Le raide :** c'est une maladie des muscles de l'agneau : démarche anormale, raideur des reins. Elle est consécutive à des troubles digestifs d'origine alimentaire. Une injection par voie intramusculaire de vitamines (A, D, E) peut y remédier.

• **L'échtyma :** il est dû à un ultra-virus. Il se manifeste par des éruptions autour de la bouche de l'agneau. Il sera traité par badigeonnage des croûtes avec un antiseptique.

• **La conjonctivite :** elle se traduit par des larmoiements puis par un écoulement de pus. Elle se soignera par un lavage du coin des yeux avec du sérum physiologique tiède.

Recommandation

La plupart des maladies n'arriveraient pas si certaines règles de base étaient respectées : bonne alimentation des mères pendant la gestation, bonne hygiène, température ni trop froide ni trop chaude en bergerie, bon entretien des litières (les germes pullulent sur une litière mal entretenue), curage et désinfection des bergeries juste avant l'agnelage, alimentation équilibrée.

Les productions du mouton

Pendant longtemps le mouton a été considéré comme un animal surtout capable de produire de la laine. Si dans les pays d'Océanie cela reste vrai (plus de la moitié du revenu est procuré par la laine en Australie), ce n'est plus le cas dans nos régions. L'élevage ovin y est en effet orienté vers la production de viande et de lait. Le marché des reproducteurs, ventes de mâles et de femelles inscrits à un livre généalogique, n'intéresse environ que 2 % des exploitations.

La viande d'agneau

Il existe plusieurs types de viande d'agneau. Du plus léger au plus lourd, on trouve :

– l'agneau de lait, sous-produit de l'exploitation des brebis laitières, âgé de 3 à 5 semaines et pesant autour de 10 kg vif : soit il est vendu pour la boucherie et il est commercialisé par les volaillers ; soit il est exporté sur l'Espagne ou l'Italie ; soit il est engraissé en France dans des ateliers spécialisés ;

– l'agneau de Nîmes, pesant autour de 25 à 30 kg vif est vendu pour la boucherie ;

Une brebis Cotentin et ses deux agneaux : une race appréciée pour ses qualités bouchères.

En savoir plus

GRILLE DE CLASSEMENT D'UNE CARCASSE D'AGNEAU

La carcasse de chaque agneau est notée en fonction de sa conformation (par une lettre) et de son état d'engraissement (par un chiffre).

• La conformation est définie par six lettres S,E,U,R,O,P, depuis la carcasse la mieux conformée (S), à la carcasse la moins bien conformée (P).

• L'état d'engraissement est défini par cinq chiffres 1,2,3,4,5, fonction de l'épaisseur du gras déposé sur la carcasse ; le chiffre 1 étant donné pour une carcasse absolument sans gras de couverture, alors que le chiffre 5 est attribué à une carcasse très (trop) grasse.

En fonction de son classement, le prix de la carcasse (toujours estimé au kilo) variera dans une fourchette très étendue. Cela incite l'éleveur à rechercher un animal bien conformé (E,U,R) sans trop de gras (2 ou 3).

– l'agneau blanc ou agneau de 100 jours, vendu pour la boucherie à un poids compris, suivant la race, entre 30 et 45 kg vif. C'est l'agneau produit en bergerie ;

– l'agneau gris, âgé de 4 à 6 mois, vendu pour la boucherie à un poids variant entre 35 et 40 kg vif. C'est essentiellement un agneau produit à l'herbe ;

– le « hogget », agneau importé d'Angleterre de près de 1 an, que l'on trouve sur le marché français, au premier semestre d'une année.

Lors de la vente de l'agneau, le choix de l'éleveur est assez étendu : soit l'acheteur vient à la ferme et la transaction se fait de gré à gré, à la pièce ; soit l'animal est amené sur un marché par son propriétaire et la transaction s'opère sur la base d'un prix au kilo dépendant de la qualité de l'animal ; soit l'éleveur fait partie d'un groupement de producteurs ou d'une association et, dans ce cas, les services techniques de ces institutions se chargent de vendre l'animal directement à un abattoir (le paiement est fonction de la qualité de l'animal).

QUELQUES CONSEILS PRATIQUES			
	poids moyen en kg	**temps de cuisson en min**	**proportion en g/personne**
Gigot raccourci	2 à 3	10 à 15	120 à 150
Selle	0,4 à 0,5	12	150
Filet	1,5 à 1,8	12	150
Carré couvert	1 à 1,5	12	150
Carré découvert	0,8 à 1,3	12	150
Côtelettes		5 à 6	
Épaule	1,4 à 1,5	12	150
Poitrine et haut de côtelette	1,2 à 2	60 à 120	200
Collier	0,8 à 1,2	60 à 90	200

● *En savoir plus*

MIEUX VALORISER SES AGNEAUX

Face aux difficultés du marché (le prix offert n'est pas suffisamment rémunérateur) et aux importations de carcasses (à des prix inférieurs aux prix français) des éleveurs, avec l'aide de leurs organisations syndicales et professionnelles, jouent la carte de l'identification du produit et de la qualité en créant soit des marques (référence à une origine géographique, un territoire, où les animaux sont nés, élevés et engraissés), soit des appellations d'origine contrôlée, AOC (distribution du produit basé sur une originalité résultant d'un terroir et d'une tradition locale), soit des labels rouges (marque collective attestant qu'un produit alimentaire possède une qualité supérieure préalablement fixée dans un cahier des charges).

COUPE D'UNE DEMI-CARCASSE

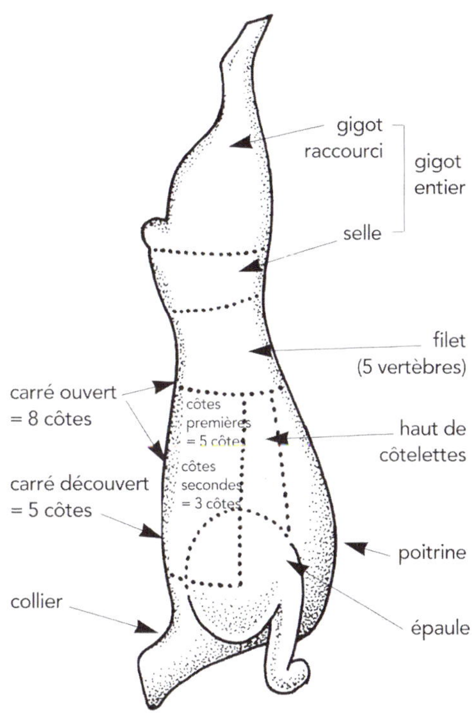

La viande de réforme

Une brebis arrivant en fin de carrière est réformée. La qualité de sa viande est bien inférieure à celle de l'agneau (trop de goût) : aussi, son prix (au kilo) est-il inférieur de 2 à 3 fois à celui de la viande d'agneau ; sa viande sera essentiellement utilisée dans la fabrication industrielle.

Le lait et le fromage

La production de lait est concentrée dans trois régions bien définies :
- le sud du Massif central (rayon de Roquefort) avec la race Lacaune,
- la Corse, avec la race du même nom,
- les Pyrénées-Atlantiques, avec trois races :

En savoir plus

LE ROQUEFORT

La région de Roquefort, petite commune de l'Aveyron, a donné son nom au fromage obtenu avec le lait de brebis. Chaque jour, le lait est collecté par les fromageries où il est transformé en pain de pâte à fromage. L'affinage du fromage se fait ensuite pendant 3 mois, obligatoirement dans les caves de Roquefort. En effet ces caves, situées dans des cavités naturelles sous le village de Roquefort, bénéficient d'un microclimat particulier. Ce microclimat, humide et frais, a créé des conditions physiques et biologiques exceptionnelles et uniques qui jouent un rôle important dans l'affinage et confèrent au fromage sa saveur particulière.

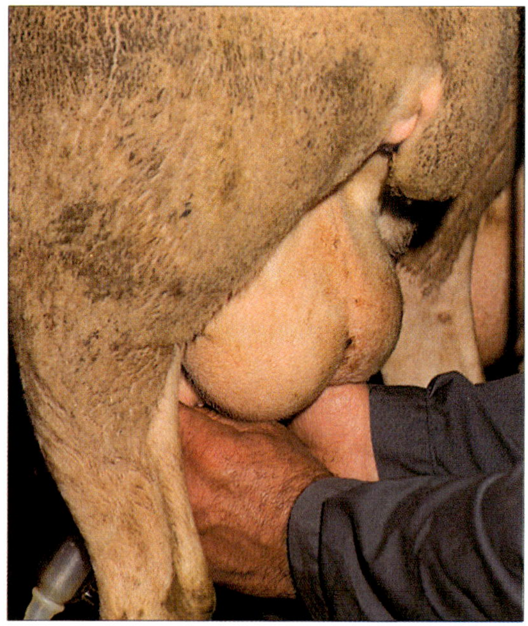

La race Lacaune est surtout élevée pour la production de lait.

Manech tête rousse, Manech tête noire et Basco-Béarnaise.
C'est un secteur dynamique, qui contraste avec les difficultés rencontrées par celui des éleveurs « viande », tout orienté vers une production de fromages relativement rémunératrice (Roquefort, fromages des Pyrénées, fromages Corse, fromages fermiers...).

En général, la taille des troupeaux s'adonnant à la traite des brebis est importante (plus de 200 brebis dans le rayon de Roquefort) ; ce sont des élevages équipés lourdement en matériel (salle de traite) et à l'avant-garde du progrès génétique (en trente ans les performances de lactation des brebis Lacaune ont triplé). Ces progrès sont tels que plane même le spectre de la surproduction, obligeant les industriels à diversifier leur production, axée à l'origine entièrement sur le Roquefort. Le lait collecté dans les Pyrénées-Atlantiques et en Corse ne sert plus à la fabrication du Roquefort, d'où l'explosion de nombreuses variétés de fromages pyrénéens ou corses.

La production de fromages de brebis est une activité commerciale intéressante.

La laine

La laine est une matière merveilleuse, liée à l'histoire de l'humanité. C'est un produit vrai, naturel, sain. Pourtant, en France, depuis quelques années la plupart des éleveurs rêvent de brebis sans laine : son faible prix à la production ne permet plus – ou tout juste – de couvrir les frais de tonte et de mise en vente.

La tonte

Tous les moutons, brebis et béliers, doivent être tondus une fois par an.

• **L'époque de tonte :** suivant les régions, elle se pratique de février à juin ; en effet, il ne faut la réaliser ni trop tôt (à cause du froid) ni trop tard (à cause des grosses chaleurs). D'une

En savoir plus

LES VERTUS DE LA LAINE

• La laine protège des refroidissements (elle absorbe la transpiration et l'empêche de s'évaporer trop vite) ;
• elle est isolante (les fibres de laine emprisonnent une grande quantité d'air formant ainsi, autour du corps, une véritable couche isolante, peu sensible aux variations de température) ;
• elle est légère, élastique, infroissable, solide, presque ininflammable ;
• elle peut être teintée dans toutes les couleurs.

manière générale, la tonte perturbe les animaux. Aussi faut-il prendre quelques précautions :

– pour les brebis en lutte : évitez de les tondre pendant cette période ;

– pour les brebis gestantes : ne les tondez pas lors du dernier mois de gestation ;

– pour les brebis en lactation : attendez-vous à enregistrer une baisse de la lactation

– pour les brebis pratiquant la transhumance : il faut que leur laine ait commencé à repousser avant de monter dans les alpages

● **Le matériel de tonte :** il est assez facile de tondre un mouton :

– soit en utilisant les instruments traditionnels, peu chers, que sont les forces ou les tondeuses à main,

– soit en se dotant d'une tondeuse électrique, d'un prix plus élevé certes, mais d'un emploi facile pour un néophyte,

– soit en faisant appel à des tondeurs professionnels.

Valorisation de la laine

Il existe partout des coopératives lainières qui achètent les toisons au prix du marché, peu élevé. Aussi, pour valoriser la laine, vous pouvez essayer de la vendre à des artisans qui ne vous feront pas grief des laines de couleur, ou encore l'utiliser pour vos propres besoins (matelas, tricot, etc.). Quelle que soit la solution retenue, il faut absolument que les toisons soient propres, c'est-à-dire exemptes d'impuretés (paille, foin, graine, etc.) et qu'elle aient été conservées dans un local sec et aéré.

En savoir plus

LES QUALITÉS D'UNE LAINE

Les quatre principales qualités contribuant à fixer le prix de la laine sont la finesse, l'homogénéité, la longueur du brin et le rendement au lavage.

• La finesse est essentielle : les brins très fins se prêtent mieux à la filature que les brins plus grossiers et dans un lot, à poids égal, on obtient une longueur de fil plus grande avec un lot composé des brins les plus fins (le tissu se vendra au mètre...). Une laine plus fine est aussi une laine plus douce au toucher. Le diamètre d'un brin de laine est exprimé en microns. Les brins des laines les plus fines varient de 15 à 18 microns, ceux des laines fines de 18 à 23 et ceux des laines grossières de 23 à 40.

• L'homogénéité d'une toison (c'est-à-dire une toison où les écarts sur la finesse et la longueur des brins présentent le moins de différence suivant les différentes parties) est recherchée car elle facilite le triage des laines et elle se prête mieux à la filature.

• La longueur : un brin long offre davantage de résistance aux effets de traction qu'un brin court.

• Le lavage de la laine brute élimine les impuretés animales (suint, graisse, crotte) et autres (terre, sable). Le rendement CAF (lavé à fond) désigne, en pourcentage par rapport à la laine brute, ce qui reste de laine séchée. Ce facteur exprime la quantité de laine effectivement utilisable.

Les autres produits

Le cinquième quartier

Il concerne les parties de l'animal qui sont commercialisées, en plus de la carcasse : peau, tête (langue), abats rouges ou fressure (foie), abats blancs (menu), pieds, sang (non comestible) et dépôts graisseux (non comestibles également)

Le produit de cette vente est conservé par l'abatteur, le producteur n'étant pas concerné. Toutefois, suivant la valeur de la peau (qui représente environ 50 % de la valeur du cinquième quartier de l'animal vendu), le producteur peut se voir proposer un meilleur prix par l'acheteur. Suivant les races, les qualités d'une peau sont en effet très variables, les meilleures étant issues des agneaux de race Lacaune avec lesquelles sont fabriqués, par exemple, les célèbres gants de Millau.

Le fumier

Le fumier du mouton, riche en azote, a toujours été apprécié pour la fumure des cultures exigeantes (cultures maraîchères, fleurs, plantations fruitières).

A noter

ATTENTION AUX PARASITES DE LA PEAU !
Les dépréciations de la peau sont provoquées par des parasites externes :
- **le mélophage, ou « faux pou du mouton », parasite piqueur, suceur, spécifique des ovins,**
- **l'acarien de la gale du corps,**
- **la tique, parasite caractéristique des Causses.**

Aussi n'oubliez pas de traiter à titre préventif.

● En savoir plus

Depuis la dernière crise en 2000 due à l'ESB (Encéphalite spongiforme bovine), les autorités françaises ont pris des mesures pour éviter la propagation de cette maladie, notamment en interdisant de la chaîne alimentaire certains organes des ovins et des caprins, comme la cervelle, les yeux, les amygdales et la moelle épinière. En outre, la France a mis en place un dispositif de surveillance de la tremblante des ovins et des caprins avec, notamment, l'obligation de déclarer tout animal de plus de 6 mois présentant des symptômes caractéristiques de la maladie.

La chèvre

L'anatomie

Une chèvre adulte, de race laitière française, pèse entre 50 et 70 kg pour une taille au garrot variant de 70 à 85 cm. Le mâle (bouc) est d'un gabarit et d'un poids plus élevés. Boucs et chèvres peuvent être cornus ou mottes (sans cornes). Mieux connaître l'anatomie de la chèvre vous aidera à mieux choisir vos animaux lors de l'achat et vous permettra d'apprécier leur état sanitaire : conformation satisfaisante, bon développement des jeunes, éventuelles maladies...

Le squelette

Les os qui constituent le squelette de la chèvre portent, pour la plupart, des noms identiques à ceux du squelette humain.

Les membres antérieurs

Le bras, qui est intégré au tronc, est supporté par l'humérus. A sa partie supérieure, l'humérus s'articule avec l'omoplate. Cette articulation forme la pointe de l'épaule. A sa partie inférieure, l'humérus s'articule avec le radius et le cubitus. Cette articulation, qui forme une protubérance, s'appelle l'olécrane, elle correspond au coude chez l'homme. Le genou est formé par le carpe. Il correspond au poignet de l'homme. Le métacarpe (os long) supporte le canon. Il s'articule à sa partie inférieure, au niveau d'une région renflée appelée boulet, avec les doigts (deux).
Chaque doigt comprend trois phalanges. La première forme le paturon et la troisième est recouverte d'un onglon corné à croissance permanente. Cet onglon est en contact direct avec le sol et forme la « pièce d'usure ».

Les membres postérieurs

Comme le bras, la cuisse n'est pas distincte du corps. Elle est supportée par le fémur. Le fémur, à sa partie supérieure, s'articule avec les os du bassin, l'articulation crée une protubérance appelée le trochanter. A sa partie inférieure, le fémur s'articule avec le tibia et le péroné. L'articulation s'appelle le grasset, elle correspond au genou chez l'homme.
Le jarret, supporté par le tarse (composé de cinq petits os), correspond à la cheville chez l'homme. Cette articulation relie le tibia et le péroné au canon, supporté par le métatarse. La partie inférieure du membre postérieur est semblable à celle du membre antérieur.

A droite une Saanen aux bons aplombs postérieurs mais à la croupe trop inclinée ; à gauche une alpine présentant une bonne avant-main.
Page ci-contre : une chèvre et ses deux petits.

LE SQUELETTE DE LA CHÈVRE

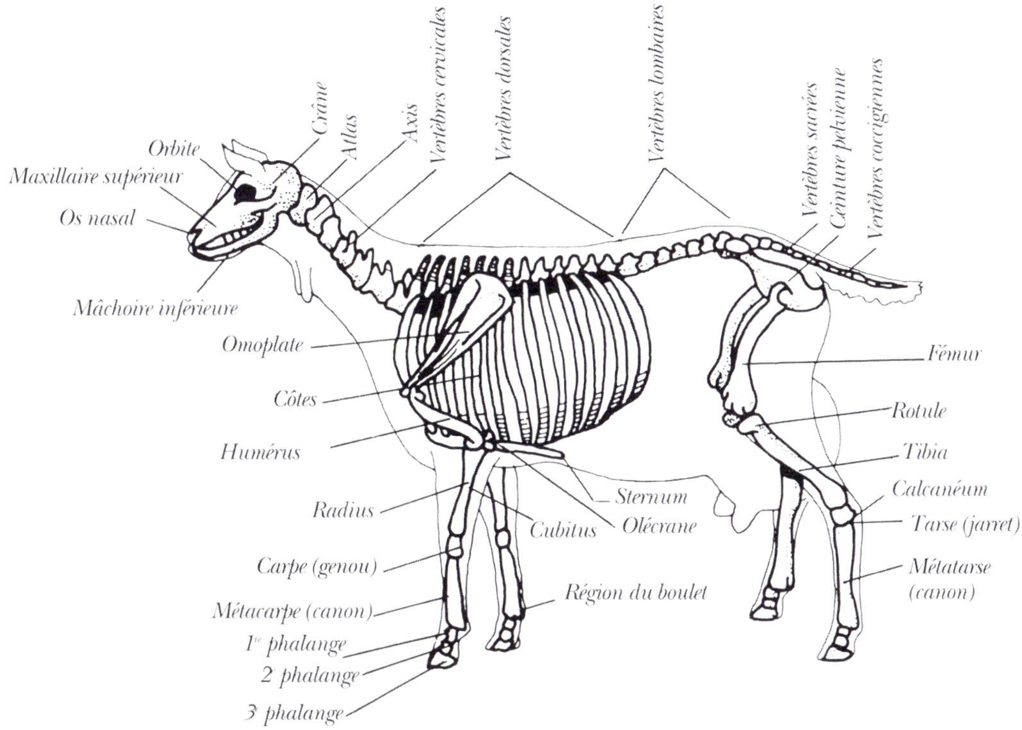

La dentition

La chèvre adulte a trente-deux dents. Les incisives, au nombre de huit, toutes situées à la mâchoire inférieure, s'appuient sur la gencive supérieure qui forme un bourrelet résistant. Le fond de la bouche est garni de vingt-quatre molaires (douze à chaque mâchoire). La chèvre a, dans sa vie, deux dentitions. Les dents adultes remplacent progressivement les dents de lait. L'examen de la dentition permet d'apprécier l'âge de l'animal.

En savoir plus

L'AGE DE LA CHÈVRE D'APRÈS SA DENTITION

L'âge de la chèvre peut être estimé par l'examen de ses huit incisives. A sa naissance, elle porte huit incisives de lait. Entre 15 et 16 mois, les pinces sont remplacées (deux dents adultes). Entre 21 et 22 mois, ce sont les premières mitoyennes (quatre dents adultes), entre 31 et 32 mois les secondes mitoyennes (six dents adultes) et, vers 45 mois, les coins (huit dents adultes).

Examen de la dentition et de la mâchoire. L'animal ne doit être ni grignard (mâchoire inférieure en avant de la mâchoire supérieure), ni bégu (mâchoire inférieure en arrière).

L'appareil digestif

L'estomac

Chez la chèvre adulte, l'estomac est volumineux (20 à 30 litres), il occupe la quasi totalité de la partie gauche de la cavité abdominale. Il comprend quatre poches.
Le rumen ou panse, la plus importante, représente environ 80 % de la capacité totale de l'estomac. Ce grand réservoir, en partie rempli du liquide où baignent les particules alimentaires, est peuplé d'une importante population microbienne. Cette dernière joue un rôle essentiel dans la digestion des aliments. Les parois de la panse sont tapissées de papilles qui absorbent certains éléments simples résultant de la digestion. Le bonnet et le feuillet sont des petits réservoirs beaucoup plus petits (0,5 à 2 litres).
La caillette, de forme allongée (40 à 50 cm de long), a un volume de 2 à 3 litres. Elle se termine par le pylore, qui permet l'évacuation du bol alimentaire vers l'intestin. Elle est la seule poche de l'estomac sécrétant des sucs digestifs.

La gouttière œsophagienne

On peut la comparer à un long tuyau, fendu dans le sens de la longueur. Chez l'adulte, les lèvres de cette gouttière sont normalement ouvertes. Les aliments et l'eau de boisson tombent dans le rumen. Chez le jeune qui reçoit du lait, les lèvres de la gouttière se referment et mettent hors circuit le rumen. Le bol alimentaire arrive directement dans le feuillet et la caillette.

L'intestin

Il comprend trois parties : l'intestin grêle, fin et long (20 à 25 m), le caecum et le gros intestin, plus gros

L'APPAREIL DIGESTIF

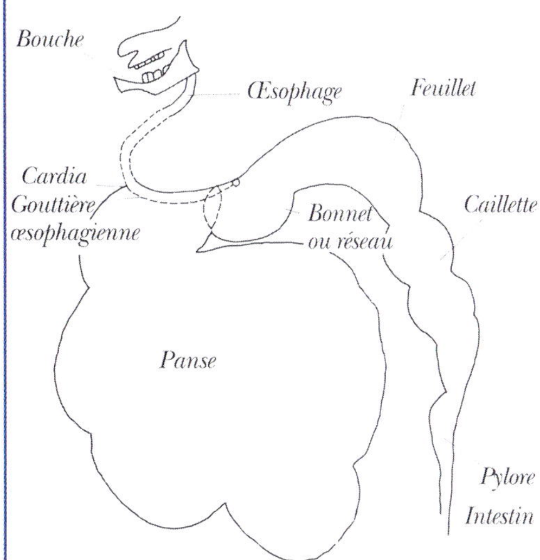

En savoir plus

UNE PARTICULARITÉ CHEZ LE JEUNE

Chez le chevreau qui vient de naître, l'ensemble des organes est en place, mais, au niveau de l'estomac, c'est la caillette la poche la plus importante, le rumen n'étant pas développé. Au cours de la croissance, le rumen se développe beaucoup plus rapidement que la caillette. Dès que le jeune commence à consommer des aliments solides (fourrages, concentrés), le rumen s'ensemence en micro-organismes et devient progressivement fonctionnel. La fonction de rumination se déclenche aux environs de trois semaines. Le jeune peut être sevré à partir de cinq à huit semaines.

mais plus court (4 à 8 m) que l'intestin grêle. Le gros intestin se termine par le rectum, qui aboutit à l'anus. Le caecum se trouve à la jonction de l'intestin grêle et du gros intestin. Il est formé par un gros boyau, en cul de sac, de 20 à 35 cm de long. L'intestin occupe essentiellement la partie droite de la cavité abdominale.
La muqueuse de l'intestin sécrète le suc intestinal, qui intervient dans les phénomènes de digestion. L'intestin, muni de nombreuses villosités, permet l'absorption des principes alimentaires et notamment des protéines et des différents acides aminés qui les composent.

Le foie

Il pèse entre 500 et 700 g et remplit de nombreuses fonctions. On le considère comme une des pièces maîtresses des phénomènes complexes de nutrition (notamment au niveau de la nutrition azotée). Il est donc primordial de veiller à son intégrité.

L'appareil reproducteur

Le mâle

L'appareil reproducteur du mâle comprend les testicules, les glandes annexes et l'organe copulateur. Les testicules, au nombre de deux, produisent les spermatozoïdes. Chaque testicule est indépendant et est entouré par plusieurs enveloppes. Les spermatozoïdes, qui assurent la fécondation des ovules, sont élaborés dans les tubes séminifères. Ceux-ci se rassemblent en un seul canal : le canal déférent, par où sont évacués les spermatozoïdes. Replié sur lui-même, le canal déférent forme l'épididyme. Les glandes annexes (vésicules séminales, prostate, glandes de Coeper) déversent leur production, qui contribue à la formation du liquide séminal (liquide dans lequel se trouvent les spermatozoïdes), dans le canal commun par lequel s'écoule également l'urine.

Bouc de race Alpine chamoisée, parmi un lot de chèvres de même race.

La femelle

Extérieurement, l'appareil reproducteur de la femelle ne se distingue de celui du mâle que par la vulve, qui est située sous l'anus. Le système génital est enroulé sur lui-même quand la femelle n'est pas en gestation et mesure une quarantaine de centimètres chez la chèvre adulte. Il comprend le vagin, qui prolonge la vulve, puis l'utérus. Le corps de l'utérus est situé derrière le col et se prolonge par deux cornes utérines. Les cornes utérines sont prolongées par l'oviducte, qui se termine par le pavillon. Le pavillon est une sorte d'entonnoir qui reçoit l'ovule pondu par l'ovaire, qui est la glande génitale proprement dite. Les ovaires sont au nombre de deux. Les glandes génitales mâles et femelles sécrètent des hormones qui interviennent dans de nombreux processus physiologiques.

Chèvre Alpine chamoisée conduite au pâturage en montagne.

L'ANATOMIE DE LA CHÈVRE

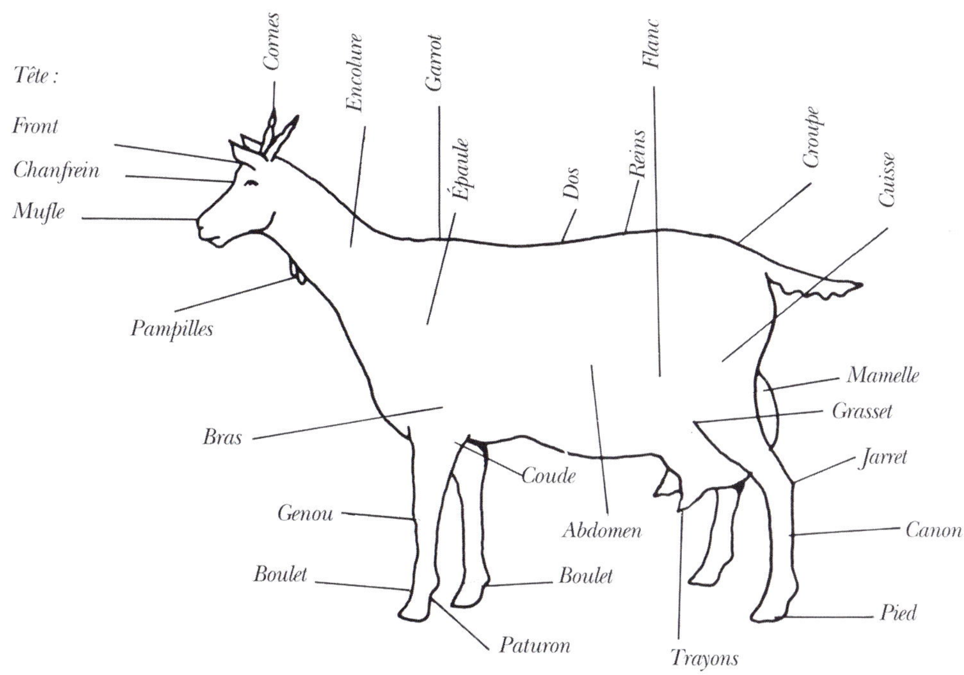

L'appareil mammaire

La mamelle de la chèvre, située entre les membres postérieurs, comprend deux quartiers se terminant chacun par un trayon. Chaque quartier est indépendant et comprend :

– une glande qui produit le lait. Elle a la forme d'une grappe renversée ;

– le tissu conjonctif, en quantité plus ou moins importante. Il comble les vides séparant les diverses parties de la glande ;

– un réseau de nerfs et de vaisseaux sanguins qui irriguent la glande mammaire. Ces derniers sont alimentés par l'artère mammaire. Le sang quitte la mamelle par plusieurs veines. Le lait s'écoule par de fins canaux qui se ramifient en canaux plus gros, appelés canaux galactophores. Ces derniers se déversent dans des citernes, appelées également sinus galactophores. Leur volume est particulièrement important chez la chèvre.

Cette chèvre Saanen présente une mamelle bien attachée à l'arrière, mais manquant d'attache à l'avant.

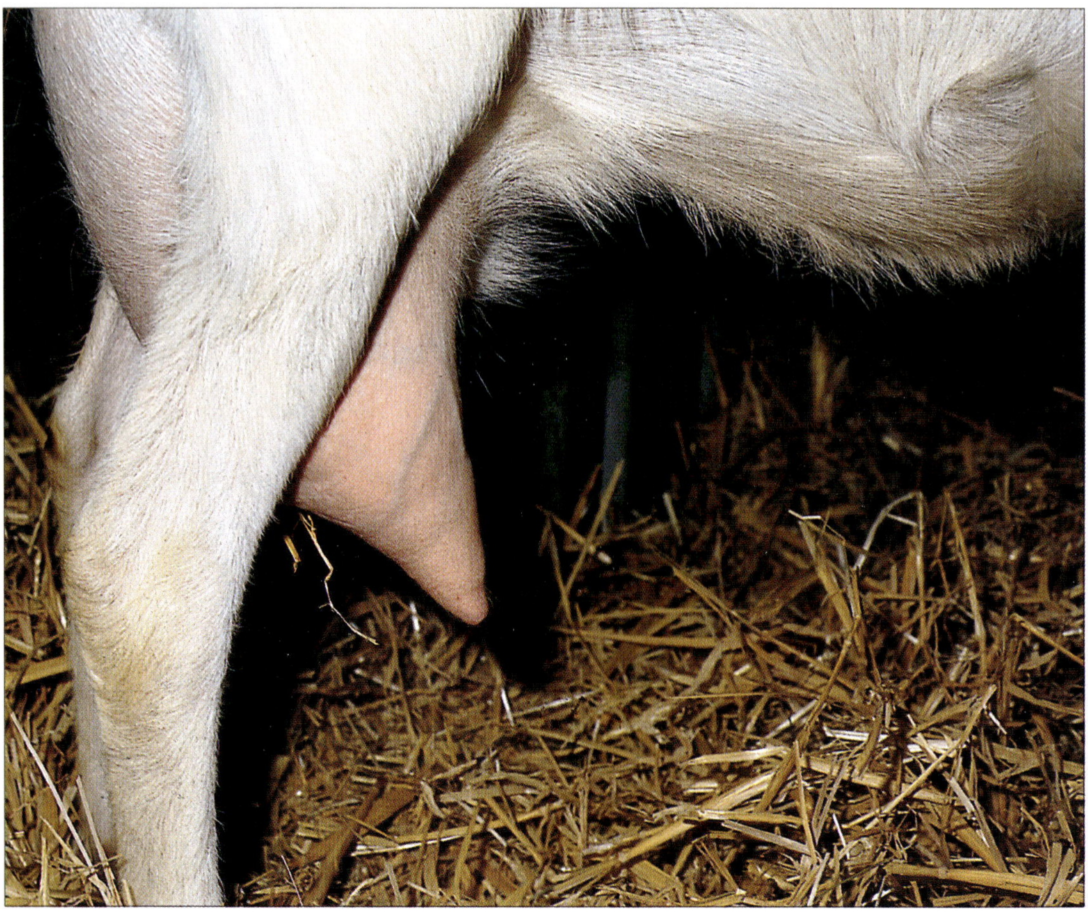

Les races

Il existe deux races principales de chèvres laitières en France : l'Alpine et la Saanen. Les caractères communs servant à définir une race concernent aussi bien des caractères et particularités morphologiques (la taille, la forme de la mamelle, de la tête, la longueur du poil ou la couleur de la robe) que les aptitudes d'élevage et de production (production de lait, rusticité, etc.). L'ensemble des caractères communs est défini par les organismes de sélection (Caprigène), ils comprennent :

– le standard de la race, qui fixe les caractères morphologiques (couleur, longueur du poil, forme de la tête) ;

– les aptitudes de production : aptitude à la reproduction, minimum de production laitière (quantité et composition) mesuré par le contrôle laitier...

L'Alpine

La chèvre Alpine est de format et de taille moyens. Elle est caractérisée par un poil ras. Toutes les couleurs de robe existent. La robe la plus répandue est la « chamoisée », avec pattes et raie dorsale noires. La tête est cornue ou motte, avec ou sans barbiche.

Le port des oreilles est dressé, le front et le mufle sont larges, le profil de la tête est concave. La mamelle est volumineuse, souple, avec de bonnes attaches avant et arrière. Originaire des Alpes, la chèvre Alpine est la race la plus répandue en France. Elle représente environ 60 % des animaux inscrits à Caprigène.

Aptitudes et qualités

- ORIGINE : Massif alpin
- ZONE D'ÉLEVAGE PRINCIPALE : France entière
- PRODUCTION ANNUELLE DE LAIT À L'ÂGE ADULTE : 798 kg
- QUALITÉS DU LAIT : TP : 31 g ; TB : 33,4 g

TP : taux protéïque, TB : taux butyreux

Format et mensurations

	MALE	FEMELLE
POIDS	80 à 100 kg	50 à 70 kg
TAILLE AU GARROT	0,90 à 1 m	0,70 à 0,80 m
TOUR DE POITRINE	1,10 à 1,30 m	0,80 à 1,10 m

Définitions

TB, ou taux butyreux : il s'agit de la quantité de matières grasses par kilo de lait.
TP, ou taux protéique : quantité de matières protéiques. Le TP détermine le rendement fromager.

Belle tête de chèvre alpine chamoisée, cornue et sans pampilles, avec barbiche.

En savoir plus

LA CHÈVRE COMMUNE

Il ne s'agit pas d'une race mais d'une population très hétérogène. Elle comprend des animaux de différentes tailles présentant des robes très diverses, avec cependant une prédominance d'animaux à poils longs. Les chèvres communes ont généralement la réputation d'être rustiques et bien adaptées à leur région. Les aptitudes de production sont variables. On peut rencontrer de très bonnes souches laitières mais aussi des médiocres.

La Saanen

La chèvre Saanen est un animal à fort développement, possédant une bonne charpente osseuse. La robe est uniformément blanche, le poil est ras, la tête, avec ou sans cornes, avec ou sans barbiche, comporte un front large et plat. Le mufle est large, les oreilles sont portées à l'horizontale ou légèrement dressées. La mamelle, très large à sa partie supérieure, est globuleuse. Relativement moins répandue en France que l'Alpine, quoique largement exploitée à l'étranger, la Saanen, qui représente environ 40 % des effectifs de Caprigène, se rencontre dans toutes les régions. Toutefois, les implantations les plus importantes se situent dans le Sud-Est du pays.

Aptitudes et qualités

- Origine : Massif alpin
- Zone d'élevage principale : France entière
- Production annuelle de lait à l'âge adulte : 831 kg
- Qualités du lait : TP : 29,7 g ; TB : 33 g

TP : taux protéïque, TB : taux butyreux

Format et mensurations

	Male	Femelle
Poids	80 à 120 kg	50 à 90 kg
Taille au garrot	0,90 à 1 m	0,70 à 0,85 m
Tour de poitrine	(non communiqué)	

A noter

La race Saanen, caractérisée par sa robe entièrement blanche, peut présenter des sujets avec ou sans cornes, avec ou sans barbiche.

Beau spécimen de bouc Saanen, cornu et présentant une abondante barbiche.

La Poitevine

La plus connue des races locales françaises est sans aucun doute la Poitevine. Jouissant autrefois d'un grand renom, ses effectifs sont aujourd'hui très réduits. La population est, d'après l'ADCP (Association pour le développement de la chèvre Poitevine), inférieure à 1 000 têtes pouvant se repartir en trois ou quatre familles ; 400 chèvres environ étant soumises aux contrôles de performances.
C'est une chèvre de format moyen et d'aspect longiligne. La robe est de couleur brune plus ou moins foncée allant jusqu'au noir, le bas des membres et le dessous de la queue comportant du blanc. Les poils sont courts sur la tête et l'encolure. Ils sont par contre longs sur le dos et les cuisses. La tête est triangulaire, avec ou sans cornes, avec ou sans barbiche. La face est noire avec deux raies blanches sur le chanfrein.

Considérée comme une chèvre rustique produisant un lait particulièrement apte à la transformation fromagère, ses performances de production, tout en étant en moyenne inférieures à celles de l'Alpine et de la Saanen, peuvent être considérées comme satisfaisantes.

Aptitudes et qualités

- ORIGINE : **Sèvre niortaise**
- ZONE D'ÉLEVAGE PRINCIPALE : **Poitou**
- PRODUCTION ANNUELLE DE LAIT A L'AGE ADULTE : **517 kg**
- QUALITÉS DU LAIT : **TP : 29,5 g ; TB : 34,8 g**

TP : taux protéïque, TB : taux butyreux

Format et mensurations

	MALE	FEMELLE
POIDS	55 à 75 kg	40 à 65 kg
TAILLE AU GARROT	0,65 à 0,85 m	0,65 à 0,75 m
TOUR DE POITRINE	0,70 à 1 m	0,70 à 0,90 m

La production moyenne des animaux inscrits à l'organisme de sélection (Caprigène) étant, en 1993, de 517kg de lait avec un TP (taux de matières protéiques) de 29,5 ‰ et un TB (taux de matières grasses) de 34,8 ‰ ; certains troupeaux présentant des moyennes de production supérieures à 800 kg de lait, les meilleurs sujets pouvant dépasser 1 500 kg de lait par an.

Chèvre Poitevine. Cette race se reconnaît aisément à sa robe brune, plus ou moins foncée, et blanche.

Les autres races laitières ou mixtes

Outre les trois races venant d'être décrites, il existe un nombre important de races et de variétés locales.

La Pyrénéenne

D'effectif très réduit, cet animal rustique est adapté à l'élevage en montagne. La Pyrénéenne est de format moyen : 75 à 85 cm au garrot pour, en moyenne, un poids de 50 kg. Comme la Poitevine, c'est une chèvre à poil long, la robe est souvent noire avec le ventre clair. Elle peut être motte ou cornue, dans ce cas les cornes sont développées et relativement écartées l'une de l'autre.

Traditionnellement, ces chèvres étaient nourries l'hiver dans la vallée avec du foin et conduites en alpage l'été. Le système de production était mixte : elles allaitaient leurs chevreaux (qui étaient vendus lorsqu'ils atteignaient 15 kg) et ensuite traites (production de 0,5 à 1 litre par jour sans complément). Le lait était mélangé avec du lait de vache pour fabriquer un fromage traditionnel. Il reste aujourd'hui quelques troupeaux ; certains animaux sont notamment visibles à l'écomusée de la grande Lande (Parc national des landes de Gascogne).

Bouc Pyrénéen. Cette race est aujourd'hui en voie de disparition.

En savoir plus

LES RÉSULTATS DE PRODUCTION LAITIÈRE EN FRANCE

Voici les résultats moyens de production laitière observés pour la France dans le cadre du contrôle laitier pour la campagne 2000-2001 ; ils portent sur environ 306 000 lactations.

Lait en kg	760
TP (taux de matières protéiques) en ‰	30,8
TB (taux de matières grasses) en ‰	34,7
Durée en jours	277

Ces moyennes cachent en réalité de grandes disparités. Des moyennes d'élevage supérieures à 800 kg sont en effet couramment observées. Quelques centaines de chèvres produisent plus de 1 000 kg de lait par an et une dizaine de chèvres ont produit au cours des dernières années plus de 2 000 kg.

La chèvre du Rove

C'est également un animal rustique, adapté aux zones et terrains difficiles. Autrefois, constituées en petit troupeau, ces chèvres accompagnaient les grands troupeaux ovins provençaux pendant la transhumance, en fournissant du lait pour les bergers et l'élevage des agneaux nés doubles ou orphelins. Traditionnellement, compte tenu de son comportement, elle avait la réputation de jouer un rôle dans la protection du troupeau ovin contre les divers prédateurs.

C'est un animal puissant, de grand format, à poil ras. La chèvre du Rove possède un cornage imposant en forme de lyre. Sa robe est souvent de couleur rouge.

Aujourd'hui en effectif restreint, elle est le plus souvent élevée dans des systèmes pastoraux relativement extensifs, soit pour une production exclusive de viande, soit pour une production mixte (viande + lait transformé en fromage).

La chèvre Corse

Plutôt que de race, il est préférable de parler ici de population, car il existe une grande diversité parmi ces animaux. Généralement, la chèvre Corse est de taille moyenne, souvent à poil long, avec une robe de couleurs variées.

Elle est le plus souvent conduite dans des systèmes extensifs, valorisant des grands espaces pastoraux. Traite généralement une fois par jour, son lait est transformé sur place en fromages traditionnels (Ascot, Broccio, Calenzana, Niolo, Sartène) très typés et appréciés des connaisseurs.

Compte tenu de leur mode de conduite (complémentation réduite), la production de ces animaux (100 à 300 kilos de lait par an en moyenne) est loin d'être négligeable.

Les races étrangères

Il s'agit essentiellement des races Murcienne, Nubienne et British Alpine, dont il existe quelques spécimens en France.

A noter

LES RACES NAINES

Il existe des chèvres de petit format (elles atteignent 25 kg à l'âge adulte), appelées communément « chèvres naines », comme la chèvre du Maradi. Ces animaux sont parfois élevés en France comme chèvres d'agrément.

Chèvre du Rove. Cette race locale, originaire de Provence, est en voie de disparition. Elle fait cependant l'objet d'actions de sauvegarde.

La chèvre Angora

Les chèvres Angora sont élevées essentiellement pour leur toison, le mohair, qui permet de fabriquer des fils à tricoter ou des tissus de grande qualité (légèreté, isolation thermique).

Depuis dix ans, l'élevage de ces chèvres a connu en France un développement important, puisque nous comptons environ 150 élevages, produisant 30 tonnes de mohair par an.

Animal de petite taille, 60 à 65 cm au garrot, de conformation plutôt trapue, la chèvre Angora est nettement plus légère que les races laitières françaises (30 à 60 kg pour les chèvres, 50 à 70 kg pour les boucs). Elle a la réputation d'être rustique, facile à élever. Son comportement alimentaire lui permet d'utiliser des végétaux parfois délaissés par les ovins, les bovins ou d'autres herbivores.

La toison

La principale caractéristique de la chèvre Angora réside dans sa toison, composée schématiquement de trois types de fibres.

- **Le jarre** est une fibre grossière.
- **Le mohair** est une fibre fine « amédullée* », dont la cuticule est formée d'écailles adhérant fortement les unes aux autres sans presque se chevaucher. C'est cet agencement particulier qui donne au mohair sa douceur textile remarquable et sa surface lisse qui réfléchit fortement la lumière (sa brillance). L'absence de chevauchement des écailles diminue le feutrage. Ces deux types de fibres sont produits par des follicules différents.

Aptitudes et qualités

- ORIGINE : **4 souches d'origine différente**
- ZONE D'ÉLEVAGE PRINCIPALE : **partout en France, population, plus importante dans le Sud-Est et le Massif Central**
- INTÉRET : **production de mohair**

Format et mensurations

	MALE	FEMELLE
POIDS	50 à 70 kg	30 à 60 kg
TAILLE AU GARROT	0,65 à 0,80 m	0,60 à 0,65 m
TOUR DE POITRINE	*(non communiqué)*	

Beau spécimen Angora : la toison, constituée d'une fibre fine (le mohair), est le principal intérêt de cette race.

Définition

Amédullée (fibre) : fibre dépourvue de moelle.

> **En savoir plus**
>
> **LE MOHAIR**
>
> Les chèvres Angora sont tondues deux fois par an. La production moyenne de mohair en France se situe aux environs de 4,1 kg par an et par animal. Mais ce chiffre cache une grande disparité (2 à 8 kg) due au degré de sélection, au mode de conduite, au type d'animal (chèvre ou bouc) et à son âge. Ainsi à 6 mois (première tonte kids), le poids de la toison est compris entre 1 et 2 kg.

• **La fibre hétérotypique,** qui présente sur sa longueur les deux structures précédentes (jarre et mohair).

Dans le pelage d'un animal sauvage, les follicules primaires produisent les poils de garde (fibres grossières) qui recouvrent les duvets (fibres fines assurant l'isolation thermique). A la suite de différentes mutations et grâce aux efforts de sélection, les fibres secondaires (le mohair) se sont développées chez la chèvre Angora au point de masquer les fibres primaires (grossières). Chez l'animal adulte, les fibres fines peuvent représenter 99 % de la toison. Bien entendu, les fibres grossières (jarre et hétérotypique) sont indésirables.

La croissance du mohair est ininterrompue (une croissance de 20 à 25 mm par mois peut être considérée comme normale) et s'accélère pendant l'hiver, les mèches pouvant atteindre au printemps 30 cm. Si l'animal n'est pas tondu, celles-ci se détachent naturellement.

Les différentes souches

On distingue en France quatre souches d'Angora :

• **la souche française,** provenant d'importations d'animaux turcs (1750-1909) et malgaches (1960) ;

• **la souche texane,** provenant d'importations d'animaux canadiens ou texans (1979-1988) ;

• **la souche australienne,** de provenance australienne ou néo-zélandaise (1987-1988) ;

• **la souche sud-africaine,** issue d'importations d'embryons sud-africains provenant du Zimbabwe.

Outre ces animaux de race pure, l'on rencontre des animaux croisés (issus de croisements d'absorption) se rapprochant plus ou moins du type Angora suivant le degré de croisement. A partir de la 5e ou 6e génération, les animaux présentent quasiment les mêmes caractères morphologiques que les Angora pures.

> *A noter*
>
> **Les producteurs de chèvres Angora possèdent une organisation professionnelle spécifique (ASECAUM), qui édite un bulletin.**

> **En savoir plus**
>
> **LES RACES MENACÉES D'EXTINCTION**
>
> Il existait autrefois un grand nombre de variétés locales : la chèvre du Massif central, la Blanche des Cévennes, la Cou clair du Berry, la Royale Vésubie, etc. Certaines ont aujourd'hui quasiment disparu, comme la chèvre des Albères (ou Catalane). A l'exception de la chèvre Corse, ces races sont menacées d'extinction. Pour certaines le point de non retour est déjà atteint, pour d'autres « un sauvetage » est encore possible. Aujourd'hui, il apparaît important de conserver ces races afin d'éviter un appauvrissement du patrimoine génétique. Des programmes d'aides (avec l'apport de fonds européens) peuvent y contribuer.

Le logement

Le bon logement est celui qui procure un confort suffisant aux animaux et permet une bonne organisation du travail pour le chevrier.

Le problème du logement peut être résolu par la construction d'un bâtiment neuf. Mais cela exige un investissement important. Dans bien des cas, et notamment quand la taille du troupeau est faible, il est plus réaliste d'aménager un petit local existant (ancienne étable, grange, remise, abri de jardin, etc.). Un local de 20 à 25 m² est suffisant pour loger une dizaine de chèvres. Un abri de jardin de 5 m² permet d'abriter deux chèvres.

L'élevage dans de bonnes conditions

Le confort des animaux conditionne en partie leur bon état de santé et un niveau de production correct du troupeau.

• **La chèvre craint plus l'humidité et les courants d'air** que le froid. En hiver, une température rigoureuse lui est moins préjudiciable qu'une atmosphère confinée, chargée de vapeur d'eau et de gaz nocifs. Toutefois, essayez de maintenir la température entre 10 et 15 °C.

• **La surface disponible par chèvre** doit être, au minimum, de 1,5 m² en stabulation libre (mode de logement où l'animal n'est pas attaché) et de 0,7 à 1 m² en stabulation entravée. La longueur minimum des mangeoires est de 0,4 m par chèvre.

• **Prévoyez un parc d'exercice** (4 à 5 m² par chèvre) attenant à la chèvrerie. Il devra être abrité des vents dominants et comporter des abris naturels procurant de l'ombre. Ce parc est indispensable pour les troupeaux qui ne vont jamais au pâturage (nourriture à base de foin toute l'année ou apport d'herbe à l'auge).

● *En savoir plus*

LA CHÈVRERIE ET LA LOI

Si vous voulez construire ou aménager un local pour vos chèvres, vous devez demander un permis de construire (vous pouvez vous procurer un imprimé spécial à la mairie de votre lieu de résidence).

Pour les problèmes de locaux, adressez-vous à la Direction départementale de l'agriculture de votre département. Votre bâtiment doit en effet répondre à des normes de salubrité et de protection de l'environnement.

Quelques règles à respecter

- Isolation : **le local doit être à l'abri de l'humidité et des courants d'air**
- Température : **en hiver, maintenez-la entre 10 et 15 °C de préférence**
- Surface nécessaire par chèvre :
  - **en stabulation libre : 1,5 m²**
  - **en stabulation entravée : de 0,7 à 1 m²**
- Hauteur sous plafond minimum : **3 m**
- Longueur des mangeoires : **0,4 m par chèvre**

• **Le volume d'air par chèvre** doit être au minimum de 5 à 6 m³. Il faut donc une hauteur minimum sous plafond de 3 m. De plus, l'air doit être renouvelé. Assurez un système de ventilation statique par des fenêtres à châssis basculant (pour l'entrée d'air) et par un lanterneau ou des cheminées d'aération (pour évacuer l'air vicié). Si les fenêtres sont situées sur deux faces du bâtiment, elles seront de préférence disposées en quinconce, à une hauteur suffisante pour que le renouvellement d'air ne provoque pas de courants d'air au niveau des animaux.

• **La totalité des surfaces éclairantes** doit être comprise entre 20 et 30 % de la surface au sol. L'éclairement peut venir des fenêtres. On peut également employer, dans certains cas, des plaques translucides disposées sur le toit.

Le sol bétonné est déconseillé pour une stabulation libre. Il donne des litières « pisseuses ». Préférez un sol en terre battue ou « bloqué » par une couche de mâchefer. Pour une stabulation entravée, cimentez les caniveaux d'évacuation des urines. Cimentez toujours les couloirs d'alimentation et de service (stabulation libre et entravée).

Enfin, les effluents ne doivent pas être rejetés directement dans le milieu naturel.

Les modes de stabulation

Il existe deux grands types de stabulation, qu'il faut choisir selon le type d'élevage que vous souhaitez conduire et le temps que vous pourrez y consacrer :

- **la stabulation entravée :** chaque chèvre dispose d'une place, équipée d'une mangeoire, elle est attachée ;
- **la stabulation libre :** les chèvres sont en liberté, dans un local qui comprend un cornadis et des mangeoires. Elles ne sont attachées (prises au cornadis) que pour les repas principaux et la traite, quand celle-ci se fait sur place.

La stabulation libre est la règle générale pour les grands troupeaux, mais elle peut également être employée pour les petits effectifs.

La stabulation entravée exige moins de place par chèvre. Elle permet d'individualiser l'alimentation de chacune. Mais, comparée à la stabulation libre, elle présente un certain nombre d'inconvénients :

- **elle exige un travail supplémentaire,** car on doit entretenir journellement les litières et procéder au « curage » complet de la chèvrerie au moins une fois par semaine. Cette opération n'est réalisée que deux ou trois fois par an en stabulation libre ;
- **l'affouragement** (approvisionnement en fourrage) des animaux est souvent difficile et l'abreuvement nécessite un travail important et fastidieux (l'abreuvement est réalisé au seau, chaque chèvre devant recevoir 8 à 12 litres par jour) ou un équipement plus important et coûteux (il faut un abreuvoir automatique par chèvre). En stabulation libre, un seul point d'eau suffit pour trente chèvres. Enfin, l'éleveur est obligé de détacher et de rattacher les chèvres au départ et au retour du pâturage ;
- **les conditions d'hygiène** sont moins bonnes. Les chèvres ont tendance à se salir plus (au niveau des mamelles) et à se défendre moins bien contre le froid. De plus, dans le cas de périodes d'hivernage prolongées, sans sortie, la stabulation entravée semble favoriser (par manque d'exercice) certains accidents sanitaires.

● *En savoir plus*

LA STABULATION EN BOXE

Peu répandue en France, mais fréquente en Angleterre dans les petits élevages d'amateurs, signalons aussi la stabulation en boxe, qui allie les avantages des deux systèmes précédents. Cette solution exigeante en place (donc chère) et en travail n'est envisageable que dans les troupeaux de faible importance, le boxe devant avoir une surface de 2 à 2,5 m² au minimum.

CORNADIS POUR STABULATION LIBRE

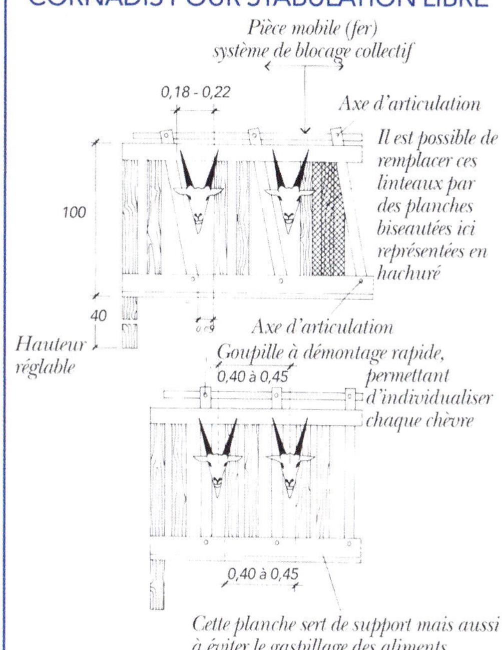

D'après M. de Simiane et P. Le Mens

Le matériel

Les litières

Elles sont le plus souvent composées de paille de céréales. Toutefois, dans les régions où la paille est rare et chère, on peut choisir la sciure de bois, les fougères séchées ou un caillebotis. Le caillebotis est constitué par un plancher à claire-voie. Les crottes et l'urine tombent dans un caniveau.

Les mangeoires et cornadis

La chèvre gaspille du fourrage. Les mangeoires et les cornadis employés doivent être conçus de façon à éviter que la chèvre tire le fourrage de son auge (quand le cornadis est ouvert), en parsème sa litière ou le repousse dans le couloir d'alimentation. La mangeoire doit avoir un volume suffisant pour recevoir la quantité nécessaire de fourrage (environ 120 litres par chèvre).

En stabulation libre, dans la mesure où le fumier n'est enlevé qu'une à deux fois par an, prévoyez un système permettant de remonter la mangeoire et le cornadis. Il faut que la hauteur de la mangeoire, par rapport à la litière, soit à peu près constante, le fond de l'auge devant être situé à 30-40 cm au-dessus de la litière. En stabulation entravée, un des meilleurs systèmes d'attache consiste à faire coulisser la chaîne d'attache (d'une longueur 20 à 30 cm). Il assure à la chèvre une bonne aisance, bien qu'elle soit attachée court.

Enfin vous pouvez prévoir des séparations de 20 à 40 cm de long pour délimiter les stalles de chaque chèvre.

Les abreuvoirs

Le système le plus simple consiste à abreuver les animaux au seau (stabulation entravée) ou avec une bassine en plastique que l'on remplit régulièrement (stabulation libre).

Ces systèmes donnent du travail. L'eau doit être renouvelée fréquemment, la chèvre accepte mal de boire une eau souillée par des déjections, du fourrage, etc. L'installation d'un abreuvoir automatique (un seul pour une stabulation libre) permet de résoudre ce problème. Dans ce cas, il est obligatoire d'installer un modèle à niveau constant. La chèvre utilise mal les modèles à pédale. En stabulation libre (ou en boxe), l'abreuvoir automatique sera situé relativement haut, avec une marche d'accès, pour éviter les souillures par les crottes.

Certains abreuvoirs sont pourvus d'un système permettant de réchauffer l'eau et d'abreuver les animaux avec de l'eau tiède en hiver.

En savoir plus

POUR LES JEUNES

Pour loger les jeunes, aménagez un coin du local. En cas de température rigoureuse, prévoyez un chauffage d'appoint (lampe à infrarouge). Ce local doit être équipé d'un système de distribution pour le lait et les concentrés et d'un râtelier pour le foin. La surface à prévoir est de 0,3 m^2 par chevreau jusqu'à huit à dix semaines et d'environ 1 m^2 pour une chevrette de six mois.

A noter

LA CASE DU BOUC

Pour la case des boucs, prévoyez une surface paillée de 3 m^2 par bouc, construite avec des matériaux résistants. Les boucs possèdent une capacité de destruction peu commune.

EXEMPLES DE MANGEOIRES POUR CHÈVRES

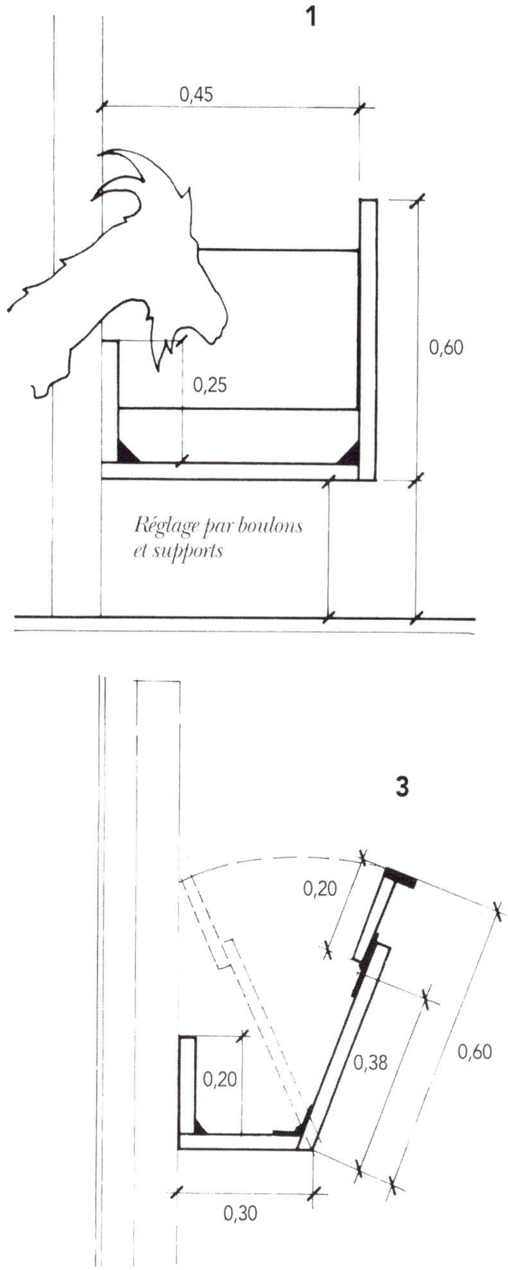

Fig. 1, simple à réaliser en bois.
Fig. 2, 3, 4, avec augette rabattable pour le concentré.

D'après M. de Simiane et P. Le Mens

Les dispositifs de traite

La traite en place

Dans les petits troupeaux, la traite est souvent réalisée sur place. En stabulation libre, il est possible d'installer un quai de 80 cm de long juste en arrière du cornadis, surélevé de 50 à 70 cm au-dessus du sol. Ce système ne permet que la traite par l'arrière, il convient surtout à la traite mécanique.

La salle de traite

Des dispositifs spéciaux permettent d'obtenir de meilleures conditions de traite (hygiène et confort du trayeur). Il faut dans ce cas déplacer les animaux.

Installez, dans un coin de la chèvrerie, un tunnel de traite. Il est constitué d'une table étroite (40-45 cm) munie, à ses deux extrémités, d'un plan incliné. Le tunnel est fermé sur les côtés par deux traverses, dont la première est à hauteur des hanches de la chèvre. Le tunnel est fermé à l'avant par une porte coulissante (en hauteur), équipée éventuellement d'une augette à concentré, et, à l'arrière, par une sangle (une extrémité fixée, l'autre amovible) à hauteur des fesses de la chèvre. Ce système convient aussi bien à la traite manuelle qu'à la traite mécanique.

Nous ne nous étendrons pas ici sur la traite mécanique, qui n'est économiquement intéressante qu'à partir de 30 chèvres. Il existe sur le marché des matériels de traite parfaitement adaptés à la chèvre laitière, qui vont des simples machines à pot trayeur aux salles de traite sophistiquées, équipées de nombreuses griffes et d'un système de transfert de lait, permettant de traire une centaine de chèvres à l'heure.

● *En savoir plus*

LA VAISSELLE LAITIÈRE

Nettoyez après chaque traite vos seaux et chaque jour bidons, moules et bassines. Rincez à l'eau froide. Laissez tremper et brossez à l'eau chaude (50-70 °C) additionnée d'un détergent et d'un désinfectant. Rincez à l'eau froide. Les moules sont difficiles à nettoyer. Après rinçage, faites-les tremper trois heures minimum dans une solution détergente et désinfectante avant de les brosser.

L'entretien et la désinfection des locaux

Procédez au moins une fois par an à un nettoyage complet des locaux (lavage avec une solution détergente) et à une désinfection. Utilisez un blanc insecticide pulvérisé sur les murs. Le sol peut-être désinfecté au Crésyl.

L'emploi de superphosphate sur les litières assainit également le local, tout en enrichissant le fumier (60 g par m^2 et par jour).

A noter

TRAITE MANUELLE OU TRAITE MÉCANIQUE ?
Avant d'investir dans un équipement, sachez que la traite mécanique n'est économiquement rentable qu'à partir d'une production laitière de 30 chèvres au minimum.

Le choix des reproducteurs

Les critères de choix vont, en partie, dépendre du type d'élevage pratiqué. Le potentiel de production laitière sera différent pour des chèvres conduites sur parcours, avec des apports de foin et d'aliments concentrés (céréales, tourteaux, concentrés du commerce) très réduits, et des chèvres élevées en système intensif. Vous devez donc connaître un certain nombre de règles générales pour pouvoir ensuite les adapter à votre mode d'élevage.

Les qualités de la chèvre

Les qualités à rechercher chez la chèvre laitière peuvent se classer en trois catégories :
– une bonne conformation ;
– un bon potentiel de production laitière ;
– des qualités d'élevage.

La conformation

Une bonne chèvre doit être fertile, mettre bas sans difficultés et transformer en lait (facile à traire) de grandes quantités d'aliments, en particulier des fourrages.

Recherchez avant tout une femelle laitière et non un animal à viande.

• **L'avant-main et la tête.** L'avant-main doit être caractérisée par une poitrine large et profonde ainsi qu'une encolure longue et fine.

Les animaux grignards (mâchoire inférieure en avant de la mâchoire supérieure) et bégus (mâchoire inférieure en arrière de la mâchoire supérieure) sont à exclure. Il en est de même des animaux dont la face est déviée.

• **L'abdomen.** Il sera bien développé, de façon à avoir un rumen (une panse) de grande capacité.

• **L'arrière-main et le bassin.** Le bassin doit être large et peu incliné. Un bassin bien conformé permet d'avoir de bonnes attaches de mamelle et d'obtenir des mises bas faciles.

• **La mamelle.** Ronde ou ovale, elle doit être bien développée avec de bonnes attaches avant, latérales et arrière. Les mamelles en « chaussette » (qui pendent) sont à éviter. La mamelle doit être souple avec une peau fine.

Quelques qualités à rechercher

- Machoire sans défauts
- Abdomen développé
- Bassin large
- Trayons orientés vers l'avant

Les trayons implantés à la base de chaque quartier doivent être orientés vers l'avant. Pour la traite manuelle, recherchez des trayons relativement développés. Pour la traite mécanique, préférez des trayons de taille moyenne.

Regardez avec soin la conformation de la mamelle. Elle se transmet très bien aux descendants.

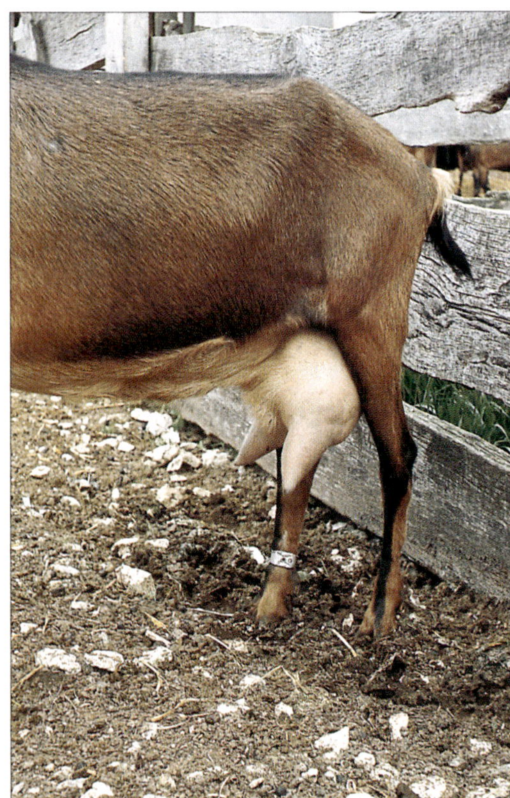

Chèvre Alpine présentant une mamelle sans défaut majeur, avec des trayons volumineux adaptés à la traite manuelle.

La chèvre est aussi un animal familier, dont le comportement pourra parfois vous surprendre...

Évitez les trayons supplémentaires et jumelés (deux trayons accolés avec deux sphincters). Ils sont une gêne importante pour la traite (aussi bien mécanique que manuelle).

Les trayons implantés au-dessus de la base du pis (celui-ci formant une poche à sa partie inférieure) seront également à éviter (ils provoquent des difficultés d'égouttage).

• **Les membres.** Les articulations seront fines et sèches. Les membres présenteront des aplombs corrects, permettant une démarche normale. Les paturons ne seront pas trop écrasés. Les animaux présentant un allongement excessif des onglons sont à exclure.

La production laitière

Elle s'apprécie généralement par la quantité totale de lait produite en une lactation (production sur une année). C'est généralement au cours de la troisième lactation que la chèvre atteint le maximum de possibilité de production. Les quantités de lait produites en première et deuxième lactation sont estimées en moyenne à 70 et 85-90 % des quantités produites en troisième lactation.

• **L'essentiel du lait de chèvre est destiné à la transformation en fromages.** Vous tiendrez donc compte de la composition du lait et, notamment, du taux de matières protéiques (TP) et, éventuellement, du taux de matières grasses (TB).

• **Le rendement fromager dépend étroitement du TP et, à moindre degré, du TB.**

En définitive, selon les possibilités, vous prendrez en considération la quantité de matières protéiques produites (lait x TP moyen pondéré), en évitant de choisir des animaux dont le TP est trop bas, 27 ‰ peut être considéré comme un seuil au-dessous duquel un animal choisi comme reproducteur ne doit pas descendre.

Une performance laitière est le résultat de deux éléments :

- **la valeur génétique de la chèvre,** appelée communément souche, origine, etc. ;
- **les conditions d'élevage** (hygiène, mode d'alimentation, etc.).

Pour apprécier la valeur génétique, comparez la lactation de la chèvre à la moyenne des lactations du troupeau auquel elle appartient et tenez compte des conditions d'élevage.

Ainsi, une chèvre adulte qui produit 600 kg de lait à 29 ‰ de TP (17,4 kg de matières protéiques) est bonne laitière quand la moyenne de production du troupeau est de 450 kg de lait à 30 ‰ de TP (13,5 kg de matières protéiques). Mais quand cette moyenne est de 750 kg de lait à 27 ‰ de TP (20,2 kg de matières protéiques), cette même chèvre est mauvaise laitière.

Les aptitudes de production laitière s'expriment par un index de production. Ce critère synthétique permet d'évaluer le potentiel laitier de la chèvre en éliminant les principaux effets dus au milieu. Un index peut être positif ou négatif. Il s'exprime en kilos de lait et de matières protéiques et en taux azoté.

Pour les animaux intégrés au schéma de sélection, l'organisme Caprigène établit une note de synthèse qui tient compte des index de production et de la conformation.

ATTACHE DES MAMELLES ET DÉFAUTS DES TRAYONS

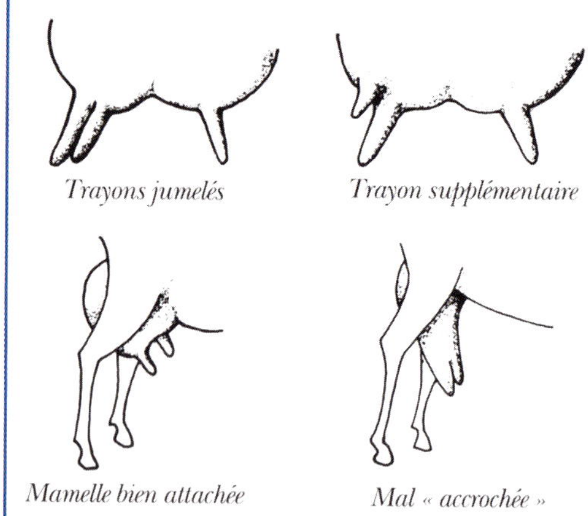

En savoir plus

LES QUALITÉS D'ÉLEVAGE DE LA CHÈVRE

Il s'agit essentiellement de la rusticité, du comportement, de la facilité de traite et des aptitudes à la reproduction.

La chèvre rustique est une femelle qui a une bonne fertilité, met bas sans difficultés, mange normalement, supporte sans ennuis des conditions d'entretien variées et parfois difficiles. Elle produit une quantité moyenne ou importante de lait et n'est pratiquement jamais malade.

La facilité de traite (surtout pratiquée manuellement) est à prendre en considération. Il existe de grandes variations suivant les chèvres. Ainsi, pour une même production, le temps de traite peut varier du simple au double.

La chèvre Angora

Chez la chèvre angora, outre la recherche d'une bonne conformation permettant son élevage dans des systèmes variés et particulièrement les systèmes pastoraux impliquant une bonne capacité d'utilisation de la végétation hétérogène des parcours (membres avec aplomb correct, abdomen développé, pas de tares concernant la mâchoire), vous vous intéresserez à la toison, tant sur le plan quantitatif que qualitatif.

La toison : aspect quantitatif

L'aspect quantitatif peut être apprécié par le poids de la toison brute et le rendement LAF (lavé à fond). La longueur de la mèche, qui est un des facteurs déterminants du poids de la toison, est un critère d'appréciation du potentiel de production. Associée à la finesse (critère qualitatif), elle détermine l'utilisation et le processus de transformation du mohair. Pour la transformation, une longueur de 150 mm est idéale.

La qualité de la toison

Le principal critère qualitatif de la toison est sans aucun doute la finesse de la fibre. Celle-ci varie entre 26 et 38 microns. Elle dépend de l'âge de l'animal : 26 à 30 microns pour les deux premières tontes (à 6 mois et un an), contre 34 microns pour les animaux adultes.

• **La finesse** varie également en fonction de la quantité produite. Ainsi une augmentation du poids de la toison due à une élévation du niveau alimentaire va entraîner une augmentation du diamètre des fibres. Les fibres présentant un diamètre supérieur à 38 microns sont quasiment impossibles à commercialiser et, à partir de 36 microns, elles sont classées en « gros », ne permettant pas une transformation en fil (produit à haute valeur ajoutée).

• **Le style et le caractère** sont deux critères qui sont associés à la finesse de la fibre et qui reflètent la bonne santé de l'animal.

Le style se rapporte au « tortillement » de la mèche, il sera d'autant plus important que la mèche formera ou non un rouleau serré. Le caractère se réfère quant à lui aux « ondulations », qui seront plus ou moins rapprochées. Un équilibre doit être maintenu entre ces deux facteurs.

• **L'absence de jarre* et de fibres hétérotypiques** est également importante car leur présence complique les opérations de tri et conduit au déclassement des lots au niveau de la fabrication. Les lots jarreux ne peuvent servir qu'à la fabrication de produits de mélange (mohair/laine).

Définition

Jarre : fibre grossière avec moelle importante, aux propriétés mécaniques médiocres, indésirable dans la toison des chèvres Angora.

La qualité de la toison est le principal critère de sélection des chèvres Angora (ici un bouc).

Les qualités du bouc

Le bouc doit présenter une bonne conformation, sans défaut majeur. Les animaux possédant des trayons supplémentaires (plus de deux trayons) ou des trayons jumelés seront écartés de votre sélection (les trayons sont situés juste en avant des testicules, ils mesurent normalement chez l'adulte 2 à 5 cm). Il en sera de même des boucs présentant des défauts de mâchoires. Le bouc doit être bien développé avec un bassin large, peu incliné, et des aplombs corrects.
Attachez également de l'importance au cornage. Vous choisirez un bouc cornu (ou écorné) ou un bouc motte*, dans la mesure ou l'un de ses deux parents est cornu ou si, accouplé avec des chèvres mottes, il a déjà donné des produits cornus.

Définition

Bouc motte : animal qui, de naissance, ne présente pas de cornes.

Le potentiel laitier

Le bouc intervient pour 50 % dans la constitution du patrimoine génétique de ses filles et il tient, à ce titre, une grande place dans les qualités laitières de ces dernières. Mais, comparativement à une chèvre, le nombre de descendants par bouc est beaucoup plus important.
Le potentiel de production laitière (quantité de lait, quantité de matières protéiques, taux de matières grasses) s'estime, pour le bouc, de façon indirecte : on se réfère, pour l'évaluer, au potentiel de production de sa mère et à l'origine de son père, en espérant qu'il transmettra les caractères de production à ses filles.
Mais même si un bouc issu d'une très bonne mère peut donner des filles médiocres, vous avez plus de chances d'obtenir des animaux de bon potentiel en prenant en compte la qualité de leurs origines plutôt qu'en choisissant des boucs issus de mauvaises laitières ou d'origine inconnue.
Le potentiel de production du bouc peut également être apprécié en fonction des performances de ses filles (plus le nombre de ces dernières est important, plus cette méthode est sûre).
Le potentiel de production laitière d'un bouc, estimé en fonction du rendement laitier de ses filles, s'exprime par un index, qui tient compte de son ascendance et de sa descendance. L'index exprime en kilo de lait et en kilo de matières protéiques la valeur génétique du bouc. L'index peut être positif (bouc améliorateur) ou négatif (bouc détériorateur).
Le coefficient de détermination (CD), donné en pourcentage, indique le degré de fiabilité de l'index ; celui-ci dépend du nombre de filles et de leur répartition dans différents élevages.
Un index inférieur à 50 % n'est pas suffisamment significatif, au-dessus de 60 %, il est très fiable. Le coefficient de répartition (CR) indique le nombre d'élevages dans lesquels les filles du bouc sont réparties.

L'organisation de la sélection

Elle repose sur quelques opérations :
- **l'identification filiation** : tenir à jour le fichier d'état civil de l'ensemble des animaux ;
- **le contrôle laitier** : apprécier la quantité de lait, de matières protéiques et, éventuellement, de matières grasses produites ;
- **le contrôle des animaux** : conformation et caractères de race pour les animaux inscrits à Caprigène.

L'organisme Caprigène intervient sur l'ensemble des animaux inscrits à l'organisme de sélection. Il contrôle la conformation et les caractères de race et élabore pour chaque reproducteur (mâle ou femelle) une note synthétique, qui prend en compte les index de production (matières et taux protéiques) et les éléments de conformation. Pour les chèvres, il existe cinq notes (A, P, B, F et C) ; pour les boucs, il en existe sept (voir encadré p. 41).
Caprigène, par ailleurs, élabore et coordonne le programme d'amélioration génétique en classant les animaux, proposant un programme d'accouplements raisonnés et en coordonnant les programmes de testage et d'indexation continus.
Les éleveurs adhérents, qui acceptent un certain nombre de contraintes (minimum d'inséminations dans le troupeau, participation au programme de testage de boucs, etc.), sont liés par contrat avec l'organisme et bénéficient en contrepartie d'avantages concernant la diffusion du progrès génétique (priorité pour bénéficier des meilleurs boucs dans le cadre de l'insémination artificielle) d'une part et d'avantages financiers d'autre part (notamment réduction du coût du contrôle laitier et des inséminations).
Les centres d'insémination participent à la création (participation au testage) et à la diffusion du progrès génétique. Ils constituent un rouage indispensable au bon fonctionnement du schéma d'amélioration génétique qui a déjà fait la preuve de son efficacité.
L'éleveur pourra s'adresser à l'établissement départemental de l'élevage et à l'organisme Caprigène pour tous renseignements concernant les boucs améliorateurs (insémination), l'achat de jeunes reproducteurs, etc.

Le contrôle laitier

Il est pratiqué par un contrôleur officiel qui mesure les quantités de lait produites par l'ensemble des chèvres d'un même troupeau, ainsi que le taux de matières protéiques et éventuellement de matières

● *En savoir plus*

LES ORGANISMES RÉALISANT LES OPÉRATIONS DE SÉLECTION

- **Au niveau départemental :** les établissements départementaux de l'élevage (EDE) et les syndicats de contrôles laitiers assurent les opérations d'identification filiation et de contrôle laitier.
- **Au niveau régional :** les centres régionaux informatiques (CRI) assurent la tenue de fichiers et l'élaboration d'un certain nombre de documents remis à l'éleveur (cumul des productions laitières mois par mois valorisé).
- **Au niveau national :** le centre de calcul (CTI) du ministère de l'Agriculture, en fin de campagne, élabore l'ensemble des éléments.

grasses. Il porte sur des chèvres identifiées par tatouage.

• **Deux méthodes de contrôle** sont actuellement utilisées. La plus connue est la méthode A30. Tous les mois, suivant un intervalle de 27 à 41 jours, le contrôleur mesure par pesée la quantité de lait produite au cours d'une journée sur l'ensemble des traites ; il procède également à un prélèvement d'échantillons individuels à chaque traite pour déterminer le TP et le TB. Il existe deux variantes de cette méthode suivant l'intervalle observé entre la mise bas et le premier contrôle d'une part et l'écart maximum entre deux contrôles d'autre part (voir tableau ci-contre). La méthode AT30 consiste, quant à elle, à contrôler alternativement la traite du matin et celle du soir.

• **Les critères de résultats** (durée, quantité de lait, de matières protéiques, TP) sont identiques pour les deux méthodes.

En ce qui concerne le TB et la matière grasse, ces paramètres étant très variables d'une traite à l'autre, la méthode AT30 est moins précise. Les résultats de TB ne sont donc édités qu'à la demande et « aux risques » de l'éleveur.

Le contrôleur laitier exécute également certaines tâches annexes : identification, tenue des archives.

Méthodes officielles de contrôle laitier caprin pratiquées en France

Méthode pratiquée	Écart entre mise bas et 1er controle	Écart moyen entre les controles	Caractérisation de la lactation d'un animal
A30	< 52 jours	De 27 à 37 jours	A4
A30	< 57 jours	De 27 à 41 jours	A5
AT30	< 58 jours	De 27 à 41 jours	AT

Il donne un certain nombre de conseils aux éleveurs concernant l'alimentation, la sélection, etc.

Les chèvres Angora

Concernant les chèvres Angora, il existe au sein de l'organisme Caprigène une section spécialisée. Les animaux sont évalués quant à leur conformation et à l'aspect de leur toison (un expert lainier participant aux tournées de pointage).

Un contrôle de performances a été mis en place, il doit à terme déboucher sur le calcul d'un index. Le contrôle porte sur la pesée de la toison et l'analyse de prélèvements effectués afin de déterminer :

– le rendement au lavage ;

– la finesse de la toison ;

– le pourcentage de jarre.

● ***En savoir plus***

L'ÉVOLUTION DE LA PRODUCTIVITÉ

Voici l'évolution sur 10 ans (1982-1992) des niveaux de productivité dans les troupeaux soumis au contrôle laitier (1re lactation). *(Source INRA-Institut de l'élevage)*

	Quantité de lait (en kg)	Quantité de matières protéiques (en kg)	Taux protéique (en g par kg)
Performance brutes en 1re lactation	+ 134	+ 5,1	+ 2,3
Progrès génétiques	+ 80	+ 3	+ 1
Évolution des effets du milieu :	+ 54	+ 2,1	+ 1,3
dont évolution moyenne des effets troupeaux	+ 20	+ 1	+ 1

Le marché des reproducteurs

Les chèvres adultes

Le marché est limité. En dehors des troupeaux mis en vente pour cessation d'activité, les chèvres adultes vendues sont essentiellement des animaux présentant des défauts.

Les chevrettes de trois à quatre semaines

Les naissances ont lieu entre décembre et avril, c'est à cette époque que les chevrettes sont disponibles. L'achat de ces animaux, que vous élèverez jusqu'à la première mise bas, reste le moyen le plus répandu de constituer un troupeau. Il est prudent de retenir, auprès des éleveurs ou des organismes spécialisés, les animaux dont vous aurez besoin avant la période des naissances.

Les chevrettes sevrées

Agées de deux à quatre mois, elles ont passé le cap difficile de l'élevage. Les éventuelles anomalies sont plus faciles à détecter. Le nombre d'animaux commercialisés à cet âge est généralement faible. Vous devrez passer par un organisme spécialisé et commander les animaux avant la période des mises bas.

Les chevrettes prêtes à la saillie ou saillies

Agées généralement de sept à neuf mois, pesant de 25 à 30 kg, elles sont commercialisées à l'automne. Vous apprécierez mieux la conformation de l'animal et obtiendrez certaines garanties sanitaires (indemnes de brucellose). L'achat de ces animaux s'effectue dans les mêmes conditions que les précédents.

Les boucs

Nous retrouvons les mêmes catégories que chez les femelles. Toutefois, l'achat d'un bon bouc adulte peut se révéler une solution très intéressante. Les boucs sont mis en vente bien avant leur réforme pour des problèmes de consanguinité.

Ci-contre une chevrette Saanen prête à la saillie. Ces chevrettes sont généralement vendues à l'automne, à l'âge de sept à neuf mois.

LA QUALIFICATION DES REPRODUCTEURS (RACES LAITIÈRES)

Les notes de synthèse dépendent de la valeur génétique de l'animal et de sa conformation. La conformation est appréciée par des experts de Caprigène.

Les notes de conformation

1 : Animal jeune sans tares, qui devra être pointé ultérieurement.

8 : Ajourné, animal dont l'état ou le développement sont insuffisants, ou sujet présentant un défaut qui peut être réversible ; cet animal sera revu ultérieurement, il pourra être alors soit refusé, soit noté **3, 4** ou **2.**

3 ou 4 : Animal présentant une bonne conformation.

9 : Sujet refusé pour tare grave.

NR : Non renseigné, animal n'ayant pas été examiné par la commission.

Les notes de synthèse

• Les chèvres

A : Chèvre ayant une très bonne valeur génétique et une bonne conformation. Les chèvres classées en A sont potentiellement des « mères à bouc ».

P : Chèvres ayant une valeur génétique égale à celles classées en A mais une conformation non connue ou à confirmer **(NR, 1, ou 8).**

B : Chèvres ayant une bonne valeur génétique et une bonne conformation. Ces animaux sont intéressants pour produire des chevrettes de renouvellement.

F : Chèvres ayant une valeur génétique identique à celles classées en **B,** mais dont la conformation est non connue ou à confirmer.

C : Chèvres ayant une conformation médiocre à bonne et une valeur génétique médiocre à bonne. Les femelles classées en **C** peuvent être considérées comme des femelles de service ; l'on ne conservera pas les jeunes (mâle ou femelle) issus de celles-ci pour le renouvellement ou la constitution des troupeaux.

• Les boucs

Les boucs sont qualifiés en fonction de leur conformation et de leurs index de production (matières azotées, taux azotés) ; les index peuvent être établis en fonction de leur ascendance et/ou de leur descendance.

A : Boucs ayant une très bonne valeur génétique et une bonne conformation ; ce sont des boucs très améliorateurs diffusés le plus souvent par insémination artificelle.

P : Boucs ayant une valeur génétique identique à ceux classés en **A** mais dont la conformation est inconnue ou à confirmer.

B : Boucs ayant une bonne valeur génétique et une bonne conformation ; ce sont des boucs améliorateurs.

F : Boucs ayant une valeur génétique identique à ceux classés en **B** mais dont la conformation est inconnue ou à confirmer.

C : Boucs ayant une bonne valeur génétique et une conformation médiocre, ou boucs ayant une valeur génétique moyenne (index légèrement positif).

E : Jeunes boucs sans tares graves (moins de 5 ans) dont les deux parents sont qualifiés en **A.** Ces animaux représentent une alternative très intéressante pour la constitution d'un petit troupeau.

S : Boucs de service. Animaux sans tares graves mais de valeur génétique médiocre ou mal connue. Ces boucs sont réservés à la saillie des chèvres dont on ne garde pas les produits pour l'élevage.

L'achat d'un jeune reproducteur

Avant d'acquérir un animal, mâle ou femelle, destiné à la reproduction, examinez soigneusement le sujet qui vous est proposé, appréciez son potentiel de production laitière et observez ses géniteurs.

L'examen de l'animal

• **Écartez les animaux présentant des tares et des anomalies :** défauts de mâchoires, faces déviées, trayons jumelés ou trayons supplémentaires (dans le cas d'animaux âgés de deux à quatre semaines l'examen doit être attentif), anomalies du squelette et des onglons, hernie et abcès du nombril, anomalies de l'appareil génital. Ces dernières sont relativement fréquentes chez les caprins, principalement chez les animaux issus de parents mottes. Les animaux présentant ces anomalies sont appelés communément par les éleveurs « biquebouc » ou « boubique ».

Les principales anomalies de l'appareil génital se présentent de la manière suivante :

– animaux apparemment femelles : vulve présentant une grosseur, clitoris très développé, vulve atrophiée ;

– animaux apparemment mâles : testicules très peu développés, fente longitudinale à la place de la sortie de la verge, vessie apparente entre les cuisses.

Dans certains cas, les anomalies sont difficiles, sinon

A noter

LA TRANSMISSION DES CARACTÈRES DE RACE
Une chèvre et un bouc présentant les caractères morphologiques permettant de les classer dans une race peuvent donner naissance à des chevreaux n'ayant pas les caractères de celle-ci. En plus de l'examen de l'animal, il faut connaître sa descendance (sur un grand nombre de sujets) pour être sûr de sa race.

Pour constituer un troupeau, achetez de préférence des animaux jeunes (trois à sept mois), qui serviront de reproducteurs. Choisissez des animaux en bonne santé et bien conformés.

impossibles, à détecter avant l'âge de quatre à six mois (au moment de la puberté) : stagnation ou régression du volume des testicules chez le bouc, chevrette présentant des caractères mâles secondaires, etc.

• **Choisissez un animal en bonne santé** et suffisamment développé (pas d'abcès, pas de diarrhée chronique, etc.). Le poids permet d'apprécier le développement et de juger également de l'état sanitaire (un animal malade a une mauvaise croissance).

A titre indicatif, vous pouvez retenir les normes suivantes pour les races Alpine et Saanen :

AGE	CHEVRETTE (Poids)	BOUC (Poids)
21 jours (3 semaines)	6 kg	7 kg
3 à 12 semaines	6 + 1 kg/ semaine	7 + 1,2 kg/ semaine
3 mois	16 kg	19 kg
5-6 mois	24 kg	29 kg
7-8 mois	30 kg	36 kg

• **Vérifiez les caractères de race** dans le cas d'animaux de race pure.

• **Assurez-vous de l'identification du chevreau** et de la concordance de son signalement avec la déclaration de naissance (pour les animaux issus de troupeaux pratiquant le contrôle laitier et éventuellement inscrits au Caprigène).

• **Choisissez des animaux cornus,** ou mottes ayant un de leurs parents cornu.

• **Assurez-vous que le chevreau sait boire au biberon** ou à la gamelle. Si vous avez recours à un organisme spécialisé, ces opérations sont en grande partie assurées par les responsables techniques de l'organisme de commercialisation.

L'examen du potentiel de production laitière

Appréciez le potentiel de production laitière des parents en utilisant les documents de contrôle laitier, les documents d'identification filiation et, éventuellement, ceux de Caprigène (certificats, inventaire génétique, etc.).

L'examen des parents

Il peut apporter des indications complémentaires concernant le gabarit et la conformation à l'âge adulte. L'étude du cornage du sujet et de celui des parents peut donner, dans certains cas, des indications sur la validité de la filiation.

Le choix du mâle est essentiel pour la reproduction. Celui-ci intervient en effet pour 50 % dans le patrimoine génétique de ses filles. Il convient donc d'examiner avec attention son potentiel de production laitière.

Où acheter des reproducteurs

Vous avez deux possibilités pour acheter des animaux reproducteurs.

• **Auprès d'organismes spécialisés :** cette solution présente des garanties pour les éleveurs débutants. Les animaux vendus par l'intermédiaire des organismes de commercialisation répondent obligatoirement à un minimum de normes concernant le développement, l'absence de tares et l'origine des animaux.

Il existe actuellement plusieurs organismes de commercialisation de reproducteurs caprins. Ils sont regroupés au sein d'une fédération nationale.

• **Auprès d'éleveurs :** dans ce cas, le plus répandu, on distingue deux solutions. Certains éleveurs présentent des références concernant l'origine et les niveaux de production des animaux (adhérents du contrôle laitier de Caprigène).

D'autres, bien que possédant d'excellents animaux, ne peuvent pas présenter de références (pas de contrôle laitier). Il est évident que le choix de l'acheteur se fera sur des critères plus objectifs dans le premier cas.

Pour un éleveur débutant, les organismes spécialisés apporteront un minimum de garanties pour le choix des reproducteurs.

● *En savoir plus*

LA SÉLECTION DANS UN PETIT TROUPEAU

La sélection est beaucoup plus difficile à conduire dans un petit troupeau. Les possibilités de choix sont extrêmement réduites. Ainsi, dans un troupeau de trois chèvres, il se peut que la plus mauvaise mette bas une chevrette, les meilleures donnant des boucs.

Il convient donc de choisir avec attention les mâles, de préférence à l'extérieur du troupeau, et d'élever les chevrettes issues des bonnes laitières. Si vous espérez conserver les produits, évitez de pratiquer une consanguinité étroite (accouplement père/fille ou frère/sœur). Enfin vous n'accouplerez pas deux animaux mottes ensemble.

Dans un petit troupeau, le problème de la sélection se résume essentiellement à la découverte d'une bonne souche et à sa préservation. Les conditions d'achat des premiers animaux et le choix du bouc sont donc primordiaux.

La reproduction

Dans un petit élevage, le problème de la reproduction se pose de diverses manières selon que vous possédez un bouc ou non. Dans tous les cas, vous devez être à même de détecter la période des chaleurs des chèvres.
Si vous possédez un bouc, vous pouvez l'utiliser à partir de son huitième mois à la reproduction. Un bon bouc est capable de procréer huit ans environ.
En son absence au petit domaine, vous aurez recours à l'insémination artificielle ou au prêt d'un bouc. Une fois la saillie faite, vous devez apprendre à reconnaître une chèvre en gestation pour surveiller le bon déroulement de celle-ci.

L'âge de la reproduction

En général, les jeunes caprins (de races laitières) sont physiologiquement capables de reproduire dès l'âge de quatre à six mois. Néanmoins, il est conseillé de ne pas soumettre à la reproduction des animaux insuffisamment développés. Les jeunes caprins doivent avoir atteint 50 à 55 % de leur poids adulte à la première saillie. Cela revient à faire saillir les jeunes chevrettes à partir de sept à huit mois, dans la mesure où leur poids est alors voisin de 30 kg (25 kg pouvant être considéré comme le seuil au-dessous duquel il ne faut pas descendre).

Les jeunes boucs peuvent être utilisés pour la reproduction dès l'âge de sept à huit mois, leur poids devant être voisin de 36 kg. Ménagez le jeune bouc en l'utilisant de façon modérée pendant la première année. Le bouc perd généralement ses facultés procréatrices vers sa huitième année.

La saison sexuelle

Contrairement à la vache, l'activité sexuelle de la chèvre est limitée dans le temps. En France, la saison sexuelle s'étale de juillet à fin décembre, avec un maximum de premières chaleurs en septembre-octobre. Toutefois, 50 % de chèvres adultes soumises au contrôle laitier mettent bas avant la fin janvier et 80 % avant la fin février. Cela correspond à des saillies fécondantes réalisées avant la fin août et avant la fin septembre. Il existe un décalage d'un mois environ entre la période de mise bas des primipares (première portée) et des adultes.

La durée du cycle sexuel de la chèvre est de 21 jours environ. Il existe des cycles courts dont la durée est en moyenne de 6 jours. L'ovulation se situerait 30 à 36 heures après le début des chaleurs.

Les chaleurs

Pendant les chaleurs, la chèvre devient nerveuse, chevauche ses congénères et accepte d'être chevauchée par les autres chèvres ou le bouc. Son

Il est possible de faire reproduire les jeunes caprins à partir de quatre à six mois. Cependant, il est préférable d'attendre pour une première saillie que l'animal ait atteint 50 à 55 % de son poids adulte. Pour les chevrettes (ici une chevrette Saanen), il est souhaitable que le poids atteigne environ 30 kg.

appétit et sa production laitière diminuent. En pleine saison sexuelle, les chaleurs durent deux à trois jours.

La détection des chaleurs

En pleine saison sexuelle, les signes des chaleurs sont bien marqués. Par contre, au début et en fin de saison, l'utilisation d'un bouc est un atout précieux pour les détecter.
Si vous souhaitez utiliser des boucs différents, ou faire inséminer les chèvres, il est possible de munir le bouc d'un tablier qui l'empêchera de saillir. Vous pouvez également faire passer les chèvres en revue par le bouc tenu avec une longe, matin et soir, après la traite.
Le meilleur moment pour faire procéder à la saillie ou à l'insémination se situe pendant la première moitié observée des chaleurs. Une des méthodes les plus sûres consiste à faire saillir une première fois 6 à 12 heures après le début des chaleurs et à procéder à une deuxième saillie 16 à 24 heures après la première.

Les techniques de reproduction

La saillie en liberté

C'est la méthode la plus simple si vous disposez d'un bouc. Lâchez-le dans le troupeau dès le début de la saison sexuelle, ou au cours de la saison si vous ne souhaitez pas de mises bas précoces. Cette méthode suppose que toutes les chèvres puissent être saillies par le même bouc et elle ne permet pas un contrôle strict des dates des saillies (qui peuvent avoir lieu en dehors de votre présence).

La monte en main

Cette méthode permet, en isolant la chèvre en chaleur et le bouc, de contrôler totalement les saillies, les retours éventuels, de prévoir la date de mise bas et d'avoir une certitude sur les paternités.

L'insémination artificielle

La semence diluée du bouc est déposée dans le col de l'utérus (ou à défaut à l'entrée du col) de la chèvre. L'animal étant soulevé par un aide, le col est repérable en utilisant un spéculum et une lampe frontale. Deux types de semence peuvent être utilisés :
– de la semence fraîche diluée, refroidie et conservée à 4 °C (durée de conservation 24 heures) ;
– de la semence congelée après préparation et dilution (congélation à – 196 °C dans de l'azote liquide, durée de conservation plusieurs années).
Les deux types de semence peuvent s'employer soit sur chaleurs naturelles, soit sur chaleurs synchronisées. Dans la majorité des cas, pour des raisons d'organisation, les centres d'insémination artificielle ne travaillent que sur chaleurs synchronisées et avec de la semence congelée.
Les résultats de l'insémination artificielle, pour les chaleurs synchronisées, s'établissent à 60 à 75 % de mise bas pour la semence fraîche et 50 à 70 % pour la semence congelée.
L'insémination avec de la semence fraîche concerne essentiellement des inséminations réalisées avec de la semence prélevée sur les boucs de l'exploitation. Cette méthode concerne généralement les grands troupeaux et demande une bonne maî-

En savoir plus

LE CROISEMENT

Pour l'amateur, le croisement d'absorption s'avère intéressant. Il consiste à toujours utiliser, pendant plusieurs générations, des mâles de race pure d'une race donnée pour assurer la fécondation. Ainsi, avec de bons boucs, il est possible de créer, en sept à dix générations, un troupeau de race pure en partant de chèvres communes ou de chèvres appartenant à une autre race (création d'Angora à partir d'un support femelle de type Saanen, par exemple).

trise technique (technique de prélèvement, dilution, mise en place) ou le recours à des intervenants qualifiés. La semence congelée est essentiellement utilisée à des fins d'amélioration génétique (testage et diffusion de boucs améliorateurs).

La synchronisation des chaleurs

Pour maîtriser le cycle sexuel de la chèvre, les méthodes suivantes peuvent être utilisées :

• On bloque le cycle sexuel de l'animal **en plaçant dans le vagin une éponge imprégnée de progestatif** qu'on laisse en place pendant 11 jours. 48 heures avant le retrait de celle-ci, on pratique une injection de PMSG et de protaglandine. La dose de PMSG est ajustée en fonction de l'époque de traitement, de l'âge de l'animal (adulte ou chevrette) et du niveau de lactation.

Le retrait de l'éponge associé à une injection provoque la venue des chaleurs (œstrus). La fécondation peut alors être réalisée, soit en saillie naturelle, soit par insémination artificielle.

• **La méthode lumineuse** consiste à jouer sur la longueur du jour en modulant l'éclairage dans la chèvrerie. Comme le déclenchement des chaleurs est influencé par la diminution de la durée des jours, selon un protocole défini on peut faire varier la durée de l'éclairement pour faire succéder des jours longs (inhibiteurs) avec des jours courts (stimulateurs).

• **L'insémination artificielle** se pratique 43 à 45 heures selon la race après le retrait de l'éponge pour obtenir de bons résultats de fécondité.

• **En cas de saillie naturelle,** il est possible de pratiquer deux saillies. Toutefois, en cas de synchronisation des chaleurs associée à la saillie naturelle, il convient de prendre des précautions pour éviter l'épuisement des boucs.

Limitez alors à quatre ou cinq le nombre de saillies journalières, en étalant si besoin les poses et les déposes d'éponges. Cette méthode est à pratiquer uniquement en période sexuelle, afin d'être sur d'avoir des boucs présentant une activité sexuelle (comportement et production spermatique) se situant à un bon niveau.

• **Les meilleurs chances de réussite** seront réunies en choisissant des chèvres ayant plus de 170 jours de lactation et produisant moins de 3,5 kg de lait par jour au moment de l'intervention.

Ne cherchez pas à avancer la date de saillie de plus de 3 semaines par rapport à l'année précédente.

• **Il est fortement recommandé** de ne pas soumettre une chèvre plus d'une fois par an à un traitement de synchronisation des chaleurs. Si après synchronisation des chaleurs et saillie (ou insémi-

A noter

Il faut savoir que la méthode de synchronisation des chaleurs ne doit pas être mise en œuvre plus d'une fois par an sur le même animal.

nation artificielle) la chèvre est vide, il faut attendre son retour naturel en chaleur pour la faire saillir à nouveau. Par ailleurs, la synchronisation des chaleurs ne peut en aucun cas être considérée comme un traitement de la stérilité. Il faut donc n'y soumettre que des animaux ayant eu une reproduction normale l'année précédente.

Tout éleveur pourra se procurer les produits nécessaires et recevoir des renseignements complémentaires en s'adressant au centre d'insémination de sa région ou à son vétérinaire.

Recommandation

Lors de la pose des éponges et des injections, assurez de bonnes conditions d'asepsie :
– désinfection du matériel avec un antiseptique approprié ;
– pulvérisation d'un antibiotique sur l'éponge avant la pose ;
– utilisation de seringues correctement désinfectées et changement d'aiguille pour chaque chèvre lors des injections.

La gestation

Elle dure, en moyenne, 153-155 jours, avec des variations extrêmes comprises entre 145 et 165 jours. La durée est légèrement plus faible chez les chèvres portant deux ou trois fœtus. La chèvre est obligatoirement tarie pendant les deux derniers mois de gestation. Durant cette période, il faut lui éviter les bousculades. Distribuez-lui une alimentation équilibrée (un bon foin à volonté, 300 à 400 g de céréales et un complément minéral vitaminé). Ne provoquez pas de changements brusques d'alimentation, abreuvez correctement les chèvres sans utiliser de l'eau trop froide.

Chèvre alpine en fin de gestation, dans les derniers jours précédant la mise bas.

Les signes

Une des premières indications de la gestation est l'absence de retour en chaleur trois semaines après une saillie, mais attention cette absence peut être provoquée par d'autres causes. De même, on observe quelquefois des signes de chaleur chez des chèvres gestantes (fausses chaleurs). La palpation abdominale et l'auscultation fournissent des indications à partir du quatrième mois de gestation. La palpation abdominale se pratique de la façon suivante : la chèvre étant immobilisée, appliquez la main sur le flanc droit. Avec l'autre main fermée, repoussez le flanc gauche. Les chevreaux que porte la chèvre sont ainsi déplacés nettement sur la droite et la paume de la main perçoit leur mouvement. La main située sur le flanc droit doit être placée sous la pointe de la hanche. Il existe également d'autres méthodes de diagnostic de gestation soit par dosage d'hormones dans le sang ou le lait, soit par échographie.

L'échographie est actuellement la méthode de diagnostic de gestation la plus utilisée et la plus fiable. Elle permet de détecter les chèvres pleines avec un bon degré de fiabilité à partir de 40 jours de gestation présumée. Elle permet en outre un diagnostic des pseudogestations (grossesses nerveuses). Beaucoup de prestataires peuvent à la demande réaliser des échographies (se renseigner auprès de l'EDE*).

La stérilité

Les principales causes de stérilité chez le mâle et la femelle sont d'origine génétique. Vous risquez d'avoir des animaux stériles quand ils sont mottes, issus de parents mottes. Un bouc peut saillir normalement et être stérile. Les animaux peuvent également devenir stériles à la suite de maladies ou de troubles divers.

Définitions

Pampilles (ou pandeloques) : excroissances de chair recouvertes de poils et situées à l'encolure.
Motte : caprin (mâle ou femelle) né sans cornes.
EDE : Établissement départemental de l'élevage.

En savoir plus

L'HÉRÉDITÉ DES PAMPILLES* ET DU CORNAGE

Le bouc est	La chèvre est	Les produits sont
avec pampilles	avec pampilles	avec ou sans pampilles
avec pampilles	sans pampilles	avec ou sans pampilles
sans pampilles	sans pampilles	sans pampilles
sans pampilles	avec pampilles	avec ou sans pampilles
motte*	motte	avec ou sans cornes
cornu	motte	avec ou sans cornes
cornu	cornue	cornus
motte	cornue	avec ou sans cornes

La mise bas

L'une de vos chèvres est pleine, la mise bas approche. Vous devez pouvoir suivre le déroulement des opérations sans vous alarmer, en sachant ce que vous avez à faire.
Il faut d'abord reconnaître, à certains signes, que la mise bas est imminente. Pratiquement, vous n'avez aucune intervention à effectuer dans la plupart des cas. Laissez faire la nature.
Mais des difficultés peuvent surgir : conservez votre calme, faites appel au vétérinaire en cas de besoin.

Les signes précurseurs

A l'approche de la mise bas, l'observation de la chèvre permet d'en déceler les signes avant-coureurs. Toutefois, les prémices sont d'intensité très variables et parfois très discrets ; ils ne sont vraiment nets que dans les dernières heures qui précèdent la mise bas. Les derniers jours, la mamelle gonfle. Dans les dernières 24 heures, les muscles situés à la base de la queue se relâchent parfois, formant de chaque côté de la colonne vertébrale deux salières. L'abdomen a également tendance à s'affaisser, on dit que l'animal « se casse ».

Six heures avant la mise bas, apparaissent les derniers signes : la chèvre est inquiète, elle manifeste une certaine fébrilité. On observe un écoulement vaginal. La chèvre recherche un endroit propice et se couche. Dans la demi-heure qui précède la mise bas, les coliques caractérisées par des battements du flanc apparaissent.

Le déroulement

La chèvre est couchée sur le flanc (certaines chèvres peuvent mettre bas debout). La poche des eaux apparaît, elle grossit et se rompt. Juste après cette rupture apparaissent les onglons du chevreau, suivis du nez appliqué sur les pattes avant. A ce moment, l'expulsion s'accélère.

En cas de naissance double ou triple, les autres chevreaux sont expulsés rapidement après le premier. Parfois, le chevreau naît encore recouvert de son enveloppe.

Dans certains cas, la délivre n'est éliminée que deux à trois heures après la mise bas.

Assurez-vous que la chèvre délivre bien, car la non délivrance peut entraîner une affection parfois mortelle, si elle n'est pas traitée rapidement et énergiquement. Certaines chèvres mangent leur délivre (comme beaucoup d'animaux sauvages).

Le rôle de l'éleveur

Dans de nombreux cas, il n'a pas à intervenir. Il faut de toute façon éviter d'intervenir très tôt.

Veillez à ce que la tête du chevreau soit bien dégagée des enveloppes. Si le chevreau, particulièrement gros, est coincé à hauteur des épaules ou des hanches, aidez la chèvre en exerçant des tractions douces sur les pattes du chevreau.

Si, après l'expulsion de la poche des eaux, la mise bas tarde à se faire, il s'agit généralement d'une présentation anormale. Dans ce cas, il faut procéder avec prudence, l'utérus de la chèvre étant fragile et se déchirant facilement. Repoussez d'abord le chevreau et remettez en place tête et membres avant d'exercer des tractions. L'emploi d'une cordelette facilite généralement les manœuvres.

Recommandation

En cas de présentation anormale du chevreau, agissez avec précaution et n'hésitez pas à appeler le vétérinaire car l'utérus de la chèvre est fragile et peut se déchirer facilement.

Les difficultés

En dehors des mauvaises présentations du chevreau, vous pouvez rencontrer d'autres problèmes lors de la mise bas : non dilatation du col, absence de contractions, renversement de la matrice, chevreau trop gros par rapport au passage du bassin. Ce dernier incident se rencontre surtout en cas de naissance simple chez des chèvres mal conformées. Faites rapidement appel au vétérinaire. Il en sera de même si la chèvre n'a pas délivré six heures après mise bas.

Les précautions à prendre

Placez la chèvre dans un endroit calme avec une litière propre et épaisse.

Avant toute intervention rendue nécessaire par une mauvaise présentation du chevreau, il faut avoir les ongles ras. Savonnez-vous soigneusement les mains et enduisez-les d'huile et d'un gel spécial (à se procurer auprès du vétérinaire ou du pharmacien). Utilisez des instruments (cordelettes) propres et désinfectés, désinfectez-vous soigneusement les mains après l'intervention. Il est souhaitable d'utiliser des gants en plastique que vous détruirez après usage. Après une mise bas difficile ayant nécessité une intervention manuelle, il est bon de placer dans la matrice, après délivrance, un ovule antiseptique (à se procurer chez un vétérinaire ou un pharmacien).

Après la mise bas

Laissez la chèvre au calme, donnez-lui de l'eau tiède, distribuez-lui une ration de bon fourrage et de concentré en quantité limitée. La distribution de café sucré, souvent conseillée, n'est pas obligatoire, elle peut cependant être intéressante quand la mise bas a été difficile.

Les soins au chevreau

Généralement, le chevreau qui vient de naître manifeste sa vitalité en criant. Cependant, à la suite d'une mise bas difficile, il se peut que le chevreau ne donne pas signe de vie.

Assurez-vous alors qu'aucune mucosité n'encombre la bouche et les narines. Prenez le chevreau par les pattes de derrière, ouvrez sa bouche et enlevez les mucosités en passant un doigt dans la

Chevreau âgé de quelques heures. La mère finit de le sécher.

En haut : jeunes chevreaux dans une nurserie sous une lampe infrarouge.
Ci-dessus : lot de jeunes caprins recevant de l'aliment d'allaitement, distribué dans un multi-biberon. Remarquez le support qui donne à l'appareil sa stabilité.

bouche. Dégagez également les narines en secouant vigoureusement l'animal.
Si le chevreau ne réagit pas, tentez des manœuvres de réanimation : aspergez d'eau froide la base de la tête, faites-lui effectuer le mouvement de la pendule.
La chèvre sèche normalement son chevreau en le léchant. Si elle ne le fait pas (quand elle est trop fatiguée), bouchonnez-le vigoureusement avec de la paille sèche.
Ensuite, désinfectez le cordon ombilical (avec de la teinture d'iode, de l'alcool iodé ou une préparation pharmaceutique en bombe aérosol). Si le cordon est trop long, coupez-le après l'avoir ligaturé à environ 3 cm du nombril.

La première prise alimentaire

Veillez à ce que le chevreau boive le colostrum (premier lait après la mise bas) de sa mère le plus rapidement possible. La première prise doit normalement avoir lieu dans les quatre heures qui suivent la mise bas. Il faut parfois aider le chevreau à trouver la mamelle.
Si vous utilisez l'allaitement artificiel, séparez rapidement le chevreau de sa mère (dans les trois heures). Mettez-le dans une case avec une épaisse litière, sans courant d'air et à température modérée (10-15 °C). Distribuez rapidement le premier repas de colostrum au biberon ou à la gamelle. La séparation rapide facilite l'apprentissage du chevreau à la méthode d'allaitement artificiel, dans ce cas on trait la chèvre et on distribue le colostrum au chevreau (après l'avoir réchauffé).

L'alimentation

Bien nourrir une chèvre est l'une des clefs de la réussite de l'élevage. L'alimentation rationnelle répond à des règles complexes. Nous vous indiquons ici, avec des exemples, comment constituer les rations et utiliser certains aliments. Une chèvre a besoin de fourrage et de compléments. Si vous possédez un petit carré de verdure à mettre à sa disposition, suivez nos conseils pour l'y mener. Semez ce carré selon les besoins de votre pensionnaire.

Les aliments

La chèvre consomme des aliments grossiers et des aliments concentrés. Pour éviter toute confusion, voici la liste des principaux.

Aliments grossiers

- fourrages verts :
– herbe de prairie permanente ;
– graminées : ray-grass, dactyle, fétuque ;
– légumineuses : luzerne, trèfle violet, sainfoin ;
– crucifères : chou, colza ;
- végétation arbustive ;
- foins ;
- ensilages ;
- fourrages déshydratés.

Aliments concentrés

- céréales : orge, avoine, maïs ;
- graines de protéagineux : pois fourrager, féverole, fève, lupin doux ;
- tourteaux : soja, arachide, lin ;
- sous-produits divers : drêche de brasserie, pulpes sèches, son ;
- aliments composés : mélanges fabriqués à partir de différentes matières premières.

Tout aliment comprend de l'eau et de la matière sèche (MS). La matière sèche est composée de matières minérales et de matière organique, elle-même composée de sucres (glucides), de matières

Troupeau laitier au pâturage, au printemps, sur une prairie implantée sur des anciennes terrasses.

protéiques (protides) et de matières grasses (lipides).

La proportion de matière sèche est variable d'un aliment à l'autre. Dans 1 kg d'orge, il y a 860 g de matière sèche pour 140 g d'eau. Cette proportion est en moyenne de 16 % pour un fourrage vert, de 18 à 26 % pour un ensilage d'herbe et de 84 à 88 % pour un foin ou un fourrage déshydraté.

La chèvre, alimentée avec 1 kg de foin de luzerne, consomme 860 g de matière sèche. Avec 1 kg de luzerne verte à un stade végétatif précoce, elle ne consomme que 170 g de matière sèche, c'est-à-dire cinq fois moins pour une quantité identique de produit brut.

Selon qu'ils sont élevés pour leur production laitière, leurs poils (le mohair) ou leur viande, et en fonction des périodes de leur vie (chèvres en gestation, en lactation, boucs, chevreaux, etc.) et de l'année (hiver ou été), les animaux ont des exigences alimentaires différentes.

● *En savoir plus*

LE FOURRAGE VERT

Fourrage très bien consommé :	Fourrage bien consommé :	Fourrage mal consommé ou à distribuer en quantités limitées :
ray-grass italien, luzerne, trèfle violet, sainfoin, vesce, avoine, sorgho, maïs.	dactyle, prairie permanente (variable), fétuque élevée, seigle en vert, avoine en vert.	chou, colza, fléole.

LES CHÈVRES LAITIÈRES

Les besoins de la chèvre

La chèvre au repos a besoin d'aliments pour maintenir ses fonctions physiologiques, se déplacer, lutter contre le froid ou la chaleur. Ce sont les « besoins d'entretien ». Ceux-ci varient suivant le mode de conduite du troupeau ; ils sont notamment plus importants pour des chèvres sur parcours ou qui pâturent sur prairies. Les besoins de production varient selon la quantité de lait produite et sa composition (la production d'un lait riche en matières grasses demande plus d'énergie que la production d'un lait plus pauvre), le stade de gestation, la reconstitution des réserves, la production de poils...

L'évolution de l'appétit

Comparativement à la vache, la chèvre est une grosse mangeuse. Une chèvre de 60 kg peut consommer jusqu'à 3 kg de matière sèche. L'appé-

> **En savoir plus**
>
> **UN FOURRAGE DE BONNE QUALITÉ NUTRITIVE**
>
> Faites consommer les fourrages à un stade précoce pour avoir à la fois un bon niveau d'ingestion et une bonne valeur nutritive. Récoltez les foins très tôt : n'attendez pas qu'ils « soient mûrs » pour les couper. La valeur alimentaire dépend de la valeur du fourrage sur pied au moment de la coupe, puis des conditions de conservation.
>
> Les fourrages devraient être récoltés (pour le foin) avant l'épiaison pour les graminées et avant le bourgeonnement pour les légumineuses.

tit n'est pas constant au cours du cycle de production. Pendant les huit dernières semaines de gestation, il est le plus bas. La capacité d'ingestion totale est alors de 1,2 à 1,5 kg de matière sèche pour une chèvre de 60 kg (soit une ration composée de 1,3 kg de foin et de 0,35 kg de céréales aplaties).

Après la mise bas, la capacité d'ingestion augmente, d'abord rapidement puis très lentement, pour atteindre un maximum situé entre la cinquième et la neuvième semaine.

Il existe d'autres facteurs de variations des quantités ingérées : le poids de l'animal, la quantité de lait fournie, la nature des aliments.

Le niveau de refus

La chèvre trie, beaucoup plus que les autres animaux, ses aliments. Il s'agit d'un trait dominant de son comportement alimentaire. Vouloir limiter les refus répond à des objectifs économiques. Sachez qu'il est pratiquement impossible de limiter les refus des fourrages (sauf pour les fourrages déshydratés) à moins de 10 %, si l'on veut maintenir un niveau d'ingestion suffisant. Par ailleurs, entre le maintien d'un niveau de refus de 25 % et un niveau de 10 % dans le cas de fourrages verts, il existe une différence de consommation de 30 %. Cette différence représente environ l'énergie nécessaire à la production d'un kilo de lait. Elle équivaut également à une quantité de concentré égale à 0,5 kg environ.

En tolérant un taux de refus de 20 à 30 %, on favorise l'augmentation de la quantité et de la qualité du fourrage ingéré : la chèvre délaissant les parties du fourrage les moins riches, la valeur nutritive du fourrage ingéré est donc supérieure à celle du fourrage distribué.

Le phénomène est identique avec le foin. Il est accentué avec les foins des légumineuses et est d'autant plus important que le fourrage est de qualité médiocre. Si les fourrages sont de très bonne qualité, cherchez à limiter les refus en ajustant régulièrement les quantités distribuées en fonction des quantités ingérées.

Si les fourrages sont de qualité moyenne ou médiocre, vous devez tolérer des refus plus importants ou bien distribuer des quantités importantes de concentré.

Cette particularité permet à la chèvre de valoriser les végétations arbustives des parcours en se livrant à un véritable « écrémage ». La chèvre consomme environ 25 % du fourrage ingéré au cours d'une journée l'après-midi entre les repas principaux. Pratiquez au minimum trois distributions par jour, dont une en fin de matinée ou début d'après-midi (chèvre nourrie à l'auge).

Page ci-contre : la nature de l'aliment concentré distribué en complément doit dépendre de la qualité du foin et de sa valeur nutritive.

La ration

Une ration comporte généralement des aliments grossiers et des aliments concentrés. Elle doit contenir, sous peine de troubles graves, un minimum d'aliments grossiers à structure longue (fourrage non broyé). Ce minimum peut être fixé à 50-55 % de la matière sèche totale pour la chèvre en gestation, à 40 % pour la chèvre en lactation.
Les fourrages peuvent représenter beaucoup plus que les minima indiqués.
La ration peut être composée exclusivement de fourrages mais, dans ce cas, le niveau de production sera faible. Avec des fourrages verts de bonne qualité, la quantité de concentré représente 20 à 30 % de la matière sèche totale.

Les aliments concentrés

Ils ont essentiellement deux fonctions :
– apporter dans tous les cas un supplément d'énergie pour compléter la ration de base ;
– rééquilibrer éventuellement la ration de base en matières azotées.
Si vous distribuez des rations à base de légumineuses (luzerne, trèfle), en vert ou en foin, ajoutez-leur des céréales et un complément minéral. La

> **En savoir plus**
>
> UNE ALIMENTATION ÉQUILIBRÉE
>
> Un déficit de la ration en matières azotées limite la production laitière. Un excès de matières azotées coûte cher (les aliments concentrés riches en matières azotées sont plus chers que les céréales) et fatigue inutilement la chèvre.

distribution de tourteaux, de graines de protéagineux ou d'aliment concentré du commerce « chèvre laitière » à un taux de MAT (matières azotées totales) de 18 % est inutile. Mais ces derniers conviennent parfaitement en tant que compléments à une ration composée de foin de graminées (ray-grass, dactyle) ou de foin de pré de qualité moyenne.

La quantité d'aliments concentrés dépend du niveau de production. Elle sera comprise entre 200 et 500 g pour une chèvre en gestation, et entre 300 g et 1,1 kg pour une chèvre en lactation.

Vous pouvez utiliser des céréales, des sous-produits riches en cellulose facilement digestibles (pulpe de betteraves, d'agrumes...) et des tourteaux. Fabriquez alors un mélange fermier, composé d'orge et de tourteaux de soja ou de pulpe sèche de betteraves et de tourteaux (30 % maximum de tourteaux). Vous pouvez également fabriquer un mélange plus complexe avec deux ou trois céréales et un ou deux tourteaux.

Quand pour des raisons pratiques (fourrages de mauvaise qualité, difficultés d'approvisionnement, etc.), vous êtes amené à distribuer des quantités importantes d'aliments concentrés, vous devez attacher une grande importance à la composition de ces derniers ainsi qu'à leur mode de distribution. Il est préférable, dans ce cas, de remplacer une partie des céréales par des matières premières riches en cellulose facilement digestible (pulpe de betteraves, par exemple), afin de limiter le taux d'amidon dans la ration, qui ne doit pas être supérieur à 18-20 % de la matière sèche. Le taux de cellulose brute ne doit jamais être inférieur à 15 % de l'ensemble de la ration.

Il est important, pour limiter les risques d'accidents digestifs et métaboliques, de fractionner les apports d'aliments concentrés au cours de la journée, et ce d'autant plus que la quantité en est importante et que ces derniers sont riches en amidon. Aucune distribution d'aliments concentrés ne doit être supérieure à 0,3-0,4 kg, ce qui revient à pratiquer au minimum trois distributions par jour quand la quantité d'aliments concentrés distribuée journellement est supérieure à 0,8 kg.

Sauf cas exceptionnel, la quantité totale de tourteaux ne doit pas dépasser 350 g par jour pour de bonnes laitières (3 à 4 kg de lait) et 200 g pour des laitières moyennes.

Les règles à observer

Contrairement à ce qui est souvent affirmé, la chèvre peut être alimentée toute l'année avec du foin et des concentrés. Dans ce cas, l'apport d'un

Du fait du tri de la chèvre, la qualité du foin ingéré est supérieure à celle du foin distribué.

L'abreuvement est indispensable, même au pâturage. La complémentation peut aussi être distribuée en auge, à l'extérieur.

complément minéral et vitaminique doit être bien étudié. Vous pouvez également utiliser toute l'année des rations composées de fourrages déshydratés compactés (en bouchon) en laissant à la disposition des animaux, au minimum, 400 g de foin par jour de qualité médiocre ou, à défaut, de la paille (veillez là aussi au complément minéral et vitaminique).

En savoir plus

VEILLEZ À L'ABREUVEMENT

Une chèvre peut consommer jusqu'à 8 litres d'eau par jour. L'eau doit être potable, propre et sans mauvais goût.

La distribution des betteraves doit être limitée à 3-4 kg par jour. La distribution de choux et de colza doit être limitée à 700 g de matière sèche, soit environ 5 à 6 kg de produit brut.

Les ensilages de bonne qualité peuvent être utilisés. En gestation et en début de lactation, conservez une distribution de foin de 400 à 600 g. N'utilisez pas d'ensilage de maïs après 150-160 jours de lactation. Réservez-le pour le début de la lactation.

Les fourrages verts, dans le cas d'une distribution à l'auge, peuvent être distribués sans foin (sauf les crucifères).

Tout changement d'alimentation doit être progressif (notamment pour la mise à l'herbe, prévoyez une transition de 15 jours).

Après la mise bas, augmentez de 200 g environ par semaine la quantité de concentré distribué à la chèvre.

Chèvre consommant une pierre à sel (chlorure de sodium). Celle-ci peut éventuellement être enrichie en oligo-éléments. La pierre à sel est mise à la disposition des animaux en libre service.

L'apport minéral

Prévoyez un complément minéral vitaminé (CMV), avec des oligo-éléments, toute l'année (10 à 30 g par jour). Le type de ce complément, incorporé dans un concentré fermier, ou distribué en libre service, se définit par sa teneur en phosphore et en calcium : un complément de type 10/20 contient 10 % de phosphore et 20 % de calcium. La teneur en cuivre du CMV doit être inférieur à 800 PPM/kg, au-delà il y a risque de toxicité.

Pour prévenir l'apparition de fièvres vitulaires, il est recommandé de limiter l'apport en calcium pendant les trois semaines précédant la mise bas en diminuant l'apport de CMV, la distribution de celui-ci devant reprendre dès le début de la lactation.

L'apport de vitamines

Seules les vitamines A, D3 et E doivent faire l'objet d'un apport régulier aux chèvres en bonne santé. Avec une alimentation à base de fourrage conservé, cet apport doit être régulier toute l'année.

Les intoxications

Elles peuvent avoir des origines différentes.

• Les intoxications alimentaires

Elles sont dues :

– à l'ingestion de plantes toxiques (redoul, if, buis, mercuriale, mélilot, belladone, ricin, rhododendron, euphorbe, gui, lierre, etc.) ;

– à l'ingestion d'aliments présentant une toxicité, soit à la suite d'une mauvaise conservation (foin ou tourteaux moisis), soit à cause d'une pollution accidentelle ;

– à des erreurs de rationnement (ration brutalement et totalement déséquilibrée, mauvaise maîtrise de la distribution).

• Les intoxications médicamenteuses

Elles sont dues au non respect des prescriptions ou à des médicaments périmés.

• Les intoxications accidentelles

Elles sont généralement causées par l'ingestion de produits toxiques (détergents, pesticides, etc.). Si les intoxications par des plantes toxiques ne sont pas rares (particulièrement avec le redoul dans le sud de la France), il ne s'agit pas là des causes les plus courantes d'intoxications alimentaires, les erreurs de rationnement (conditions de distribution) étant fréquentes.

● *En savoir plus*

Quatre à six semaines avant la mise bas, apportez une dose « choc » de vitamines :
– A : 500 000 à 1 million de UI (unité internationale) ;
– D : 25 000 UI ;
– E : 500 mg.

LES RATIONS TYPES EN HIVER

Pour les chèvres en gestation

D'une façon générale, utilisez les foins de graminées.

• **Ration 1 :**

1,7 kg distribué de foin de graminées ou de pré de qualité moyenne (1,3 kg consommé), 400 g de céréales aplaties ou d'un mélange céréales/pulpe de betteraves, 10 à 15 g d'un complément minéral vitaminé de type 10/20.

• **Ration 2 :**

50 % de foin de luzerne, 50 % de foin de graminées, 400 g de céréales, 10 g d'un complément minéral de type 20/12.

• **Ration 3 :**

1,4 kg distribué de foin de graminées ou de pré (1 à 1,1 kg consommé), 3 kg de choux, 10 g d'un complément minéral de type 20/12.

• **Ration 4 :**

1,4 kg distribué de foin de graminées ou de légumineuses, 3 kg de betteraves, 10 g d'un complément minéral de type 20/12.

Pour les chèvres en lactation

D'une façon générale, utilisez de préférence les foins de légumineuses.

• **Ration 1 :**

foin de luzerne de bonne qualité distribué à volonté (2,2 à 2,7 kg distribué : 1,7 à 2 kg ingéré) ; complément : 500 g de céréales pour 2 à 2,5 kg de lait, 800 g de céréales pour 2,5 à 3,5 kg de lait, 1 kg de concentré pour 3,5 à 4 kg de lait, complément minéral de type 20/12.

• **Ration 2 :**

foin de graminées ou foin de pré comme pour la ration 1 (mais utilisez un mélange fermier contenant 20 à 30 % de tourteaux de soja ou choisissez un concentré du commerce « chèvre laitière » à 18 % de MAT), complément minéral type 10/20.

• **Ration 3 :**

foin de pré ou de graminées à volonté, 4 kg de betteraves, concentré comme la ration 2, mais diminué de 100 à 200 g.

• **Ration 4 :**

foin de pré ou de graminées à volonté (1,5 kg) ; 2 kg de betteraves ; 3 kg de choux ; concentré (90 % céréales, 10 % tourteaux) : 400 g de 2 à 2,5 kg de lait, 600 g de 2,5 à 3,5 kg de lait, 800 g de 3,5 à 4 kg de lait, complément minéral 10/20.

Dans de nombreux élevages de petite taille, le foin est l'élément de base de l'alimentation hivernale. Composez les rations à distribuer en fonction des animaux : chèvres en gestation, en lactation...

Les rations au printemps et en été

Les fourrages verts au pré

La chèvre consomme à volonté. Déplacez la clôture tous les jours (pâturage rationné). Si vous n'avez qu'une ou deux chèvres, attachez-les à un piquet avec une longe ou une chaîne de 3 à 5 m, déplacez le piquet deux fois par jour. Ce procédé est simple, économique et efficace mais n'attachez pas la chèvre en plein soleil, rentrez-la en cas de pluie. Prévoyez l'abreuvement des chèvres au pâturage.

Les fourrages verts à l'auge

Coupez le fourrage une fois par jour après la rosée. Donnez-le à l'auge en trois repas. Ainsi, la chèvre n'est pas exposée à la pluie, elle peut s'abriter en cas de fortes chaleurs. Le parasitisme interne est réduit. Cette méthode permet de contrôler les quantités ingérées.

La quantité totale à distribuer varie avec le taux de matière sèche (MS) du fourrage. Prévoyez une consommation moyenne de 1,7 kg de MS par jour, soit 10 à 14 kg de fourrage brut. Ajustez la distribution pour maintenir un taux de refus de 25 % environ.

● *En savoir plus*

LE PATURAGE

Évitez de sortir les animaux au moment de la forte chaleur en été et le matin quand la rosée est importante. Le temps de pâturage doit être de 6 à 8 heures par jour.

Une bonne précaution : au printemps, distribuez un petit repas de foin à l'auge le matin avant de faire pâturer les animaux.

Dans les deux cas, la valeur du fourrage vert dépend de son stade d'exploitation. Au printemps, commencez à exploiter les graminées et les légumineuses dès le stade feuillu (hauteur des plantes 20 à 30 cm). Ne poursuivez pas l'exploitation après le stade de floraison pour les légumineuses et d'épiaison pour les graminées. Utilisez les repousses après quatre à huit semaines (en fonction des conditions climatiques).

Le complément

Si vous avez donné des légumineuses pures ou une association légumineuses + graminées (50/50), utilisez uniquement des céréales (400 g pour 2 kg de production de lait, 600 g pour 3 kg, 800 g pour 4 kg). Complément minéral de type 20/12. Si vous avez donné des graminées, employez les mêmes quantités que pour les légumineuses, mais utilisez un mélange contenant 10 à 20 % de tourteaux (40 % dans le cas du maïs vert). Complément minéral de type 10/20.

L'utilisation des parcours

Les parcours (sous-bois, landes, garrigues, maquis, etc.) comportent une végétation très hétérogène, le plus souvent arbustive et buissonnante. Celle-ci est généralement abondante, mais de valeur nutritive diverse et variable dans le temps. Sur parcours, la chèvre développe un comportement alimentaire très sélectif. D'une façon générale, la ration ingérée en été, automne et hiver est riche en fibres lignifiées, pauvre en matières azotées et déséquilibrée en minéraux. En définitive, le parcours offre des ressources alimentaires abondantes et bon marché, mais difficiles à utiliser efficacement par l'animal.

Observez la différence de composition entre le fourrage que les chèvres consomment et celui refusé (qui se trouve ici devant la mangeoire) : une des illustrations du comportement alimentaire sélectif de la chèvre.

Cela oblige à programmer une complémentation, différente de celle des rations de qualité utilisées à l'auge. Généralement, dans les systèmes pastoraux, les éleveurs distribuent pour soutenir la production laitière du foin et des céréales. Ces pratiques sont inadaptées car elles limitent l'appétit au pâturage; l'apport d'un lest fibreux (le foin) réduit la durée d'activité alimentaire créant une substitution lorsque les végétaux sont pour la plupart grossiers.

La pratique courante d'une complémentation à base d'amidon (orge le plus souvent) génère des antagonismes qui freinent la cellulolyse des fibres longues dans le rumen.

L'objectif de la complémentation doit dans ce cas viser, d'une part, à stimuler l'appétit et, d'autre part, à favoriser la dégradation des aliments grossiers dans le rumen.

Un complément « spécial parcours » a été mis au point (pour connaître les possibilités d'approvisionnement, adressez-vous au syndicat caprin de la Drôme). Cet aliment destiné à augmenter l'ingestibilité des ressources, donc la valeur du pâturage, est conçu comme un moteur de la cellulolyse dans le rumen. Il s'agit essentiellement de fibres hautement digestibles (matières premières riches en cellulose facilement digestible), d'azote fermentescible sous forme d'urée, de soufre et de phosphore. Peu encombrant, cet aliment doit être distribué en quantité limitée (400 g par jour en deux fois, soit au maximum deux distributions de 200 g). Les distributions doivent avoir lieu juste avant la sortie sur le parcours. Bien entendu, la durée de pâturage sur parcours doit être suffisante (6 heures par jour au minimum) et son utilisation est à proscrire si l'on utilise simultanément au parcours des légumineuses (luzerne, sainfoin, trèfle).

Si vous ne pouvez pas vous procurer ce complément « spécial parcours », optez pour une complémentation basée sur :

– de la pulpe de betteraves mélangée avec un aliment du commerce dit complémentaire de céréales et contenant de l'azote non protéique (urée), (50 % de pulpe, 50 % de complémentaire) ;

– un mélange de pulpe de betteraves (50 %) et d'un tourteau d'arachides ou, à défaut, de soja (tourteau non tanné).

Ces mélanges seront distribués dans les mêmes conditions que l'aliment « spécial parcours ».

Une autre solution, moins sûre, consiste à distribuer à l'auge de la pulpe de betteraves et à mettre à la disposition des animaux en « libre service » des blocs composés d'un support riche en glucides (mélasse) et d'azote non protéique. Dans ce cas, apportez un complément minéral vitaminé riche en phosphore (type 20/12, par exemple).

Pour les chèvres taries utilisant les parcours, la quantité distribuée sera de 100 à 200 g suivant le stade de gestation (200 g dans les deux derniers mois).

Enfin, rappelons que le maintien d'une distribution de foin est inutile, voire nuisible, si le temps de pâturage et la disponibilité du parcours sont suffisants.

Ces principes peuvent vous guider pour mettre en place une complémentation adaptée à la consommation de fourrages ou de sous-produits particulièrement pauvres en azote (mauvais foin, paille de ray-grass, etc.).

Les stocks

Pour une année complète et pour une chèvre nourrie avec du foin et du concentré, prévoyez 800 kg à 1 tonne de foin, 200 à 220 kg de concentré.

De novembre à avril, avec mise bas en janvier, prévoyez 360 kg de foin, 80 à 100 kg de concentré.

Si vous utilisez des choux et des betteraves, diminuez les quantités de foin à prévoir de 10 à 20 %.

Les feuillages peuvent représenter une part non négligeable (jusqu'à 60 %) de la ration alimentaire prélevée sur le parcours par les chèvres (ici des chèvres de race Alpine chamoisée sur un parcours en montagne).

LES CHÈVRES ANGORA

La chèvre Angora est une femelle allaitante ayant une production spécifique de fibres (le mohair) de 3 à 8 kg par an.

Les stratégies d'alimentation des chèvres Angora diffèrent de celles des chèvres laitières; elles se rapprochent de celles utilisées pour les races de brebis à viande. La production de mohair implique en effet des besoins spécifiques, ceux-ci sont limités en ce qui concerne l'énergie (environ 10 % des besoins d'entretien) mais sont plus importants pour les matières azotées (environ 25 % des besoins d'entretien). De plus, la production de fibres entraîne des besoins en acides aminés soufrés, il faut donc veiller durant les périodes critiques (fin de gestation, début d'allaitement) à utiliser des protéines riches en acides aminés soufrés (tourteaux de colza, farine de poisson) en complément des autres sources azotées.

Animaux rustiques, les chèvres Angora peuvent servir à valoriser des zones difficiles.

En fin de gestation et en début de lactation

Cette période est déterminante dans le cycle de production de tous les ruminants. Chez les chèvres Angora elle l'est plus encore dans la mesure où le développement des follicules secondaires (qui sont à la base de la production du mohair) a lieu essentiellement durant les 30 jours qui précèdent la mise bas et les 35 jours suivant celle-ci. Ainsi une mauvaise nutrition du fœtus puis du nouveau-né diminue la capacité des follicules à produire des fibres. En fin de gestation, la capacité d'ingestion diminue (particulièrement au cinquième mois), elle est alors à son niveau le plus bas (entre 0,65 et 1 kg de matière sèche pour une chèvre de 35 kg), alors que les besoins augmentent sensiblement. Après la mise bas, la capacité d'ingestion progresse lentement pour atteindre son maximum vers la fin du deuxième mois de lactation; pendant cette période les besoins augmentent rapidement. Il faut donc que les chèvres arrivent au début du quatrième mois de gestation en bon état, cependant sans engraissement excessif.

• **Pendant les deux derniers mois de gestation,** il faut éviter une mobilisation précoce des réserves corporelles. Pour cela, il faut maintenir un niveau d'alimentation correct. Réservez pour cette période les meilleurs fourrages et complémentez en dis-

tribuant un aliment concentré en quantité suffisante, mais sans excès. En effet, la quantité d'aliments concentrés ne doit alors jamais être supérieure à 40 % de la matière sèche totale ingérée (soit 0,3 à 0,4 kg maximum pour une chèvre de 35 à 40 kg) ; de plus, elle sera obligatoirement distribuée en deux fois.

Si un minimum d'amidon est souhaitable dans la ration, son taux ne doit pas dépasser 15 %, d'autre part le taux de cellulose brute doit être au minimum de 18 à 20 %. En pratique, cela revient à limiter la proportion de céréales dans l'aliment concentré de 20 à 30 % et à utiliser comme autre source énergétique des matières premières riches en cellulose facilement digestible, comme la pulpe de betteraves. L'apport en matières azotées ne doit pas être un facteur limitant le rapport MAD/UFL ou PDI/UFL (matières azotées digestibles ou protéines digestibles dans l'intestin par unités fourragères lait), qui variera entre 120 et 250 g suivant la qualité du foin; par exemple : 120 g pour un bon foin de légumineuses, 150 à 180 g pour un bon foin de graminées ou de prairie permanente, 210 à 220 g pour un foin de qualité moyenne pauvre en matières azotées et enfin 250 g pour un très mauvais foin.

Nous proposons à titre indicatif quelques exemples d'aliments concentrés fermiers; bien entendu vous pouvez trouver des aliments concentrés dans le commerce ou réaliser d'autres mélanges avec d'autres matières premières répondant aux mêmes caractéristiques.

Page ci-contre : en période d'allaitement, il est nécessaire de distribuer aux chèvres Angora un aliment concentré de complément (de 500 à 800 g par animal).

• **Après la mise bas,** la quantité d'aliment concentré doit être augmentée progressivement (100 à 200 g par semaine). Elle ne devra jamais dépasser 60 % de la matière sèche. Contrairement à la fin de la gestation où l'on cherche à éviter une mobilisation des réserves corporelles, il est possible de tolérer en début de lactation un déficit énergétique. Celui-ci sera couvert par la mobilisation des réserves corporelles, mais l'apport en matières azotées devra être suffisant.

• **Pendant les trois premiers mois de lactation,** la quantité d'aliment concentré distribuée sera, sauf cas exceptionnel, comprise entre 0,5 et 0,8 kg. Avec des foins, utilisez les mêmes types d'aliments concentrés que pendant la fin de gestation. Les règles applicables concernant la distribution (fractionnement des apports) et les taux minimum de cellulose et maximum d'amidon dans la ration totale sont identiques. Si les chèvres pâturent (ou reçoivent à l'auge) des fourrages verts de qualité (fourrages jeunes en 1er cycle, repousses feuillues), la complémentation azotée est quasiment inutile : distribuez seulement un mélange de céréales (200 à 300 g maximum) et de pulpes de betteraves. Pendant le premier mois de lactation, vous pouvez cependant maintenir, par mesure de sécurité, un petit apport de protéines protégées (50 à 100 g de tourteau de colza tanné, par exemple).

La complémentation minérale est indispensable. Le type de complément minéral vitaminé (CMV) dépend des rations utilisées (voire l'alimentation des chèvres laitières). Dans le cas des chèvres Angora, il faut veiller à ce que le CMV apporte du soufre.

• **A partir du troisième mois de lactation,** réduisez les apports d'aliments concentrés, sauf cas exceptionnel ils ne devraient pas être supérieurs à 0,3-0,4 kg, si les fourrages sont de qualité correcte et ingérés à volonté.

L'alimentation durant les autres périodes

Contrairement aux chèvres laitières, les Angora ont une longue période à besoins modérés (180 jours environ). Pendant cette période, qui commence au tarissement (120 jours environ après la mise bas), les aliments grossiers (fourrages verts, pâturage sur prairie ou parcours, foin, sous-produits) doivent normalement assurer la couverture des besoins énergétiques sans apports de concentrés. Toutefois, si l'on utilise des fourrages pauvres en matières azotées (foin de mauvaise qualité, pâturage de graminées sèches, etc.), une complémentation azotée est indispensable. Un taux de 10 à 11 % de MAT (matières azotées totales) de la ration peut être considéré comme un minimum pour les périodes à besoins modérés (du tarissement au début du quatrième mois de gestation). Cette complémentation pourra être réalisée en partie avec de l'azote non protéique (voire la complémentation des parcours). Ces recommandations s'appliquent pour des objectifs de production élevés. Il semble qu'un bon niveau alimentaire permette d'augmenter le poids de la toison, mais il existe un antagonisme entre l'aspect quantitatif de la production de fibres et son aspect qualitatif (finesse).

De plus, l'effet du niveau alimentaire sur la production de fibres est mal connu. Il convient donc d'être prudent en mettant en œuvre ces stratégies d'alimentation, en étant d'une part attentif aux recommandations concernant la nature du régime (pourcentage d'aliments grossiers dans la ration, taux minimum de cellulose, limitation du taux d'amidon, fractionnement des apports d'aliments concentrés) et en surveillant d'autre part l'état de la toison et l'état corporel.

Il faut éviter un double écueil : un engraissement excessif pouvant perturber la reproduction, éventuellement la lactation, ou au contraire un état insuffisant, qui est le signe manifeste d'une sous-nutrition ou d'un problème pathologique.

● *En savoir plus*

EXEMPLE DE MÉLANGES FERMIERS
pour complémenter les rations à base de foin pour la chèvre Angora (fin de gestation, début de lactation)

	MAD/UFL (ou PDI/UFL)	ORGE	PULPE DE BETTERAVES	TOURTEAU DE COLZA TANNÉ	TOURTEAU DE SOJA
1	120	20 %	60 %	10 %	10 %
2	150	20 %	50 %	15 %	15 %
3	180	20 %	40 %	20 %	20 %
4	215	20 %	30 %	20 %	30 %
5	250	20 %	20 %	20 %	40 %

L'ALIMENTATION DES BOUCS

Contrairement aux chèvres les boucs sont pendant huit à dix mois à l'entretien. Ils peuvent alors recevoir les mêmes fourrages que les chèvres, la distribution d'une complémentation n'étant justifiée qu'avec les fourrages pauvres (complémentation azotée et minérale, voire la complémentation des parcours).

• **En période de rut,** le comportement alimentaire du bouc est modifié. La capacité d'ingestion diminuant alors fortement, il est nécessaire de prévoir un apport complémentaire d'aliment concentré. On commencera à le distribuer six à sept semaines avant le début effectif de la campagne de saillies et on cessera la distribution seulement six à sept semaines après la fin de celle-ci.

Dans la majorité des cas, cette complémentation pourra être assurée uniquement par des aliments énergétiques, le recours à des aliments riches en matières azotées n'est à envisager que dans le cas où les fourrages sont très pauvres en matières azotées (foins de qualité médiocre, etc.). L'apport d'aliment concentré sera modulé en fonction de l'état des boucs, il se situera entre 0,3 et 0,6 kg (race laitière) ou 0,2 à 0,4 kg (Angora). Il faut éviter que les boucs soient trop gras en début de période de rut.

Pour les boucs, les apports en calcium et phosphore assurés par les aliments grossiers, et éventuellement les aliments concentrés, sont suffisants.

• **La distribution d'un complément minéral vitaminé, sauf cas particulier, est inutile.** Il suffit de mettre à la disposition des animaux une pierre à sel, éventuellement enrichie en magnésium, oligo-éléments et vitamines. Les éleveurs doivent être mis en garde contre l'excès de phosphore dans l'alimentation des boucs. Celui-ci favoriserait la lithiase urinaire (« maladie de la pierre »).

Les boucs castrés

Dans les troupeaux Angora, les mâles qui ne sont pas destinés à la reproduction sont gardés après castration pour produire des fibres (poids de toison supérieur à celui d'une femelle).

Leur alimentation ne pose pas de problèmes particuliers, les aliments grossiers sont généralement suffisants pour assurer la couverture des besoins, s'ils sont distribués à volonté.

Une complémentation ne se justifie que dans le cas de fourrages pauvres en azote. Dans ce cas, l'on adoptera le même type d'aliment que pour les chèvres taries : 0,1 à 0,2 kg d'un aliment riche en azote fermentescible.

L'ALIMENTATION DES CHEVREAUX

L'élevage des chevreaux peut s'orienter vers deux directions : la reproduction ou la boucherie. Selon le but poursuivi l'alimentation varie. La période la plus délicate dans la vie d'un chevreau s'étend de la naissance au quatrième mois. Pendant les trois premiers jours qui suivent la mise bas, le chevreau doit recevoir le colostrum. Par la suite vous pouvez lui donner du lait reconstitué. Il pourra être sevré à partir de cinq à six semaines, il sera alors alimenté avec du foin et des aliments concentrés.

Les animaux d'élevage

Ne conservez que des animaux exempts de tares. Vous devez obtenir des chevreaux capables de reproduire vers l'âge de sept à huit mois (voir le chapitre « Le choix des reproducteurs »).

De la naissance au quatrième mois

C'est la période la plus délicate. Elle comporte la phase d'alimentation lactée, le sevrage et la phase post-sevrage. Le jeune qui vient de naître doit recevoir une alimentation lactée.

• **Le colostrum.** Les jeunes chevreaux doivent recevoir, très rapidement après leur naissance, le colostrum. Le colostrum est la sécrétion mammaire des premières heures qui suivent la mise bas. Il est riche en éléments nutritifs et en vitamines, il a aussi un rôle purgatif. Son absorption protège surtout le chevreau contre les agressions microbiennes.

• **Le lait.** Vous pouvez continuer à distribuer, jusqu'au sevrage, du lait de chèvre. Mais il est souvent plus intéressant de réserver celui-ci à la fabrication du fromage (ou à la vente) et d'utiliser un aliment d'allaitement moins coûteux. Le lait de remplacement est distribué sans inconvénient à partir du quatrième jour. Pratiquez une transition sur trois jours entre le lait maternel et le lait de remplacement. Les chevreaux acceptent très bien les aliments d'allaitement dont la teneur en matières grasses varie entre 16 et 24 % et la teneur en protéines entre 21 et 33 %. Vous pouvez utiliser un aliment d'allaitement destiné aux agneaux ou aux veaux, quand celui-ci est de bonne qualité.

• **L'aliment d'allaitement** se présente sous la forme d'une poudre, qui sera dissoute dans de l'eau. La quantité de poudre à diluer dépend de sa concentration. Celle-ci varie entre 13 et 17 %, ce qui correspond respectivement à 150 g et 205 g de poudre dilués par litre d'eau. Dosez la concentration en tenant compte du taux de matières grasses de l'aliment d'allaitement (poudre de lait). Le taux de matières grasses du produit reconstitué ne dépassera pas 3,5 %. Le lait de remplacement peut être distribué soit en coupelles ou gouttières, soit au biberon.

Le lait de remplacement est distribué chaud (35-40 °C), en deux repas par jour. Pendant la première semaine, en particulier chez les animaux chétifs, envisagez trois distributions par jour. Si les chevreaux sont logés dans un local tempéré (14-16 °C), vous pouvez distribuer, dès l'âge d'une semaine, le lait de remplacement froid (soit à la température ambiante, soit réfrigéré à 4 à 6 °C).

Distribuez toujours le lait de remplacement à température et heures régulières. Veillez à ce que la poudre soit bien dissoute et sans grumeaux.

Stockez la poudre dans un endroit sec et ne la conservez pas d'une année sur l'autre. Le lait de remplacement sera distribué à volonté. La consommation évolue de 1,3-1,5 kg pour atteindre 1,8 kg aux environs de trois à quatre semaines.

• **Le sevrage.** Autrefois les chevreaux étaient sevrés tardivement, aux environs de trois mois, mais vous pouvez les sevrer sans inconvénient à partir du moment où leur poids de naissance est multiplié par 2,5. Sevrez à partir de cinq semaines, à condition que les chevreaux pèsent au minimum 8 à 9 kg (pour les races laitières françaises), qu'ils consomment du foin et un minimum d'aliment concentré (50-100 g) et que l'état sanitaire soit excellent au moment du sevrage.

Le sevrage se réalise de façon progressive ou brutale. Dans ce dernier cas, distribuez l'aliment d'allaitement pendant une semaine de plus. Le choc est alors accentué, mais les résultats de croissance à trois et sept mois sont équivalents.

En savoir plus

LA CONCENTRATION DU LAIT DE REMPLACEMENT

Par concentration, on entend le pourcentage de poudre de lait incorporé dans 1 kg de lait reconstitué (mélange poudre + eau). Ainsi 1 kg de lait de remplacement concentré à 15 % contient 150 g de poudre et 850 g de lait. Si vous ajoutez 150 g de poudre à 1 kg de lait, la concentration du lait de remplacement sera de 13 %.

Dispositif simple fabriqué avec une gouttière pour distribuer l'aliment d'allaitement.

La quantité totale de poudre de lait pour chaque chevreau va dépendre du mode de sevrage utilisé. Mais il est inutile et coûteux de distribuer plus de 10 kg de poudre par animal et de prolonger la distribution d'aliment lacté au-delà de sept semaines.

Quelle que soit la méthode retenue, mettez à la disposition des animaux, dès le dixième jour, un foin de bonne qualité et un aliment concentré adapté, ainsi que de l'eau propre.

• **Les chevrettes achetées à trois semaines.** S'il est inutile et coûteux de prolonger l'alimentation lactée au-delà de sept semaines, une exception sera faite pour les chevrettes achetées à trois semaines. En effet, à trois semaines, la courbe de croissance et la consommation de lait (lait de chèvre ou lait de remplacement) sont au plus haut. Le transfert d'élevage, accompagné le plus souvent d'un chan-

Ci-contre, en haut : la séparation rapide du jeune de sa mère facilite l'apprentissage de la buvée ou de la tétée.
Ci-contre et ci-dessus : après le sevrage, la consommation d'aliment grossier doit augmenter rapidement pour représenter l'essentiel des apports à partir du 4e mois.

gement d'alimentation et d'un transport plus ou moins long, provoque inévitablement un stress qui perturbe la croissance. Allongez la période d'alimentation lactée de deux semaines pour ne pas cumuler ce stress avec celui du sevrage, qui correspond à de profondes modifications physiologiques. Un traitement anti-coccidien, juste avant le sevrage, et une administration de vitamines A, D3, E, au moment du sevrage, sont également des garanties de réussite.

• Après le sevrage. Distribuée d'abord à volonté, la quantité de concentré sera limitée ensuite à 400 g par jour et par chevreau. La consommation d'aliments doit augmenter rapidement après le sevrage, elle doit, en moyenne, par animal, être de 600 à 700 g de foin et de 400 g de concentré (850 à 950 g de matière sèche) à la fin du troisième mois.

Du sevrage au quatrième mois, distribuez un complément minéral vitaminé de type 10/10 (10 % de phosphore, 10 % de calcium) si le foin utilisé est un foin de légumineuses, et un complément de type 10/20 s'il s'agit d'un foin de graminées.

Du quatrième mois à la saillie

Il faut développer le rumen en favorisant la consommation d'aliments grossiers. La ration de base sera le plus souvent constituée par un foin. Un foin de graminées est bien adapté. De bons résultats sont également obtenus avec des foins de légumineuses (luzerne, trèfle) ou de pré.

MÉTHODE D'ALIMENTATION AVEC LAIT DE REMPLACEMENT

SEVRAGE PROGRESSIF A SIX SEMAINES (LAIT CHAUD OU FROID)

Age	Colostrum, lait de chèvre	Lait de remplacement (en poudre)	Nombre de repas	Observations
naissance à 4 jours	1,5 litre maxi		2	
5e jour	1 litre	0,5 kg	2	
6e jour	0,75 litre	0,75 kg	2	
7e jour	0,50 litre	1 kg	2	Foin, concentré, eau à volonté à partir du 7e jour
8e-9e jour		1,5 kg maxi	2	
10 à 30 jours		à volonté, limitée à 1,7 kg		
31 à 34 jours		1 kg en 2 repas	2	
35 à 41 jours		0,5 kg	1	
42 jours		sevrage		

SEVRAGE BRUTAL A SEPT SEMAINES (LAIT CHAUD OU FROID)

Age	Colostrum, lait de chèvre	Lait de remplacement (en poudre)	Nombre de repas	Oservations
naissance à 4 jours	1,5 litre maxi		2	
5e jour	1 litre	0,5 kg	2	
6e jour	0,75 litre	0,75 kg	2	
7e jour	0,50 litre	1 kg	2	foin, concentré, eau à volonté à partir du 7e jour
8 à 9 jours		1,5 kg maxi	2	
10 à 49 jours		à volonté, limité à 1,7 kg		
50 jours		sevrage		

MÉTHODE D'ALIMENTATION AU LAIT DE CHÈVRE : SEVRAGE A 36 JOURS

Age	Colostrum ou lait de chèvre	Nombre de repas	Observations
naissance au 3e jour	1,5 litre maxi de colostrum	2	
4 à 28 jours	1,5 litre de lait de chèvre	2	Foin, concentré, eau à volonté à partir du 7e jour
29 à 32 jours	1 litre de lait de chèvre	2	
33 à 35 jours	0,5 litre de lait de chèvre	1	
36e jour	sevrage		

L'apport de complément est fonction de la ration de base. Il peut, avec un bon foin, varier de 200 à 300 g de concentré. Avec un foin de luzerne, utilisez uniquement des céréales (orge, ou mélange orge-avoine, orge-maïs, avoine-maïs, ou céréales + pulpe). Avec les graminées (plus pauvres en matières protéiques que les légumineuses), le concentré sera le plus riche en MAT (18 à 20 % de MAT/kg). Utilisez un aliment composé du commerce ou un mélange de céréales et de tourteaux (20 à 25 % de tourteaux de soja).

La quantité de foin consommée est d'environ 850 g au cinquième mois et de 1,2 kg à la fin du septième mois. Vous pouvez remplacer, en partie ou totalement, le foin par des fourrages déshydratés, compactés (graminées ou luzerne). Si le foin est supprimé, distribuez de la paille de bonne qualité pour entretenir les phénomènes de rumination.

A partir de quatre mois, vous pouvez remplacer tout ou partie du foin par des fourrages verts distribués à l'auge, en pratiquant une transition. Tous les fourrages verts employés pour les chèvres peuvent être utilisés sauf les crucifères (choux, colza), qui risquent d'avoir une action dépressive sur la croissance.

A partir du quatrième mois, les rations sont suffisamment pourvues en phosphore et calcium. Il suffit de mettre à la disposition des animaux une pierre à sel avec des oligo-éléments.

Les chevreaux élevés uniquement avec des fourrages conservés et en claustration recevront régulièrement des vitamines.

De la saillie à la première mise bas

Pendant cette période, on prépare la première lactation qui dépend, pour une bonne part, de l'alimentation distribuée pendant la gestation. Ne distribuez pas des quantités trop importantes de concentré. En revanche donnez un fourrage de bonne qualité.

Un bon foin (récolté tôt à un stade précoce et dans de bonnes conditions) est très bien adapté et sera distribué à volonté (consommation de l'ordre de 1,5 kg).

Pendant les trois premiers mois qui suivent la saillie, l'apport de complément peut être assuré, suivant la qualité du foin et sa valeur nutritive, par 100 à 200 g de céréales.

Pendant les deux mois suivants, augmentez la quantité distribuée pour la porter à 400-500 g ; si vous utilisez du foin de luzerne, seuls des céréales ou un mélange céréales-pulpe de betteraves seront distribués.

Avec un foin de graminées, vous utiliserez un concentré du commerce « chèvre gestante » ou un mélange fermier céréales-pulpe de betteraves-tourteaux (10 % de tourteaux).

Le cas particulier des chèvres Angora

Contrairement à ce qui se pratique dans les élevages laitiers, les chèvres Angora (mâles ou femelles) sont élevées sous la mère, qui allaite ses petits.

On estime que le lait de la mère couvre 100 % des besoins du chevreau le premier mois, 80 % le second, 50 % au cours du troisième mois, dans la mesure où l'on cherche à obtenir une croissance rapide permettant une bonne récolte de fibres à six mois et une mise à la reproduction au cours de la première année.

Un aliment concentré de type « chevrette » sera distribué à volonté, puis limité à 0,2 et 0,3 kg par jour. Les jeunes devront pouvoir accéder aux fourrages dès la fin du premier mois.

Les chevreaux de boucherie

Habituellement, les chevreaux de boucherie sont commercialisés et abattus précocement, à un poids variant entre 7 et 12 kg vif. Le poids de 12 kg vif est considéré comme une limite. Au-dessus de ce poids, il est très difficile de commercialiser un chevreau de boucherie.

Si le chevreau est destiné à la consommation familiale, vous pouvez l'abattre plus tardivement, la viande alors rose ou rouge sera plus ferme, mieux faite, et plus agréable à consommer.

L'alimentation des chevreaux de boucherie n'offre pas de difficultés particulières. Pour des animaux abattus à un poids égal ou inférieur à 12 kg, elle sera réalisée avec des aliments lactés (lait de chèvre ou aliment d'allaitement). Laisser le chevreau sous la mère jusqu'à l'abattage donne de bons résultats, mais il faut compter 8 à 11 litres de lait de chèvre par kilo gagné, soit l'équivalent de 8 à 11 petits fromages !

Comme pour les animaux d'élevage, l'allaitement artificiel donne de très bons résultats. Comptez, de la naissance à 12 kg environ, 1,1 à 1,5 kg de « poudre de lait » par kilo gagné. La croissance moyenne est de 170 à 250 g par jour pour les mâles et de 150 à 210 g pour les femelles.

Distribuez pendant les premiers jours le colostrum et, après une transition de trois jours, un lait de remplacement (concentration 14 à 16 %) à volonté, en deux repas, jusqu'à l'abattage ou la vente.

Les chevreaux engraissés au-delà de 12 kg

A partir de 10-12 kg, l'indice de consommation augmente. Il est économiquement intéressant de substituer à l'alimentation lactée des aliments solides. On distribue un aliment concentré sans sevrer les animaux (ceux-ci sont abattus aux environs de 16 kg de poids vif) ou on pratique un sevrage progressif vers 10-12 kg pour ensuite engraisser les animaux, qui seront abattus vers 25-28 kg de poids vif, avec un régime à base de foin et de concentré.

Le concentré sera distribué à volonté. La consommation se situe, en fin d'engraissement, entre 500 et 800 g. Le concentré devra être énergétique et avoir un taux de MAT de 20 à 22 %. Il peut très bien être constitué par un mélange fermier (céréales aplaties : orge, maïs et tourteaux 30 à 35 %).

Les animaux de ce type sont très difficiles à commercialiser, ils n'ont actuellement de l'intérêt que dans le cadre de l'autoconsommation ou d'un marché bien particulier, pour lequel l'objectif essentiel est de disposer d'un produit original.

Les productions de la chèvre

Élever quelques chèvres au petit domaine permet d'avoir du lait, de la viande ou même du mohair, selon le but que vous recherchez et les races que vous possédez.
Pour obtenir du lait, il faut savoir traire. La traite à la main demande du doigté et de la technique. Vous pouvez transformer le lait en fromage. Sachez que vous pouvez aussi faire du beurre et des yaourts : la technique est la même que celle mise en œuvre avec le lait de vache.
Il est également possible d'obtenir de la viande, celle du chevreau est délicieuse, et du mohair, avec un élevage de chèvres Angora.

Le lait

La quantité de lait produite par chèvre varie au cours de la lactation. Après la mise bas, la production augmente. Le maximum est généralement atteint entre 30 et 60 jours après la mise bas. Elle diminue ensuite progressivement, d'abord assez lentement puis de façon plus importante, à partir de l'époque des chaleurs.
Il existe de grandes variations des courbes de lactation, en raison de l'alimentation et des conditions d'entretien.

Le tarissement

Il est indispensable d'assurer un repos (absence de traite) de deux mois minimum entre deux lactations. Le plus souvent, la chèvre se tarie naturellement aux environs de 230 à 260 jours de lactation. Certaines bonnes laitières, recevant une nourriture riche à base de fourrages de bonne qualité, continuent à produire du lait alors qu'elles sont gestantes depuis deux mois et demi. Procédez alors à leur tarissement. Il sera obtenu, de façon progressive, en deux à trois semaines environ.
Commencez par supprimer une traite et la distribution d'aliment concentré. Au bout d'une semaine, la production laitière ayant déjà baissé, remplacez les fourrages de très bonne qualité (fourrages verts, choux, etc.) par un foin de qualité moyenne. A la fin de la deuxième semaine, vous procédez à la traite complète et mettez la chèvre à la paille en réduisant l'abreuvement (sans le supprimer) pendant 48 heures.
La chèvre manifestera son mécontentement mais sera tarie. Pendant cette période, surveillez l'état de la mamelle et pratiquez, seulement en cas de congestion importante, un léger dégorgement de celle-ci.
Pour améliorer la sécurité (éviter les mammites), vous pouvez injecter dans les trayons, après la dernière traite, une spécialité vétérinaire favorisant le tarissement.

La traite

Une bonne traite doit être rapide, complète, douce et effectuée à horaires réguliers. Elle conditionne la qualité des produits (lait ou fromage). Elle doit être effectuée rapidement, dans le calme et de bonnes conditions de propreté. La propreté du trayeur (vêtements propres et réservés à la traite) et des ustensiles est primordiale. Le nettoyage de la mamelle à l'eau tiède, par rapport au simple massage à sec, ne permet pas d'obtenir une quantité de lait plus importante mais améliore la qualité bactériologique du lait quand la mamelle est sale. Essuyez ensuite la mamelle avec un linge sec et propre et entreprenez la traite immédiatement. L'amélioration de la qualité bactériologique du lait

Traite manuelle pratiquée par l'arrière, dans un troupeau de chèvres corses.

passe également par l'élimination des premiers jets (le lait situé dans le canal du trayon a une charge de germes plus importante que le reste du lait citernal). Ils seront recueillis dans un récipient spécial. Ils ne seront en aucun cas éliminés dans la litière. Cette pratique permet aussi de détecter plus facilement les mammites (lait grumeleux).

La technique

Apparemment simple à réaliser, la traite manuelle demande une certaine technique et un bon entraînement. Elle provoque des courbatures chez les personnes non entraînées. Sa pratique est difficile, voire déconseillée, aux personnes souffrant de rhumatismes au niveau des membres supérieurs.

On procède en expulsant le lait emprisonné dans le trayon en exerçant une pression sur celui-ci, ce qui ouvre le sphincter. Le sphincter se referme et le lait contenu dans la citerne descend dans le trayon. La répétition alternative pour chaque trayon constitue l'action de traite proprement dite. Il existe deux techniques : celle dite « à la poignée » et celle dite « à la pincée ».

• « A la poignée » : saisissez le trayon entre le pouce replié et l'index et serrez ensuite avec les trois autres doigts le trayon contre la paume de la main.

• « A la pincée » : glissez le trayon entre le pouce replié et l'index. Le mouvement alternatif est effectué de haut en bas. Ce procédé est surtout intéressant quand les trayons sont petits.

La traite peut être réalisée soit sur le côté (le trayeur étant accroupi ou assis sur un tabouret), soit par l'arrière (le trayeur assis sur un tabouret cale le seau entre les pattes de la chèvre et saisit les trayons par derrière). Cette méthode offre souvent, en sta-

bulation entravée et en l'absence de dispositifs de traite, un meilleur confort au trayeur. Mais elle a cependant l'inconvénient de déformer la mamelle et de ne pas recueillir le lait dans les meilleures conditions d'hygiène.
Le temps de traite est variable. Il est, en moyenne, d'une à trois minutes par chèvre.

Le nombre et les horaires de traite

La traite est pratiquée deux fois par jour, matin et soir. A partir du moment où la production laitière diminue, vous pouvez traire une fois par jour sans risque de provoquer des mammites. Cela diminue la production totale dans des proportions variables. Dans le cas de deux traites, préférez un intervalle de 12 heures (6 heures-18 heures, 7 heures-19 heures). Il est possible d'opter pour des intervalles inégaux entre traite du matin et traite du soir, traite du soir et traite du matin. Cependant ne dépassez pas les limites suivantes :
– grand intervalle (entre le soir et le lendemain matin ou inversement) = 16 heures ;
– petit intervalle (entre le matin et le soir ou inversement) = 8 heures.

Dans le cas de traites pratiquées à intervalles identiques (12 heures), la quantité de lait produite le matin et le soir, ainsi que la composition de celui-ci (TP et TB), seront à peu près identiques.
Par contre, en cas d'allongement de l'intervalle entre deux traites, la quantité de lait ainsi que le TB seront différents, le TP étant quant à lui identique. La quantité du lait sera plus importante (pouvant représenter les 2/3 de la quantité totale journalière) après la traite suivant l'intervalle le plus long (en général le matin), mais le taux butyreux (TB) sera nettement plus faible.
Pour la transformation fromagère, il est donc important de mélanger, dans ce cas, le lait de la traite du matin avec celui de celle du soir avant la mise en fabrication, afin d'éviter des variations de qualité des fromages.

La traite mécanique

Nous n'aborderons pas ici les problèmes de la traite mécanique, signalons simplement qu'elle est au point. Elle donne de bons résultats avec une machine adaptée, montée correctement, bien réglée, entretenue et nettoyée très régulièrement. La machine à traire est rentable pour un troupeau de 20 à 30 chèvres.

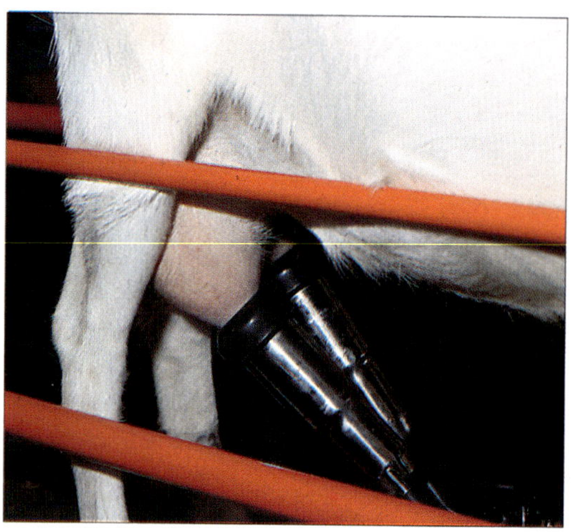

Traite mécanique pratiquée en salle de traite de type tunnel. L'utilisation d'une machine à traire ne devient rentable qu'à partir d'un nombre de chèvres laitières minimum : environ 20 à 30 chèvres. Il convient également de nettoyer et d'entretenir régulièrement le matériel.

La fabrication du fromage

L'essentiel du lait de chèvre est transformé en fromages. Nous nous proposons d'évoquer ci-dessous le schéma de fabrication d'un fromage de chèvre classique : c'est-à-dire un fromage à pâte molle, à coagulation lente et à moisissures externes (type crottin, etc.).

Le lait

Il doit provenir d'une femelle saine, ne pas contenir de colostrum, être recueilli proprement sans impureté, ne présenter ni odeur ni goût anormaux.

La préparation du lait

Vous pouvez entamer le processus de fabrication après chaque traite ou regrouper les deux traites journalières, à condition que les intervalles entre chaque traite soient identiques. La deuxième méthode présente l'avantage de réduire les mani-

● *En savoir plus*

LE GONFLEMENT DU FROMAGE

Un gonflement du caillé et du fromage se produit souvent. Ce phénomène est dû à la présence de germes indésirables. Pour éviter cet inconvénient, utilisez un lait et des récipients propres, à bonne température pour obtenir une acidification rapide. En été, une température trop élevée favorise ce type d'incident.

Attention

Est considéré comme colostrum, la production d'une femelle laitière pendant les sept jours qui suivent la mise bas. Sa livraison en laiterie ou son utilisation pour la transformation est interdite. De plus, le colostrum ne peut pas être transformé en fromage ; 10 % de colostrum suffisent à faire rater une fabrication de fromage.

Échantillonnage non exhaustif de la production fermière de fromages de chèvre.

Utilisation d'un moule cylindrique (type Sainte-Maure) lors de la fabrication du fromage. Remarquez la texture particulière du caillé au moment de sa mise en moule.

pulations. Mais en période chaude, la conservation du lait de la traite du soir doit faire l'objet de soins particuliers pour éviter la prolifération excessive de certains germes. Il est donc nécessaire de refroidir le lait et de le conserver au frais (6 à 8 °C).

La filtration

Elle a pour but d'éliminer les impuretés. Elle est pratiquée à travers une simple mousseline propre ou un filtre spécial équipé d'un disque en ouate hydrophile, changé après chaque traite.

Le caillage

Il s'obtient par l'action de la présure* et par l'acidification naturelle. Après avoir placé le lait filtré dans des récipients propres, on lui ajoute la présure. Il s'agit d'un agent de coagulation extrait à partir de la caillette du veau ou du chevreau. La présure doit être conservée à l'abri de la lumière et de la chaleur.

Elle doit être dosée de façon très précise (d'autant plus que la quantité de lait est faible). Avec une présure de force 5 000, la dose est d'une goutte par litre de lait. L'emploi du compte-gouttes est indispensable.

La température du lait au moment de l'emprésurage doit être comprise entre 18 et 23 °C. En période froide, emprésurez à 21-23 °C et, pendant les mois d'été, à 18-19 °C.

Au moment de l'emprésurage, l'acidité du lait doit être inférieure à 25° Dornic. Après la traite, le lait titre 14-15° Dornic .

La coagulation est également obtenue par l'acidification naturelle, qui dépend du développement de la flore lactique. Une acidification insuf-

Définition

Présure : sécrétion de l'estomac de jeunes ruminants pas encore sevrés, utilisée pour faire cailler le lait lors de la transformation fromagère.

● *En savoir plus*

LA MESURE DE L'ACIDITÉ

Pour mesurer l'acidité, utilisez un acidimètre Dornic. C'est un appareil simple, peu coûteux, facile à mettre en œuvre. Pour réussir votre fromage, il vous faut, en plus de cet acidimètre Dornic, un compte-gouttes pour verser et doser avec précision la présure et un thermomètre de fromagerie.

fisante entraîne des défauts de caillage du lait, des difficultés d'égouttage et un risque de gonflement du caillé.
Normalement, la flore lactique est suffisante pour assurer l'acidification du lait. Néanmoins, en cas de difficultés, notamment en hiver, renforcez l'acidification en ajoutant du sérum (de la veille) au lait à emprésurer (1/2 verre pour 10 litres de lait) ou en ajoutant une préparation de levains lactiques du commerce.
La prise du lait commence environ 10 minutes après l'emprésurage. Elle s'achève au bout d'une heure. Le caillé commencera alors à se rétracter et à exuder du sérum. Laissez le caillé au contact du sérum pendant 24 heures environ. Le sérum recouvre ainsi le bloc de caillé.

Le moulage

Avant de mouler, éliminez le sérum de surface, puis emplissez les moules à la louche. Les moules sont des récipients de formes diverses, munis de trous pour laisser échapper le sérum lors de l'égouttage. Ils sont actuellement fabriqués en plastique, mais l'on en trouve également en métal ou en poterie (grès). On appelle certains moules des faisselles.
Une fois les moules remplis, mettez-les dans une pièce à la température de 18-20 °C. Placez-les sur une surface en pente (une plaque ondulée en plastique posée sur des traiteaux est très commode). Prévoyez un récipient pour récupérer le sérum qui, étant acide, est très corrosif.

L'égouttage

Il dure de 24 à 36 heures. Au bout de 10 heures, retournez le fromage dans son moule. Le caillé se tasse sous l'effet de son propre poids en éliminant le sérum. Au bout de 36 heures retirez le fromage de son moule et posez-le sur une claie en bois ou en métal.

Démoulage et salage des fromages avant l'affinage, qui est une phase très importante de la fabrication fromagère.

Le salage

Il a pour but de relever la saveur de la pâte et oriente le développement microbien. Salez les fromages en surface à la main ou avec une passoire. La quantité de sel à utiliser représente 1 à 3 % du poids du fromage. N'utilisez que des sels dits de fromagerie. Un excès de sel (défaut fréquent) gêne la pousse du pénicillium et détériore les qualités gustatives du fromage. Mais un manque de sel favorise l'apparition de l'oïdium et du mucor (poils de chat), qui sont des défauts d'affinage très répandus.

> **En savoir plus**
>
> **ERREURS DE FABRICATION**
>
> Si votre fromage est trop sec ou « plâtreux », c'est très probablement dû à un manque d'affinage provenant d'un égouttage et d'un séchage trop prononcés (température trop élevée et manque d'humidité ambiante).
>
> Si votre fromage est trop spongieux (le caillé a la consistance du caoutchouc et s'affine mal), il y a eu excès de présure.

Le séchage

Placez le fromage pendant un à trois jours dans un courant d'air, pour qu'il finisse de ressuyer. Pour de faibles quantités, placez les fromages dans une cage grillagée suspendue dans un couloir, une entrée de cave, etc.

L'ensemencement en pénicillium

Le pénicillium est un champignon qui se développe à la surface du fromage. Dans les locaux d'affinage utilisés de longue date, l'ensemencement en *Penicillium album* (qui donne une moisissure blanche virant rapidement au bleu) est souvent inutile. Quand l'affinage se passe dans des locaux non ensemencés ou ensemencés par une flore ambiante non désirable (moisissures rouges par exemple), on peut, après chaque salage, procéder à l'ensemencement des fromages avec le pénicillium.

Vous pouvez essayer d'ensemencer le local d'affinage (cave par exemple) en contaminant volontairement l'air ambiant par les spores de pénicillium : laissez sur place quelques fromages particulièrement bien ensemencés ou bien utilisez une préparation réalisée à partir de spores provenant d'une culture sélectionnée, préparée par un laboratoire spécialisé.

Ces préparations seront utilisées en mélange avec le sel ou après dilution dans une eau pure (minérale) en vaporisant la solution. Le vaporisateur (un modèle utilisé pour les fleurs est adapté) sera préalablement stérilisé à l'eau javellisée et rincé avant emploi. La solution de ferments se prépare, au maximum, deux jours avant son utilisation et se conserve au frais (réfrigérateur).

L'affinage

C'est une phase capitale pendant laquelle le fromage acquiert ses caractéristiques définitives. Pour une bonne maturation, le fromage doit être placé dans des conditions de température favorables (8 à 12 °C en cave), avec une humidité relativement importante (85-90 %). La durée d'affinage varie de 10 à 30 jours. Le fromage peut être consommé à l'état frais, deux à cinq jours après le démoulage, ou sec après stockage.

LA VIANDE

La chèvre fournit, en plus du lait, une viande agréable à consommer.

Les chevreaux

Abattus lorsque leur poids atteint 8 à 12 kg, ils fournissent une viande agréable, considérée par certains comme un produit de luxe.
Dans la mesure où le chevreau est abattu jeune, il est préférable de le préparer avec des sauces relevées. La viande des chevreaux plus lourds (16-25 kg) a une meilleure tenue et un goût plus marqué. Le gigot peut être accommodé comme un gigot d'agneau ou, après marinade, comme un gigot de chevreuil avec une sauce venaison. Les côtelettes peuvent être rôties, l'épaule est généralement préparée en ragoût.

Les chèvres de réforme

Les chèvres de réforme ont une valeur marchande très réduite, mais l'amateur peut en tirer parti de différentes façons.

Les animaux jeunes

Agés de moins de deux ans, ils fournissent des rôtis et des ragoûts excellents. Les gigots, comme pour les chevreaux lourds, s'accommodent comme un cuissot de chevreuil ou de cerf.

Les vieilles chèvres

Pour mieux en tirer parti, utilisez leur viande en mélange avec du lard et de la viande de porc pour fabriquer des saucissons. Les proportions sont approximativement les suivantes :
– viande de chèvre désossée et dégraissée : 50 % ;
– viande de porc : 20 % ;
– lard de porc : 30 %.

Vous pouvez aussi utiliser la viande de chèvre pour diverses préparations : saucisses, hachis, pâtés, couscous, etc., à l'état pur ou en mélange avec de la viande de porc.

Le sacrifice

L'abattage de l'animal pose parfois un problème à l'éleveur amateur. Il peut toujours avoir recours, pour une somme modique, à un abattoir agréé. Celui-ci assure l'abattage de l'animal, la préparation de la carcasse ainsi que l'inspection sanitaire de celle-ci.
La technique employée pour le sacrifice doit permettre de tuer l'animal sans douleur inutile. Assommez la chèvre (tapez avec une petite masse juste en arrière des cornes), puis, après l'avoir suspendue par les pattes de derrière, saignez-la (section de la gorge juste en arrière de la tête). Dépouillez ensuite soigneusement l'animal pour pouvoir utiliser la peau.
Pour dépouiller l'animal, pratiquez une section en V de la peau, les deux branches du V étant représentées par les membres postérieurs (faces internes). Prolongez la section de la peau en suivant la ligne médiane de l'abdomen. Décollez ensuite soigneusement la peau.

A noter

Pour le sacrifice, il est parfois préférable, notamment pour l'éleveur amateur, de faire appel à un abattoir agréé.

LE MOHAIR

La tonte

La tonte des caprins Angora intervient deux fois par an. La première tonte, fournissant une fibre d'une grande finesse, a lieu sur des animaux de 6 mois.

La tonte se pratique comme chez les ovins. L'animal étant non attaché et tenu par le tondeur, elle exige une bonne technicité (il faut éviter de blesser l'animal). C'est un travail demandant une très bonne condition physique.

Le matériel de base est le même (tondeuse) que celui utilisé pour les ovins, mais la machine doit être équipée de peignes spéciaux pour les chèvres et il est préférable d'utiliser une machine plus lente que pour la tonte des moutons. De nombreux prestataires de service peuvent assurer ce travail. Les animaux doivent être rentrés avant la tonte dans un bâtiment au sol propre.

Pour faciliter le tri des toisons et éviter la contamination de celles-ci par le jarre, commencez par tondre les meilleurs animaux et évitez les zones jarreuse (queue, dessous de la mâchoire). Tondez à part les jeunes animaux (fibre plus fine). Après la tonte, prenez des précautions particulières pour protéger les animaux contre le froid.

La toison

Avant de conditionner les toisons en balles, l'éleveur pratique un premier tri en éliminant les parties souillées et en mettant à part les lots jarreux. L'éleveur confie ensuite sa production à une structure technique pour l'élaboration de produits finis : fil à tricoter pour les lots les plus fins (diamètre inférieur à 32 microns), fibres destinées au tissage pour les diamètres de fibres plus importants (36,5 microns en moyenne), fils destinés à être utilisés en mélange avec de la laine (lots jarreux).

La première opération est le tri, qui se fait en fonction de la finesse des fibres, puis on procède au lavage et au cardage (qui consiste à peigner les fibres). Suivent de nombreuses interventions : entre l'arrivée de la toison dans la structure de transformation et la sortie du produit fini prêt à être utilisé pour le tricot ou le tissage, il faut compter huit à neuf opérations distinctes, qui sont réalisées par des opérateurs différents (le secteur textile étant très spécialisé). Il existe en France deux structures, dans lesquelles les éleveurs sont impliqués, qui assurent l'ensemble de ces opérations, soit pour le compte des adhérents soit comme simple prestataire de service pour les non-adhérents.

La valorisation des produits

La qualité du produit fini dépend étroitement de la qualité de la toison. C'est bien entendu les toisons les plus fines qui permettent la meilleure valorisation, de plus elles permettent de fabriquer des produits à haute valeur ajoutée (fil à tricoter).

La vente directe par l'éleveur est économiquement obligatoire, c'est actuellement la seule solution pour valoriser la production. En effet, le cours mondial du « kid mohair » est inférieur aux coûts de production des élevages français. Le mohair français ne représente pas plus de 2 % de la production transformée par les industries textiles. La part des éleveurs sur le marché français est de 15 % pour les fils à tricoter et de 10 % environ pour les couvertures et plaids.

Cependant, de nombreux éleveurs arrivent à écouler leur production dans des circuits spécifiques (vente à la ferme, artisanat de luxe) sous forme de produits finis (fil à tricoter, couvertures, plaids, etc.) dans des conditions permettant une bonne valorisation. Mais pour certains, la capacité de production de leur élevage est supérieure aux possibilités de commercialisation. Il convient donc d'aborder cette production avec prudence : elle offre des opportunités, mais demande une bonne étude des possibilités de commercialisation.

Au cours des dernières années, la vente de reproducteurs assurait un revenu important, permettant d'amortir rapidement les frais de création élevés du troupeau. Il est à craindre qu'il n'en soit plus de même à l'avenir. L'élevage des chèvres Angora est en France en pleine évolution, il convient donc de bien apprécier les conditions de création d'un troupeau, même de taille modeste, et les possibilités de commercialisation des produits avant de se lancer dans celui-ci.

Fils de mohair teints.

LA VENTE DES PRODUITS

La vente des produits fermiers (vente d'animaux pour la consommation ou vente de la production fromagère) répond à certaines obligations que vous devez connaître.

La vente des animaux pour la consommation

Deux cas sont à distinguer :
– vente de l'animal sur pied (vivant) : celui-ci doit être en bonne santé, l'acheteur prenant en charge l'abattage ;
– vente en carcasse : dans cette éventualité, vous devez obligatoirement recourir aux services d'un abattoir agréé. La carcasse subira une inspection sanitaire ; en cas d'anomalie elle sera saisie (en totalité ou partie).

Pour le transport et la vente sur marché, des conditions particulières doivent être respectées (véhicule et vitrine réfrigérés). Renseignez-vous auprès de la Direction des services vétérinaires ou de la répression des fraudes.

La vente des fromages

L'étiquetage répond à des règles bien précises. L'étiquette doit notamment comporter un certain nombre de mentions :

- nom et adresse du producteur ;
- dénomination du fromage ;
- teneur en matières grasses (gras/sec) lorsqu'il s'agit de fromages affinés (sauf les AOC) ;
- date limite : soit une DLUO (date limite d'utilisation optimale, la formule étant « à consommer de préférence avant le... ») ; soit une DLC (date limite de consommation, la formule était « à consommer avant le... »), dans ce cas la vente après la date limite est interdite. La DLC est obligatoire pour les fromages microbiologiquement périssables (fromages frais, par exemple).

La mention « fromage de chèvre » est réservée exclusivement aux fromages fabriqués au lait de chèvre.

Un fromage « mi-chèvre » doit comporter obligatoirement 50 % de matière sèche d'origine caprine (le pourcentage de matière sèche dans le

● *En savoir plus*

LE FUMIER
Comme le fumier de cheval ou de mouton, le fumier de chèvre est un fumier « chaud ». Sa valeur fertilisante est supérieure à celle des autres fumiers (notamment en azote). Il convient bien aux jardins.

FROMAGES : CE QU'IL FAUT SAVOIR

Les formes réservées aux fromages de chèvre

• Cylindrique de 60 mm de diamètre au maximum et dont la longueur est comprise entre 10 et 20 cm.

• Cylindrique de 65 mm de diamètre maximum, dit « bonde », et dont la hauteur est comprise entre 5 et 7 cm.

• Pyramide et tronc de pyramide quelles que soient la forme de la base et la hauteur.

Il est donc interdit de fabriquer des fromages ayant ces caractéristiques avec du lait d'autres espèces animales (vache, brebis) ou avec des laits de mélange (y compris les mi-chèvres).

Dénominations réservées aux fromages de chèvre

- Chabichou, ou Chabis
- Sainte-Maure
- Valençay, ou Levroux
- Chevrotin
- Crottin
- Pélardon
- Picodon

Il est interdit de commercialiser sous ces dénominations des fromages autres que des fromages fabriqués au lait de chèvre.

Les AOC (appellation d'origine contrôlée)

Actuellement, il existe six AOC ; pour pouvoir bénéficier d'une AOC, les fromages doivent être fabriqués suivant un cahier des charges défini, avec des laits provenant d'une zone géographique déterminée. Des contrôles sont effectués à tous les stades de la filière (production de lait, techniques de fabrication et d'affinage).

Pour bénéficier d'une AOC, les producteurs doivent adhérer à un syndicat de production et accepter les contrôles.

Voici la liste des AOC :

- Crottin de Chavignol (Cher)
- Picodon (Drôme, Ardèche)
- Pouligny-Saint-Pierre (Indre-et-Loire)
- Selles-sur-Cher (Cher)
- Sainte-Maure-de-Tourraine (Indre-et-Loire)
- Chabichou du Poitou (Vienne)
- Rocamadour (Lot)
- Brocciu (Corse)
- Valençay (Indre)
- Pélardon (Gard)
- Banon (Alpes)

En savoir plus

DES FROMAGES RONDS

- **Chevrotin :** fromage rond aux flancs bombés, de 10 à 13 cm de diamètre et de 4 à 5 cm d'épaisseur (poids 400 à 700 g).
- **Crottin :** petit fromage rond, de 4 à 5 cm de diamètre et de 3 à 4 cm de hauteur (poids 60 à 80 g).
- **Pélardon :** petit fromage rond, de 5 à 7 cm de diamètre et de 2 à 3 cm d'épaisseur (poids 100 g environ).
- **Picodon :** petit fromage rond, de 5 à 7 cm de diamètre et 2 à 3 cm d'épaisseur (poids 80 à 100 g).

lait de chèvre étant le plus souvent inférieur à celui du lait de vache ou de brebis, il faut au départ incorporer plus de 50 % de lait de chèvre dans le fromage pour respecter la réglementation).

La mention « lait de mélange » (pour les fromages fabriqués avec deux ou plusieurs laits d'espèces différentes) : quand, dans le fromage, le taux de matière sèche du lait d'une des espèces, autre que la vache, est supérieur à 20 %, il est possible d'indiquer les laits utilisés par ordre décroissant de leur importance pondérale.

Certaines formes et six dénominations sont réservées exclusivement aux fromages de chèvre (il existe six AOC, voir page 91). Pour les fromages vendus directement du producteur au consommateur (vente à la ferme, au marché), l'étiquette n'est pas obligatoire, mais une affiche reproduisant les éléments devant figurer sur l'étiquette doit être visible par l'acheteur. Pour la vente « en vrac » à un intermédiaire, il en est de même, celui-ci devant disposer des indications sur la facture ou le bon de livraison. Pour les fromages prêts à la consommation vendus en libre-service, l'étiquetage est obligatoire, de plus les fromages doivent être emballés.

Les normes européennes

Depuis le 1er janvier 1994, les fromages commercialisés doivent répondre à des normes européennes destinées à la protection des consommateurs (qualité hygiénique). Les laits destinés à leur fabrication doivent provenir de troupeaux et d'ateliers répondant à des critères sanitaires :
– qualification sanitaire du cheptel (indemne de brucellose, contrôle de la tuberculose quand des bovins sont présents sur l'exploitation) ;
– conditions d'hygiène pour le logement des animaux et la traite ;
– normes de salubrité pour les locaux de transformation (fromagerie).

Les fromages eux-mêmes doivent également répondre à certaines normes bactériologiques.

Toutefois, pour les producteurs fermiers pratiquant la vente directe du producteur aux consommateurs des dérogations sont prévues. Seules la qualification du cheptel et les règles sanitaires minimales leur seront imposées.

La vente de lait cru (peu pratiquée) répond également à des normes strictes concernant la qualification sanitaire du cheptel et les conditions de traite.

Cette nouvelle réglementation se mettant actuellement en place, toutes les modalités d'application ne sont pas encore connues. Avant d'envisager la vente des fromages fermiers, il est donc prudent de se renseigner auprès des organisations professionnelles ou des services officiels : Direction générale de la concurrence, de la consommation et de la répression des fraudes (DGCCRF), Direction des services vétérinaires (DSV).

Les maladies

Notre propos n'est pas ici d'évoquer l'ensemble des maladies dont la chèvre peut être victime, mais de soulever les points principaux qui vous permettront de conserver votre petit troupeau en bonne santé.
Un bon état sanitaire passe par de bonnes conditions d'entretien et d'alimentation. Malgré tout, sachez que vos chèvres peuvent être victimes de parasites, de mammites, de maladies respiratoires et de l'appareil digestif ; elles peuvent aussi subir des avortements. Sachez découvrir les symptômes pour alerter à temps le vétérinaire.
Certaines maladies font l'objet de contraintes réglementaires (prophylaxie obligatoire) ou de déclaration. Dans le doute, avertissez le vétérinaire ou, à défaut, la Direction des services vétérinaires de votre département. Sinon, votre responsabilité pénale peut être engagée.

Une chèvre bien logée, nourrie correctement, entretenue sur des pâturages sains, traitée régulièrement contre les parasites internes et traite correctement, sera rarement malade.

Les symptômes

La baisse de production laitière, le poil terne, le fond de l'œil blanc, l'amaigrissement sont les signes d'un mauvais état sanitaire. De même, surveillez la baisse de l'appétit, l'arrêt de la rumination, les modifications du comportement (la chèvre semble triste), l'élévation ou la baisse anormale de la température (température normale : 39-40 °C), l'accélération des pulsations cardiaques (on prend le pouls de la chèvre à la face interne de l'avant-bras, il est compris chez l'adulte entre 70 et 85 pulsations minute et entre 90 et 100 chez le chevreau), l'augmentation des mouvements respiratoires (12 à 15 par minute chez l'adulte en bonne santé, un peu plus chez le jeune). Ces signes généraux peuvent, dans certaines maladies, être complétés par des symptômes plus spécifiques :

– mamelle chaude et douloureuse dans le cas de mammite ;
– toux et éternuement en cas de maladies pulmonaires ;
– diarrhée dans le cas d'affections intestinales ou de maladies parasitaires, etc.

Les parasites

La chèvre est très sensible aux parasites internes. Les plus fréquents (chez toutes les chèvres qui pâturent) sont les strongles (parasites intestinaux et pulmonaires). Citons également la grande et la petite douve, les ténias, les coccidies et les œstres. La chèvre se contamine en pâturant. Les parasites, qui vivent aux dépens de l'animal porteur, l'affaiblissent et provoquent des lésions de différents organes.

Dans le cas de strongylose pulmonaire (bronchite vermineuse), les lésions du poumon et des bronches gênent la respiration. Les douves attaquent le foie, causant ainsi de grandes perturbations. Les différentes lésions ouvrent ensuite la voie aux infections microbiennes.

Les principaux symptômes sont l'anémie (muqueuses blanches), la diminution de production, l'amaigrissement, la diarrhée.

Les produits de traitement ne sont efficaces que contre une ou deux espèces de parasites. En cas de doutes, faites procéder, à partir de crottes recueillies dans le rectum de l'animal, à une analyse d'identification des parasites responsables.

Pour lutter contre les attaques de parasites (qui prolifèrent pour une bonne part dans les prairies ou la litière), évitez les pâturages humides, laissez un temps de repos de quatre à six semaines entre deux passages sur une même prairie et pratiquez régulièrement le labour des prairies. L'épandage, en hiver, de cyanamide de chaux détruit une partie des larves de parasites, qui peuvent résister six mois à un an.

La chèvre qui ne consomme que du foin à l'étable peut aussi être parasitée, quand le foin provient d'une prairie infestée. L'apport de fourrage à l'auge (fourrage vert ou foin) réduit de façon très importante le parasitisme interne. Pour les chèvres qui pâturent, prévoyez au minimum deux à quatre traitements par an contre les strongles et un traitement contre la grande douve. Les traitements contre les autres parasites sont fonction de chaque cas.

Un traitement systématique des chevreaux contre la coccidiose, au moment du sevrage, est une bonne précaution.

Les principaux parasites externes sont les puces, les poux, les tiques, la gale (maladie légalement contagieuse à déclaration obligatoire) et les myases musculaires. Le traitement est fondé sur l'emploi d'insecticides en pulvérisation ou en poudrage. Une bonne hygiène des locaux et des litières évitent ces infections.

Les mammites

Les symptômes

La mamelle devient chaude, congestionnée et douloureuse. Le lait est parfois granuleux. Dans le cas de mammite gangreneuse, le quartier atteint est violacé et froid. La mammite gangreneuse évolue vers la mort rapide de la chèvre ou la perte du quartier atteint qui se dessèche et tombe.

Les microbes

Ils sont nombreux, mais le plus fréquent est le staphylocoque. Le traitement doit être rapide et énergique, par l'emploi d'antibiotiques dans la mamelle et par voie générale. Les mammites latentes : une chèvre apparemment saine peut héberger dans sa mamelle des germes responsables de mammites. Différents tests permettent de détecter ces chèvres qu'il faut ensuite traiter.

La prévention

Elle repose sur les mesures d'hygiène, la qualité de la traite. Le trempage des trayons, après la traite, dans une solution spéciale à base d'iodophore (à se procurer chez le vétérinaire) est une bonne précaution. L'emploi de produits spéciaux (antibiotiques avec excipient retard) introduits dans la mamelle par le trayon, au moment du tarissement, ainsi que la vaccination sont, en milieu infecté, de bons moyens de prévention.

Les avortements

Les causes

Elles peuvent être mécaniques, nutritionnelles ou infectieuses. Les avortements à causes mécaniques (coups, manipulations brutales) sont rares. Les avortements infectieux peuvent avoir plusieurs origines : la néorickettsiose, la salmonellose, la brucellose, la listériose.

La conduite à adopter

Ne manipulez pas l'avorton et la délivre à mains nues (risques de contamination). N'utilisez pas le lait, mais trayez la chèvre si la mamelle est gonflée. Isolez la chèvre et appelez immédiatement le vétérinaire. Si l'animal est reconnu brucellique, votre petit élevage sera placé sous arrêté sanitaire et les chèvres malades devront être abattues. L'arrêté ne sera levé que quand votre cheptel aura été assaini et les locaux désinfectés. La prophylaxie de la brucellose (dépistage par prise de sang) est obligatoire. Adressez-vous à la Direction des services vétérinaires de votre département.

Les maladies de l'appareil respiratoire

Elles peuvent avoir des causes parasitaires ou infectieuses. La pasteurellose et les pneumonies à mycoplasmes sont les plus courantes. Le traitement sera énergique, à base d'antibiotiques dans le cas des maladies infectieuses. La vaccination contre la pasteurellose est, à titre préventif, envisageable. En cas de maladie pulmonaire déclarée, appelez rapidement le vétérinaire.

Les maladies de l'appareil digestif

Leurs causes sont nombreuses, elles sont d'origine parasitaire, infectieuse ou nutritionnelle.

La météorisation

Elle est due à une accumulation de gaz dans la panse, à la suite de fermentations anormales dans le rumen. La chèvre ne peut plus éructer (éliminer les gaz). Elle ne mange plus, ne rumine plus et présente un flanc gauche ballonné; elle a rapidement du mal à respirer. Sans intervention rapide, elle meurt par asphyxie. Cet accident survient quand la chèvre consomme brutalement des quantités importantes de luzerne ou de trèfle, ou à la suite d'une obstruction de l'œsophage.

Faites absorber à la chèvre, par voix orale, une préparation « météorifuge » (à acheter en pharmacie ou chez le vétérinaire) ou injectez-la directement dans la panse (utiliser une aiguille de diamètre large). Essayez de dégager l'œsophage en passant une sonde (dans le cas d'un blocage de l'œsophage).

En cas d'extrême urgence seulement, ayez recours à un trocart, qui est une sorte de poinçon entouré d'une canule que l'on enfonce dans le flanc gauche de l'animal. On retire le poinçon et on laisse la canule en place pour évacuer les gaz. La plaie a généralement du mal à se cicatriser et l'on est alors parfois obligé d'éliminer la chèvre.

Les entérotoxémies

Ce sont des maladies infectieuses se déclenchant par suite de déséquilibres alimentaires et, notamment, de changement brutal d'alimentation. Dans les formes à évolution rapide, la mort peut être foudroyante. Le traitement, dans les formes à évolution plus lente, repose sur l'emploi de sérum associé ou non à une antibiothérapie et à une modification du régime alimentaire.

Les autres troubles ou maladies

L'abcès caséeux

C'est une maladie répandue, dont les origines sont mal connues. Débridez et désinfectez les abcès en opérant à l'extérieur du bâtiment. Éliminez par le feu les cotons souillés et désinfectez soigneusement les instruments.

L'agalaxie contagieuse

Cette maladie est due à des mycoplasmes. Elle se rencontre principalement dans le sud de la France. Elle se traduit par de la fièvre. L'évolution est souvent fatale (mort de la chèvre) et le traitement (Stovarsol) peu efficace.

L'arthrite, encéphalite caprine (gros genou)

Cette maladie est due à un virus lent appartenant à la famille des lentivirus, dénommé virus de Caev. La manifestation la plus répandue chez la chèvre est sans aucun doute une arthrite du genou, communément appelée « gros genou ». D'autres manifestations peuvent se rencontrer : pneumonie et atteinte mammaire (mammite « pis de bois ») chez les adultes, encéphalites chez les jeunes de 2 à 3 mois, mais ces dernières formes sont beaucoup moins fréquentes.

La maladie est à évolution lente, l'agent responsable mis en évidence il y a une vingtaine d'années est encore mal connu (comme beaucoup de virus lent). Très fréquemment des animaux peuvent être contaminés (séropositifs) sans manifester de signes cliniques (porteurs sains) ; d'après certaines enquêtes récentes, on estime qu'environ 10 % des animaux porteurs du virus présentent des signes cliniques (gros genou).

Cette maladie largement répandue dans le troupeau caprin français a des conséquences économiques importantes. Ainsi une arthrite sur une chèvre en première lactation entraîne une diminution de la production laitière de 100 kg environ, les réformes sont accélérées, de plus l'exportation d'animaux dans de nombreux pays n'est possible

que s'ils proviennent de troupeaux indemnes du virus de Caev.
La prophylaxie de cette maladie repose sur le dépistage des animaux porteurs du virus (examen sérologique), l'examen clinique (détection des gros genoux), la séparation immédiate (dès la naissance) des jeunes d'avec leur mère en évitant tout contact, l'apport au jeune d'une immunité passive à l'aide de colostrum thermisé (chauffé à 56 °C pendant une heure) ou de produits de remplacement (colostrum bovin, immunoglobulines de lactosérum bovin). Il convient également d'éviter les contaminations à l'occasion de la traite (particulièrement important en cas de traite mécanique).
Un plan de prophylaxie, basé sur le volontariat avec une participation financière de différents organismes, est en place ; il permet d'obtenir, après éradication de la maladie dans le troupeau, la qualification de troupeau indemne.

L'ecthyma

Cette maladie très contagieuse est causée par un virus. Elle provoque la formation de pustules sur les lèvres et éventuellement sur la mamelle. Elle se rencontre chez les jeunes et les adultes. Le seul traitement efficace est de nettoyer les lésions avec un antiseptique. La vaccination, très efficace, est à recommander.

La fièvre aphteuse

C'est une maladie légalement contagieuse, qui a fait autrefois des ravages parmi de nombreuses espèces animales. Cette maladie, à propagation très rapide, est considérée comme actuellement éradiquée en France. Sa prophylaxie repose sur la vigilance et la mise en place très rapide de mesures sanitaires (abattage, désinfection des locaux, restriction de circulation, etc.) lors de l'apparition d'un cas. Dans le doute, n'hésitez pas à appeler le vétérinaire (son intervention est dans ce cadre précis pris en charge par l'État, même en cas de fausse alerte). Les principaux symptômes chez la chèvre : après une période de fièvre caractérisée par l'abattement et l'inappétence, les aphtes apparaissent dans la bouche et aux espaces interdigitaux (pieds), les joues de l'animal sont souvent tuméfiées, le poil est terne.

La listériose

Nous citons cette maladie, car elle peut être transmise à l'homme ; elle peut notamment être redoutable pour la femme enceinte et son fœtus. Elle a beaucoup fait parler d'elle en 1987, à la suite de la découverte de fromages (au lait de vache) fortement contaminés. Elle concerne de nombreuses espèces animales, les petits ruminants y semblent particulièrement sensibles.
Le germe responsable, le *Listeria* monocytogène, se trouve partout dans le milieu ambiant, il peut même s'y développer en fonction des conditions de température et de pH (5,6 à 9,6). Certains sujets (animaux ou humains) l'hébergent dans leurs intestins sans développer de maladie.
On rencontre chez la chèvre trois formes principales de listériose :
- une forme nerveuse (symptôme méningo-encéphalitique), qui est chez la chèvre la plus courante et la plus spectaculaire ;
- une forme abortive ;
- une forme septicémique chez le nouveau-né.

Le recours à des analyses est indispensable pour confirmer le diagnostic, car dans les trois formes les symptômes sont communs avec ceux d'autres maladies. Ainsi certains symptômes rencontrés dans la forme nerveuse sont identiques à ceux observés dans certains cas d'entérotoxémies. Les avortements peuvent également être causés par d'autres maladies infectieuses.

Le traitement de la forme nerveuse (encéphalite) repose sur une antibiothérapie massive ; pour être efficace, il doit être mis en œuvre rapidement dès l'apparition des premiers symptômes.
Bien que jusqu'à présent aucune contamination humaine à partir de lait et de fromages de chèvre n'ait été formellement établie, il a été démontré que les Listeria monocytogènes continuaient à vivre dans le lait et le fromage de chèvre (lait cru). La pasteurisation (fromages industriels) limite ce phénomène, mais les contaminations secondaires sont toujours à craindre. Il convient donc, au niveau de l'élevage, d'appliquer des mesures strictes de prophylaxie pour éviter tout risque de contamination.
Chez les petits ruminants, l'on associe souvent la listériose avec la distribution d'ensilage. En fait, un ensilage de mauvaise qualité (à pH élevé, donc mal conservé) et souillé par la terre peut représenter un milieu favorable au développement des *Listeria*, mais ces germes sont présents dans beaucoup de milieux et de nombreux cas de listériose ont été observés dans des élevages où l'ensilage n'était pas utilisé.

Les conditions permettant aux *Listeria* de devenir pathogènes (de déclencher la maladie) sont mal connues; toutefois la maladie survient fréquemment à l'occasion d'un stress (changement brusque d'alimentation, intervention dans le troupeau,...). Pour certains, une acidose (maladie nutritionnelle due, entre autres, à un excès de glucides fermentescibles dans le rumen, amidon par exemple) serait une des causes favorisantes.

La paratuberculose (maladie de Johne)

Fréquente chez la chèvre, cette maladie se traduit par une entérite parfois accompagnée de diarrhée. On observe une anémie et un amaigrissement. Les traitements sont peu efficaces et l'issue (parfois longue) est généralement fatale. La vaccination à titre préventif est efficace.

La rage

Cette maladie, légalement contagieuse, donne lieu à déclaration obligatoire. La chèvre peut être contaminée par un renard, un chat, un chien malade ou un autre animal. Les conséquences sont graves pour les personnes qui ont approché et manipulé la chèvre atteinte. En cas de doute, faites examiner immédiatement la chèvre (et éventuellement l'animal l'ayant mordu) par un vétérinaire, et consultez un médecin. Seul un traitement précoce, entrepris dès la contamination, évite aux humains des conséquences dramatiques.

Le tétanos

La chèvre, comme de nombreuses espèces animales et même l'homme, y est sensible. Le germe responsable est présent dans le milieu naturel (terre, fumier), il vit et se développe en conditions anaérobies (en l'absence d'air). Le tétanos est caractérisé par la contraction de tous les muscles, le cou est souvent raide, les mâchoires serrées, etc.
Le traitement repose sur l'injection de sérum antitétanique, associé à une antibiothérapie. Il doit, pour avoir une chance de succès, être précoce. A titre préventif, il est souhaitable de pratiquer une injection de sérum dans certains cas : interventions chirurgicales traumatisantes (écornage et castration, par exemple), blessures des pieds ou des membres, etc.
L'immunité (protection) conférée par le sérum est de courte durée (6 semaines). La vaccination est possible. En cas de doute, appelez rapidement le vétérinaire. Les personnes ayant manipulé sans précaution un animal atteint du tétanos doivent consulter rapidement un médecin.

Les soins usuels

Administrer un médicament par voie orale

Le plus pratique est de se procurer une seringue doseuse, munie d'une canule légèrement coudée. Relevez la tête de la chèvre en la bloquant, introduisez la canule sur le côté de la bouche et poussez sur le piston de la seringue pour faire absorber le liquide. Tenez la bouche de la chèvre fermée une à trois secondes, en vous assurant qu'elle déglutit bien le produit administré.

Les injections

Utilisez du matériel propre et stérilisé. Choisissez des points d'injection qui ne risquent pas de déprécier la viande ou le cuir. Généralement, les piqûres sous-cutanées sont pratiquées au coude ou le long de l'encolure. Les intramusculaires sont souvent effectuées à la base de l'encolure. Les prises de sang et les injections intraveineuses se font généralement dans les jugulaires.

La taille des onglons

Le parage régulier des onglons est nécessaire, notamment pour une chèvre entretenue en stabulation permanente ou se déplaçant en terrain mou. Il doit être pratiqué une à deux fois par an. Utilisez une cisaille à lames droites (préférable au sécateur) et un couteau solide, bien tranchant, pour les finitions.

• Pour les membres postérieurs : la chèvre étant attachée, prenez une patte entre vos jambes et parez le pied.

• Pour les membres antérieurs : la chèvre étant tenue par un aide ou attachée, prenez la patte, tenez-la pliée et parez le pied.

Certains éleveurs recommandent de faire coucher la chèvre et de la maintenir au sol. A chacun sa méthode.

LA TAILLE DE LA CORNE

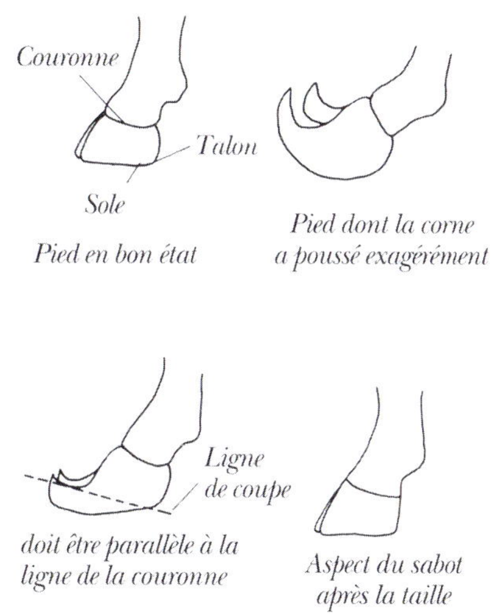

● En savoir plus

L'ÉCORNAGE

Brûlez le cornillon du chevreau dès qu'il est visible avec un écorneur porté au rouge. Le cornillon doit être complètement brûlé, ainsi que son pourtour.
L'écornage des adultes est une opération délicate, sanglante. Elle se pratique avec une scie fil. Prévoyez, dans ce cas, une injection de vitamine K (pour limiter les risques d'hémorragie) et une injection de sérum antitétanique. Il est préférable de s'adresser au vétérinaire pour cette opération.

Le porc

L'anatomie

Le porc est un mammifère de la famille des suidés. Les porcs sauvages, les sangliers, se distinguent des porcs domestiques, les cochons, par leur tête triangulaire, leur hure, et par leur pelage roux, noir ou gris selon l'âge. Certaines races de porcs, comme la race Corse, vivant en quasi liberté, peuvent donner lieu à des croisements d'un verrat (porc mâle reproducteur) avec une laie (femelle du sanglier), mais le plus souvent d'un sanglier avec une truie. Les porcelets, ou cochonnets ou gorets, ne portent pas une livrée rayée comme les marcassins. Ces croisements sont accidentels. Les éleveurs recherchent des reproducteurs sélectionnés, des verrats en appétit sexuel. Depuis le XIIIe siècle, les croisements ont permis d'améliorer des races de grande et de moyenne tailles, parfois en important des verrats de Chine.

La morphologie

Elle permet d'apprécier les animaux, lors de l'achat de reproducteurs par exemple. En général, quelles que soient les races, les principaux points à observer sont les suivants :
- bonne longueur : c'est-à-dire distance suffisante entre la croupe et le cou ;
- hauteur au garrot ;
- ligne du dessus* ;
- ligne du dessous*.

D'autres caractères interviennent également dans l'appréciation : qualité de la peau, conformation de la tête (courte ou longue, large et puissante), attache des épaules, largeur et profondeur de la poitrine. Les membres, formés d'os fins mais robustes, doivent être bien d'aplomb et reposer sur des onglons* (l'étui corné du sabot) équilibrés, assez larges et pas trop hauts. La corne doit être saine : ni fissurée, ni fendue. Le nombre de mamelles, chez le mâle comme chez la femelle, doit être au minimum de six paires de tétines, bien espacées et visibles.

Les diverses races sélectionnées successivement diffèrent du type primitif, haut sur pattes. Le porc charcutier destiné à la consommation remplace le porc lourd. L'éleveur recherche les races fournissant le maximum de viande. Le système musculaire est développé au point que les masses de muscles sont allongées (voir le dessin de la musculature page ci-contre). C'est cette masse musculaire qui fournit, par exemple, un jambon épais et bien descendu.

Choisir un animal

QUELLE QUE SOIT LA RACE, EXAMINEZ :
- la longueur (distance entre la croupe et le cou)
- la hauteur au garrot
- la ligne du dessus et du dessous
- les aplombs
- l'attache des épaules
- la poitrine
- le système musculaire
- la peau
- les mamelles

Les muscles se fixent sur le squelette ou sont portés par ce dernier. Le croquis ci-contre vous présente les muscles superficiels principaux.

Définitions

La ligne du dessus passe par le niveau supérieur du dos; la ligne du dessous idéale sera la plus horizontale possible.
L'onglon est l'équivalent du sabot chez le porc. Chaque pied porte deux onglons.

Les différentes races de porcs présentent des caractères morphologiques communs sur lesquels on jugera de l'animal, surtout lorsqu'il s'agit d'un reproducteur (ici, un porc Cul-noir du Limousin).

L'ANATOMIE DU PORC

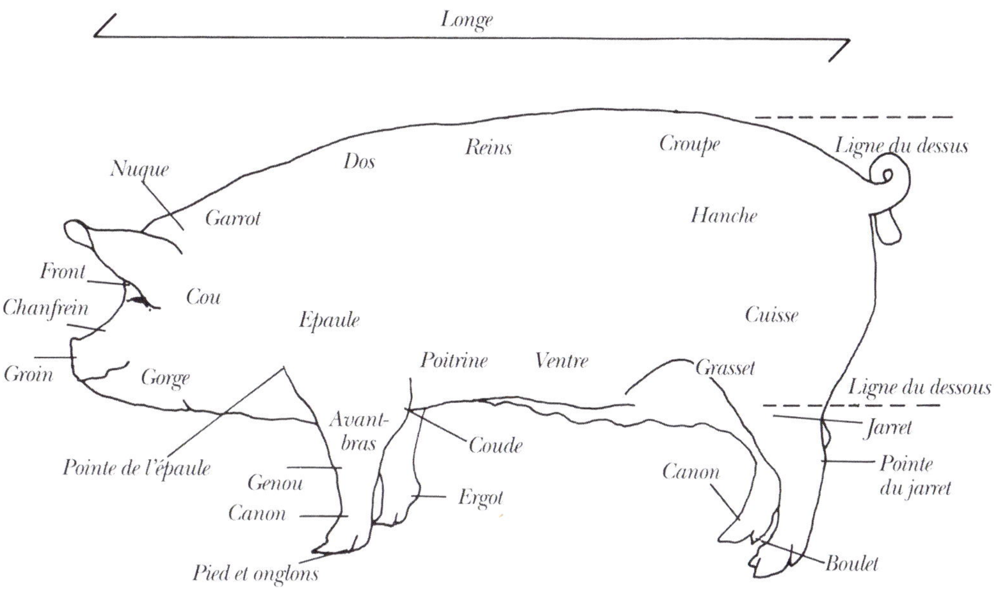

DÉNOMINATION DES MUSCLES

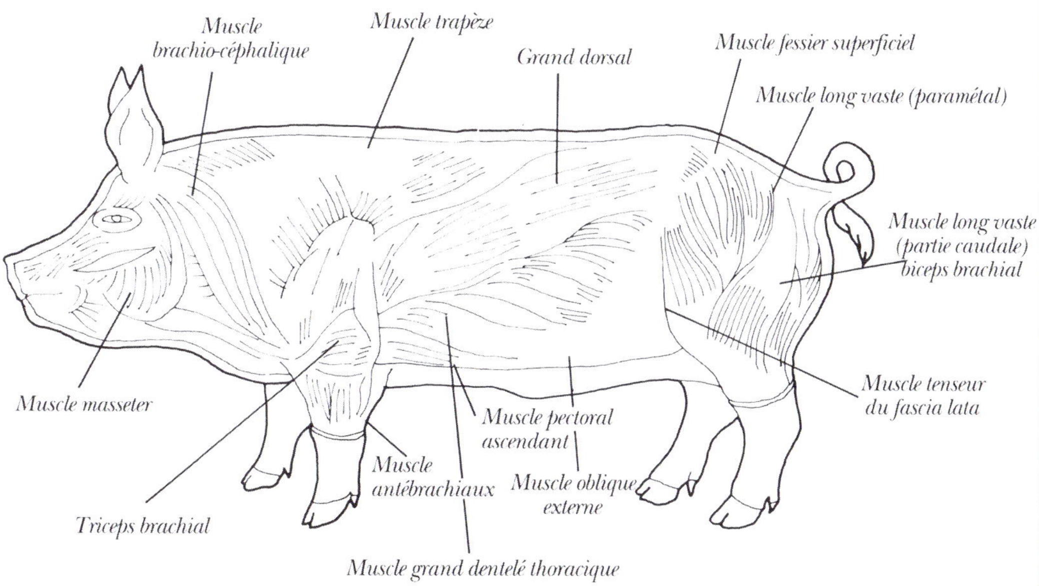

Le squelette

Il se caractérise par une nette séparation de la tête, reliée au reste du corps par sept vertèbres cervicales. A la suite, les quatorze vertèbres portent les quatorze paires de côtes. Six ou sept vertèbres lombaires précèdent le sacrum et les vertèbres coccygiennes.

La ligne horizontale de la colonne vertébrale est soutenue par les membres inférieurs, qui ont un rôle capital chez des animaux atteignant jusqu'à 500 kg comme les verrats* Large White. La solidité des os des membres inférieurs a donc une grande importance. En particulier, les attaches déterminent un bon aplomb, souvent tributaire de la qualité des os des membres et des onglons.

Parmi les particularités anatomiques du porc, on notera l'importance relativement faible des viscères par rapport au poids total de l'animal.

En savoir plus

LES DÉFAUTS D'APLOMB

Les plus fréquents sont dus à un paturon trop long (long-jointé) ou trop court (court-jointé), à des onglons tournés vers l'intérieur (panard) ou vers l'extérieur (cagneux). Les pieds peuvent aussi être trop serrés (rapprochés) ou trop ouverts (écartés).

Selon la position du genou, on distingue le genou arqué (porté en avant) ou creux (en arrière).

Définition

Le verrat est le nom donné au mâle reproducteur chez les porcins.

L'APPAREIL DIGESTIF ET LE SYSTÈME EXCRÉTEUR

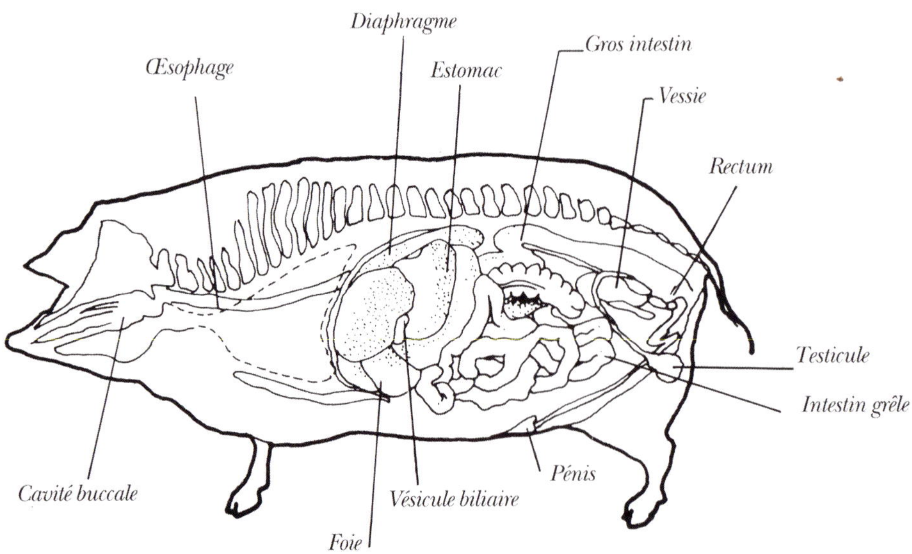

SQUELETTE DU MEMBRE ANTÉRIEUR OU MEMBRE THORACIQUE

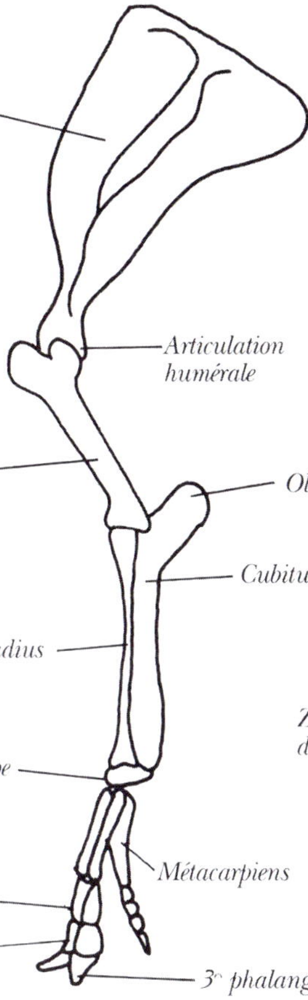

SQUELETTE DU MEMBRE POSTÉRIEUR OU MEMBRE PELVIEN

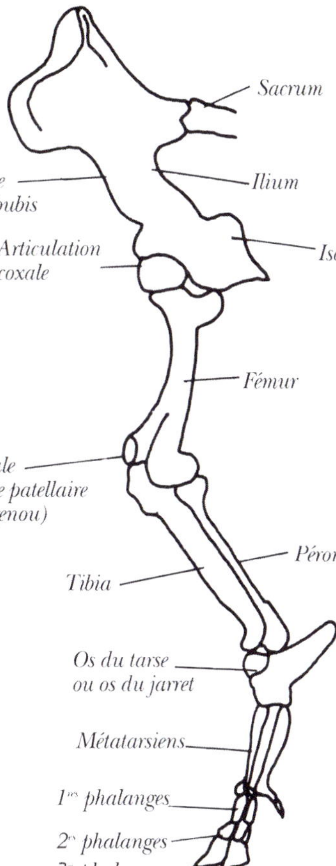

L'appareil respiratoire

Il a une amplitude moindre que chez d'autres mammifères. Les poumons sont dissymétriques, le poumon gauche ayant trois lobes au lieu de quatre. Le porc manifeste des difficultés respiratoires lorsqu'il a peur, qu'il est soumis à un stress ou à une chaleur trop forte.

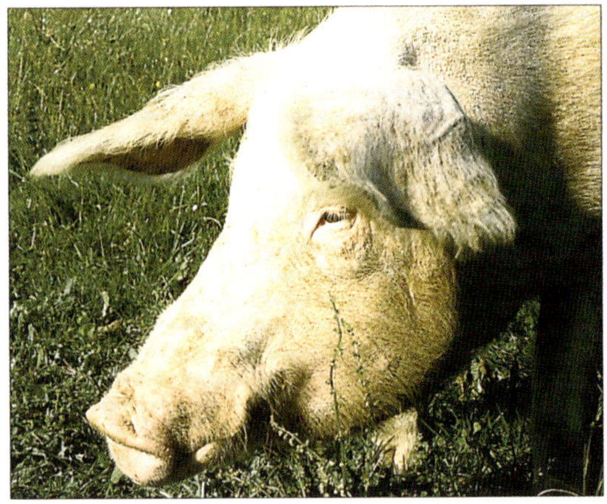

Recommandation

Évitez au porc de brusques variations thermiques ou des situations stressantes pour prévenir des difficultés respiratoires.

La dentition

Chez le mâle, les canines inférieures prennent la forme de défenses. Derrière ces crochets, une prémolaire de la dentition de lait subsiste généralement avec la dentition adulte : c'est la surdent. A partir de l'âge de 18 mois, la dentition doit être complète avec 44 dents. La formule dentaire ci-dessous indique le nombre d'incisives (I), de canines (C), de prémolaires (Pm) et de molaires (M) pour les demi-mâchoires supérieures et inférieures : I 3/3 ; C 1/1 ; Pm 4/4 ; M 3/3.

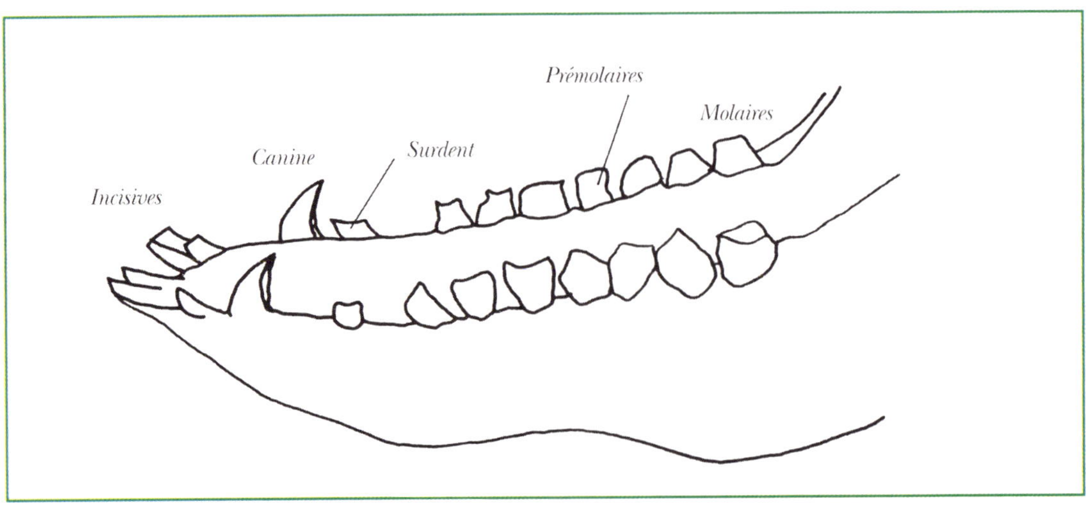

Les races

Au cours des trente dernières années, la physionomie raciale de l'élevage porcin français a radicalement changé. Jusqu'après la Seconde Guerre mondiale, il existait encore une multitude de races rustiques, fécondes et parfaitement adaptées aux conditions de vie du milieu qui les avait vues naître. Malheureusement, peu sélectionnées, leur croissance était lente, leur conformation souvent défectueuse, et ces animaux donnaient des carcasses fortement chargées de graisse avec un indice de consommation élevé.

Pour améliorer leurs performances, certains éleveurs pratiquèrent, dès la première moitié du XXe siècle, des croisements avec des races étrangères, notamment avec la race anglaise Large White. Celle-ci s'est très vite distinguée comme la grande race amélioratrice, au point d'absorber de nombreuses populations locales et de se répandre partout en France.

Aujourd'hui, la suprématie du Large White n'est pas contestée, mais les éleveurs travaillent de plus en plus avec des animaux croisés. Sur 1200000 truies recensées en France, à peine 10% sont de race pure. Ces dernières forment les troupeaux de sélection et de multiplication (c'est-à-dire ceux destinés au renouvellement), composés principalement de Large White (60 %) et de Landrace français (25 %) ; le reste étant constitué de lignées hybrides issues de croisements réalisés entre ces deux races avec des apports modérés de sang d'autres races (essentiellement Duroc et Piétrain, mais aussi, et depuis peu, Meishan).

Quant aux truies destinées à la production de porcs charcutiers, plus de 90 % d'entre elles sont croisées Large White × *Landrace ; l'éleveur recherchant des truies maternelles et prolifiques, adaptées aux méthodes d'élevage modernes, dont les porcelets fourniront à 6 mois un porc maigre de 100 kg avec un bon rendement en viande de qualité (moelleuse et non pisseuse).*

Face à cette standardisation, un regain d'intérêt s'est manifesté, sous l'impulsion du programme national de conservation lancé en 1982 par l'INRA et l'ITP, pour des races anciennes (Blanc de l'Ouest, porc Basque, Limousin, Gascon, de Bayeux), qui pourrait permettre de préserver un patrimoine génétique varié et offrir à terme d'autres perspectives dans l'élevage porcin.

En savoir plus

LE POIDS DES PRINCIPALES RACES (en kg)

	Large White	Landrace français	Piétrain
Naissance	1-1,5	1,3	1,4
2 mois	18-22	18-20	19-20
3 mois	30-35	30	
4 mois	50-60	50	
6 mois	95-110	90	80-100
1 an	180-220	180	125-160
Adulte mâle	400-500	350-450	260-300
Adulte femelle	300-350	260-300	230-260

Le Large White

Originaire d'Angleterre (comtés d'York et de Lincoln), la race Large White fut introduite en France vers 1885.

Porc de couleur claire, le Large White a une peau blanche sans poils de couleur et sans pigmentation. Race rustique, elle présente une bonne ossature et un grand développement.

La longueur du corps de l'adulte atteint 2 m chez le mâle et 1,85 m chez la truie, pour une hauteur au garrot de 1,10 m. Le mâle pèse 400 à 500 kg et la femelle 300 à 350 kg.

Aptitudes et qualités

LE STANDARD

- Robe blanche, sans poils de couleur
- Tête puissante, groin large, oreilles dressées et orientées vers l'avant
- Corps parallélépipédique
- Jambon bien descendu et membres bien d'aplomb
- Mamelles régulièrement espacées, généralement 7 de chaque côté
- Hauteur au garrot : 1-1,10 m
- Longueur du corps : 1,85-2 m
- Poids : 300-350 kg pour la femelle, 400-500 kg pour le mâle

LES QUALITÉS D'ÉLEVAGE

- Rusticité et facilité d'adaptation
- Résistance au stress
- Prolificité
- Présente les meilleures performances de croissance et de conversion alimentaire
- Qualité de la carcasse et de la viande

Les caractéristiques

Le corps se caractérise par un tronc allongé et profond, une poitrine large et profonde avec des épaules légères et bien soudées au corps. La queue forte est attachée haut dans le prolongement du dos rectiligne et épais.

L'agence de sélection précise que le type standard doit avoir une tête puissante, sans lourdeur, large entre les oreilles et les yeux (fortement écartés) et un profil régulièrement concave, un groin large, une face de longueur moyenne. Le Large White se remarque par des oreilles de taille moyenne, dressées, l'ouverture étant dirigée vers l'avant.

Les performances

Les résultats d'élevage, enregistrés par l'agence de sélection sur plusieurs années, donnent une moyenne de 10,4 porcelets nés vifs par portée, dont 8,9 sont sevrés. Le rythme de reproduction, par ailleurs très bon, permet d'obtenir 20,6 porcelets sevrés par truie et par an.

Des souches hyperprolifiques ont été décelées, chez lesquelles le gain est amélioré de 1,2 porcelet par portée. Les divers contrôles effectués dans les stations officielles font ressortir des qualités d'engraissement qui le placent en tête de toutes les races exploitées. Pour des verrats, entre 35 et 90 kg, le gain moyen quotidien (GMQ) est de 926 g/jour, avec un indice de consommation de 2,49. Les carcasses sont de très bonne qualité puisque l'épaisseur de lard ne dépasse pas 11 mm en moyenne chez les verrats à 90 kg. Sa viande est également très appréciée, notamment pour sa forte capacité de rétention d'eau (évitant un rétrécissement à la cuisson) et sa couleur uniforme.

Le Large White présente aussi d'excellentes qualités d'adaptation à tous les modes d'élevage (en plein air ou porcherie). Les truies sont pourvues de qualités maternelles remarquables.

Beau spécimen de verrat Large White qui réunit les principales caractéristiques de la race : en particulier, une tête puissante et longue et une ligne du dessus régulière.

L'implantation

On rencontre la race Large White dans toutes les zones de forte production porcine (Bretagne, Pays de Loire, mais aussi Centre et Sud-Ouest). Le Large White est partout utilisé pour les croisements avec d'autres races, notamment avec le Landrace (voir page 20). Le Large White représente plus de 50 % des truies en élevage de sélection.

Les caractères éliminatoires

Ils peuvent être :
- une face trop courte, un profil droit ;
- des oreilles mal plantées, cassées ou trop petites ;
- une croupe très inclinée ;
- une ligne de dos irrégulière (ligne du dessus) ;
- des jambons mal développés et pas descendus ;
- de mauvais aplombs ;
- un manque de longueur et de développement ;

En savoir plus

L'ÉVOLUTION DU LARGE WHITE

Originaire du comté du Yorkshire, où il était élevé depuis longtemps, le Large White avait un handicap majeur : celui d'être lent à se développer. Il a fallu opérer des croisements avec des races plus petites et plus précoces et procéder à des sélections pour obtenir une race de réputation internationale à la fin du XIXe siècle.

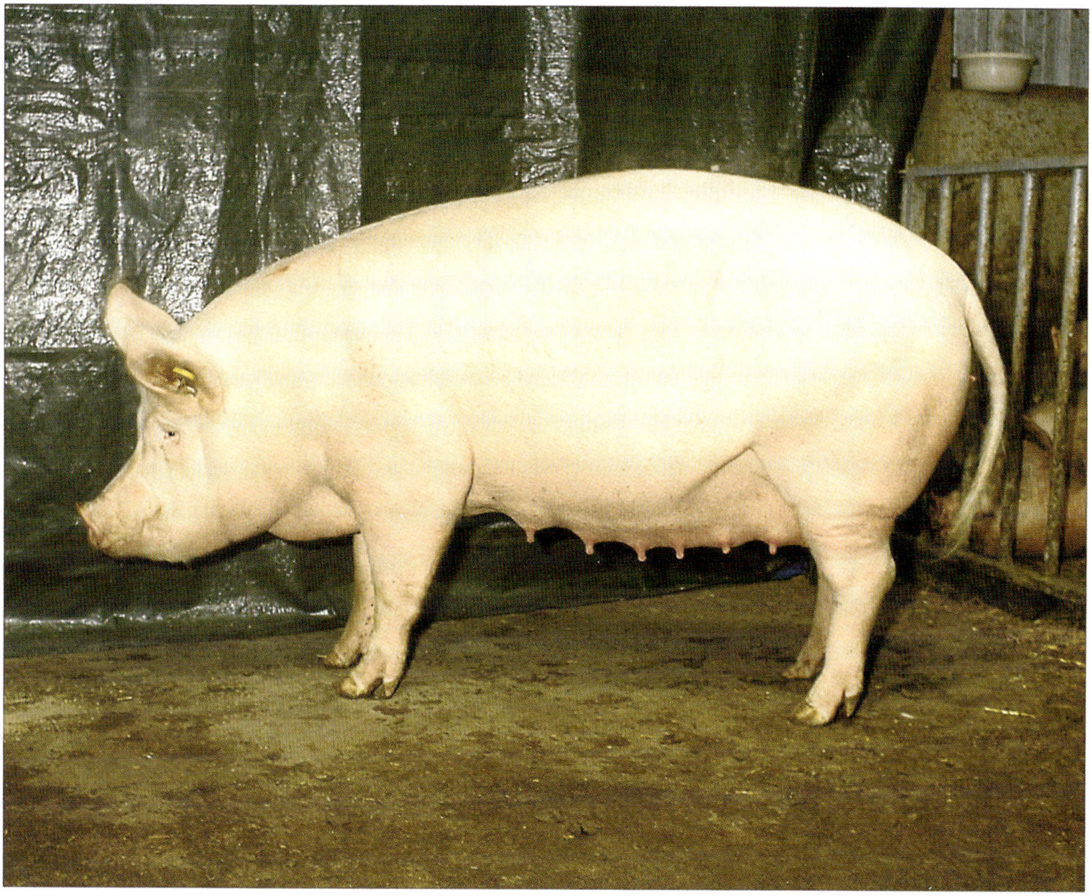

Ci-dessus : Large White femelle, dont les mamelles régulières et bien développées sont le signe d'une belle constitution.
Ci-contre : une truie résultant d'un croisement entre les races Large White et Landrace. Remarquez les qualités de l'animal.

– la présence d'un nombre de mamelles inférieur à six par côté ou l'existence de fausses mamelles.
La présence de quelques taches ou de soies frisées peut être tolérée si l'animal est d'autre part bien conformé.
Le livre généalogique de la race Large White est tenu par l'agence de sélection.

Le Landrace français

Résultat d'un croisement ancien entre le Large White et des races de type celtique réalisé au Danemark, cette race s'est développée dans de nombreux pays européens, notamment ceux du Nord. La sélection propre à chaque pays a ensuite orienté la race vers différents types morphologiques, dont les qualités et les aptitudes, mis à part pour la variété belge, sont néanmoins voisines.
Les exportations vers la France des premiers animaux en provenance du Danemark datent de 1930. Après la Seconde Guerre mondiale, pour préserver ses débouchés de bacon vers la Grande-Bretagne, le Danemark a fermé ses frontières à l'exportation de ses reproducteurs. L'élevage français s'est alors approvisionné avec des souches suédoises, anglaises, hollandaises ou allemandes.

Aptitudes et qualités

LE STANDARD

- Robe blanche, sans poils de couleur
- Tête fine, oreilles minces et tombantes, dirigées vers le groin
- Corps long
- Dos régulier, jambon épais et bien descendu
- Mamelles régulièrement espacées
- Hauteur au garrot : 0,90-0,95 m
- Longueur du corps : 1,65-1,80 m
- Poids : 260-300 kg pour la femelle, 350-450 kg pour le mâle

LES QUALITÉS D'ÉLEVAGE

- Régularité des performances
- Qualités maternelles
- Prolificité et précocité sexuelle
- Bonnes performances de croissance et de conversion alimentaire
- Bonne qualité de la viande

Les caractéristiques

Le corps, plus ou moins fusiforme (allongé et renflé en son milieu), est blanc, sans pigmentation. Sa longueur varie, chez l'adulte, de 1,65 m à 1,80 m. La hauteur au garrot oscille entre 90 et 95 cm. Le poids peut atteindre 300 kg chez la truie adulte et 450 kg chez le verrat.
La tête fine et légère porte des oreilles minces, tombantes, pointes dirigées vers le groin.
Les membres fins et solides sont bien d'aplomb. Les jambons sont bien fournis. L'animal, mâle ou femelle, doit avoir six mamelles de chaque côté, bien formées et régulièrement espacées.

Les performances

Les éleveurs français sont parvenus à corriger une certaine faiblesse du squelette, tout en conservant la finesse de l'ossature propre à cette race.
Une truie donne 20,8 porcelets sevrés par an. Elle présente une excellente précocité sexuelle et de bonnes qualités maternelles (douceur et production laitière).

Truie Landrace. Remarquez les oreilles tombantes (à la différence de celles des individus de la race Large White) et le dos parfaitement régulier.

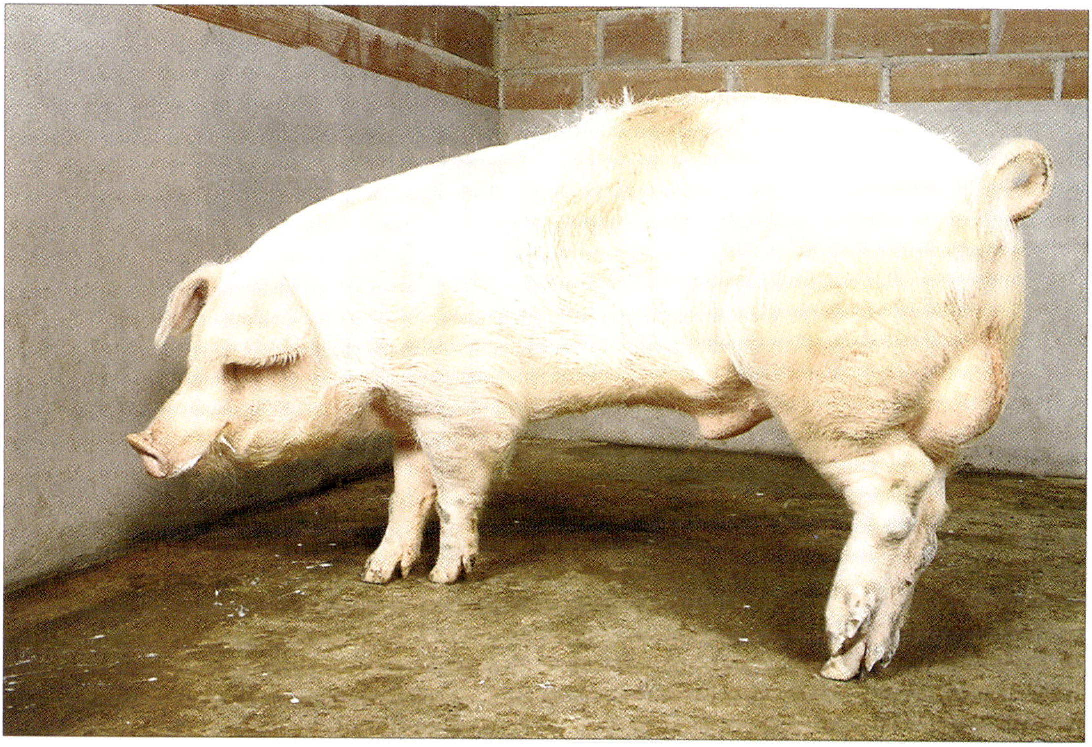

Verrat Landrace français. Un animal puissant, souvent utilisé comme reproducteur dans les croisements avec la race Large White pour la production de truies hybrides, c'est-à-dire destinées à la reproduction.

La vitesse de croissance est excellente avec un gain moyen quotidien de 899 ; l'indice de consommation, de 2,59, est un peu plus élevé que celui du Large White. Le type baconer, danois ou anglais, est long et fusiforme alors que le type charcutier, allemand ou hollandais, est plus court et mieux conformé.

Le Landrace présente d'un individu à l'autre une homogénéité des performances qui en fait la race idéale pour être croisée avec le Large White pour la production de truies hybrides d'élevage (c'est-à-dire destinées à la reproduction).

L'implantation

On rencontre le Landrace français partout en France, et plus particulièrement à l'Ouest, en Bretagne notamment. Les truies de race Landrace français représentent plus de 20 % des truies en sélection.

En savoir plus

L'APPELLATION

Cette race prit d'abord le nom de porc français de type danois avant d'adopter, par soucis d'uniformisation, celui de ses consorts européens : Landrace. C'est sous cette appellation qu'il a absorbé de nombreuses populations locales de la moitié nord de la France, notamment le Blanc de l'Ouest.

Le Piétrain

Cette race, d'origine belge, est apparue en 1920 à Piétrain (Brabant). Elle a connu, à partir de 1950, un essor remarquable en Belgique où elle domine aujourd'hui, avec le Landrace belge (voir page 31), l'élevage porcin.

Les caractéristiques

Le Piétrain est un animal court sur pattes, mesurant de 75 à 85 cm de hauteur au garrot. La conformation du porc de Piétrain se caractérise par une forte musculature de l'arrière-train (cul de poulain) avec des jambons rebondis (tournés).

Le corps, d'une longueur de 1,50 à 1,60 m, porte une peau relativement mince, d'une couleur blanc grisâtre avec des taches noires (et parfois rousses) irrégulières dans les poils durs et courts.

Les oreilles, courtes et larges, donnent un aspect caractéristique à la tête du Piétrain. Ni pointues, ni tombantes, presque à l'horizontale, les oreilles présentent le haut vers l'avant et légèrement vers l'intérieur. Elles surplombent un groin large et droit et les joues peu développées, ni graisseuses ni pendantes.

Le verrat adulte pèse de 260 à 300 kg et la truie de 230 à 260 kg. L'un et l'autre portent douze tétines développées et espacées.

Le ventre du Piétrain doit être parallèle à la ligne du dos (ligne du dessus). Celui-ci porte un sillon le long de la colonne vertébrale, sur une surface large et plate, révélant la musculature remarquable du carré. Les côtes sont fortement arquées et les flancs bien remplis.

Malgré des pattes fines et courtes, des articulations sèches et nettes, le Piétrain a des aplombs corrects, une marche facile et droite. Il court sur la pointe des griffes bien fermées.

Aptitudes et qualités

LE STANDARD

- Robe blanche, parfois grisâtre, avec de larges taches noires irrégulières, et parfois des taches rousses
- Poils épais, durs, allant du blanc grisâtre au noir
- Tête légère, groin large, oreilles larges et courtes, semi-dressées, orientées vers l'avant
- Corps compact, cylindrique
- Type culard, jambon large et descendant jusqu'à la pointe des jarrets
- 6 mamelles au minimum de chaque côté
- Hauteur au garrot : 0,75-0,85 m
- Longueur du corps : 1,50-1,60 m
- Poids : 230-260 kg pour la femelle, 260-300 kg pour le mâle

LES QUALITÉS D'ÉLEVAGE

- Animal solide, bons aplombs
- Verrats précoces, truies douces et bonnes laitières
- Bon indice de conversion alimentaire
- Performances de carcasse exceptionnelles
- Taux de gras le plus faible des races exploitées en France

LES PROBLÈMES

- Sensibilité au stress
- Vitesse de croissance réduite

Les performances

Les truies de Piétrain, très douces et naturelles, sont réputées pour leurs qualités maternelles. Mais la taille de leurs portées est moindre que chez le Large White ou le Landrace français. En moyenne, les portées sont de 9,5 porcelets, dont 7,8 survivent au sevrage.

Le Piétrain, réputé pour la qualité exceptionnelle de sa carcasse, avec une part réduite de morceaux

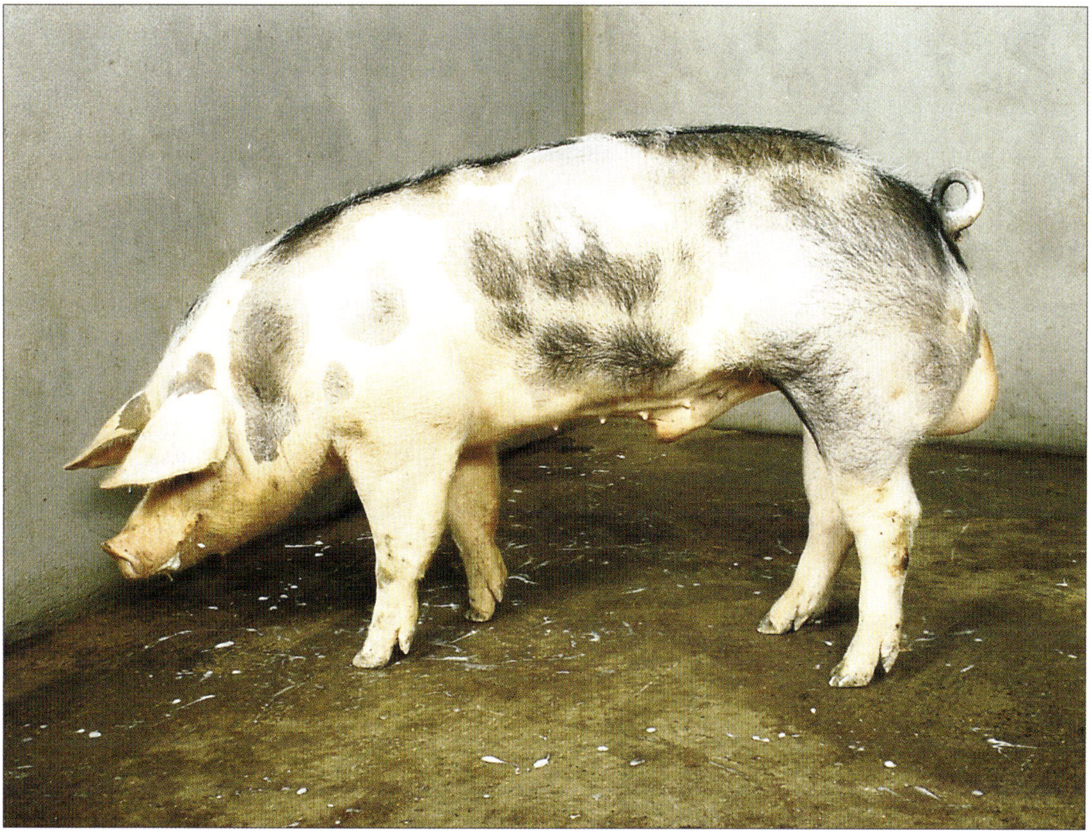

Verrat de race Piétrain. Remarquez les larges taches noires sur la robe blanche de cet animal plus court sur pattes que les individus des races Large White et Landrace.

gras et un pourcentage élevé en morceaux nobles (rendement en viande pouvant atteindre 80 %), présente un taux de croissance moindre (de 15 à 20 %) que le Large White. Par rapport à ce dernier, l'indice de consommation est plus élevé mais reste bon (2,58 pour les mâles entre 35 et 90 kg). Malgré ses qualités de carcasse, le Piétrain présente les défauts d'être moins précoce que les autres porcs et de souffrir d'une fragilité cardiaque et d'une sensibilité au stress. La qualité de sa viande est souvent inférieure à la moyenne.

Tout cela explique que cette race, encore utilisée dans les croisements avec les truies Large White ou déjà croisées, soit en régression partout en Europe. Elle ne représente plus que 6 % des truies en élevage de sélection. Les éleveurs s'efforcent d'améliorer ses qualités d'élevage (rusticité et vigueur), qui sont les caractères intéressants pour les mâles utilisés pour la reproduction. On a recours pour les croisements à des verrats de race pure, mais aussi à des verrats demi-sang Large White. Un tiers des types génétiques présents dans les centres d'insémination artificielle sont des Piétrain croisés Large White.

L'implantation

Depuis 1963, un livre généalogique de la race a succédé au livre zootechnique en France, où le Piétrain est surtout représenté dans le nord (Nord, Pas-de-Calais, Picardie).

Les anciennes races françaises

Le Blanc de l'Ouest

Cette dénomination regroupe différents rameaux du type celtique que l'on déclinait naguère en une multitude de races (Normande, Flamande, Bretonne, Poitevine, ou encore Craonnaise, souvent présentée comme une variété améliorée des précédentes), dont l'origine, la morphologie générale et les aptitudes communes justifiaient cette unification réalisée en 1958. La race dominait alors tout l'élevage porcin du grand Ouest jusqu'à ce que des éleveurs décident d'introduire du sang Landrace allemand afin d'améliorer la prolificité des truies. Les croisements prirent une telle ampleur que la race faillit disparaître. Depuis 15 ans, elle se maintient avec une centaine de truies et trente verrats chez une soixantaine d'éleveurs, disséminés principalement dans le département de la Manche et en Bretagne.

Le Blanc de l'Ouest est un animal de grande taille (1 m à 1,10 m au garrot selon le sexe), au corps long et de poids élevé (de l'ordre de 430 kg en moyenne pour les verrats et de 350 kg pour les truies). On le reconnaît à ses soies blanches, son profil camus et ses grandes oreilles molles qui lui couvrent la face.

Truie Normande : cette race appartient aujourd'hui au groupe Blanc de l'Ouest, qui résulte de la fusion entre la Normande pure et la Craonnaise, et de croisements réalisés avec le Landrace allemand.

Ce porc est le reflet de sa région d'origine. Habitué à vivre en plein air dans les pâturages et à absorber de grandes quantités de sous-produits laitiers, il ne convient pas pour l'élevage industriel. Mais il permet au petit éleveur traditionnel de fabriquer une charcuterie réputée. Pour peu qu'on respecte son besoin inné d'espace, son élevage ne pose pas de problème particulier. Les truies sont douces et maternelles, mais pas très prolifiques (7 porcelets en moyenne par portée).

A noter

Animal de bonne taille, rustique et aimant le grand air, le Blanc de l'Ouest n'est pas adapté à l'élevage industriel. Les truies sont maternelles, mais peu prolifiques. Il permet d'obtenir une charcuterie de qualité.

Le porc de Bayeux

Le porc de Bayeux est issu d'un croisement réalisé au siècle dernier entre la race Normande (actuellement Blanc de l'Ouest) et le Berkshire importé de Grande-Bretagne, où il est d'ailleurs aujourd'hui menacé de disparition.
Du Blanc de l'Ouest, il a gardé l'allure générale, quoique d'un format moindre ; du Berkshire, il a hérité d'oreilles demi-courtes et d'une robe blanche marquée de taches noires à la forme arrondie.

Son aire de répartition ne s'est jamais vraiment étendue au-delà de son berceau d'origine : le Bessin. Pourtant, ses géniteurs lui ont légué une rusticité à toute épreuve qui en fait un animal de plein air sachant tirer parti des herbages. Il s'adapte au besoin à la porcherie où il fera grand cas des sous-produits laitiers. Les truies sont fécondes, prolifiques (10 porcelets par portée en moyenne) et bonnes nourrices.
En outre, le porc de Bayeux est précoce et sa carcasse donne un très bon rendement en viande de qualité. Mais l'effectif trop faible dès sa création et la rude concurrence du Blanc de l'Ouest, puis des races étrangères améliorées, l'ont conduit dans une impasse critique. Avec une cinquantaine de truies disséminées dans plusieurs régions, la race n'évolue pas hors du cadre de la conservation génétique.

A noter

Malgré une trop grande faiblesse de l'effectif, le porc de Bayeux peut s'avérer intéressant pour sa précocité, sa viande de qualité et la polificité des truies.

Le porc Basque

Ce porc peuplait jusque dans les années 50 une grande partie de l'extrême sud-ouest de la France (du sud de la Garonne jusqu'aux Pyrénées). Il résulte vraisemblablement d'un métissage réalisé à la fin du siècle dernier entre le porc Gascon et des races blanches locales plus ou moins imprégnées de sang Large White.
C'est un animal de taille moyenne (0,75 m de hauteur au garrot), bien charpenté, avec des jambons

Le porc de Bayeux était surtout apprécié pour sa rusticité, les truies étant prolifiques et bonnes nourrices.

Porc Basque, dont l'élevage est concentré dans les Pyrénnées-Atlantiques. Il s'agit d'une race très rustique, habituée à supporter les intempéries. Elle permet de tirer parti de zones peu productives.

développés. La tête est longue et recouverte aux deux tiers par les oreilles. Son pelage est pie, de larges plaques noires nettement délimitées couvrant le plus souvent la tête jusqu'à l'encolure et l'arrière-train. Les truies sont de bonnes mères et élèvent chaque année deux portées de 8 à 10 porcelets.

On le qualifie, à juste titre, de porc coureur, tant il est vif et habitué à vivre en plein air intégral sur des terrains incultes et accidentés, où il trouve néanmoins une partie de sa nourriture. Rustique et sobre, son engraissement nécessite toutefois un apport de céréales (du maïs, le plus souvent). Après un an ou un an et demi de ce régime, les animaux

En savoir plus

L'AGENCE NATIONALE DE SÉLECTION PORCINE

L'agence nationale de sélection porcine remplace depuis octobre 1994 l'ancienne UPRA et ne joue qu'un rôle de fédérateur au niveau de la gestion des livres généalogiques des différentes races ou lignées originales, qui sont désormais indépendants. Quatre stations publiques contrôlent chaque année 5 000 verrats. Suivies par l'Institut technique du porc (ITP), elles font l'objet de mesures officielles, cela pour fournir une élite qui approvisionnera en semence les centres d'insémination artificielle. Il existe en outre un contrôle privé, dans le cadre des élevages de sélection notamment, qui porte sur les performances des femelles. Le contrôle de la descendance ne se pratique plus.

Cul-noir du Limousin mâle. Une race dont l'élevage est principalement concentré dans la Haute-Vienne et qui était appréciée pour son aptitude à faire du gras.

gras sont abattus, au poids de 150 à 200 kg. Sa chair fine et son lard, abondant mais ferme, ont fait la renommée du jambon de Bayonne.

Malgré un effectif très limité (puisqu'on ne compte qu'une centaine de truies et une trentaine d'éleveurs), cette race est aujourd'hui dynamisée par la création en 1988, dans la vallée des Aldudes (Pyrénées-Atlantiques), d'une mini-filière en produits de salaison typés. A terme, les responsables de celle-ci comptent sur la transformation de 3 000 porcs chaque année. De quoi garantir au porc Basque un avenir plus serein.

A noter

Animal vif, rustique et sobre, le porc Basque offre une chair fine et un lard de qualité.

Le Cul-noir du Limousin

Les environs de Saint-Yrieix-la-Perche (Haute-Vienne) sont habituellement considérés comme le berceau de cette race. Les origines de ce porc de type ibérique (tête à profil droit en forme de cône, oreilles dirigées vers l'avant) sont très anciennes, puisqu'on le signale dès le XVIe siècle dans les contrées de l'ouest du Massif central.

Assez trapu de corps, ses membres sont plutôt grêles. Son pelage est blanc avec de grandes taches noires recouvrant la croupe, la tête et une partie du dos. Il présente deux épis caractéristiques : l'un situé à la nuque et l'autre au-dessus de la queue. C'est une race de poids moyen qui

Cul-noir du Limousin.

excède rarement 200 kg pour les verrats et 150 kg pour les truies.
Les performances d'élevage sont plutôt moyennes : les truies sont bonnes mères mais peu prolifiques (6 à 8 porcelets par portée) et les porcs charcutiers n'atteignent le poids de 100 kg que vers 8 ou 10 mois. Il faut voir ses qualités dans son aptitude à se contenter de peu. Rustique, sobre et bon marcheur, son alimentation est constituée en grande partie de produits grossiers (pommes de terre, topinambours, navets, châtaignes, etc.) qu'il peut prélever lui-même au champ.
Abattu à 18 mois, il donne la moitié de son poids en lard. Cette surabondance de gras n'est plus aujourd'hui un handicap. Au contraire, ce gras d'excellente qualité est très prisé en charcuterie et les éleveurs envisagent de transformer tout ou partie de leur production. A ce sujet, des études sont actuellement menées conjointement par l'INRA et la chambre d'agriculture de la Haute-Vienne. L'effectif (90 truies et 21 verrats à la fin 1993, répartis surtout dans le sud de la Haute-Vienne, en Corrèze et Dordogne) poursuit sa progression depuis la mise en place du plan de sauvegarde.

A noter

Malgré des performances d'élevage plutôt moyennes, le Cul-noir du Limousin s'avère intéressant par sa sobriété, sa rusticité et l'excellente qualité de son gras très apprécié en charcuterie.

Le porc Gascon

Entièrement noir, le porc Gascon représente sans doute l'une de nos plus anciennes races. Il peuplait depuis des temps immémoriaux le Nébouzan, petit pays gascon du Piémont pyrénéen, et s'était répandu sur les trois départements du Gers, de la Haute-Garonne et des Hautes-Pyrénées.
De taille moyenne – 0,75 m au garrot, 1,20 m de longueur et 200 kg environ à l'age adulte –, il a une tête longue et mince. Il porte ses oreilles horizontalement et ses solides pattes témoignent de son aptitude à la marche. C'est une race de plein air, rustique et vigoureuse, qui ne craint ni les intempéries, ni les coups de chaleur (pelage noir), et s'accommode mieux que toute autre d'une alimentation mal équilibrée.
Le parcours est son domaine. Il y trouve l'essentiel de ses besoins alimentaires. Mais sa précocité et sa conformation laissent à désirer. Il fournit tardivement une viande persillée, dont tous les goûteurs s'accordent à vanter la succulence. Les truies ont d'excellentes qualités maternelles. Aussi, étaient-elles souvent utilisées autrefois en croisement avec des verrats de race améliorée en vue d'augmenter la vitesse de croissance des porcelets, au risque de mettre en péril l'élevage en race pure. D'ailleurs, on ne comptait guère plus de quel-

Porc Gascon femelle. Le pelage entièrement noir (une protection contre les fortes chaleurs) est caractéristique de cette race rustique et vigoureuse.

ques dizaines de reproducteurs au tout début des années 80, contre 10 000 en 1953.
Depuis la mise en place du programme de sauvegarde, l'élevage du porc Gascon a repris de la vigueur. Les éleveurs, avec le soutien technique et financier de leur région, s'orientent désormais vers la production d'une charcuterie haut de gamme, notamment dans la région des Baronnies (Hautes-Pyrénées), où l'on rencontre la plus forte concentration d'élevages. Plus de la moitié des 400 reproducteurs (dont 75 % de truies) sont localisés en régions Midi-Pyrénées et Aquitaine. La race a aussi essaimé en de nombreuses autres régions françaises et même jusqu'en Haïti, où suite à une épidémie de peste porcine, tout le cheptel de l'île a été reconstitué à partir d'une lignée hybride comportant 25 % de sang gascon et 75 % de sang créole et chinois. Une belle reconnaissance pour cette race aujourd'hui sauvée.

A noter

Animal de plein air, le porc Gascon peut satisfaire l'essentiel de ses besoins alimentaires sur parcours. Les truies sont fécondes et ont d'excellentes qualités maternelles. Sa viande est considérée comme succulente.

Le porc Corse

Cette appellation recouvre en fait une population assez hétérogène difficile à qualifier de race, mais qui présente suffisamment de caractères propres pour constituer un groupe à part. On ignore s'il s'agit d'une survivance des premiers porcs domestiques, importés du continent il y a 8 000 ans, ou d'un croisement continu entre des races porcines et le sanglier, d'autant plus que le mode d'élevage en totale liberté favorise les métissages. Toujours est-il que ce porc à demi-sauvage est génétiquement plus proche du sanglier que son congénère de métropole.

C'est un animal de petit format, au corps recouvert de poils rêches, assez longs et parfois frisés, qui pèse à l'âge adulte entre 100 et 150 kg. La couleur de sa robe est le plus souvent foncée (noire, rousse) avec parfois des taches blanches, mais on rencontre aussi des colorations plus claires. Sa tête effilée porte des oreilles poilues inclinées vers l'avant. Sa queue est raide.

Son mode d'élevage extensif et traditionnel sur l'île, qui consiste à le laisser vagabonder dans les châtaigneraies et les terrains incultes, en a fait un porc extrêmement rustique, peu exigeant quant à sa nourriture. La prolificité des truies est assez modeste (de l'ordre de 6 à 8 porcelets par portée), mais elles sont très maternelles. Abattu à 14 mois, à un poids variant de 80 à 120 kg, le porc Corse manque de développement musculaire; cependant sa viande produit une charcuterie typée très appréciée. Malgré la menace de métissages avec des races améliorées, environ un tiers des porcs de l'île présenterait encore les caractéristiques corses. Les animaux les plus typés se rencontrant surtout au sud.

A noter

Animal rustique et peu exigeant, le porc Corse fournit une charcuterie de qualité, malgré un faible développement musculaire.

Porc Corse. Probablement en raison de croisements « naturels », l'aspect de cette race évoque celui du sanglier.

Les races étrangères

Le Landrace belge

Le Landrace belge se distingue surtout des autres Landrace par son caractère culard (hypertrophie musculaire de l'arrière-train), héritage vraisemblable d'un apport de sang Piétrain, son aspect plus compact et une taille un peu plus faible. Il a quasiment disparu de l'élevage français à cause de la faible prolificité des mères comparée à celle des truies françaises, de sa sensibilité au stress, d'une vitesse de croissance des porcs moindre et d'une qualité de viande inférieure, même si le rendement est très bon.

Cette race n'intervient plus en France dans aucun schéma de création de lignées nouvelles et s'utilise de moins en moins en race pure, excepté en zone frontalière avec la Belgique. Elle représente moins de 1 % des truies en élevage de sélection.

Le Duroc

Il s'agit d'une race ancienne d'origine américaine, très répandue partout dans le monde. On l'utilise tant en race pure qu'en croisement.

C'est un porc rustique, de taille moyenne, fortement charpenté, au corps allongé et aux oreilles tombantes. On le reconnaît facilement à la couleur rousse plus ou moins foncée de sa robe. Le Duroc a été introduit en France il y a une vingtaine d'années par une firme de sélection, afin d'amé-

Verrat Landrace belge. Une race qui n'est plus utilisée en reproduction.

Verrat Duroc à la robe de couleur rousse caractéristique de la race.

liorer les performances de croissance et la qualité de viande d'autres races. Il est en effet réputé pour la forte teneur en gras intramusculaire de sa viande très rouge.

Aussi, de nombreux producteurs l'utilisent par la voie mâle ou femelle pour donner du moelleux à la viande, notamment dans les élevages de porcs label. En France, il existe un troupeau de sélection dans l'Allier, mais il intervient surtout dans la composition de lignées hybrides.

En savoir plus

LES CULARDS

Les animaux culards présentent d'une façon générale des qualités d'élevage inférieures à celles des animaux au type classique, et contrairement à l'élevage belge, il n'est pas dans la tradition française de rechercher ce type d'animal.

A noter

Le Duroc est un animal essentiellement utilisé en France pour la production de lignées hybrides.

Le Hampshire

Dans les années 70, une autre vieille race américaine, noire avec une ceinture blanche et des oreilles dressées, connut une certaine vogue en France. Il s'agissait du Hampshire, une race tout en muscle et très peu sensible au stress. Mais les chercheurs se sont aperçus qu'il détenait un gène causant à la viande des pertes importantes à la cuisson. Désormais, on le rencontre de plus en

Porc Hampshire. Remarquez les oreilles dressées et la ceinture blanche.

plus rarement comme composante des lignées modernes.

Le Meishan

L'histoire de cette race chinoise est récente en France. La première importation date de 1979 et avait pour objet d'étudier l'extraordinaire prolificité de la truie (14 porcelets sevrés par portée) et de voir dans quelle mesure on pouvait intégrer ce caractère à nos lignées européennes.

Le porc Meishan est un petit animal noir de type asiatique, court sur pattes et aux formes très ramassées. La tête est petite avec un gros groin écrasé et des oreilles pendantes. Les premiers croisements avec nos races ne donnèrent pas entière satisfaction. Bien que de croissance rapide, les porcs eurasiens donnaient des carcasses beaucoup trop grasses. Cela explique qu'à l'heure actuelle, la race ne se rencontre à l'état pur que dans le troupeau expérimental de l'INRA. Celui-ci poursuit ses recherches pour affiner l'utilisation de la génétique chinoise dans des lignées composites où le Meishan n'intervient qu'à hauteur de 25 %. Cela dit, certaines firmes de sélection, à l'instar du centre Pen Ar Lan, proposent déjà des animaux sino-européens.

La truie Meishan, originaire de Chine, est d'une extraordinaire fécondité, caractère que les généticiens travaillent à introduire dans les lignées européennes.

Le logement

On a fini par abandonner l'idée que le porc pouvait s'accommoder d'un local sombre et exigu et se plaisait à vivre dans l'immondice. Le toit aux cochons, la soue percée d'une seule ouverture accueillant l'auge sont tombés en désuétude en même temps que la petite ferme autarcique qui élevait les quelques gorets nécessaires aux besoins annuels en viande et graisse d'une famille de paysans.

Les élevages à grande échelle d'aujourd'hui nécessitent des bâtiments fonctionnels et extensibles. Les plus répandus sont totalement fermés sur l'extérieur, chauffés et ventilés artificiellement. Les animaux disposent alors d'un espace vital réduit, mais adapté à chaque catégorie. Les truies sont bloquées dans des stalles (de 2 × 0,6 m) pendant la gestation, puis dans des cases de maternité (de 2,6 × 1,8 m) pendant les 3 à 4 semaines que dure l'allaitement. Quant aux porcs à l'engrais, ils sont logés par petits groupes dans des cases collectives, où chacun dispose d'une surface allant de 0,3 à 0,8 m² selon son âge. Dans ce genre de porcherie, le caillebotis (total ou partiel) est de rigueur, et les déjections récupérées sous forme de lisier sont directement dirigées vers une fosse extérieure. L'alimentation, en soupe ou bien sèche, est souvent distribuée automatiquement.

Dans les élevages de taille moyenne, on rencontre encore des constructions inspirées des méthodes britanniques, où les truies, logées sous un hangar paillé, ont accès à des niches individuelles et à une aire d'exercice bétonnée, raclée régulièrement. Les producteurs de porcs sous label privilégient de plus en plus ce type d'élevage en semi-plein air sur litière. Certains y ajoutent la possibilité pour l'animal d'accéder à un parcours herbeux. Dans ce cas, l'évacuation du fumier, effectuée après le départ de la bande de porcs gras, est généralement suivie d'un vide sanitaire de quatre à cinq jours minimum et d'une désinfection générale des locaux.

Enfin, par souci d'économies, l'élevage en plein air intégral connaît depuis dix ans un essor continu. Ce mode d'élevage largement pratiqué outre-Manche, d'où il nous est parvenu, permet pour un investissement six à huit fois moindre qu'en claustration d'obtenir des performances quasi identiques. Un simple abri abondamment paillé suffit généralement au bonheur de la truie et de sa portée.

On trouve sur le marché différents modèles de cabanes pour un prix assez modique. Le plus récent, un peu plus onéreux, est une cabane en tôle ondulée de forme circulaire. Son toit est isolé et l'intérieur muni de barres de protection prévenant les risques d'écrasement des porcelets par leur mère. Pour le petit éleveur, la meilleure solution consiste à opter pour un système de semi-plein air, pouvant utiliser un bâtiment déjà existant.

Une porcherie confortable et fonctionnelle

L'éleveur doit tout d'abord envisager l'aménagement de sa porcherie selon un plan simple lui garantissant un maximum de confort de travail. Toutes les tâches liées à l'entretien du porc (renouvellement de la litière, distribution de l'aliment et de la boisson, etc.) doivent être réalisées de façon aisée et rapide.

Pensez à stocker la nourriture et la paille à proximité immédiate de la porcherie et prévoyez un large couloir de circulation devant la ou les rangées de cases, d'une largeur de 1,2 m minimum dans le cas d'une porcherie à un rang et de 1,5 à 2 m dans les autres cas.

MODÈLE DE PORCHERIE FACILE A RÉALISER

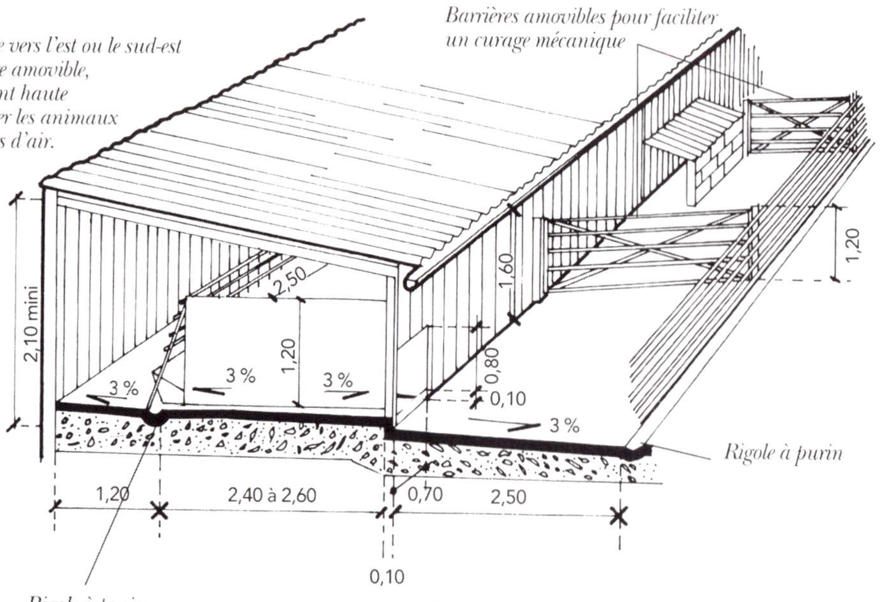

Les murs sont construits soit en bois, soit en parpaings : le sol recouvert de béton sera ensuite paillé

Une porcherie doit comprendre un certain nombre d'équipements qui en font un local à la fois confortable et fonctionnel, bien isolé et ventilé (ici, un verrat Landrace français sur litière paillée).

L'élevage doit être protégé des vecteurs extérieurs de maladies par une clôture adaptée.

L'isolation thermique

Le bâtiment doit présenter des qualités d'isolation thermique. On utilise aujourd'hui des panneaux de briques ou de béton dans lesquels un isolant est incorporé. Le bois est aussi un excellent matériau, offrant le meilleur rapport qualité-prix. Mais, quelle que soit la nature des murs, veillez tout spécialement aux pertes calorifiques par le plafond, qui sont, et de loin, les plus importantes. Un grenier garni de paille peut y remédier. Évitez, en outre, les sols en terre battue.

La ventilation

La ventilation est un autre point capital dans la salubrité d'une porcherie ; elle est particulièrement importante pour des animaux aux capacités respiratoires limitées. Elle permet de réduire les variations de température, d'évacuer les gaz et de maintenir une faible hygrométrie. Une porcherie doit être sèche, à température constante, lumineuse et bien aérée. Pour ce faire, on peut placer sur le toit une cheminée par laquelle s'évacuera l'air chaud et vicié, qui a tendance à suivre un mouvement ascendant. L'entrée d'air neuf se fera plutôt par l'est ou le sud-est. Dans le cas d'un bâtiment bardé sur trois faces, l'air entre par le bas et sort par le haut de la même face ouverte et orientée vers l'est.

L'IMPLANTATION D'UNE PORCHERIE : LA RÉGLEMENTATION

Le permis de construire

La création ou l'extension d'une porcherie doivent faire l'objet d'une demande de permis de construire auprès du maire de la commune. A cette occasion, les plans de masse et de situation et les plans (coupes et façades) de la porcherie doivent être fournis. Si les surfaces construites, en respectant le plan d'occupation des sols (POS), dépassent 800 m^2 le concours d'un architecte est obligatoire.

Les installations classées (susceptibles de causer des nuisances à l'environnement)

On distingue trois cas selon l'effectif de porcs de plus de 30 kg.

■ Les élevages de moins de 50 porcs

Il leur suffit de respecter le règlement sanitaire départemental (RSD), avec présentation d'une fiche technique sur l'élevage, un plan d'épandage... Le RSD fixe notamment les distances à respecter vis-à-vis des habitations des tiers, des points d'eau, des routes...

■ Les élevages de 50 à 449 porcs

La protection de l'environnement s'applique aux installations classées d'élevages de plus de 50 animaux, qui sont soumis au *régime de la déclaration* (loi n° 76-663 du 19 juillet 1976 et décret d'application n° 77-1133 du 21 septembre 1977). La préfecture (Bureau des installations classées) délivre le récépissé de déclaration et un texte rappelant les prescriptions (applicables également au régime d'autorisation). Celles-ci concernent l'implantation de la porcherie (les bâtiments d'élevage, de traitement des lisiers et fumiers, etc.), qui doit être installée à 100 m minimum de toute habitation occupée par des tiers, à 35 m de puits et sources, à 200 m de lieux de baignade. Il faut prévoir des gouttières collectant les eaux pluviales, une aire étanche assez grande pour stocker pendant quatre mois au minimum les déjections

solides, le stockage des effluents produits pendant quatre mois au moins, l'épandage des effluents et des déjections solides, l'enfouissement sous 24 heures des fumiers épandus à moins de 100 m de toute habitation (le délai maximal d'enfouissement passant à 12 heures si la distance minimale des parcelles est de 50 m).

■ Les élevages de 450 porcs et plus

Le régime de l'autorisation concerne les élevages supérieurs à 450 animaux. Il est réglementé par l'arrêté du 29 février 1992, applicable depuis le 25 mars 1992 pour les installations nouvelles. Des délais de mise à niveau échelonnent les réaménagements du fonctionnement (1994) concernant le bruit, la ventilation, l'installation électrique; les questions d'étanchéité, d'évacuation séparée et de stockage minimal de quatre mois doivent être résolues avant 1997. Enfin, les problèmes de l'épandage, du traitement des fumiers et des effluents liquides bénéficient d'un délai jusqu'en 1999. C'est la préfecture qui reçoit le dossier de l'exploitation demandant l'autorisation. Le préfet consulte l'inspection des installations classées, les services administratifs et les collectivités locales. Cela aboutit à un rapport du Conseil départemental d'hygiène qui transmet le projet d'arrêté au demandeur, qui doit répondre dans les quinze jours pour recevoir l'arrêté préfectoral.

L'occupation des parcelles

L'arrêté du 24 février 1992 fixe pour l'élevage en plein air les distances des limites des parcelles vis-à-vis des tiers et des zones sensibles (elles sont les mêmes que pour les bâtiments d'élevage soumis à déclaration ou à autorisation). Les charges animales ne peuvent dépasser 20 animaux reproducteurs à l'hectare et 120 porcs à l'engrais produits par an et par hectare. L'occupation de la parcelle ne peut excéder 24 mois continus. A chaque rotation, la remise en état s'impose.

Un élevage en plein air doit obéir à certaines règles concernant l'occupation des parcelles. Une clôture adaptée doit autant le protéger de l'extérieur que le contenir dans ses limites, cela afin de prévenir les éventuelles dégradations dont il pourrait être la cause.

Le porc aime l'eau et il en a besoin. Il apprécie particulièrement de pouvoir se vautrer dans une mare boueuse, tant pour y rechercher une bonne régulation thermique que pour se débarrasser des parasites qu'il transporte.

Les débits d'air conseillés varient de 20 à 30 m^3/heure minimum l'hiver à 200 m^3/heure l'été pour une truie, en sachant que la truie suitée (accompagnée de ses petits) a besoin d'un renouvellement d'air plus rapide.

Pour les porcs à l'engrais, comptez en moyenne un débit d'air de 20 m^3/heure par animal et jusqu'à trois fois plus l'été.

Évitez les plafonds trop bas et préférez une hauteur de l'ordre de 2,5 à 2,7 m.

La température

Sur litière paillée, la température doit être comprise entre 15 et 20 °C pour la truie, et autour de 15 °C pour les porcs à l'engrais. Les porcelets réclament davantage de chaleur, jusqu'à 30 ou 35 °C au début de leur vie. Prévoyez en outre une surface éclairante suffisante.

A noter

Le porc aime l'eau et l'on connaît bien l'attirance qu'exerce sur cet animal une étendue d'eau, qui peut l'aider notamment à lutter contre la chaleur.

La compartimentation

Même dans un petit troupeau, il faut séparer les animaux d'âge et de sexe différents. Les soins à apporter varient en effet selon leur stade de développement physiologique.

• **Le verrat.** En dehors des périodes de reproduction, il est préférable de garder le verrat éloigné des femelles. Des saillies répétées le fatigueraient inutilement, au risque d'ailleurs qu'il se fasse battre par les truies exaspérées. La compartimentation en cases peut se faire à l'aide de tubes d'acier ou de barrières de bois. Celles-ci doivent être enduites au préalable d'un produit du commerce pour éviter que le porc ne les ronge.

Les animaux sont logés dans des espaces correspondant à leurs besoins et à leur âge : ici, des cochettes réunies dans une même case.

• **La truie.** La truie est logée dans une case individuelle d'une surface minimum de 6 ou 7 m². De forme plutôt rectangulaire, elle peut contenir un espace séparé par un cloisonnement à claire-voie où seuls les porcelets auront accès. Ces derniers y trouveront un aliment complémentaire et un chauffage d'appoint par lampes infrarouges. Il est bon de prévoir dans la loge de la mère un accès vers une courette ensoleillée ou mieux vers un parcours. Faire vivre les animaux le plus possible à la lumière favorise une bonne croissance et un état sanitaire amélioré. La largeur des portes des cases doit être d'environ 0,7 m.

Les truies d'élevage peuvent être logées à plusieurs dans de plus grandes cases. Dans ce cas, prévoyez au minimum 3 à 4 m² par animal. La surface du boxe du verrat ne doit pas être inférieure à 5 m². Un animal isolé s'ennuie. Aussi, pensez à le sortir régulièrement.

● *En savoir plus*

UN POINT SENSIBLE : LA TEMPÉRATURE

En général, le porc, animal craintif, n'aime pas changer d'habitudes ni de locaux. Du point de vue physiologique, le porc étant dépourvu d'une bonne thermorégulation souffrira des variations de température ambiante. Il faut être très vigilant sur ce point lors de l'installation des locaux et du choix de leur exposition.

La chaleur augmente le rythme de la respiration et provoque également une augmentation considérable de la consommation. Ainsi, chez un porc de 90 kg, une variation de 15 °C entraîne une augmentation de l'indice de consommation, qui peut passer de 110 (à 20 °C) à 350 (à 35 °C). Le porc ne possède pas, ou peu, de glandes sudoripares. L'évaporation pour lutter contre l'augmentation de la température ne s'effectue qu'au niveau des poumons, d'où l'accroissement du rythme respiratoire. Le coup de chaleur peut être mortel chez un animal ayant un cœur trop petit et un volume de sang insuffisant. Le froid gêne moins le porc qui dispose d'une couche de lard réduisant les pertes de chaleur. Les animaux en groupe se tassent les uns contre les autres dès que la température est inférieure à 10 °C (photo ci-dessus : des porcelets Large White). Le froid entraîne une consommation accrue de nourriture.

MODÈLE DE BATIMENT POUR UN PETIT ÉLEVAGE (abritant sous un même toit reproducteurs et porcs charcutiers)

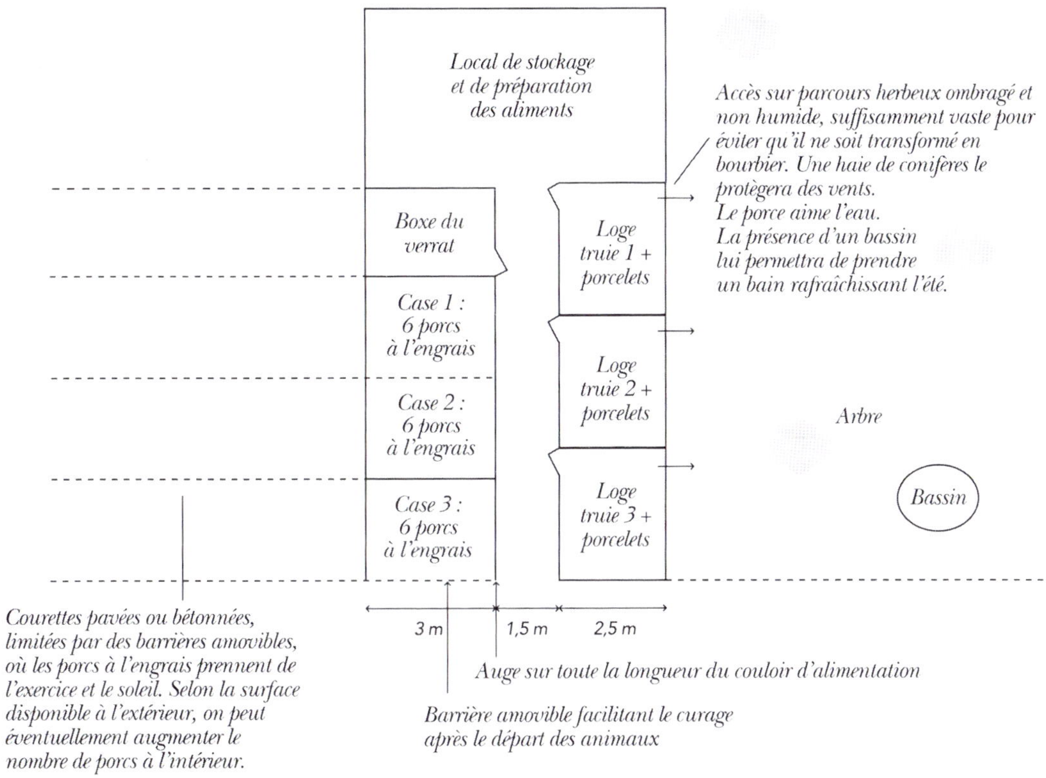

• **Les porcs à l'engrais.** Les porcs à l'engrais sont logés soit en foule, soit en petits groupes de quatre, six ou huit sujets. Le petit éleveur a tout intérêt à opter pour cette seconde solution, en sachant qu'il peut maintenir ensemble les sujets d'une même portée (à condition que les mâles soient castrés), car un nouvel allotement nécessite pour l'animal un temps d'adaptation.

Dans tous les cas, il convient de prévoir de 1 à 2 m^2 par porc, selon son poids. Si une aire d'exercice est prévue à l'extérieur, celle-ci devra offrir un espace au moins égal au double de l'espace disponible à l'intérieur.

Cet espace vital sera d'autant plus nécessaire que les sujets seront nombreux. En particulier, le porc sera propre s'il dispose d'un espace suffisant dans la porcherie et que ses habitudes acquises ne sont pas contrariées par des déplacements d'un bâtiment à un autre ou par des modifications brutales de l'éclairement.

● *En savoir plus*

LA VIE EN GROUPE

Le porc élevé avec d'autres congénères les supporte bien s'ils se trouvent réunis dès le début de leur élevage. Tout nouveau venu sera en revanche reçu comme un intrus et maltraité par les premiers occupants de la porcherie.

Les équipements

Auges et abreuvoirs sont nécessaires pour la distribution des rations (sèches ou en soupe) et de l'eau. Celle-ci peut-être donnée avec l'alimentation humide dans l'auge.

Pour simplifier le travail, l'auge doit pouvoir être garnie et nettoyée à partir du couloir de circulation. Il est nécessaire de la placer de telle sorte qu'elle ne puisse pas être souillée ou renversée par l'animal. A ce titre, le béton ou le grès vernissé (notamment lorsque l'alimentation distribuée est liquide) offrent une bonne facilité d'entretien. L'auge doit être deux fois plus large que profonde et offrir une place de rationnement de 0,4 m environ à chaque animal.

L'eau doit être disponible en abondance. D'une part, le porc aime la propreté et son élevage exige le nettoyage au jet (une pompe à haute pression débite 800 à 1000 litres/heure). D'autre part, les besoins du porc en eau ne doivent pas être négligés. La truie allaitante, notamment, a des besoins accrus. L'eau de boisson doit être donnée à discrétion, propre et pas trop fraîche.

Pour éviter la distribution manuelle, astreignante dès que le troupeau atteint une certaine importance, il existe différents modèles d'abreuvoirs automatiques donnant entière satisfaction. Certains abreuvent « à volonté », d'autres suivant un système de limitation de la durée journalière d'arrivée d'eau. Dans ce cas, un filtre et un monodétendeur, placés en amont de la porcherie, règlent la pression et ainsi le débit. La vitesse d'avancement de l'eau sera limitée à moins de 2 m/seconde selon le diamètre de la canalisation. Une surpression non seulement use les pièces, mais provoque des bruits (sifflements, coups de bélier) qui effrayent les animaux.

Dans tous les cas, le nettoyage fréquent des abreuvoirs s'impose.

A noter

Le système d'abreuvoirs à niveau d'eau constant est le plus fréquemment utilisé pour les animaux adultes. Les abreuvoirs à bec ou à tétine conviennent mieux aux porcelets.

Abreuvoir à niveau stable : il est très important de veiller à la qualité biologique de l'eau. Remarquez, sur cet individu, le crochet qui l'empêche de se blesser le groin.

La gestion des déjections

Pour un petit troupeau, il est souhaitable de préférer la litière paillée au caillebotis, moins confortable. On peut donner au sol une pente de l'ordre de 2 à 5 % suivant sa nature, afin d'assurer l'écoulement des urines vers une rigole débouchant dans la fosse à purin.

Le porc est un animal propre qui, lorsqu'il dispose de l'espace suffisant, dépose généralement ses déjections au même endroit, à l'écart du gisoir*. Il est facile dans ce cas, si la stabulation* est libre, d'effectuer un raclage régulier sur cette partie de la porcherie.

Ce travail peut être effectué à périodes fixes ou de manière continue. Il existe en effet des systèmes de raclage automatique fonctionnant avec des chaînes à mouvement continu ou de lavage hydraulique (ou « flushage ») utilisant des pompes à fort débit.

La compartimentation en cases oblige à choisir le système de la litière accumulée. Le fumier n'est évacué que de temps en temps, notamment au départ des porcs gras, au sevrage, ou encore avant la mise-bas.

Le fumier est d'un stockage plus facile que le lisier, puisqu'une fumière sur fosse à purin étanche suffit. Son épandage est plus facile et sa valeur fertilisante meilleure. Il est par ailleurs moins nauséabond.

En savoir plus

ATTENTION AUX PATTES

Le sol ne doit présenter aucune aspérité qui puisse blesser les pattes ou les onglons : la qualité des aplombs est en effet très importante chez le porc. En dehors des litières abondantes de paille, le sol peut être recouvert d'un caillebotis partiel ou intégral, métallique (tôle perforée, métal laminé, barres en T) ou en béton (qui constitue, à condition que la surface en soit lisse, une meilleure solution, plus résistante et moins coûteuse).

Sachez qu'il vous faudra disposer pour l'année de 1 à 1,5 tonne de paille par truie et sa suite. Prévoyez les dimensions de la fumière et de la fosse à purin en fonction de la taille de votre élevage et du nombre de vos animaux, sachant qu'un porc produit environ 0,6 à 0,7 m^3 de fumier par mois et 40 à 50 litres de purin.

Définitions

Le gisoir est l'endroit où le porc dort.

La stabulation est le mode de logement des animaux. Elle peut être libre (les animaux ne sont pas attachés) ou entravée.

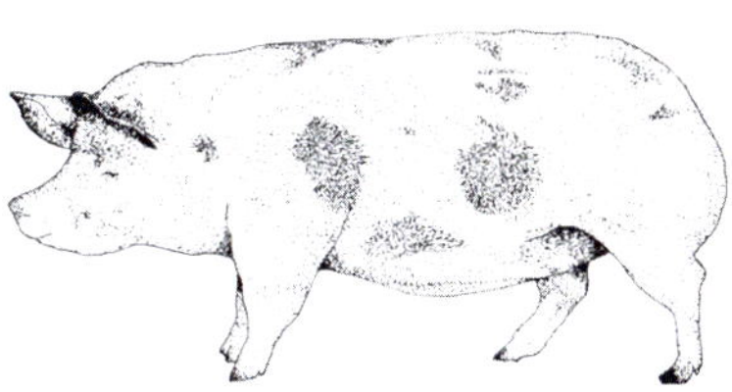

LE COMPORTEMENT DU PORC

L'activité du porc, en liberté ou domestiqué, s'exerce surtout le jour. Cependant, en période de grandes chaleurs, le porc en liberté recherchera sa nourriture à l'aube et au crépuscule. Si le jeune porcelet est attiré par la chaleur et la lumière, vous noterez que le porc adulte accepte de vivre dans la pénombre.

Les sens

Dans la vie en groupe, le porc utilise des signaux sonores. Les grognements expriment des avertissements menaçants ou une mauvaise volonté. La truie rassemble ses petits par des cris d'appel. Elle répond également au grondement continu émis par un porcelet isolé. Les cris des porcelets peuvent manifester la faim, il s'agit dans ce cas de signaux répétés de fréquence élevée, mais moindre que pour les cris de peur. Au cours de l'allaitement, la truie émet un grognement régulier, alors que les porcelets jappent lorsqu'ils se disputent une tétine.

La vue ne semble pas être un sens dominant chez le porc, mais on a constaté que la truie isolée manifeste des signes de peur si elle ne voit pas dans son enclos. Il vaut mieux isoler la bête entre des cloisons dans lesquelles sont ménagées des fentes de visée, des claires-voies. Par contre, les animaux seront plus calmes s'ils ne peuvent pas voir les autres bêtes couchées dans les loges voisines. L'odorat et le toucher jouent également un rôle constant.

Les comportements en groupe

Les réactions du porc face à l'aliment sont bien connues : ruée vers la mamelle pour la tétée

du porcelet, lutte pour atteindre l'auge le premier et y tenir le maximum de place le plus longtemps possible.

Le comportement particulier de la truie, pendant la période des chaleurs, se manifeste par une activité de recherche du verrat. La truie accepte les coups de groin du mâle, elle s'immobilise pour le laisser la chevaucher. Tant que l'accouplement n'a pas lieu, la truie ne peut être déplacée.

Pendant la mise bas, la truie a besoin de s'isoler. Faute de calme et de confort, la truie pourra retourner son agressivité contre les porcelets de sa portée et parfois même les dévorer (cannibalisme).

En général, l'agressivité du porc ne se manifeste que si l'espace vital est suroccupé. Dans les bagarres collectives, le porc peut devenir violent. Les porcs désœuvrés ont tendance à mordiller les queues et les oreilles de leurs congénères. C'est au cours des bousculades pour atteindre l'alimentation que s'établit une hiérarchie entre les individus d'un même troupeau. Les sujets les plus agressifs sont les verrats adultes. Les truies, vides ou gestantes, acceptent mal des animaux n'appartenant pas à leur groupe.

L'animal exprime sa douleur par des cris stridents, des gémissements et des grincements de dents. Il peut également être saisi de tremblements du museau et d'une forte sudation.

La peur peut provoquer des tremblements, une érection des poils (horripilation), une décoloration provisoire de la peau, un relâchement des muscles sphincters avec élimination d'urine et de selles.

Chez certains animaux, la peur peut entraîner une suractivité anormale du système cardio-vasculaire (éréthisme cardiaque), cause d'une crise cardiaque foudroyante. La peur provoque également dans le troupeau un réflexe de rassemblement, les animaux se pressent alors les uns contre les autres.

En général, une atmosphère détendue, l'absence de bruit, une chaleur suffisante créent de bonnes conditions pour l'adaptation des bêtes à l'engrais.

Le porc manifeste son contentement, sa peur ou sa colère par des signaux sonores. Ses grognements peuvent être des avertissements menaçants.

La reproduction

Une des étapes principales de l'élevage du porc est celle de la reproduction. Il est important de choisir des reproducteurs, verrat ou truie, sains et répondant aux critères de leur race. L'animal doit avoir des mouvements vifs, une démarche ferme, assurée, indiquant une bonne qualité des aplombs et un tonus musculaire élevé ; ce tonus peut aussi se manifester par le port des oreilles, de la queue et par la ligne du dos. L'animal en bonne santé explore sans cesse le sol, mange avec voracité et manifeste ses humeurs par ses grognements. Un sujet calme, s'il est en bonne santé, n'est cependant pas à négliger.
Attention au verrat : c'est un sujet capricieux, exigeant de nombreux soins. Quant à la truie, il vous faut savoir détecter ses chaleurs pour assurer un bon taux de fécondation. Vous devez également respecter certaines règles lors de la gestation, de la mise bas et enfin lors du sevrage des porcelets.

Le verrat

L'éleveur a plusieurs solutions pour féconder ses truies :
– distinguer le verrat futur dans son propre troupeau ;
– recourir à la monte publique (en centre de reproduction) ou à l'insémination artificielle.

Le verrat choisi comme reproducteur a été élevé spécialement dès l'âge de trois mois. Il doit réunir certaines qualités physiologiques : organes génitaux bien constitués, spermatozoïdes nombreux, sang riche en hémoglobine.

Il est également important de connaître l'origine du verrat. C'est le rôle du livre généalogique porcin de garantir la qualité des reproducteurs. La valeur des ascendants étant connue, on peut espérer retrouver les mêmes qualités chez les descendants du fait de la relative transmission des caractères héréditaires.

Le verrat, animal capricieux, exige de nombreux soins. Mais l'éleveur doit disposer constamment d'un verrat pour vingt truies. L'alimentation particulière du verrat tend à lui conserver un poids adapté à son rôle. Le verrat ne doit pas fournir un trop grand nombre de saillies : quinze saillies par mois à partir de l'âge de six mois jusqu'à trente-cinq saillies par mois pour les verrats de plus de douze mois. Cependant, une période d'inactivité du verrat diminue les qualités de fécondation de la semence.

Pour maintenir ou ranimer l'instinct sexuel du verrat, la ration alimentaire peut comporter de l'avoine, des ajouts de vitamines (A, D3, E) ou d'huile de foie de morue. La même alimentation pourra être administrée à la truie ou à la cochette avant la saillie.

Recommandation

La saillie devra s'effectuer avant les repas, sous contrôle constant, dans une atmosphère calme et à des heures où la température est moins élevée (le matin ou le soir en été).

En dehors des périodes de reproduction, le verrat doit être isolé, éloigné des truies. Ici, un Landrace.

La truie

La cochette – nom donné à la femelle avant la maturité sexuelle – est pubère entre cinq mois et demi et huit mois. Le cycle des chaleurs et les comportements d'œstrus (qui accompagnent l'ovulation) reviennent toutes les trois semaines et durent de deux à cinq jours selon les races. Le retour des chaleurs se produit huit à dix semaines après la mise bas.

La détection des chaleurs

Opération délicate et importante, elle doit s'effectuer dans un local spécial. Les truies réagissent à l'odeur du verrat, à sa vue et à son contact. En l'absence de verrat, la détection par le porcher seul peut provoquer l'immobilisation de la truie. Cette attitude correspond à l'acceptation du mâle et permet la saillie par le verrat. L'immobilité précède de 30 à 35 heures la ponte ovulaire. Il faut 3 heures pour pondre dix à vingt-cinq ovules, dont la survie est d'environ 8 heures. L'observation et la détection des chaleurs ont donc une très grande importance pour la fécondité et la prolificité. Cette détection devra se faire matin et soir pour déterminer le meilleur moment de la saillie. Si la truie reste immobile le matin, la première saillie peut avoir lieu en fin d'après-midi. Si l'immobilité d'attente du verrat survient le soir, la saillie doit alors s'effectuer le lendemain matin. Une double saillie à 12 ou 24 heures d'intervalle est conseillée pour améliorer le taux de la fécondation.

L'insémination artificielle

Il faut commander deux doses de semence par truie. La double insémination assure de bons résultats. L'insémination peut être conduite par l'éleveur ou par un inséminateur. Celui-ci peut être rat-

Le calme, le grand air et l'exercice favorise l'épanouissement des animaux. Les truies gestantes en ont besoin.

taché à un centre d'insémination artificielle desservant votre région.

Le centre met à votre disposition la liste des verrats disponibles et leurs performances. Selon votre choix, le centre vous fera parvenir, en colis isotherme, la semence commandée. Celle-ci doit être utilisée dans les 48 heures suivant la récolte et conservée à une température de 15 à 20 °C.

La semence sera introduite par l'intermédiaire d'une sonde soigneusement enduite d'un corps gras lubrifiant (vaseline, huile de paraffine, etc.). Auparavant, la vulve aura été délicatement nettoyée avec un coton.

La mise en place de la semence (qu'elle s'effectue par gravité, le flacon étant maintenu en hauteur, ou par pression, à l'aide d'un flacon en plastique souple) devra être précédée d'un réchauffement du flacon, sans exposition au soleil ou à des variations brutales de température. Le plus simple et le plus efficace consiste à porter le flacon sur vous, pour qu'il atteigne progressivement la température corporelle. Après l'insémination, détruisez ou jetez le matériel utilisé.

La gestation

Elle dure, chez la truie normale, un peu moins de quatre mois (de 114 à 116 jours, soit trois mois, trois semaines et trois jours). Pendant cette période, la truie n'a plus de chaleurs. Elle grossit et ses mamelles gonflent. L'augmentation du poids peut atteindre 40 % du poids initial. Cette augmentation est due en partie au développement des embryons (fixés dix jours après la fécondation) et des enveloppes qui entourent et protègent les fœtus. Ceux-ci ne pèsent à la fin du premier mois que 2 à 3 g, alors que les enveloppes totalisent 200 g. C'est dire à quel point le jeune est protégé par le chorion, l'amnios, l'allantoïde (qui sont les membranes entourant l'embryon) et les liquides amniotique et allantoïdien.

La truie augmente aussi de poids par le phénomène physiologique de la gestation (anabolisme gravidique). Il ne faut pas oublier non plus que la croissance normale se poursuit et que les jeunes truies primipares doivent manger davantage (15 % en plus environ) que les truies plus âgées et plus développées.

Mais il est recommandé de ne pas soumettre à une saillie des truies de moins de huit ou dix mois pour les races précoces et dix ou douze mois pour les autres races.

L'alimentation de la truie gestante doit être surveillée pour éviter une suralimentation. Celle-ci augmente la mortalité embryonnaire et n'apporte, en fin de gestation, aucun gain pondéral aux porcelets. La ration doit fournir cependant chaque jour des apports en énergie, matières azotées, minéraux et vitamines.

La truie gestante doit vivre dans un local approprié, assez vaste pour qu'elle puisse y mettre bas

En savoir plus

LES PRÉCAUTIONS A PRENDRE DURANT LA GESTATION

La gestation dure environ 115 jours. Durant cette période :

- Surveillez l'alimentation : elle ne doit pas être trop importante, ni déséquilibrée.
- Le local doit être suffisamment vaste (pour la truie et sa portée future).
- Évitez tout stress aux truies gestantes.

Un cadre idéal pour ces truies Basques, une race peu exigeante sur le plan alimentaire.
De faible prolificité, ces mères sont pourtant très laitières et, de ce fait, perdent peu de porcelets avant le sevrage.

et élever ensuite sa portée jusqu'au sevrage dans des conditions optimales. Si l'élevage en plein air est de moins en moins pratiqué, du fait des nombreux contrôles à effectuer, on considère néanmoins que la truie gestante a besoin d'exercices et de grand air.
Les truies en stalles ou en cases ne doivent subir aucun stress ; les bêtes confinées dans un espace individuel ne se battront pas avec leurs congénères. Il est bon de préserver un espace, une courette proche de leur case, où les truies pourront prendre de l'exercice.

Les problèmes pouvant survenir durant la gestation

En cours de gestation, il peut arriver que la truie perde toute la portée et avorte.
Une mortalité embryonnaire partielle peut également survenir. La coexistence de fœtus morts et de fœtus vivants est alors possible, mais le cycle de la gestation ne se poursuit que si au moins cinq corps jaunes, ovules fécondées et viables, subsistent dans les quinze premiers jours.
Les accidents de mortalité embryonnaire peuvent être dus à des insuffisances hormonales, à des infections localisées (métrites, mammites), à des affections virales (rouget notamment), à des traumatismes physiques ou psychiques (stress), et souvent à des erreurs d'alimentation (trop importante ou mal équilibrée). On estime à 15 % environ ce genre de mortalité embryonnaire.

La mise bas

Elle doit se dérouler dans le calme et le silence, si possible dans un bâtiment propre. La truie, convenablement lavée, brossée, désinfectée et déparasitée, entre en maternité. La mise bas est préparée à partir du 85e jour par l'administration de vitamines (A, D3, E), de vermifuges et parfois de stock-vaccin. Deux semaines avant la mise bas (100e jour), vous pouvez procéder à un rappel de vermifugation et de stock-vaccin, mais uniquement si l'état sanitaire laisse à désirer.

La truie gestante, installée sur de la paille ou des copeaux, ne doit pas être constipée. Dans la semaine précédant la mise bas (107e jour), réduisez la ration journalière à laquelle vous ajouterez du son ou des graines de lin ébouillantées. La truie doit disposer d'eau propre dans un local à 15 °C environ.

Avant la mise bas, la truie prépare un nid dans la litière. Elle s'agite. Du lait apparaît à la mamelle 2 ou 3 heures avant la parturition. La délivrance se produit pendant la parturition (de 3 à 5 heures). La mauvaise présentation des porcelets est rare, mais il faut débarrasser les jeunes des enveloppes qui les coiffent et risquent de les étouffer. L'agitation peut provoquer l'étouffement des porcelets par la truie qui, ayant écrasé un petit, peut se mettre à dévorer le cadavre, ainsi que d'autres porcelets. Ce cannibalisme ne se produit guère chez les animaux sains et tenus au calme. Très souvent, la truie mange ses délivres, ce qui peut être une gêne pour savoir si l'expulsion totale a eu lieu.

Pour toute complication, notamment une mise bas longue (au-delà de 5 heures) ou un renversement de l'utérus, il faut appeler un vétérinaire.

Le lait de la truie

D'une composition riche, il est généralement produit en abondance, avec un total moyen de 300 litres au cours des 60 jours de lactation. Le manque de lait (agalactie) est relativement rare (5 % des truies). Il est dû à des troubles de la sécrétion ou de l'excrétion.

La truie doit boire de l'eau propre en quantités suffisantes (de 15 à 30 litres d'eau par jour, selon la taille et le poids de la bête, la température ambiante, la saison, etc.).

La « fièvre de lait » reste exceptionnelle ; le manque de calcium (hypocalcémie) peut être dû à un manque de sels minéraux et de vitamines dans l'alimentation de la truie gestante. Le traitement le plus courant consiste à injecter par voie sous-cutanée des solutions de sels de calcium et de magnésium.

Le lait peut ne pas être excrété lorsque les mamelons sont mal formés ou que les porcelets ne tètent pas avec une vigueur suffisante.

LE LAIT DE LA TRUIE COMPARÉ A CELUI DE LA VACHE

En gramme de matière sèche/kg	Vache	Truie	
	Lait	Colostrum	Lait
Matières azotées	34	138	58
Matières grasses	40	47	62
Lactose	49	35	54
Matières minérales	7	7	9
Total de la matière sèche	130	227	183

Truie et porcelets Large White. Il est conseillé de couper les canines des gorets à la naissance pour éviter qu'ils ne blessent les tétines (ils tètent toutes les heures).

Les tétines ont pu être blessées par des morsures de gorets. Dès la naissance, coupez les canines du porcelet avec une pince spéciale, sans abîmer les gencives.

Les porcelets tètent souvent, toutes les heures, et absorbent environ de 20 à 30 g de lait à chaque prise. Les tétines les meilleures, parce que mieux irriguées de sang, se trouvent dans la partie antérieure du ventre de la mère.

La production de lait peut être de 6 à 8 litres par jour ; des truies cependant ont donné jusqu'à 12 litres de lait en une journée. Mais la lactation diminue progressivement, après un maximum atteint vers la troisième semaine (vingt jours environ) après la mise bas.

En savoir plus

APRÈS LA MISE BAS

Les principales mesures à prendre sont des mesures d'hygiène :

- attirer les porcelets vers un coin chauffé et éclairé ;
- les sécher ;
- désinfecter leur nombril (le cordon ombilical ayant été coupé assez long) et sectionner leur queue ;
- nettoyer la partie postérieure de la truie ;
- nettoyer le sol et le local pour éviter la prolifération des germes pathogènes, auxquels les gorets sont très sensibles.

Les porcelets

Les portées peuvent compter de un à vingt petits. Le nombre peut varier en fonction de l'âge : une truie primipare n'a que six ou sept porcelets, mais elle pourra mettre au monde dix à douze petits à la seconde portée. Les truies âgées ont des portées réduites avec des sujets moins lourds.

Le poids

Le poids du porcelet à la naissance oscille généralement de 1 à 1,5 kg. Il dépend du nombre des porcelets dans la portée. Ainsi, dans les portées de plus de quatorze sujets, le poids moyen excède à peine un kilogramme. C'est aussi dans les portées nombreuses que l'on comptera un pourcentage élevé de mort-nés (5 à 6 %) et la plus forte mortalité pendant la première semaine (de 22 à 25 %). Les porcelets pesant moins de 700 g ne peuvent pas survivre et doivent être éliminés. De même, il ne faut pas conserver des petits infirmes ou sans vigueur. Cette vigueur apparaît dès la première tétée.

Le goret mal protégé contre le froid, maigre et presque sans réserves, a besoin du lait maternel et du colostrum sécrété pendant les deux premiers jours. Le colostrum, plus riche en matières azotées que le lait de truie, renferme aussi des anticorps qui protègent le goret. Cette immunité permet au nouveau-né de résister aux agents microbiens.

Portée de porcelets Landrace français.
Les porcelets restent généralement groupés.

La crise des trois semaines

Certains problèmes surviennent à la troisième semaine du développement du porcelet. Un déséquilibre alimentaire apparaît ; le porcelet est non seulement sous-alimenté mais il est également privé de fer et d'une certaine immunité naturelle. A ce stade de son développement, le porcelet, qui a d'abord doublé son poids de naissance en 8 jours, pèse alors quatre fois plus.

Dès que les porcelets ont atteint 15 jours, il faut castrer les mâles. Mais il convient de leur donner une alimentation solide ou semi-liquide très appétissante et particulièrement digestible ; le tube digestif du porcelet ne dispose en effet d'un système enzymatique complet qu'au bout de 30 à 35 jours.

Vous éviterez une mortalité trop importante des porcelets en suivant quelques règles élémentaires. En raison des étouffements par écrasement, des malformations, des maladies, la mortalité peut atteindre 15 à 30 % du nombre des naissances viables. Il ne faut jamais perdre de vue que les porcelets sont mal protégés du froid et qu'ils sont très sensibles à la peur et au stress.

En savoir plus

PROTÉGER LES PORCELETS D'UNE MORTALITÉ TROP IMPORTANTE

- Veiller, dès la naissance, à ce que les porcelets vivent dans le calme, dans une ambiance confortable.
- Le coin des porcelets sera toujours propre et sec.
- Maintenir une température suffisante : 28 °C la première semaine, pour atteindre progressivement 18 à 20C° en quatrième semaine.
- Le local doit être éclairé et à l'abri des bruits et des courants d'air.
- Dès le cinquième jour, donner une piqûre de fer Dextran aux porcelets, en plus du traitement ferrifère donné à la truie gestante.

Porcelets de race Basque. L'atmosphère du local doit être douillette (environ 20 °C) et sèche. La litière de paille doit être propre.

Le sevrage

Quand commencer le sevrage

Le sevrage ne doit pas être recherché trop tôt. On déconseille généralement le sevrage à 7-10 jours. En interrompant la lactation chez la truie, il provoque l'allongement des intervalles sevrage-œstrus et sevrage-fécondation. Le porcelet doit alors recevoir une alimentation coûteuse et inférieure en qualité au lait maternel, à un moment où le système enzymatique intestinal n'est pas encore en place.

Le sevrage précoce à 21 jours ne peut être conduit que par des personnes expérimentées. Ce sevrage n'a pas d'incidence sur la reproduction chez la truie mais l'alimentation reste délicate : le porcelet ne peut encore, physiologiquement, assimiler les matières premières habituelles.

L'opération a des chances de succès si, dans des bâtiments bien adaptés, vous désinfectez un local spécial après avoir respecté un vide sanitaire. Utilisez un aliment riche en azote et surveillez l'équilibre des valeurs énergétiques (des céréales notamment) et des protéines (tourteaux divers, de soja en particulier).

Les conséquences

Le sevrage entraîne chez la truie nourricière l'arrêt de la lactation, avec une reprise du cycle hormonal par l'hypophyse synthétisant l'hormone LH. Diminuez les rations alimentaires de l'animal pendant les trois jours précédant le sevrage. Puis ne

Après le sevrage, les porcelets doivent rester dans le local de maternité. Vous pourrez ensuite les faire intégrer le local d'engraissement (ci-dessus, sur litière bio-maîtrisée).

distribuez ni eau ni aliment la veille, le jour et le lendemain du sevrage.

Au moment du sevrage, donnez à la truie une purge de sulfate de soude. Son organisme sera débarrassé des parasites par une vermifugation, et une revaccination assurera une nouvelle protection contre le rouget et la peste porcine.

S'il est conseillé de soumettre la truie à un stress, en la tirant de son isolement pour la remettre en groupe, il est essentiel que les porcelets, eux, ne subissent aucun stress d'adaptation. En particulier, les porcelets ne doivent pas être dépaysés en changeant de local. Ils doivent impérativement rester dans le local de maternité.

Le porcelet, au moment du sevrage, possède un squelette suffisamment développé pour que l'on puisse juger de la qualité des aplombs, de la finesse et de la netteté des articulations. L'animal révèle son bon état et son allure dynamique à la vivacité de l'œil et à une queue bien en tire-bouchon, indiquant une bonne tonicité musculaire.

Dès la fin du sevrage des porcelets, poursuivez l'engraissement intensif. Mais dans la période d'adaptation immédiate, rationnez les porcelets (sur la base de 40 g d'aliment par kilogramme de poids vif et par jour). Les porcelets ont aussi besoin de boire régulièrement de l'eau propre à une température convenable, proche de celle du local.

Recommandation

La plus grande propreté s'impose dans le local où vivent les porcelets. En particulier, abreuvoirs et augettes doivent être nettoyés tous les jours.

L'alimentation

Une alimentation abondante et équilibrée assurera un gain moyen quotidien (GMQ) avec un indice de consommation (IC) relativement faible.

La croissance du porc est une des plus spectaculaires du monde animal. Mais il ne faut jamais oublier que le porc est mal adapté pour lutter contre les variations importantes ou brusques de la température ambiante. Cette lutte pour résister aux variations thermiques a, chez le porc, des répercussions sur la vitesse de croissance et la composition du corps. Un animal précoce et convenablement alimenté atteint 100 kg en vingt-cinq semaines.

Les besoins du porc

La richesse de l'alimentation est particulièrement importante dans la période de formation où l'organisme fabrique du muscle et de l'os. Le régime alimentaire allégé après seize semaines répond aux besoins de croissance, mais freine l'accumulation des graisses, dont la proportion augmente à mesure que le porc prend du poids et de l'âge.

Le tissu musculaire représente environ 45 % du poids, quel que soit le poids total de l'animal, alors que le pourcentage des tissus gras (adipeux) peut doubler. Le squelette se développe alors moins vite et le pourcentage d'os diminue.

Dans la constitution des divers tissus, l'eau tient une place importante. La part de l'eau évolue avec l'âge et selon les tissus. Ainsi, le tissu musculaire renferme de 72 à 75 % d'eau et le tissu osseux 45 %.

● *En savoir plus*

LES VARIATIONS DE L'INDICE DE CONSOMMATION

L'indice de consommation du porc varie en fonction :

- de la race ;
- de l'âge et du poids ;
- du sexe ;
- de l'activité de l'animal ;
- de la température ambiante ;
- des conditions d'hygiène.

Truie et porcelets sur parcours. Les sorties en plein air stimulent l'appétit des animaux et peuvent faire varier leurs besoins.

L'indice de consommation augmente avec l'âge et le poids de l'animal. Il varie en effet en fonction des quantités de tissus à fabriquer ou à restaurer. Il évolue aussi en fonction de la température ambiante. Toute agitation, toute dépense d'énergie augmente considérablement l'indice, qui peut tripler dans les cas de brusques variations de température.

L'indice de consommation diffère également selon le sexe de l'animal. Le plus sobre reste le jeune verrat, bien que sa vitesse de croissance soit inférieure à celle du mâle castré. Celui-ci a l'indice de consommation le plus élevé, supérieur à celui de la truie. Le gain moyen quotidien le plus faible est relevé pour les mâles castrés.

Les conditions d'hygiène jouent un rôle dans les variations des performances. En particulier, les micro-organismes peuvent réduire les performances. En outre les animaux à l'engrais profitent mieux si la température moyenne se situe entre 15 et 23 °C.

A noter

L'alimentation du verrat peut être similaire à celle des truies gestantes, avec un renforcement durant les périodes de saillies.

Les besoins de la truie gestante ou allaitante

Les besoins de la truie varient énormément selon qu'elle est gestante ou allaitante. Dans le premier cas, ses besoins sont faibles, son alimentation sert principalement à couvrir ses besoins d'entretien. Dans le second cas, ses besoins sont très importants et sont difficilement couverts par la ration. Plus de 70 % de l'énergie ingérée est utilisée pour la lactation. D'une façon générale, les besoins d'une truie dépendent de son poids, de son stade dans le cycle

DISTRIBUTION D'ALIMENT A LA TRUIE GESTANTE

Poids de la truie gestante en kg	Kilo d'aliment par jour (début et fin de gestation)
150	2 à 3
200	2,5 à 3,5
250	3 à 4
300	3,5 à 4,5

de reproduction, de l'importance de sa portée et de la croissance recherchée pour celle-ci.

Il convient de majorer les distributions présentées dans le tableau ci-dessus de l'ordre d'un demi kilogramme si les truies sont en plein air, sauf si elles peuvent pâturer.

Pour les truies en pleine lactation, la ration ne devra pas être inférieure à 6 kg d'aliment de type « truie allaitante ». Le système de l'offre à discrétion est préférable. Pour répondre à ses besoins durant la lactation, la truie doit consommer davantage ; le plein air stimule son appétit, qui peut ne pas être suffisant.

Les besoins du porcelet

L'aliment « premier âge » doit être distribué à volonté aux porcelets, dans de petites augettes inaccessibles aux truies, dès la première semaine. La lactation de la mère diminuant de façon sensible la troisième semaine, il convient d'habituer très tôt le porcelet à consommer un aliment à forte teneur en protéines. Il faut rechercher à atteindre une consommation de l'ordre de 500 g par jour et par porcelet.

L'aliment « premier âge » doit être distribué jusqu'au 40 ou 45e jour. Une phase de transition de quelques jours avec l'aliment « second âge », qui sera distribué à volonté, doit ensuite être ménagée pour ne pas perturber le porcelet.

En savoir plus

BIEN NOURRIR LE PORCELET

Une malnutrition chez le porcelet se répercute pendant toute l'évolution de l'animal et entraîne une mauvaise constitution de la charpente musculaire. L'animal fabrique alors du gras et non du muscle.

Le rationnement

L'objectif de l'éleveur est d'obtenir un porc maigre dont la carcasse présente les meilleures qualités. On a, depuis longtemps, noté que les femelles consomment moins que les mâles castrés. Mais les prévisions pour les verrats dépendent de la nature de l'animal. Un verrat calme consomme moins qu'un verrat agité.

Pour le porc à l'engrais, la quantité d'aliment à distribuer dépend du GMQ (gain moyen quotidien), de l'indice de consommation et du taux de muscle recherché. La distribution à volonté présente parfois l'inconvénient de favoriser le développement d'une surabondance graisseuse des carcasses, notamment chez les races rustiques.

Le rationnement, pour obtenir un bon équilibre viande-graisse, doit être mené avec discernement selon les bêtes. L'expérience conseille de séparer les castrats et les femelles. Enfin, chez le porc, un corps lourd provoque la fatigue, en particulier les aplombs et les articulations ne sont pas renforcés. Le rationnement réduit les quantités quotidiennes distribuées à l'animal. Celui-ci recevra un régime dilué, gonflé par l'augmentation des quantités de cellulose (de valeur énergétique moindre) ou d'eau (dans une soupe diluant la matière sèche).

Durant la première période de croissance, pour une distribution initiale de 1,3 kg d'aliment, l'animal reçoit environ 150 à 200 g supplémentaire par 5 kg de poids gagné. A partir de 50-60 kg, intervient la phase de finition au cours de laquelle l'aliment distribué est moins riche en MAT (matières azotées totales). Il convient d'ajouter alors environ 50 g supplémentaire par 5 kg de poids gagné. Au-delà de 90 kg et jusqu'à l'abattage la quantité distribuée reste stable.

La composition de la ration

Le porc est omnivore. Son alimentation peut faire appel à un grand nombre d'aliments. Ses besoins alimentaires s'expriment en kilocalories d'énergie digestible (ED). Une ration équilibrée doit fournir

Porcs dans un local d'engraissement : le rationnement a pour but d'obtenir un bon équilibre viande-graisse. Les rations doivent être adaptées à l'âge, au sexe et au poids de l'animal.

EXEMPLE DE DISTRIBUTION RATIONNÉE

POIDS DE L'ANIMAL (EN KG)	KILO D'ALIMENT PAR JOUR (EN DEUX REPAS DONNÉS A HEURES RÉGULIÈRES)
25	1,3
30	1,5
35	1,65
40	1,85
45	2,05
50	2,2
55	2,25
60	2,3
65	2,4
70	2,45
75	2,5
80	2,55
85	2,55
90	2,6

des apports en matières azotées suffisants, en quantité et en qualité, ainsi qu'un complément minéral et vitaminé.

La qualité de l'apport azoté détermine l'efficacité d'un régime. Il ne faut cependant pas penser que l'augmentation de la quantité de matières azotées améliore la ration. En fait, au-delà d'un seuil d'assimilation, les substances azotées en excédent ne sont pas mises en réserve. Elles se transforment en substances ternaires (composées de trois éléments chimiques), qui sont éliminées ou vont accroître les dépôts de graisses.

Enfin, l'excès de protéines peut provoquer une série de troubles du métabolisme, allant de la simple diarrhée aux lésions du foie surchargé.

Pour le porc à l'engrais, on peut affiner le rationnement en distinguant une phase de croissance jusqu'à 60 kg et une phase finition au-delà. Pour le porcelet, on peut distinguer l'aliment « premier âge », distribué avant sevrage, et l'aliment « second âge », pour la période s'étendant de la fin du sevrage au 70e jour environ, où les animaux atteignent le poids de 25 à 30 kg.

Les acides aminés

La ration azotée ne prend toute sa valeur biologique qu'en présence des acides aminés essentiels (qui sont les constituants fondamentaux des protéines), contenus dans les aliments.

Parmi ces acides aminés, la lysine est présente dans le lait écrémé, le sérum, les levures et les farines de viande ou de poisson. Mais elle est absente d'un grand nombre d'aliments d'origine végétale. La quantité de lysine nécessaire par jour est d'environ 18 à 20 g.

Les produits laitiers contiennent aussi la méthionine, assez rare dans les sons et les tourteaux. La

CARACTÉRISTIQUES DE LA RATION (AU KG) SELON L'ANIMAL

	TRUIE ALLAITANTE	TRUIE GESTANTE	PORCELET (AVANT SEVRAGE ET JUSQU'A 25-30 KG)	PORC A L'ENGRAIS
ED (Kcal)	3100	3000	3500 à 3300	3200
MAT (protéines en g)	160	120 à 130	220 à 200	165 à 145
Lysine (en g)	8,5	6	14,7 à 12,2	9,6 à 8,3
Calcium (en g)	8 à 10	10,5	13 à 11	9 à 8
Phosphore (en g)	7	5,5	9 à 7,5	5,5 à 5

méthionine peut être remplacée par la cystine (ou associée à celle-ci), autre acide aminé soufré ; l'une et l'autre sont vendues en produits de synthèse. La dose quotidienne nécessaire est de 11 à 14 g.

Les sels minéraux

Le rôle du calcium est très important dans la période de croissance du squelette et pour les truies lors de la lactation. Les carences en calcium (hypocalcémie) peuvent provoquer des troubles graves chez les porcelets. Les rations quotidiennes de calcium doivent être de l'ordre de 18 à 20 g. Le phosphore, aussi nécessaire que le calcium, se trouve généralement dans les céréales et l'on note peu de carences en phosphore.

Parmi les autres sels minéraux indispensables, le chlore et le sodium, associés dans le sel (chlorure de sodium), doivent être intégrés dans la ration quotidienne du porc à raison de 9 g par 100 kg de poids chez le porc à l'engrais et entre 12 et 20 g chez la truie. Parfois, le sel peut provoquer des intoxications accompagnées de troubles nerveux, de paralysie de l'arrière-train. L'ingestion d'eau propre peut réduire la nocivité du sel.

Les oligo-éléments

L'organisme a besoin d'autres minéraux en petites quantités. Mais certains oligo-éléments lui sont indispensables.

• Le fer

Il se trouve dans l'hémoglobine ; s'il vient à manquer, le sujet souffre d'anémie. C'est le cas des porcelets lors de la « crise des trois semaines », alors qu'ils ont épuisé leurs réserves localisées dans le foie, qui, en moyenne, ne dépassent pas 50 mg. On estime les besoins en fer à 100 mg par jour pour un animal de 20 kg et à 220 mg pour une bête de 100 kg. Les sels de fer peuvent être ajoutés à l'alimentation de la truie gestante, des mères qui allaitent et des porcelets.

• Le zinc

Il est nécessaire au processus de croissance de l'animal ; une carence fait apparaître des lésions de la peau, la « crasse » (ou parakératose). Les quantités de zinc nécessaires sont de l'ordre de 120 mg par jour pour une bête de 20 kg et de 270 mg pour un porc de 90 kg.

• Le cuivre

Les quantités nécessaires représentent environ 1/10e de celles du zinc. Le cuivre est aussi indispensable que le fer pour régénérer l'hémoglobine.

Élevage en plein air. Les rations sont distribuées dans une auge située à l'extérieur, le long des enclos sur lesquels donnent les bâtiments de la porcherie.

Le porc est un animal extrêmement sensible. Tout éleveur cherchera à lui procurer une atmosphère détendue. En outre, les animaux profiteront mieux d'une alimentation distribuée à heures régulières.

• Le manganèse

Les doses sont de l'ordre de 50 mg par jour pour 20 kg et de 110 mg pour un animal de 100 kg.

D'autres oligo-éléments interviennent en quantités infimes : le sélénium (de 0,12 à 0,27 mg par jour) et l'iode (0,25 à 0,55 mg par jour), qui est incorporable aux aliments sous forme de sel iodé à raison de 0,01 %.

Les vitamines

Les carences en vitamines (les avitaminoses) sont difficiles à déceler. Il est donc préférable d'en incorporer en complément des rations alimentaires. La plupart des vitamines existent en formule de synthèse.

• La vitamine A

Elle est un facteur de la multiplication des cellules, notamment pendant la croissance. Elle est présente dans les carotènes de l'herbe, de la farine de luzerne et des huiles de poisson.

En savoir plus

UN ANIMAL SENSIBLE

L'éleveur du petit domaine ne doit jamais oublier que le porc est un animal fragile, très sensible aux variations de température et au stress. Le porc reconnaît celui qui vient le nourrir et l'animal prospère mieux si l'alimentation est donnée à heures régulières.

• Le groupe des vitamines B

La plus importante, la vitamine B12, permet l'assimilation des protéines, facilite la croissance et le renouvellement des globules rouges. Elle se trouve surtout dans les farines de viande et de poisson. Mais elle est presque absente des végétaux comme du lait.

La vitamine B2 (ou riboflavine) contribue à l'absorption intestinale des glucides et en partie des protides. Les carences en riboflavine peuvent provoquer chez le porc des difficultés de respiration, des exsudations cutanées et une déformation des membres. Absente des céréales, la riboflavine se trouve dans les fourrages verts, la levure de bière, les farines de viande ou de poisson et les sous-produits du lait.

La vitamine B3 (ou acide pantothénique) contribue à l'assimilation des corps gras. Si elle est rare dans les céréales, elle existe en quantités importantes dans les aliments d'origine animale.

• La vitamine D

La vitamine D participe au métabolisme du calcium et du phosphore, nécessaires à la croissance du squelette. Les rayons ultraviolets stimulent la transformation des stérols sous-cutanés ou vitamines D. Les porcs maintenus en porcherie doivent recevoir des quantités de vitamines D2 de l'ordre de 20 unités internationales (UI) par kilo de poids vif.

L'eau

Nous avons déjà insisté sur l'importance de l'alimentation en eau propre à tous les stades de l'élevage. Il faut également penser à fournir un apport moyen de trois litres d'eau par kilogramme de matière sèche pendant l'engraissement. Mais chaque animal ayant des besoins individuels distincts, les quantités doivent être ajustées en conséquence.

Le manque de boisson entraîne la constipation. Pour éviter celle-ci, incorporez aux rations du son, de la farine de luzerne et des matières cellulosiques. En augmentant le volume d'encombrement, on stimule l'appareil digestif. Le même procédé est utilisé pour donner une sensation de satiété à l'animal soumis à un régime restrictif.

● *En savoir plus*

LES BESOINS EN EAU

Chaque jour, le porc a besoin d'une quantité d'eau de boisson correspondant à environ 10 % de son poids.

- Pour la truie, selon les stades biologiques, la consommation varie de 12 à 35 litres (12 à 17 litres pour la truie en attente de saillie, 15 à 20 litres pour la truie gestante, et jusqu'à 35 litres pour la truie qui allaite).
- Le porcelet a besoin, après sevrage, de 1 à 6 litres d'eau.
- Le porc à l'engrais boit de 4 à 12 litres, dont une partie en soupe.

L'eau de boisson doit être saine et contrôlée souvent du point de vue bactériologique.

Les aliments du porc

Les variations du cours des céréales et du soja peuvent, dans des délais plus ou moins brefs, transformer les habitudes relativement récentes en matière d'alimentation du porc.
La plupart des éleveurs utilisent, pour nourrir leurs animaux, des aliments composés, les prix de revient étant abaissés par la consommation de sous-produits (eaux grasses, lactosérum, etc.). Les betteraves, les pommes de terre, les fourrages, etc., peuvent aussi constituer des appoints intéressants.

Un animal bien nourri manifeste son dynamisme (qui peut se juger à la façon de porter les oreilles, la queue, à la ligne du dos, etc.) et reste équilibré.

Chaque éleveur, en fonction des animaux de son élevage, déterminera la teneur des rations et modulera l'évolution de l'alimentation.

Les céréales

Elles constituent 70 à 80 % de la ration alimentaire. Elles doivent être présentées en mouture, plus ou moins fine, pour que le porc avale l'aliment sans le mastiquer. Elles sont globalement peu riches en matières azotées totales et il est préférable de les utiliser en mélange.

• L'avoine

C'est une céréale riche en acides aminés. Excitant de l'appétit sexuel, elle doit être donnée au verrat en service (un litre par jour), mais aussi à la truie en

période de chaleur. On l'incorpore à raison de 10 à 15 % dans l'aliment pour reproducteur.

• Le blé

Plus riche que l'orge, il est bien accepté par le porcelet et s'utilise sans limitation dans l'alimentation des porcs à l'engrais. Il manque de cellulose et de ce fait est apprécié des porcelets.

• Le maïs

Avec l'orge et le blé, il peut être distribué sans risque d'accidents. Céréale pauvre en lysine, le maïs doit être compensé par d'autres aliments à forte teneur en MAT lorsqu'il représente 75 % de l'aliment des porcs charcutiers. S'il est mal conservé, il peut être toxique et provoquer des diarrhées, des avortements.

• L'orge

C'est la céréale de base qui convient le mieux au porc. Elle peut être utilisée sans restriction, grossièrement écrasée. Les porcelets apprécient moins l'orge hâtive, l'escourgeon, trop riche en cellulose.

• Le seigle

Selon les régions, il peut fournir les 2/3 des céréales de la ration. Riche en acides aminés, il a presque la même valeur nutritive que le blé et doit être corrigé par un appoint de son. L'ergot doit être surveillé car il provoque des intoxications plus ou

Le maïs constitue un des aliments de base du porc charcutier. Mais il doit être bien conservé pour ne pas devenir nocif.

moins graves (troubles nerveux ou respiratoires, eczéma, etc.).

• Le son

Le son et ses issues apportent la cellulose nécessaire au freinage de la croissance. Le son joue le rôle d'un laxatif pour les truies qui risquent d'être constipées lors de la mise bas. C'est un aliment intéressant par sa relative richesse en MAT et en phosphore. Trop cellulosique pour entrer dans l'alimentation des jeunes nécessitant une ration concentrée, il peut être utilisé pour les animaux à l'entretien.

• Le sorgho

Il manque de lysine, de méthionine et de cystine. Complété par des matières azotées, il a les mêmes qualités d'utilisation que le maïs.

• Les tourteaux

Ils sont riches en matières azotées. Résidus d'huileries, ils peuvent provoquer des vomissements s'ils sont donnés en trop grandes quantités. Les tourteaux peuvent moisir et devenir toxiques. De plus en plus, on tente de les remplacer par des légumineuses (pois, féveroles, haricots...), moins riches en MAT, mais moins chères.

> **En savoir plus**
>
> **LES RESTES DIVERS**
>
> Le « seau à cochon » recevait autrefois les résidus de toute sorte. Cette coutume se fondait sur la voracité omnivore du porc, mais on a relevé de nombreux inconvénients à cette pratique : quantités insuffisantes et surtout nocivité d'aliments mal conservés. Enfin, la qualité de la chair peut souffrir de cette mauvaise alimentation, à l'origine d'intoxications. Les troubles les plus divers peuvent affecter les animaux, surtout les truies mal alimentées.

• **Les tourteaux d'arachide.** Ils renferment du phosphore et des vitamines du groupe B (acide pantothénique notamment), mais peu de calcium. Vous ne devez les utiliser qu'en faible quantité (3 à 5 % de la ration), surtout pour les truies en lactation.

• **Les tourteaux de soja.** Ils doivent être cuits. Leur usage est le plus répandu; le soja 50 est utilisé pour les porcelets. Il comporte moins de cellulose que le soja 44. Dans un aliment pour porc, les tourteaux de soja peuvent être le seul produit azoté, représentant 15 à 20 % de l'ensemble.

On utilise aussi, mais plus rarement, les tourteaux de tournesol et de colza.

• Le triticale

Hybride du seigle et du blé, c'est une céréale intéressante pour l'alimentation du porc. Il possède la teneur protéique du blé et la composition qualitative de la protéine du seigle, avec une teneur en lysine nettement supérieure à ceux-ci. D'une culture récente, son utilisation dans l'alimentation porcine se répand en permettant de réduire l'apport de protéines issues du soja et du pois.

Les autres apports alimentaires

• Les farines

Les farines de viande, de poisson et de sang sont particulièrement riches en matières azotées, en calcium et en lysine, mais s'avèrent d'un prix trop élevé. Les qualités fournies sont très variables et pas assez suivies. Les farines de viande rancissent lorsqu'elles ont été mal dégraissées. Les farines animales ne fournissent qu'un aliment d'appoint. La farine de luzerne, malgré son goût amer, est une source de carotène et de matières azotées.

• Les féveroles et les pois

Parmi les autres sources de produits azotées, les féveroles, malgré une forte teneur en cellulose, ont une valeur nutritive égale à celle d'un mélange d'orge et de soja 50. Elles sont utilisées pour les

porcs charcutiers et pour les truies. Ces animaux acceptent facilement l'introduction dans l'aliment de pois (à raison de 25 %), qui ont la même valeur nutritive que les féveroles avec une teneur élevée en cellulose.

• Les levures

Les levures de distillerie et de brasserie fournissent des acides aminés et des vitamines B. Elles peuvent être incorporées dans les aliments comme correcteurs des rations (de 3 à 6 %) ; mais leur prix de revient est trop élevé et les disponibilités restent souvent limitées, pour des qualités difficiles à suivre.

• Les fourrages verts

Les végétaux riches en eau sont essentiellement représentés par les fourrages verts, qui n'offrent un intérêt réel que si les porcs les consomment sur pied. Sources de vitamines et de matières azotées, les fourrages risquent d'être gaspillés dans une distribution à l'auge.

Les fourrages verts seront de préférence consommés sur pied pour que le porc (ici, un Basque) profite de leurs vitamines et des matières azotées qu'ils renferment.

• La pomme de terre

Elle présente peu d'intérêt du fait de son prix élevé. Riche en eau (75 %), pauvre en azote, elle doit être lavée et cuite fraîche. Il ne faut pas utiliser de pommes de terre germées ou verdies, qui libèrent un poison dans l'eau de cuisson.

Recommandation

Les tourteaux de colza doivent être proscrits : ils présentent des glucosinolates, responsables de troubles chez les porcelets et chez les truies (mortalité des embryons).

• La betterave fourragère

La betterave fourragère, riche en eau, est un aliment apprécié malgré sa pauvreté en azote. Elle est moins riche en protéines que les céréales et est intéressante, en quantité modérée, dans l'alimentation des truies gestantes ou pour freiner l'engraissement. Il est prudent de ne pas la faire cuire. On provoquerait des intoxications semblables au botulisme.

• Les châtaignes et les glands

Ils s'avèrent intéressants dans certaines régions, à condition que les animaux puissent les ramasser eux-mêmes. D'une valeur énergétique voisine de celle des céréales, ils sont également pauvres en matières azotées.

• Les eaux grasses

Elles peuvent être intéressantes pour l'engraissement, mais il est difficile d'évaluer leur valeur nutritive, qui dépend de leurs constituants, et leur putréfaction rapide oblige à les cuire avant de les distribuer. Elles ne peuvent être utilisées seules.

• L'herbe

Les herbages peuvent permettre aux animaux de bénéficier du soleil, qui favorise la synthèse de la vitamine D, indispensable à une bonne croissance. Le porc ne peut cependant digérer l'herbe que lorsqu'elle est jeune et en faible quantité par rapport aux ruminants.

Les sous-produits laitiers

Lait écrémé, lactosérum et babeurre présentent tous la qualité d'être riches en matières azotées, en lysine, en méthionine, en vitamines du groupe B (riboflavine, acide pantothénique et vitamine B12). Cependant, ces sous-produits sont très digestibles. Ils ne sont pas d'une teneur égale du fait des différences de traitement apporté au lait. S'ils ne sont pas utilisés dès réception, ils risquent de devenir des foyers de culture microbienne. Enfin, les variations d'acidité peuvent perturber l'équilibre de la flore intestinale et provoquer des diarrhées.

• Le babeurre

Il reste d'une composition difficile à préciser à la suite de mélanges avec des eaux de lavage. On l'utilise pour l'engraissement en contrôlant son acidité qui est parfois trop élevée.

• Le lactosérum

La richesse du petit lait en matières azotées et sa composition dépendent du fromage fabriqué. Moins riche que le lait écrémé, sa teneur en acidité doit être surveillée. Le contrôle quotidien doit s'étendre à la propreté des récipients. Les sérums déshydratés réduiraient l'inconvénient de faire absorber aux animaux un volume d'eau important pour une petite quantité de matière sèche. Mais le prix de revient de la déshydratation est excessif pour l'alimentation porcine.

• Le lait écrémé

Même caillé, il est bien toléré par le porc. Il doit fournir aux porcelets un complément pour l'aliment à base de céréales. Pour les porcs à l'engrais, il ne faut pas dépasser un apport de 3 litres par jour. Les truies en lactation peuvent en consommer de 4 à 5 fois plus (12 à 15 litres).

Les apports d'antibiotiques

Signalons que les antibiotiques peuvent être incorporés aux aliments en quantités infimes (de l'ordre de 5 g par tonne). Les plus efficaces restent la pénicilline, l'auréomycine et la terramycine. Leur action a pour effet d'améliorer la croissance de l'animal.

VALEUR ET COMPOSITION DE DIFFÉRENTS ALIMENTS

	Matière sèche (%)	MAT* (en g)	Lysine (en g)	Calcium (en g)	Phosphore (en g)	Énergie digestible (Kcal)
Avoine	86	97	4	0,8	3	2650
Blé	86	113	3,2	0,6	3,3	3290
Farine de viande dégraissée	96	550	29,7	105	45	2755
Féverole	86	250	16,3	1,1	4,9	3160
Lactosérum en poudre	95	114	9,7	7,6	6,7	3325
Lait écrémé en poudre	95	350	28	13	10	3900
Maïs grain (sec)	86	90	2,5	0,1	2,7	3400
Manioc	87	22	1,1	2	1	3225
Orge	86	100	3,8	0,5	3,5	3040
Pois d'hiver	86	232	16,9	0,8	3,4	3300
Pois de printemps	86	211	15,7	0,8	3,4	3400
Pomme de terre	24	26	1,2	0,4	0,4	850
Pulpe de betteraves	89	98	5,6	9,8	0,9	2275
Seigle	86	86	3,4	0,6	3,4	3140
Son de blé	87	150	5,7	1,4	11,3	2555
Sorgho	86	103	2,3	0,3	3	3345
Tourteau de soja	88	466	29,6	2,7	6,9	3535
Tourteau de tournesol	90	306	10,7	3,2	9	2160
Triticale	86	105	4	0,4	3	3225

** Matières azotées totales*

Les produits du porc

« Dans le cochon tout est bon » assure un vieux dicton. Et c'est vrai. Élever un ou deux porcs au petit domaine garantit de la viande pour toute la famille. La meilleure période pour le sacrifice se situe en hiver, par temps sec et froid. Une température comprise entre 5° et – 5 °C favorise le refroidissement et le découpage.

En élevant des cochons, vous obtiendrez de savoureux jambons, de délicieux rôtis, vous confectionnerez boudins, saucissons, rillettes, andouilles et andouillettes, pâtés et fromages de tête, etc.

L'identification des animaux

Tout propriétaire d'un élevage doit pouvoir reconnaître les animaux qu'il élève.

Le numéro d'élevage

Selon les dispositions en vigueur depuis le 29 avril 1997, l'éleveur a un numéro d'élevage fourni par l'Établissement départemental de l'élevage (EDE). Il doit être tatoué dans l'oreille droite et reporté sur une boucle en plastique souple. Il comprend cinq signes : deux chiffres correspondant au code départemental (44 pour la Loire-Atlantique, par exemple), puis trois lettres ou chiffres (autres que 0 et 1 ou O, I, U et V pour éviter les confusions). Cette dernière est généralement délivrée par le service des impôts aux exploitations affiliées au régime de la TVA.

En savoir plus

LE MARQUAGE A SEC

Le marquage à sec se fait par application du signe à l'encre sur le dos, l'épaule ou le jambon. Ce marquage est obligatoire depuis le 1er juillet 1981 pour les animaux de boucherie.

Le numéro de l'animal

Il est tatoué dans l'oreille gauche et porté sur une boucle en plastique souple, et est obligatoire pour les porcelets d'un élevage de sélection. Il comprend cinq chiffres : le premier est le dernier du millésime (4 pour 2004, par exemple), suivi d'un numéro d'ordre de l'animal en quatre chiffres.

Marquer les animaux

- **Le tatouage** est la meilleure méthode de marquage. Désinfectez l'oreille du porcelet avant de l'insérer dans la pince à tatouer, qui doit aussi être désinfectée. Le tatouage profond transperce les chairs. L'empreinte s'agrandit avec la croissance de l'animal. Elle reste lisible par transparence et ne s'efface jamais. Il faut cependant immobiliser l'animal pour lire le tatouage.
- **Le marquage par encoches** permet en principe une identification à distance, mais ce système perd son efficacité lors des lésions de l'oreille. De plus, les encoches ne suppriment pas le marquage par tatouage.
- **Les marques en plastique** peuvent compléter le tatouage. Cependant, les bagarres, les accidents épidermiques les font disparaître. Elles peuvent être remplacées.

Le sacrifice

L'abattage doit s'opérer sur un animal assommé. Cette obligation légale facilite le travail du tueur. Le porc (à jeun depuis au moins 24 heures pour réduire le volume intestinal) est conduit à un point d'attache.

La saignée

Dès que la bête, frappée sur le front entre les oreilles, a perdu connaissance, l'opérateur plonge son couteau dans la gorge, sur le côté droit. La bête doit rapidement être vidée de son sang (environ 5 litres pour un animal de 100 à 110 kg). Le couteau tranche la carotide et la jugulaire. Un aide donne un mouvement de va-et-vient aux membres pour accélérer l'écoulement du sang. Le sang recueilli dans un récipient est remué avec un bâton pour éviter la coagulation. Au fur et à mesure, retirez les caillots de fibrine*. Le sang sera ensuite conservé à l'abri dans un garde-manger.

Définition

La fibrine est une substance protéique qui intervient au cours de la coagulation et provoque la formation de caillots.

L'épilage

L'animal saigné est ensuite épilé à l'aide d'un tire-soies. Après l'épilage des soies à conserver, grattez le cadavre une première fois avant flambage entre deux lits de paille. Veillez à ce que le feu atteigne toute la surface du corps L'animal sera lavé à grande eau après le grillage (ou frillage) et de nouveau gratté avec un couteau spécial.

La découpe

La couenne étant alors propre et ne portant plus de poils, vous pouvez découper le porc. Celui-ci, pendu par les pattes de derrière, une cheville (dite jambier) passant entre les tendons, est à la verticale. La bête est fendue du haut en bas, depuis l'anus jusqu'au groin. Retirez successivement le gros boyau et les abats blancs (ou ventrée), qui réunissent l'herbière (œsophage), les boyaux frisés (côlon hélicoïdal) et gras (rectum), la baudruche (cæcum), la crépine (épiploon), la fagone (pancréas), la rosette (fuseau avec l'anus).

Les abats rouges (fressure ou chorée) comprennent le mou (poumon et trachée), le cœur, vidé du

● *En savoir plus*

LA CARCASSE DU PORC

En 1984, la Communauté économique européenne avait réglementé et défini la carcasse du porc comme : « le corps d'un porc abattu, saigné et éviscéré, entier ou divisé par le milieu, sans la langue, les soies, les onglons et les organes génitaux, mais avec la panne, les rognons et le diaphragme ». Cependant, en France, des conventions commerciales régionales intègrent la langue dans la présentation de la carcasse à la pesée dans les abattoirs. En général, la carcasse est pesée chaude, mais le paiement s'établit sur un prix au kilo de carcasse froide, en tenant compte du ressuage (perte d'humidité), évalué à 2 % du poids chaud. Un délai très court est imposé entre la fente et la pesée à chaud.

LE VOCABULAIRE DE LA CARCASSE

DÉCOUPE PARISIENNE DU PORC

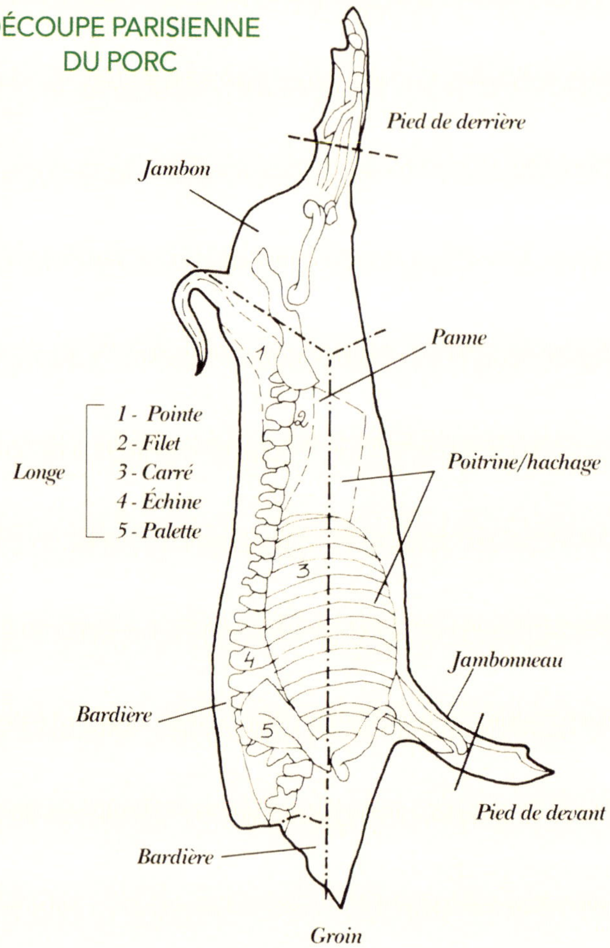

Voici les principaux termes désignant les morceaux obtenus à la découpe de la carcasse du porc. La carcasse, selon les régions, comporte la tête. Mais la découpe normalisée de la région parisienne, la plus utilisée, exclut celle-ci. Parmi les morceaux nobles : **le jambon.** Celui-ci est coupé par un premier trait parallèle au sacrum et par un autre le détachant de la paroi du flanc. Autre morceau noble : **la longe,** qui est un ensemble musculaire groupant **la palette** (autour de l'omoplate), **l'échine, le carré des côtes, le filet** et **la pointe,** partie terminale. La carapace de lard enveloppant la longe constitue la bardière (la joue en fait aussi partie). **La panne** recouvre les parois de la cavité interne. Bardière et panne, formées de gras de peu de valeur, sont souvent fondues pour obtenir le saindoux. **Le jambonneau** correspond aux membres, séparés des pieds à la hauteur du jarret et du genou. Le reste du corps constitue **la poitrine/hachage,** qui est utilisée pour fabriquer les rillettes, les conserves...

sang restant par un coup de couteau, le foie débarrassé du fiel.

Dès que la bête est détachée, il faut laver le porc à l'eau froide.

Les intestins, ou boyaux, doivent être nettoyés. Pour cela, retournez-les pour les vider et les laver. Un grattage méticuleux fait disparaître la membrane intérieure. Les différents morceaux, plus ou moins longs, seront mis à tremper dans de l'eau.

Débarrassez le cadavre dépecé de la panne intérieure, fondue aussitôt pour donner du saindoux. Puis coupez la colonne vertébrale en son milieu (à la scie et au couperet) pour dégager les demi-carcasses et les débiter.

Commencez par les parties nobles. Les jambons sont découpés en avant du pubis et par le milieu du bassin. Découpez ensuite les jambonneaux, au-dessus et au-dessous du jarret. Dégagez la bardière qui couvre la longe. Celle-ci fournit l'échine, les côtelettes, les rôtis, les filets de bacon et le lonze (filet désossé, roulé et macéré dans une saumure aromatisée, puis fumé).

Débitez les épaules désarticulées, puis les jambonneaux de devant. La cervelle, le cœur et les rognons seront consommés frais.

Les autres parties de la poitrine/hachage* sont traitées en morceaux d'environ 500 g pour être conservées au saloir.

Définition

La poitrine/hachage comprend l'épaule (utilisée en jambons, rôtis) et la poitrine (utilisée fraîche, salée, séchée, fumée ou non, pour les saucisses, saucissons, pâtés, le petit salé...).

En savoir plus

LES COMPOSANTS DE LA CARCASSE

Voici le pourcentage des éléments composant la carcasse du porc.

Poids du porc	Squelette	Muscles	Graisses
20 kg	14,1	45,4	18,7
50 kg	12,1	44,8	25,3
90 kg	10,1	43,3	31,4
120 kg	9,2	42	35,1

La salaison

C'est le procédé de conservation le plus efficace. Que les saloirs soient en bois ou en grès (jarres), qu'ils soient larges ou hauts, ils doivent être préparés, ébouillantés et nettoyés à fond.
Les morceaux de viande y seront déposés un à un sur un lit de sel préparé selon le mélange suivant : 50 g de salpêtre, 50 g de sucre, 30 g de poivre pour 10 kg de sel. Aromatisez le mélange avec des feuilles de laurier (une quinzaine), des clous de girofle (5 g), des baies de genévrier (250 g) et du thym. L'alternance des couches doit combler les espaces jusqu'à la surface recouverte d'une couche épaisse de sel.

En dehors de la salaison à sec, vous pouvez utiliser une saumure préparée spécialement avec 50 litres d'eau pour 10 kg de sel, 75 g de salpêtre, 250 g de sucre et 25 g de graines de poivre. Selon l'épaisseur des morceaux, le séjour dans la saumure sera plus ou moins long (six à sept jours maximum) avant de les suspendre dans un local sec et bien aéré.

Une méthode traditionnelle : la conservation au saloir. Les morceaux de viande sont recouverts d'un linge, d'une rondelle de bois et d'un poids.

Les préparations culinaires

Le boudin noir

Préparez-le en mélangeant au sang de porc de la panne coupée en dés et des oignons hachés. Le poids de la panne et des oignons doit être égal à celui du sang. Pour 5 litres de sang, utilisez 2,5 kg de panne et 2,5 kg d'oignons en épiçant le mélange (sel, poivre, persil, thym). Le mélange est entonné dans les boyaux, préparés auparavant. Ne les remplissez pas trop pour ne pas les crever à la cuisson. Celle-ci s'effectue à petit feu, dans une eau frémissante, pendant un bon quart d'heure. Après le séchage et le refroidissement sur une claie, coupez le boudin en morceaux de 20 à 25 cm de long.

Le boudin blanc

Il est confectionné avec de la viande maigre de porc mélangée à du veau ou du poulet.

Les andouilles et les andouillettes

Elles sont faites à partir de tripes ou d'intestins de porc, de fragments d'estomac de bœuf, de veau ou de mouton et sont enrobées dans un boyau (naturel ou artificiel).

Après lavage et trempage (de 12 à 24 heures), faites macérer les viscères dans du sel avec du poivre et des épices.

Introduisez la préparation dans les boyaux par bourrage et maintenez-la dans l'enveloppe en la ficelant à chaque extrémité. Faites ensuite bouillir les andouillettes à petit feu (3 heures environ) ou mettez-les au saloir pendant trois ou quatre jours avant le fumage (voir encadré).

● En savoir plus

LE FUMAGE

C'est une pratique ancienne car le boucanage assure une meilleure conservation aux viandes, qui acquièrent également une saveur spéciale.

Quelle que soit l'installation (chambre à fumer, boîte à fumage ou cheminée), utilisez des bois durs (chêne, hêtre, orme). Les produits soumis au fumage doivent être séchés à l'air deux ou trois jours auparavant pour laisser s'évaporer la saumure. Le fumage s'opère pendant une dizaine de jours, moins si les produits sont petits.

Suspendez les pièces à fumer (jambons, saucissons) à une barre ou à une tringle en fer, sans qu'elles se touchent. Le fumage dans une cheminée de ferme comporte l'inconvénient d'une fumée chaude qui peut faire fondre les graisses des produits et les faire rancir.

Les saucisses et les saucissons

Utilisez un hachis de viande de porc, de lard gras de jambon et éventuellement d'autres viandes. Toutes ces viandes doivent avoir été débarrassées des nerfs, des tendons et des fibres musculaires ou cartilagineuses.

Assaisonnez le mélange, qui doit être très homogène, de sel, de poivre et d'épices. Les crépinettes (ou saucisses plates) sont formées de chair à saucisses emballée dans de la crépinette, membrane parcourue de graisse qui enveloppe les intestins du porc. Les chipolatas se préparent comme les saucisses mais n'ont que 5 à 6 cm de longueur. En général, les saucissons sont destinés à être

La viande de porc et la panne fondue mélangée donnent d'excellentes rillettes après une longue cuisson à feu doux.

conservés plus longtemps que les saucisses. La formule fondamentale du saucisson comporte 2 kg de viande maigre pour un kilo de gras, le tout additionné de sel, de poivre et d'épices. Suspendez les boyaux bien ligaturés après entonnage pour les faire sécher pendant plusieurs mois, au frais dans un local aéré.

Les pâtés

Le pâté de foie est un mélange de foie de porc préparé avec du lard ou avec du maigre de porc. Les proportions peuvent varier.

Le pâté de campagne incorpore de la panne, des oignons et de la viande de veau. Mais tous les pâtés confectionnés en terrine doivent cuire au four, durant deux heures environ, dans un plat rempli d'eau faisant bain-marie.

La tête de porc

Elle est utilisée pour fabriquer le fromage de tête (ou hure) et la galantine. Pour celle-ci, nettoyez et désossez soigneusement la tête. Faites mariner les tranches minces 24 heures avant de les cuire au court-bouillon pendant 5 heures. Placez les morceaux de viande chaude dans un moule en les tassant bien.

Pour le fromage de tête, la hure bien nettoyée doit cuire à feu doux pendant environ 5 heures dans un chaudron contenant du vin blanc, des carottes, des épices et des oignons. Les chairs qui se détachent sont découpées en lanières et placées dans une terrine. Elles y refroidissent après l'assaisonnement.

Le saindoux

Il s'obtient en faisant fondre la panne, coupée en petits morceaux ou hachée, dans un chaudron contenant un litre d'eau. Avivez le feu doux lorsque la graisse commence à fondre. Transvasez la graisse dans des pots au travers d'une passoire très fine qui retient les rillons.

Les rillettes

Elles sont confectionnées à partir d'un mélange de panne fondue et de viande maigre de porc. La viande découpée est mise à cuire dans une cocotte, à feu doux, avec la panne. Remuez souvent le mélange, pour qu'il ne brûle pas. Dès que la viande cuite a roussi, hachez-la puis passez-la au tamis. Après cela, pilez-la au mortier pour y incorporer un assaisonnement relevé (sel, poivre, épices, thym, laurier). Les rillettes remises au feu quelques instants seront tassées dans des pots de verre. Après refroidissement, versez la graisse de cuisson. Celle-ci, refroidie, constitue une pellicule de protection qui, couverte de papier d'étain et de papier blanc, assure une conservation prolongée.

Le saindoux provient de la cuisson de la panne (ou axonge) qui recouvre les filets mignons, dont on aura retiré les parties fibreuses.

Les proportions des différents ingrédients varient selon les recettes. Ainsi, pour les rillettes du Mans, utilisez 2 kg d'oie désossée pour 1 kg de porc frais et 500 g de panne fraîche; pour réaliser la recette des rillettes de Paris, n'ajoutez que 50 g de saindoux frais pour 1 kg de poitrine de porc.

En savoir plus

LA VIANDE DU PORC

Voici les pourcentages des constituants de la viande du porc en fonction de l'âge de l'animal.

	Eau	Protéines	Matières grasses
Naissance jusqu'à 2 semaines	80 %	14 %	2 %
Sevrage (25 kg)	65 %	13 %	18 %
110 kg	51,5 %	11,5 %	35 %

Les maladies

Le porc, mal protégé, est un animal fragile, sensible aux maladies en raison du déséquilibre organique de sa constitution, dû à une longue contrainte de domestication. La vie sédentaire des porcs en espace clos favorise la propagation de maladies contagieuses, soumises à une déclaration au maire de la localité.

Les variations de température prédisposent également le porc à des atteintes morbides. Le froid abaisse sa température corporelle, ce qui le conduit à se fabriquer une bauge dans sa litière sèche. Le froid provoque aussi une consommation plus élevée de nourriture, tout comme la chaleur à laquelle le porc est très sensible (il peut s'écrouler frappé par un « coup de chaleur »).

L'humidité, quelle que soit son origine (air ambiant, condensation dans des locaux mal ventilés), réduit les possibilités d'évaporation. Ainsi, le porc qui n'a presque pas de glandes sudoripares souffre davantage de la chaleur dans une atmosphère humide où il ne peut se refroidir.

Les maladies légalement réputées contagieuses

La maladie d'Aujeski (MA)

Il s'agit d'une maladie virale qui peut entraîner une mortalité assez importante chez les porcelets de moins de 15 jours chez lesquels elle se manifeste (mais ce n'est pas toujours le cas) par des symptômes nerveux. Elle peut également toucher les individus en post-sevrage ou en période d'engraissement, et entraîne alors des retards de croissance de 10 à 20 jours (apathie, manque d'appétit). Sur les truies pleines, la maladie peut provoquer des avortements ou des retours de chaleur, ou encore, mais moins souvent, des porcelets mort-nés.

Le virus responsable de cette maladie possède un certain nombre de caractéristiques qui rendent difficile son contrôle par vaccination.

Reconnaître un porc malade

Certains signes ou symptômes doivent vous permettre de reconnaître les animaux malades ou en mauvaise santé :

- absence de réactions aux stimulations normales ;
- œil terne ;
- démarche mal assurée ;
- perte du tonus musculaire (se remarque au port de la tête, des oreilles, de la queue...) ;
- déficience du rythme respiratoire ;
- toux ;
- perte de l'appétit ;
- vomissements ;
- diarrhées ;
- augmentation de la température corporelle.

La peste porcine classique (PPC)

Cette maladie, implantée en Europe, se caractérise d'abord par une élévation de la température (41-42 °C). Dans sa forme aiguë, les symptômes, plus ou moins accentués, sont une conjonctivite et l'apparition de petites taches violettes parsemant les oreilles, l'abdomen et l'intérieur des cuisses. L'animal est constipé. Il a froid et se serre contre ses congénères, même par temps chaud. Puis il vomit et souffre d'une diarrhée grise-jaunâtre sanguinolente.

Une démarche chancelante et la lourdeur de l'arrière-train indiquent des complications nerveuses qui s'accompagnent d'une broncho-pneumonie. Cette forme suraiguë de septicémie fébrile, très rare actuellement dans les élevages français, tue les porcelets et les porcs en très peu de temps (de 24 à 72 heures).

Une forme chronique, rarement mortelle, se signale par des troubles pulmonaires et gastro-intestinaux. Elle est souvent responsable d'accidents de maternité (avortement, fœtus momifiés).

Pour traiter vos animaux, injectez un sérum antipestique d'action brève.

La vaccination avec des vaccins à virus tués ou atténués confère une immunité plus longue. Mais le vaccin ne peut être injecté ni aux porcelets, ni aux truies gestantes. Il est en outre incompatible avec le vaccin anti-rouget.

Depuis 1988, les foyers d'infection peuvent faire l'objet d'un abattage total (financé par l'État et Union européenne).

La peste porcine africaine (PPA)

Elle est aussi appelée maladie de Montgomery. Elle est provoquée par un ultravirus, plus résistant aux antiseptiques. Cette peste africaine se présente en France (depuis 1964) par des cas particulièrement contagieux. Les formes suraiguës ne cèdent, actuellement, à aucun traitement. Les porcs souffrent d'hyperthermie et meurent deux ou trois jours après l'apparition des symptômes analogues à ceux de la peste porcine classique.
La prophylaxie impose l'abattage des porcs suspects ou contaminés et la désinfection des locaux. Comme pour la PPC, l'État et l'Union européenne contribuent financièrement à l'abattage.
L'exploitation devient zone de séquestration, une zone d'interdiction de circulation des porcs de moins de 50 kg est imposée dans un rayon de 2 km au moins. Au-delà, une zone de surveillance est mise en place dans un rayon de 8 km.

Le rouget du porc

C'est une septicémie ayant pour origine un bacille, hôte habituel de la gorge et des amygdales du porc. Le rouget affecte surtout les animaux ayant plus de trois mois. La maladie se manifeste par une fièvre très élevée (41 à 42 °C) et l'apparition de taches rouges, fermes et en relief. L'animal s'isole, ne mange pas et marche avec difficulté. Comme la fièvre apparaît généralement après trois ou quatre jours d'incubation, le traitement est souvent trop tardif.
L'évolution fatale (mort en 48 heures) n'est interrompue que si le traitement est pratiqué précocement. Dans ce cas, le sérum anti-rouget et les vaccins enrayent spectaculairement le mal, qui peut cependant laisser des lésions cardiaques et articulaires (rouget chronique).

En savoir plus

Les maladies légalement réputées contagieuses (MLRC) sont soumises à une déclaration obligatoire auprès de la mairie de la commune.

Diverses formes du rouget n'ont pas de symptômes caractéristiques et sont souvent mortelles, faute de soins précoces : « rouget blanc », « rouget des jeunes » affectant des animaux de moins de trois ans.
Toute truie atteinte doit être réformée et la séro-vaccination étendue à tous les porcs âgés de plus de trois mois. La sérumisation précède de dix jours la vaccination.
Celle-ci ne peut être pratiquée sur les sujets faibles et sur les truies gestantes. Enfin, respectez un délai de trois semaines entre la vaccination contre la peste et celle du rouget.

La fièvre aphteuse

Cette maladie virale, extrêmement contagieuse, ne peut être combattue que par une surveillance active du cheptel (aussi bien porcin, bovin, ovin ou caprin). En effet, la législation européenne interdit depuis le 1er avril 1991 la vaccination.
La démarche vacillante de l'animal est un des premiers symptômes. Le porc semble « marcher sur des aiguilles », car les pieds portent des vésicules, puis des aphtes sur les zones interdigitées et sur le coussinet plantaire. Des vésicules apparaissent parfois sur le groin, la langue et les parois buccales. L'animal ne mange plus et souffre d'une très forte hyperthermie (41,5-42 °C).
Le virus aphteux peut, dans certains cas, résister au milieu extérieur. Pour éviter la contamination, l'État finance l'abattage des animaux des exploitations infectées.

En savoir plus

LA TEMPÉRATURE DU PORC

La température corporelle du porc est de 39 à 39,5 °C. Chez le porcelet nouveau-né, dont le corps est mal protégé, la température, prise au rectum, peut être de 4 °C inférieure à la normale, pour une température ambiante comprise entre 15 et 25 °C. L'augmentation de la température est un signe de maladie au-dessus de 39,5 °C. Dans le cas du rouget, une forte fièvre de 42 °C apparaît après trois ou quatre jours d'incubation.

La salmonellose

C'est une entérite infectieuse qui affaiblit l'animal amaigri et apathique. Les soies sont généralement rêches. Cette maladie est plus fréquente lorsque les installations sont insalubres ou les porcs mal nourris (rations mal équilibrées). La guérison survient généralement en appliquant une bonne hygiène et en distribuant une alimentation équilibrée. Les germes sont difficiles à éliminer sauf par un autovaccin.

Le syndrome dysgénésique et respiratoire porcin (SDRP)

Cette maladie du porc, apparue en Allemagne à la fin des années 50, a gagné la France depuis 1992. C'est le virus de Lelystad qui paraît être responsable. Il provoque des troubles de la reproduction (mises bas prématurées, avortements, porcelets mort-nés...), des fièvres ou des hypothermies, des cyanoses provisoires des extrémités. Le virus est diffusé par les porcs reproducteurs et les porcelets, qui sont parfois transportés sur de longues distances.

Les autres maladies à déclarer sont la **fièvre charbonneuse**, la **paralysie contagieuse** ou **maladie de Teschen**, la **rage**.

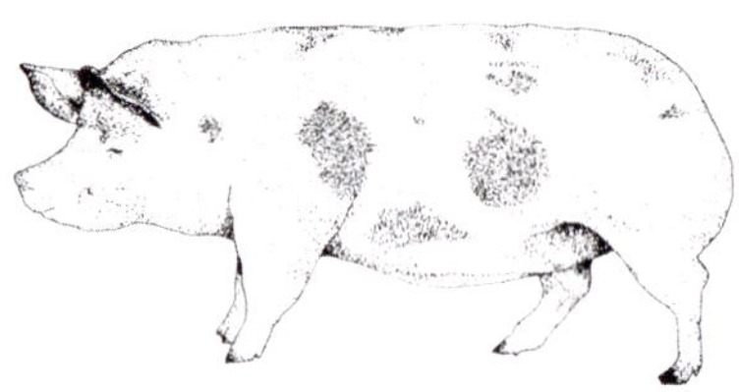

Les maladies parasitaires

Les atteintes parasitaires les plus faciles à traiter sont celles dues à des parasites externes, comme les poux ou la gale. Il n'en va pas de même des maladies à parasites internes, dont le cycle complet se déroule à l'intérieur de l'organisme passant, à des stades différents de développement, dans l'estomac, les poumons ou le système circulatoire. Le parasite provoque alors parfois des lésions : granulomes* du foie, nodules* du poumon ou de la muqueuse intestinale, etc.
Cependant, la prévention des maladies parasitaires est envisageable par un dépistage régulier réalisé grâce à l'analyse des excréments (coproscopie) frais recueillis chez plusieurs porcs. La plupart des parasites que l'on rencontre en France sont identifiés et l'on dispose de médicaments antiparasitaires spécifiques.

Définitions

Les granulomes sont de petites tumeurs de forme arrondie.
Les nodules sont des petites formations pathologiques arrondies et dures.

L'anguillulose

Due à un petit ver long de 3 à 6 mm, elle affecte l'intestin grêle. Sa larve passe directement au travers de la peau du porc pour s'insérer dans le circuit sanguin, passer dans les poumons puis dans le pharynx où elle est déglutie.
Le ver adulte se développe dans l'intestin grêle et peut provoquer des diarrhées à mucosités jaunâtres et, chez les porcelets, entraîner la mort.

En savoir plus

LES RÈGLES ÉLÉMENTAIRES

Dans les limites de cet ouvrage, il n'est pas possible d'aborder toutes les affections qui peuvent frapper les élevages porcins. Vous devez prendre la température rectale (normalement comprise entre 39 et 39,5 °C) des animaux malades. Le recours au vétérinaire s'impose toujours. Quelques règles fondamentales doivent être respectées :
- isolement immédiat du sujet atteint ;
- observation des congénères restés au contact du porc malade ;
- désinfection des locaux ;
- mesures préventives par l'incorporation régulière d'antibiotiques dans les rations alimentaires.

N'oubliez pas que les 3/4 des pertes surviennent lors de la mise bas ou dans les cinq à huit semaines avant le sevrage.

L'évolution étant très rapide, la moindre poussée de fièvre doit être surveillée.

L'ascaridiose

Due à un ver blanc cylindrique de 15 à 30 cm de long, *Ascaris suum*, elle se caractérise par une toux sèche et des quintes qui rendent la respiration difficile. La prolifération des larves peut obstruer les intestins. L'animal infesté maigrit, s'affaiblit et, chez le porcelet, on observe des convulsions après le repas.
Cette parasitose est rarement mortelle ; elle peut être traitée par des sels de pipérazine ou de phénothiazine.

La ladrerie ou cysticercose

Elle est due à une larve de *Tenia solium (Hysticercus cullulosae)*, qui se fixe à des fibres musculaires avant de se transformer en ténia adulte, accroché à l'intestin. Cette parasitose a été pratiquement éradiquée grâce aux contrôles sanitaires.

La métastrongylose

Elle affecte les bronches et les bronchioles, car le ver (de 25 à 60 mm de long), *Metastrongylus elongatus*, se fixe à l'état adulte dans les poumons. Les œufs sont généralement rejetés par la toux et ils éclosent dans le sol. Les larves provoquent la bronchite vermineuse, créant des foyers de bronchopneumonie.

Les strongyloses

Elles ne se révèlent par aucun symptôme particulier. Les agents de l'infestation sont *Œsophagostonum dentanum* (pour l'œsophagostomose) et *Hyostrongilus rubidus* (pour la trichostrongylose). Les larves se fixent respectivement dans la muqueuse intestinale et dans la muqueuse de l'estomac.

La trichinose

Comme la ladrerie, elle ne se manifeste plus en France. L'agent, *Trichinella spiralis*, est un ver très petit d'environ 2 à 3 mm de long. Les larves envahissent les vaisseaux lymphatiques, le cœur, puis les poumons, pour s'insérer ensuite dans les muscles striés. Là, les larves s'enkystent et provoquent des douleurs vives d'allure rhumatoïde et des démangeaisons douloureuses.

La trichuriose

Le ver responsable *(Trichuris suis)*, de 3 à 5 cm de long, est localisé dans le cæcum ou la muqueuse du colon.

Les larves ingérées mettent un mois pour devenir adultes et provoquent l'inflammation de la muqueuse du cæcum, des diarrhées et l'anémie.

La pasteurellose

C'est une pneumonie contagieuse due à des bacilles saprophytes* (vivant sur un hôte sans lui provoquer de maladie) du type Pasteurella. L'animal a une petite toux continue, une fièvre dépassant la température de 40 °C.

Le porc atteint de cette maladie survit de cinq à sept semaines, mais très souvent il meurt au bout d'une semaine. La mortalité frappe les 3/4 des porcs atteints.

Le traitement aux sulfamides* n'est efficace qu'au début de la maladie. Il faut recourir à un autovaccin, le sérum antipasteurellique ne donnant qu'une immunité passagère immédiate.

Définitions

Un microbe saprophyte est un germe vivant sur un hôte sans engendrer de maladie.

Les sulfamides sont des médicaments fréquemment utilisés dans le traitement des maladies infectieuses.

Les maladies de la nutrition

Le porc peut être victime de maladies de la nutrition. Les plus fréquentes restent les intoxications, qui sont souvent dues à un mauvais contrôle des aliments. Dans le seigle par exemple, se développe un champignon, l'ergot, nocif pour les mammifères. Le déséquilibre des rations alimentaires entraîne souvent des carences en vitamines et en sels minéraux.

La parakératose est sans doute l'une des plus spectaculaires : cette carence en zinc provoque l'apparition de plaques grises sur la peau.

Certaines maladies n'apparaissent chez le porc qu'à des périodes précises de son existence. Le porcelet, dans les trois jours qui suivent sa naissance, peut contracter une septicémie due à un colibacille. Le traitement antibiotique permet d'enrayer une infection grave et de propagation rapide parmi des animaux sans défense.

La gastro-entérite de Doyle

Elle est mortelle et très contagieuse chez les porcelets de moins de deux semaines. La diarrhée caractéristique, la mayonnaise, est le principal symptôme en l'absence de fièvre. Le traitement n'est pour l'instant que préventif. Une diarrhée mousseuse, jaune doré, devenant aqueuse, est la manifestation la plus fréquente des entérites à colibacilles.

Les antibiotiques réussissent à combattre les toxines passées dans le sang, mais la déshydratation des porcelets peut être en elle-même suffisante pour tuer les petits.

Le manque de lait maternel

Le manque de lait maternel peut entraîner une hypoglycémie chez le porcelet. Celui-ci mourra si l'on ne lui fournit pas un lait de substitution.

Pendant la période critique des trois premiers jours, le porcelet peut être pris de tremblements. Ce trémor n'est pas contagieux. Il se manifeste chez le nouveau-né si vous le manipulez pour le déplacer. Le traitement consiste à faire téter le porcelet. De même, les faiblesses de l'arrière-train, dues à un développement insuffisant du système musculaire ou du système nerveux, disparaissent en aidant le porcelet à s'alimenter.

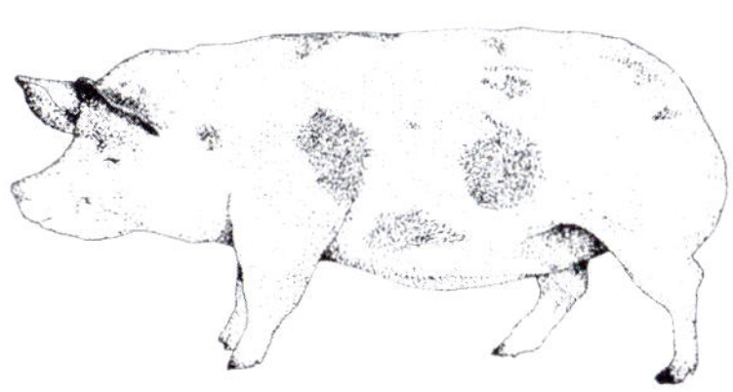

Les autres affections

Les œdèmes

Ils apparaissent chez le jeune porc en période de sevrage. Ils gonflent et rougissent les paupières. La maladie de l'œdème (ou entérotoxémie colibacillaire) peut s'étendre au larynx ou aux méninges. Dans ce cas, l'animal perd le contrôle de ses mouvements et, très souvent, il meurt. Cette maladie est souvent associée à une alimentation trop riche en matières azotées.

Le premier traitement consiste à réduire les rations. Elles seront redistribuées après un traitement médicamenteux à base d'antibiotiques, d'antihistaminiques* et de corticostéroïdes.

Le pityriasis rosea

Il est caractérisé par la formation d'anneaux rouges le long des cuisses et de l'abdomen, qui peuvent s'étendre aux flancs puis au dos. Au bout d'un mois de traitement par des solutions iodées passées sur les plaies, cette maladie, plus fréquente au printemps et à l'automne, disparaît.

La rhinite de Done

Les symptômes consistent en une série d'éternuements accompagnés d'écoulements de mucosités jaunâtres et visqueuses. La rhinite de Done atteint les porcelets d'un mois et plus.

Les antibiotiques jugulent cette affection, mais le porcelet reste affaibli. Sa croissance en est retardée. Il existe d'autres rhinites, comme la rhinite atrophique, souvent due à de mauvaises conditions d'hygiène, qui provoque une déformation caractéristique de la face. Les autres symptômes sont : difficultés respiratoires, éternuements, ronflements et aussi jetage*.

Définitions

Le jetage est, chez le porc, le rejet par la bouche ou par le nez du surplus des glaires.

Les antihistaminiques combattent l'effet des histamines, qui ont un rôle dans les réactions allergiques.

Annexes

Carnet d'adresses

NIVEAU NATIONAL POUR TOUTES LES ESPÈCES

France Upra Sélection
16, rue Claude Bernard, 75231 Paris Cedex 05
Tél. : 01 44 08 17 46. Fax : 01 44 08 17 47
e-mail : France.UPRA@inapg.inra.fr

NIVEAU RÉGIONAL POUR TOUTES LES ESPÈCES

Direction départementale de l'Agriculture et de la Forêt(DDAF)
Vous y trouverez les aspects réglementaires pour l'installation.

Direction des services vétérinaires(DSV)
Vous y trouverez les règles sanitaires : prophylaxie, maladies contagieuses soumises à déclaration, normes d'hygiène applicables aux bâtiments et aux produits vendus.

Établissement Départemental de l'élevage (EDE)
Vous y trouverez des techniciens qui vous aideront à résoudre différents problèmes portant sur l'identification, l'alimentation, les bâtiments.

CHEVAL-PONEY

Fédération nationale du cheval (FNC)
11, rue de la Baume, 75008 Paris.
Tél. : 01 45 63 05 90. Fax : 01 45 63 01 41.
e-mail : fncheval@fnsea.fr

Fédération française d'équitation (FFE)
81-83, avenue Edouard-Vaillant, La Quintet, Bât. E, 92517 Boulogne-Billancourt Cedex.
Tél. : 01 58 17 58 17. Fax : 01 58 17 58 19.
e-mail : www.ffe.com

Système d'identification répertoriant les équidés (SIRE)
Les Haras nationaux, BP 3, 19231 Arnac-Pompadour Cedex.
Tél. : 05 55 73 83 83. Fax : 05 55 73 94 83.

France Upra Sélection
(voir adresse ci-dessus)

VACHE-MOUTON-CHEVRE

Institut de l'élevage
Maison des éleveurs, 149, rue de Bercy, 75595 Paris Cedex 12.
Tél. : 01 40 04 51 50. Fax : 01 40 04 52 75.
e-mail : www.inst-elevage.asso.fr

VACHE

Fédération nationale des producteurs de lait (FNPL)
Maison du lait, 42, rue de Châteaudun, 75314 Paris Cedex 09.
Tél. : 01 49 70 71 91. Fax 01 42 80 63 80.
e-mail : fnpl@fnpl.fr

Fédération nationale bovine (FNB)
Maison des éleveurs, 149, rue de Bercy, 75595 Paris Cedex 12.
Tél. : 01 40 04 51 07. Fax 01 40 04 51 22.
e-mail : FNB@f-n-b.com.fr

France Upra Sélection
(voir adresse ci-dessus).

MOUTON

Fédération nationale ovine (FNO)
Maison des éleveurs, 149, rue de Bercy, 75595 Paris Cedex 12.
Tél. : 01 40 04 51 31. Fax 01 40 04 51 33.
e-mail : fno.bb@inst-elevage.asso.fr

France Upra Sélection
(voir adresse ci-dessus).

CHÈVRE

Fédération nationale des éleveurs de chèvres (FNEC)
Maison du Lait, 42, rue de Châteaudun, 75314 Paris Cedex 09.
Tél. : 01 49 70 71 96. Fax 01 42 80 63 80.
e-mail : gwenaelle.garnier@fnpl.fr

Caprigène France
2135, route de Chauvigny, 86550 Mignaloux Beauvoir.
Tél. : 05 49 56 10 75. Fax : 05 49 56 46 53.
e-mail : caprigene@caprigene-france.com

ÂNE

Association des amis des ânes (ADADA)
66, avenue de Lyon, 63600 Ambert.
Tél. : 04 73 82 49 06. Fax : 04 73 82 49 06.
e-mail : info@adada-assos.org

Fédération nationale ânes et randonnées (FNAR)
Le Pré de Meinge, 26560 Eourres.
Tél. : 04 92 65 09 07.
e-mail : fnar@ane-et-rando.com

Âne école nature attelage (ANENA)
24, Grande rue, 60390 Villotran.
Tél. : 03 44 47 77 43. Fax : 03 43 47 81 73.
e-mail : anena@wanadoo.fr

PORC

Institut Technique du Porc (ITP)
Maison des éleveurs, 149, rue de Bercy, 75595 Paris Cedex 12.
Tél. : 01 40 04 53 44. Fax : 01 40 04 53 77.
e-mail : www.mhr-viandes.com

Fédération Nationale Porcine (FNP)
Même adresse.
Tél. : 01 40 04 51 17. Fax : 01 40 04 53 01.
e-mail : fnp@fnp.fr

France Upra Sélection
(voir adresse ci-dessus)

FORMATION

Pour les jeunes en âge scolaire
Il existe des établissements d'enseignement agricole publics ou privés qui, dans le cadre de diplômes professionnels, intègrent des enseignements spécifiques aux productions bovine, ovine, caprine, équine, porcine.

Formation professionnelle des adultes
Un enseignement professionnel, alternant des périodes de formation théorique et des stages est dispensé par certains établissement (CFPA, le plus souvent). Ces formations débouchent sur un diplôme et donnent une qualification professionnelle. Ils durent de 6 mois à 1 an suivant les cas. Les stagiaires peuvent être pris financièrement en charge, sous certaines conditions. Les candidats à ces formations sont retenus après examen de dossier et des tests d'aptitudes.
Dans les régions d'élevage, des stages beaucoup plus courts (3 à 6 jours) sont organisés dans le cadre du FAFEA sur différents sujets (alimentation, maladies et leurs traitements, etc...). Pour tous les aspects concernant ces possibilités de formation vous pouvez vous renseigner auprès des organismes suivants :

- Services formation des Chambres d'agriculture ;
- Services du Ministère de l'agriculture ;
- Établissement d'enseignement agricole (lycées, collège agricoles, CFPPA,...)

Index

Les chiffres figurant en gras indiquent une race traitée sur une page

Chevaux et poneys

Âne

Vache

Mouton

Chèvre

Porc

CRÉDITS PHOTOGRAPHIQUES

CHEVAUX ET PONEYS

Toutes les photos sont de Pierre Miriski.

Dessins : Joël Bordier

Mise en page : Véronique Sommeilly / S puissance 3

CHÈVRE

Varin : 350-351 ; Gissey 318/COGIS ; A. Bequey/INRA : 397 ; A.Beignet 386, 387, 400, 403 ; P. Fauchère : 354, 360, 364, 379, 393 h et b ; 404, 405, 406, 407, 409, 411, 412, 426, 432 ; V. Garcia/TOP : 366, 384, 388, 390 ; C. Hochet/RUSTICA : 358, 425, 427, 428 ; J. Joannet/COLIBRI 359 ; D. Magnin/COLIBRI : 355,377 ; Rocher/JERRICAN 415, 418 h ; A. Tullier : 352, 359. R. Tixador/TOP 85. C. Trescartes/Ministère de l'Agriculture : 383, 433,. J. Weber/INRA 367 ; Fond iconographique La chèvre 362, 417. D.R 356, 363, 376, 410, 414 b, 415.

Dessins : Jan Chodakowski

Mise en page : Inéluctable, Paris

MOUTON

Toutes les photos sont de Lionel Roux à l'exception de celles figurant pages 248-249 (Yves Lanceau/ COGIS), 268 (Roland Huitel), 283 (BIOS/J.-L et F. Ziegler) et 318 (Yves Lanceau/COGIS).

Dessins : Joël Bordier

Mise en page : Inéluctable, Paris

PORC

F. Casabianca/INRA : 468 ; P. Fauchère : 457 b, 458, 475, 476, 479, 480, 486, 493, 495, 497, 498, 500, 502, 508, 522 ; M. Gile/TOP : 446, 504, 505 ; Gissey/Cogis 444-445 ; C. Hochet/ RUSTICA : 463, 496, 520, 521 ; J.C . Thobois/RUSTICA : 518 ; Venière : 507 ; J. Weber/INRA : 489 et J.L. Ziegler/COLIBRI : 494, 514 ; Fond iconographique ITP : 448, 456, 457 h, 459, 460, 461 (P. Dewarez), 464, 465, 466, 467, 469, 470, 471, 474, 478, 482, 484, 485, 489, 491, 510 ; DR : 452.

Dessins : Jan Chodakowsky

Mise en page : Inéluctable, Paris

INTRODUCTION, ÂNE ET VACHE, SOMMAIRE ET ANNEXES

RUSTICA : Christian Hochet : gardes, 11, 14, 136-137, 140 g et d, 144, 152 h, 153, 155, 157, 158, 159, 160 b, 169, 172, 178, 184, 186, 190, 202, 203, 204, 205 ; Patrick Bonneau : 228, 244 h.

COGIS : Fleury : 232 ; Gissey : 8, 15, 164 ; Hermeline : 151 ; Heuze 209 ; Labat : 161, 531 ; Lanceau : 10, 138, 147, 150, 156, 167, 168, 174, 187, 200, 207, 210-211, 212, 214, 218, 219 h et b, 222 h et b, 223, 224, 226, 227 bg et bd, 231, 234 h et b, 235 b, 241 h, 242, 244 b, 246 b ; Lili : 221 ; Miriski : 146, 162, 163, 183, 188, 192h et b, 206, 208, 225 b, 233, 240, 247 ; Monnier : 148, 149, 152 b, 160 h, 196 ; Remy : 180, 225 h ; Rocher 12, 154, 246 h ; Sadoun : 170 ; Testu : 220 ;Varin : 171 ; Vedie : 12 ; Vidal : 181, 227 h, 235 h, 237, 241 b, 245 g et d.

COUVERTURE : Page 1 : hg : Christian Hochet/Rustica ; hd : Pierre Miriski ; bg : Yves Lanceau/Cogis ; bd : Christian Hochet/Rustica Dos : h :Yves Lanceau/Cogis ; b : Christian Hochet/Rustica. Page 4 : hg : Christian Hochet/Rustica ; hd : J-.C Thobois/Rustica ; bg : Yves Lanceau/Cogis ; bm : D et S Simon/Cogis ; bd : Christian Hochet/Rustica .

Dessins : Thierry Sachon

Mise en page : Véronique Sommeilly / S puissance 3

Ouvrage réalisé avec la collaboration de Carole Hardoüin

Couverture : Sarbacane

Relecture : Anne de Bergh

Fabrication : Florence Bellot

Photogravure : IGS

Achevé d'imprimer en Espagne par Grafica Estella

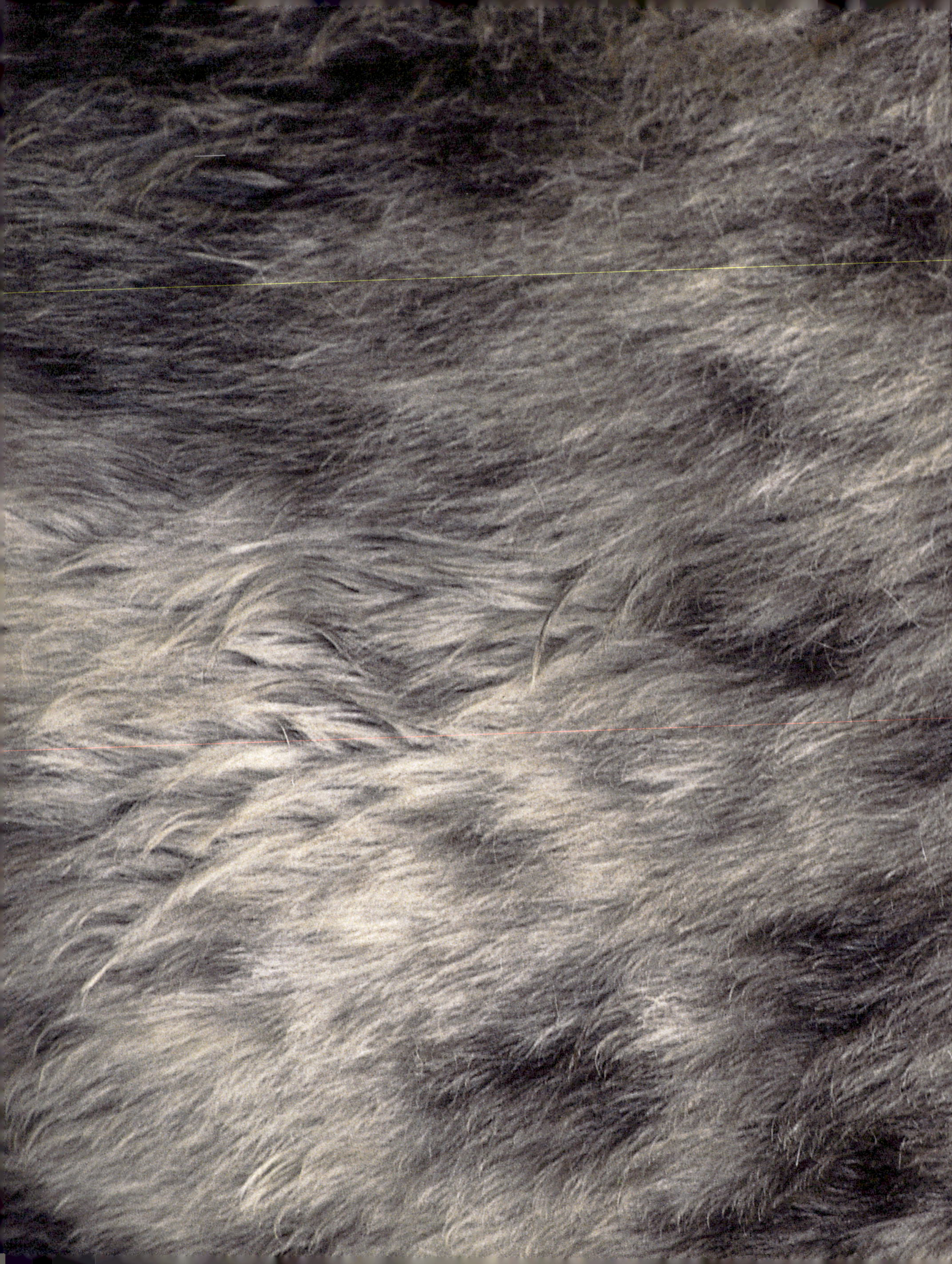